纪念版

毛泽东武略

胡哲峰 著

人民出版社

1931 年毛泽东在中央苏区

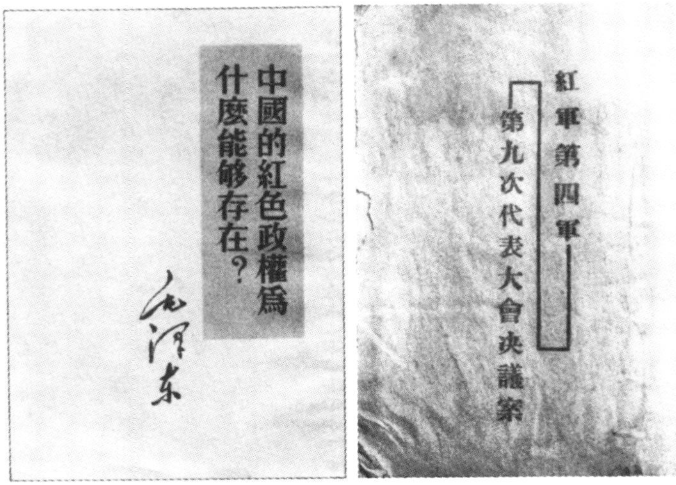

毛泽东 1928 年撰写的《中国的红色政权为什么能够存在?》和 1929 年亲自起草的中国共产党《红军第四军第九次代表大会决议案》(即《古田会议决议》)

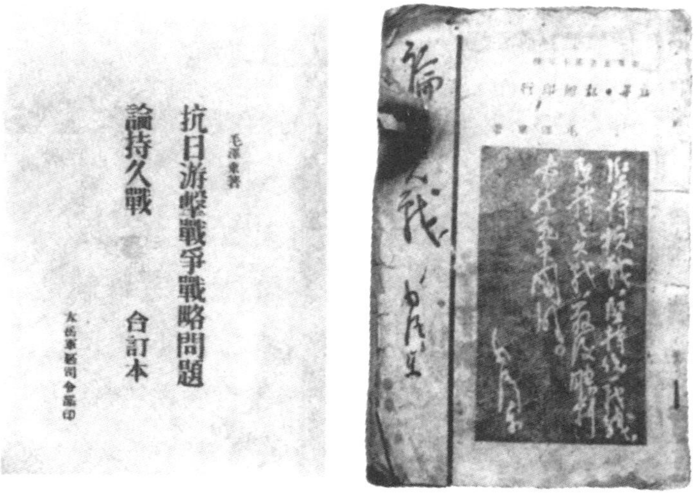

根据地印行的《抗日游击战争的战略问题》和《论持久战》

1937 年毛泽东在延安

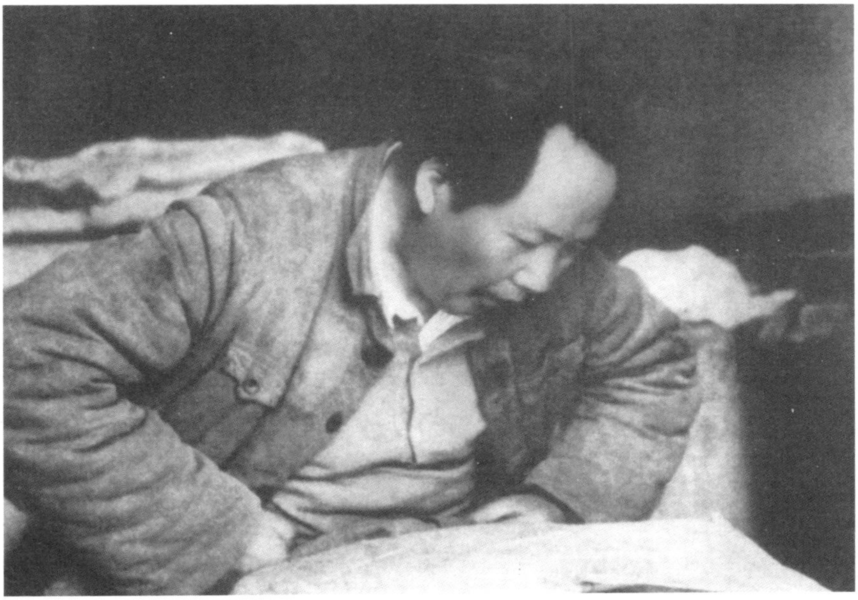

1947 年毛泽东在陕北朱官寨

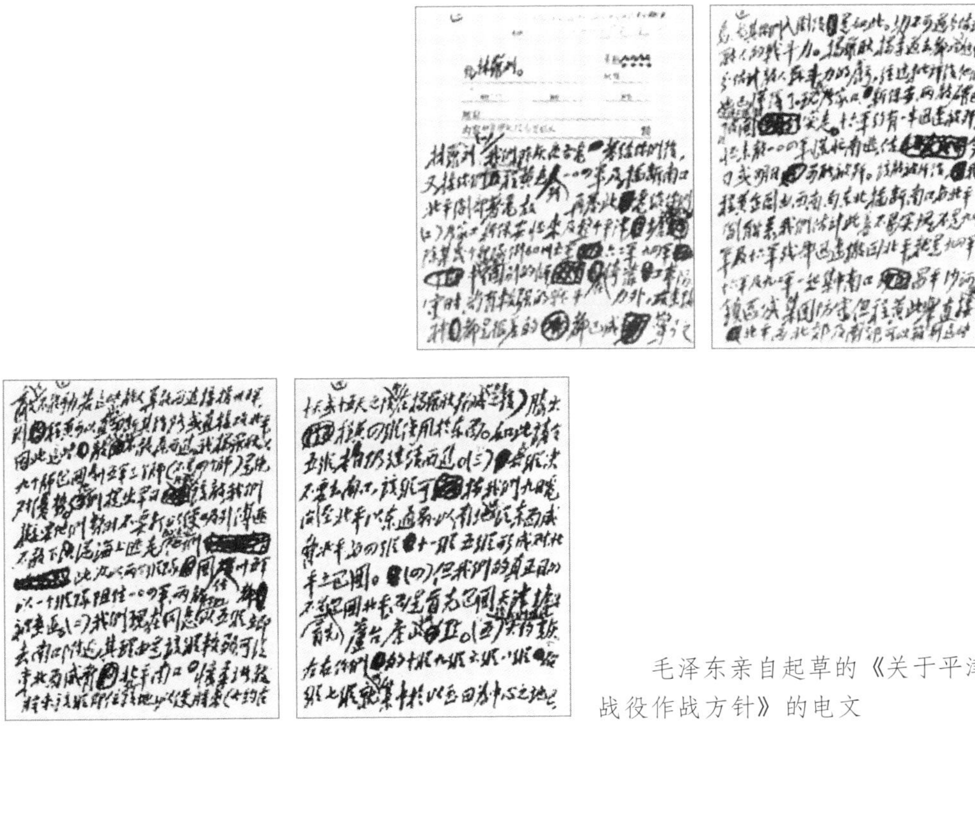

毛泽东亲自起草的《关于平津战役作战方针》的电文

抗美援朝战争初期，毛泽东在中南海

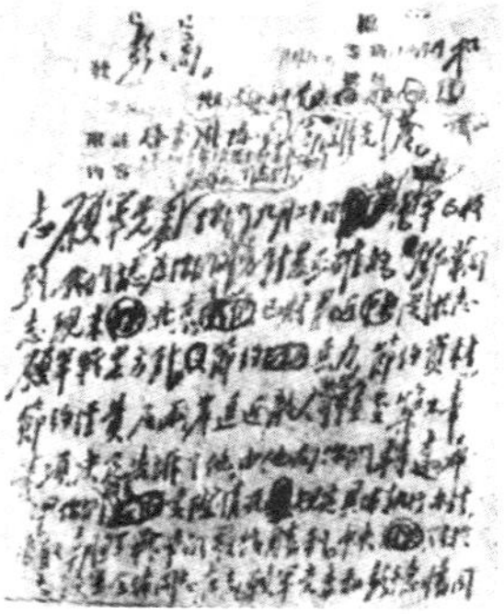

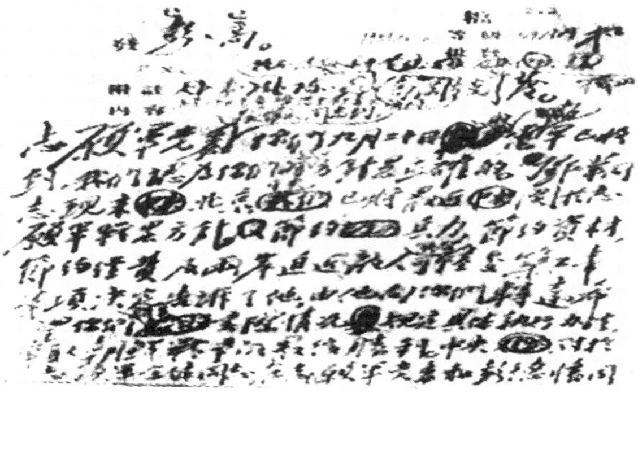

毛泽东起草的指导抗美援朝战争的部分电文手稿

再版说明

“为有牺牲多壮志，敢教日月换新天。”毛泽东同志曾豪迈地说：“我们中华民族有同自己的敌人血战到底的气概，有在自力更生的基础上光复旧物的决心，有自立于世界民族之林的能力。”2013 年 12 月 26 日，习近平总书记在纪念毛泽东同志诞辰 120 周年座谈会上高度评价道：他思想博大深邃、胸怀坦荡宽广，文韬武略兼备、领导艺术高超，心系人民群众、终生艰苦奋斗，为中华民族和中国人民建立了不朽功勋。

《毛泽东武略》是军事科学院原战略部研究员胡哲峰生前最后一部专著，于 2001 年由人民出版社出版发行，并在党史军史研究领域和读者中产生了很好的社会反响。在纪念毛泽东同志诞辰 130 周年之际，为满足广大读者需求，缅怀领导中国人民彻底改变自己命运和国家面貌的一代伟人，我们将该书在原版基础上经修订再版发行。此次再版对文字只作少量修改，对注释和参考文献予以增补完善，由责任编辑加工整理。这次出版经过中央党史和文献研究院的审读，得到作者家属和友人的大力支持。在此，一并表示衷心感谢。

2023 年 8 月 1 日

目　录

引子：掌上千秋史，胸中百万兵

和平久了，人们常常会忘记战争曾经在中国近现代史上起过一种什么样的作用。在整个20世纪上半叶，战争史几乎就是这个时期中国历史的全部。从20世纪初年一直到1949年，战争就从来没有在中国大陆上停息过，不仅没有停息，而且越打越大，直到国共决战，几百万士兵呐喊拼杀的大战席卷神州大地。这世界史上罕见的漫长战火深刻地影响着中国社会的进程，影响着中国政治、经济、文化和思想的各个方面。

罕见的战争必然孕育出丰硕的军事思想，况且中国有着五千年“上疆场彼此弯弓月”的断杀场面，丰厚的战争泥土上早已生长出丰硕的兵学理论。毛泽东和以他的名字命名的军事思想就是在这片泥土和20世纪的战争风云中诞生的。

先说两个小故事。

第一个故事是一个外国记者听到的传说，说

的是西安事变后，蒋介石回到南京，他的朋友部下纷纷前来祝贺他侥幸脱险，此刻，蒋却半开玩笑半当真地说："如果我因为生病，或因为别的什么不幸而下野的话，你们猜我会提名由谁来接任我？"

于是，这些人都装模作样地猜起来。有人猜是程潜，有人猜是汪精卫，有人猜是孔祥熙，等等。但蒋介石都摇头说不是。望着这些傻里傻气、呆头呆脑的部下，蒋介石一语挑明："作为我的继承人，我自己要选择——白崇禧将军！"这多少令蒋身边的人感到惊讶，因为白崇禧是桂系军阀，是蒋在军阀混战中强有力的对手。但更令在座的人目瞪口呆的还是下面的话。蒋介石顿了一下，说出一句震惊四座的话："第二人选，我要提毛泽东！"❶

这个传说的寓意很清楚，就是蒋介石不得不佩服毛泽东这个与他较量十年的对手的能量，他曾发誓要用二十万元买毛泽东的头。当然，这里最主要说的是两人作为蒋的对手的军事上的才能，因为，无论是"小诸葛"白崇禧，还是一介书生毛泽东，都曾在战场上让蒋介石铩羽而归。

这个传说是否真实是有疑问的，但第二个传说却是有案可查的。20世纪60年代初期，世界头号强国，也是中国当时的主要敌人美国，其总统却在认真研究毛泽东的军事著作。就在1965年1月与斯诺的谈话中，毛泽东说：美国总统肯尼迪为对付亚非拉的新兴力量，提出了特种战争、局部战争。"有消息说，他也看我写的军事文章，这可能是真的。"❷这里，他显得非常自信。当然，肯尼迪研究毛泽东军事思想，自然是为了对付当时正在风起云涌的亚非拉民族独立运动。这个消息来自何处，不得而知，但这年7月，程思远在陪同归国的原国民党政府代总统李宗仁去见

---

❶《毛泽东自述》，人民出版社1996年版，第258页。

❷《毛泽东外交文选》，中央文献出版社、世界知识出版社1994年版，第546页。

毛泽东时也曾向毛提起：美国总统肯尼迪生前，在他的办公桌上就摆着一部《毛泽东选集》。[1]

一个国内的老对手，一个国外的新对手，不谋而合地对毛泽东和他的军事思想都产生了浓厚的兴趣。不管你愿不愿意，也不管你承认不承认，毛泽东作为伟大的军事家和战略家，是连他国内和国外的对手也无法否认的。

毛泽东对这一切又怎么看呢？

1965 年元旦过后没几天，毛泽东邀请美国友人埃德加·斯诺在人民大会堂的一个宽敞房间里作了一次长谈。用毛泽东的话说，这次谈话简直是“山南海北”“海阔天空”。斯诺将这次访问中国的记录名之为《漫长的革命》，是极有深意的。面对着这场望不见尽头的“漫长的革命”，毛泽东在想什么呢？在谈话结束时，斯诺写道：“毛的声音低下去了，他半合上了眼睛。人类在这个地球上的处境变化得越来越快了。他说，从现在起 1000 年之后，所有我们这些人，甚至马克思、恩格斯和列宁都在内，大概会显得相当可笑吧。”[2]

这段话与第二年毛泽东在一封信中所说的“我是准备摔得粉碎的”，有着异曲同工之妙，不过后者在程度上更为重些罢了。

1972 年 2 月，毛泽东会见美国总统尼克松和美国总统国家安全事务助理基辛格。当摄影记者还在忙碌的时候，基辛格提到，他在哈佛大学教书时曾经指定班上的学生研究毛泽东的著作。毛泽东不在意地挥挥手说：“我写的这些东西算不了什么，没有什么可学的。”基辛格却认真地说：“主席的著作推动了一个民族，改变了整个世界。”毛泽东不无幽默地回答说：

---

[1] 程思远：《难忘的一天》，见郭思敏、天羽编：《我眼中的毛泽东》，河北人民出版社 1990 年版，第 225 页。

[2] 《毛泽东自述》，人民出版社 1996 年版，第 206 页。

“我没有能够改变世界，只是改变了北京郊区的几个地方。”[1]

对往昔的成就，毛泽东不愿再提，这也包括他的军事思想。早在1958年夏，他就毫不含糊地说：有人说要学我的军事学，我是没有什么军事学的。我有什么军事学，不过只写过几篇文章。主要是两篇文章。此外还有一点小文章，都是应时的。现在又要打原子战争、洲际导弹，我就不懂了，不像“小米加步枪”，小米吃过，步枪看过，也背过几天。[2]

他不屑于吃老本。他要在“俱往矣”的否定中追求新的目标。

这是一种超越，是一种在自信和不自信间较量后的新的超越。一切伟人的意志、思想以及创造活动，终归有它难以逾越的时空局限，这是不言而喻的。但伟人留给世界的精神遗产，其影响时间的长短和范围的宽窄，即使在伟人之间，也有着天壤之别。当毛泽东谈到自己没有军事学，“我们这些人”会显得相当可笑的时候，他的军事思想却在越南丛林、非洲草原、拉美峻岭中大行其道。

毛泽东这位不仅用思想，而且用武器改变了我们民族的命运和形象的历史巨人，离开这个世界已经二十多年了，如果我们把他留给后人的精神遗产比作一部“大书”的话，留下如此丰厚遗产的毛泽东，即使在过去成百上千年后，仍然会是漫漫历史征途上一座耀眼的高峰，让后人景仰不止的高峰。

在毛泽东的这部“大书”中，其文韬武略足以盖世。军事思想，可以说是其中最为厚实的一章。美国前国务卿亨利·基辛格评价毛泽东军事思想时说：“值得注意的是，共产主义军事思想的最完善的理论性言论不是在苏联的著作中，而是在中国的著作中。中国共产主义的全部胜利，更确

---

[1] ［美］理查德·尼克松：《尼克松回忆录》中册，伍任译，商务印书馆1978年版，第249、250页。

[2] 宋时轮：《毛泽东军事思想的形成及其发展》，军事科学出版社1984年版，第9页。

切地说，它的生存，是由于它能够从军事作战中取得胜利的政治利益而来的。”“列宁主义理论认为战争是斗争的最高形式，这是人们所熟知的。毛泽东从这个理论中作出了一套精辟的军事学说，它是高度的分析能力和稀有的心理洞察力以及冷酷无情的结晶。”

任何伟大与辉煌，一旦成为过去，就会显得沉寂，但毛泽东所创造的战争伟业和军事思想，却不会随着他个人的去世而烟消云散。这是因为，这个世界并不安宁，这个世界还存在着军队和战争。只要战争阴云不散，毛泽东军事思想就仍然是一柄斩妖驱魔的利剑。

我没有想到打仗

如果将毛泽东比之于像秦始皇那样的“千古一帝”，恐怕是不合适和不恰当的，但就毛泽东在军事上对人类的贡献而言，他决不比古今中外的任何军事家逊色，说他在军事上是“千古一人”，恐怕不算溢美之词。其智慧、谋略、胆略、气魄都是超乎常人的。我们很难设想，三湘四水是如何孕育出这样伟大的军事家的。正因为他的伟大，对他在人类军事史上的贡献和在军事理论上的成就的评价或许还要待多少年后才能看得更为清晰。

湖南，中国的内陆省份。但这个内陆省份却在近代扮演了一个奇特的角色：在中国近代一百多年的政治风云中，湖南成了每次政治变革的前导。百多年来的湖南，动乱相续，风雨交汇，而名人之盛也往往出人意表，真可谓风云际会，群星灿烂。从太平天国革命、洋务运动、戊戌维新、辛亥革命，一直到新民主主义革命，湖南涌现出了一批又一批革新志士、革命领袖、各种政治军事人物和其他著名人士，以至使人不禁发出

"惟楚有材，于斯为盛"的浩叹。

湖南自古深受楚文化的影响，屈原探索宇宙、人生"大本大源"的哲理思维和瑰丽浪漫的诗篇，庄子神奇精妙的散文，王船山、魏源等追求"经世之学"的主张，深深哺育了湖湘文化。与其他内陆省份不一样，湖南虽处内地而不闭塞。近代以降，湖南风气大开，人才辈出。湘潭人杨度预言，中国若是德意志，湖南便是普鲁士。意为救中国者湖南也。如果说因为杨度是湖南人，这话有自吹之嫌的话，则中国共产党创始人陈独秀说的大概没人会说是瞎吹了吧。安徽人陈独秀说："湖南人底精神是什么？'若道中华国果亡，除非湖南人尽死。……湖南人这种奋斗精神，却不是杨度说大话，确实可以拿历史证明的。二百几十年前底王船山先生，是何等艰苦奋斗的学者！几十年前的曾国藩、罗泽南等一班人，是何等'扎硬寨'、'打死战'的书生！黄克强历尽艰难，带一旅湖南兵，在汉阳抵挡清军大队人马；蔡松坡带着病亲领子弹不足的两千云南兵，和十万袁军打死战！他们是何等坚忍不拔的军人！"[1] 陈独秀大声疾呼："欢迎湖南人的精神！"

杨、陈二位的话果然不谬，几十年后，就是与杨度同出一里的毛泽东用武器的批判荡涤了腐朽、贫弱的旧中国。连毛泽东自己也没有想到，他竟然会率兵打仗，上山当"山大王"，并在二十多年间横扫六合，剪灭列强军阀，统一大陆河山。

湘人历来有尚武精神，自曾国藩的湘军"剿灭"了起自广西的太平军之后，"无湘不成军"的民谚便不胫而走，传遍了全国，并流传至今。

但在30岁之前，毛泽东根本没有想到打仗，没有想到他一生中最重要的年华会在打仗中度过，没有想到他会成为一名叱咤风云的战争大师。

---

[1] 《独秀文存》，安徽人民出版社1987年版，第433页。

1965年3月，他在会见叙利亚客人时坦率地说："像我这样一个人，从前并不会打仗，甚至连想也没想到过要打仗，可是帝国主义的走狗强迫我拿起武器。"[1]

青年时代的毛泽东，最大的志愿是当一名教师，其次是记者。1921年初，毛泽东在新民学会讨论"会员个人生活方法"时说："我可愿做的工作：一教书，一新闻记者，将来多半要赖这两项工作的月薪来生活。"[2]

这年底，已经是共产党员的毛泽东在补填《少年中国学会会员终身志业调查表》时，在"终身欲研究之学术"栏中，郑重填写了"教育学"三个字；在"终身欲从事之事业"栏中，填写了"教育事业"四个字；在"将来终身维持生活之方法"栏中，填写了"教育事业之月薪报酬及文字稿费"；在"备考"栏中，填写了"所志愿之事业现时还只着手准备，预备三年或四年后个人须赴国外求学，至少五年，地点在俄，后回国从事所欲办之事业"。[3] 从这份调查表中可以看出，毛泽东对从事教育事业不仅目标坚定，而且有着具体的实施计划。

这个志愿对其一生都有着重要的影响。当他成为一名职业革命家和党的领袖后，还曾多次谈到自己当教师的志愿。即使到了晚年，他仍念念不忘自己曾短期从事的教员生涯。

1963年3月，毛泽东在与外宾谈话时说：我本人从未上过大学，我的社会职业是小学教员，也搞点新闻工作。美国友人安娜·路易斯·斯特朗也回忆1964年1月毛泽东向她提及的教员生涯："我自己是湖南省的一个小学教师。我根本不懂马克思主义，也从未听说过共产党，更没有想到我

---

[1] 金冲及主编：《毛泽东传（1893—1949）》（上），中央文献出版社1996年版，第142页。

[2] 金冲及主编：《毛泽东传（1893—1949）》（上），中央文献出版社1996年版，第73页。

[3] 张允侯等：《五四时期的社团》（一），生活·读书·新知三联书店1979年版，第422页。

会成为一个战士，组织一支部队去战斗。我是被迫这样做的。反动派杀人太多。”

斯诺回忆道，毛泽东在1965年与其谈话中也说，他的生涯是从做小学教员开始的。当时他没有想到打仗，也没有想到成为共产党人。他像我（斯诺自称）一样，多少是个民主人士。[1]

“文化大革命”中，毛泽东在鄙视林彪强加给他的“四个伟大”，即“伟大的导师，伟大的领袖，伟大的统帅，伟大的舵手”的光环时，仍说他只要“teacher”（导师、教员）一词，其他统统去掉。

初上井冈山率兵打仗，败多而胜少，照毛泽东的说法是“先打了个小胜仗，接着又打了两个大败仗”[2]。他自我解嘲地说：军旅之事，未之学也。[3]说这话时，正是毛泽东被临时中央政治局“开除党籍”的时候[4]，党的前委书记不能干了，只能担任工农革命军第一师师长。新中国成立后，毛泽东提及这件事的时候说：“我这个人当师长，就不那么能干，没有学过军事。”毛泽东说这话，既是对“左”倾惩办主义者的愤愤之词，也是实际情况的写照。上井冈山前的毛泽东对军旅之事，确是知之不多，军事经历非常简单，但有几件事还是值得记上一笔的。

辛亥革命发生后，毛泽东也像许多热血青年一样，投身革命军，但时间很短，只有半年。他所在的部队是第二十五混成协第五十标第一营左队。他在20世纪30年代向斯诺回顾说，当时他不喜欢学生军，认为它的基础太复杂了，“我决定参加正规军，为完成革命尽力。”“我的军饷是每月7元——不过，这比我现在在红军所得的要多了。”孙中山和袁世凯达

---

[1] 《毛泽东自述》，人民出版社1996年版，第204页。

[2] 周培源：《毛主席的伟大旗帜是科学的旗帜》，《光明日报》1978年9月10日。

[3] 金冲及主编：《毛泽东传（1893—1949）》（上），中央文献出版社1996年版，第171页。

[4] 系误传，实际为免去政治局候补委员一职。

成协议，南北统一后，“我以为革命已经结束，便退出军队，决定回到我的书本上去。我一共当了半年兵。”[1]

关于这半年士兵生活对他的影响，他在后来提及说：辛亥革命的时候背过几天（步枪），什么立正、稍息，托四把枪还相当可以。不是吹牛皮，单个教练、排教练、连教练、营的野外演习也搞过。[2] 谁也没有料到，这个只提了半年七斤半（步枪）的高个子青年，竟然在多年后成为一位叱咤风云的军事统帅。

当兵半年的毛泽东没有真刀真枪干过，倒是在湖南第一师范时却组织过一次有声有色、有勇有谋的战斗。那是 1917 年 11 月护法战争期间，北洋军从湖南衡宝一线沿铁路线向北溃退。这时，驻守长沙的北洋军阀傅良佐被桂军谭浩明赶走了。傅走而谭还未到，长沙城里没有任何守军，实际是一座空城。溃兵北归，长沙城一夕数惊。位于南郊，且又与粤汉铁路为邻的一师正是溃兵的必经之地。溃兵往往是拒敌不足，扰民有余。秀才碰到兵，更是有理说不清。校方为防师生受劫掠，决定将师生疏散到城东暂避。时任学友会总务的毛泽东提出，可以让正在接受军事训练的学生自愿军负责守卫，校方同意了他的建议。于是一些零散溃兵途经校门口，都不敢轻易闯入。18 日，一支三千余人的溃兵因不知长沙虚实，在一师以南的猴子石一带徘徊。毛泽东看出，溃军逗留不进，是因为他们不知长沙城里的虚实。他于是把几百个学生自愿军分成三队，拿着木枪，分布在猴子石周围的几个山头上，同时和附近的警察分所联络，由他们鸣枪呐喊，学生自愿军则大放鞭炮，对溃兵形成包围之势。在这种突然袭击下，本来就张皇失措的溃兵以为城中壁垒森严，不敢冒进。这时毛泽东便让两个同学

---

[1] ［美］埃德加·斯诺：《西行漫记》，董乐山译，生活·读书·新知三联书店 1979 年版，第 118 页。

[2] 宋时轮：《毛泽东军事思想的形成及其发展》，军事科学出版社 1984 年版，第 9 页。

用桂林话喊道："傅良佐跑了，南军（指桂军）已经进城，你们投降吧！"随后毛泽东又派人去交涉，把溃兵引到第一师范前坪，全部缴了他们的枪。第二天由商会出钱遣散。长沙由此免去了一场兵灾。

事后，全校师生纷纷称赞毛泽东"浑身是胆"。同班同学邹蕴真问他："万一当时败军开枪还击，岂不甚危？"毛泽东分析说："败军若有意劫城，当夜必将发动，否则，必是疲惫胆虚，不敢通过长沙北归，只得闭守于此，故知一呼必从，情势然也。"[1]

用兵之道，知彼知己。这场小"战斗"足见毛泽东深谙此用兵之道。毛泽东后来在一次闲谈中笑着说，他搞军事，恐怕那才真是第一次哩。

毛泽东常对人说，丈夫要为天下奇，即读奇书，交奇友，创奇事，做个奇男子。智缴北洋军枪支的事，即可谓"奇男子"所创的"奇事"。在湖南一师，同学们也因此给他起了一个外号叫"毛奇"。毛奇系德意志建国时普鲁士的著名将领，在普法战争中功绩卓著。同学们以此称毛泽东，一方面以表他是奇特之士，一方面也寓有智勇兼备、浑身是胆的意思。一师同学对他平素为人风格有这样的评价："润之气质沉雄，确为我校一奇士"。在这年6月一师开展的人物互选活动中，毛泽东在全校四百多名参加学生中得票最高，除德智体外，"胆识"一项，则为他所独有，评语是"冒险进取，警备非常"。

为将之道，智勇兼备，胆识过人。青年时的毛泽东就具备了成为军事统帅的良好素质，虽然他自己并不一定意识到了这一点。

看来人生多变，毛泽东也不例外。事情的发展往往不以个人的意志为转移。时势造英雄，历史把他推到了风口浪尖，他勇敢地面对对全党来说都是全新的挑战。

---

[1] 高菊村等：《青年毛泽东》，中共党史资料出版社1990年版，第67页。

我们上山打游击，是国民党“剿共”逼出来的

大浪淘沙，险恶的环境迫使毛泽东成了军人，成了军事家。他自己多次说过，他打仗是被逼出来的，并不是天生的打仗料子。

重庆谈判时，毛泽东去看国民党内一向反共的陈立夫，他用回忆往事的口气，谈起大革命初期国共合作的情景，自然免不了要讲到后来的国共分手。毛泽东以轻松幽默的语调说：“我们上山打游击，是国民党‘剿共’逼出来的，是逼上梁山。就像孙悟空大闹天宫，玉皇大帝封他为弼马温，孙悟空不服气，自己鉴定是齐天大圣。可是你们却连弼马温也不给我们做，我们只好扛枪上山了。”说得陈立夫无辞可对。这个陈立夫，起初极力反对国共谈判，认为谈判“只会助长共产党的声势”。这会儿也不得不表示，要对国共和谈“尽心效力”。

在重庆时，有人要共产党“不要另起炉灶”，毛泽东针锋相对地回答：“‘不要另起炉灶’的话我很赞成，但是蒋介石得要管饭，他不管我们的饭，我不另起炉灶怎么办？”[1]

国民党的屠杀政策把共产党逼上梁山，另起炉灶，也把毛泽东逼成了战争大师。这恐怕是蒋介石做梦也没有想到的。

还是在重庆谈判时，毛泽东曾与许德珩教授夫妇叙旧，谈起他是如何学会打仗时，毛泽东风趣地说：你们知道，我这个人怎么会打仗呢？我是逢山开路，遇水搭桥。大家皆开怀大笑。

20世纪60年代，正是亚非拉革命运动风起云涌的年代，那时有许多这些国家的人来中国“取经”，他们除了向毛泽东当面寻求武装斗争的方

---

[1] 王炳南：《阳光普照雾山城》，《人民文学》1977年第9期。

法外，还不忘请教毛泽东是如何成为战争大师的。毛泽东回答的往往是四个字：“逼上梁山。”

“有了共产党以后，就进行了革命战争，那也不是我们要打，是帝国主义、国民党要打。一九二一年，中国成立了共产党，我就变成共产党员了。那时候，我们也没有准备打仗。我是一个知识分子，当一个小学教员，也没学过军事，怎么知道打仗呢？就是由于国民党搞白色恐怖，把工会、农会都打掉了，把五万共产党员杀了一大批，抓了一大批，我们才拿起枪来，上山打游击。”❶

“他要打，我就打。这个方法是从反动派那里学来的。我们就是从蒋介石那里学来的，蒋介石打我，我就打他。他可以打我，难道我就不能打他呀？”❷

同斯诺，毛泽东也是这样说的。斯诺转述毛泽东的意思说：“蒋委员长一直是中共的教员。如果没有他的教育，像毛自己这样的人就不能摆脱右倾机会主义，拿起武器同他进行斗争。实际上，正是蒋介石和日本军阀直接教会他们怎样打仗，而美国则是他们的间接教员。”❸

1966 年 6 月 10 日，毛泽东与老朋友、越南领导人胡志明漫谈时说：“我这个人是逼上梁山的。以前我没有准备打仗，是教小学的。就在那年被逼上梁山。七搞八搞，搞了十年，打了一部分败仗，多数是胜仗。”

毛泽东从自己的经验中总结道：“不要迷信军事科学。只要去打仗，一点也不难学会。”

被逼上梁山，从此学会了打仗，这一打就打了二十多年。

---

❶ 《毛泽东文集》第八卷，人民出版社 1999 年版，第 377—378 页。

❷ 《毛泽东文集》第八卷，人民出版社 1999 年版，第 386 页。

❸ 《毛泽东自述》，人民出版社 1996 年版，第 181 页。

1963 年 3 月，毛泽东在一次谈话中谈道：是谁把城市里相信马列主义的知识分子赶到山上打游击的？是蒋介石的白色恐怖，没有办法，只有一条出路，上山打游击，一打就打了二十二年，直到 1949 年才把蒋介石赶出大陆去。

这年，毛泽东在另一次与外国客人的谈话中说：我这一辈子就是在打仗中过的，共打了二十二年。从没有打仗的决心到有打仗的决心，从不会打仗到学会了打仗。

他把自己的感慨注入笔端：我们的内战，三十年了。“这三十年中，有一两年没打，其余的时间都消磨在大大小小的战争中。”[1]1975 年 10 月，耄耋之年的毛泽东谈起打仗还是那么自豪，他对联邦德国总理施密特说：我也不会写诗，但我懂得怎样打仗，怎样打胜仗。

作为伟大的军事家，毛泽东最富丰采的人生是在战火中度过的。他对战争生活有着天生的适应能力。他的便秘一到打仗时就好。他曾对斯诺说，他最喜欢的还是军事生活，他在打长沙时肠胃比别的任何时候都好。不打仗了，有时候病也来了。

毛泽东最难受的是被剥夺了军权的日子，他的耳边不能没有枪声。1932 年宁都会议后，他离开红军来到瑞金东面二十多里的东华山古庙里赋闲，那会儿真是闲得发慌，“连鬼都不上门”。毛泽东人在山上，心在战场。那几年是他最为愁苦的日子，除了政治上遭排挤、受打击的原因外，军事上被迫离开战场也是一个重要因素。“泽东积年的经验多偏于作战，他的兴趣亦在主持战争”[2]。周恩来一语中的，算是摸透了毛泽东的脾气。

---

[1] 《建国以来毛泽东文稿》第七册，中央文献出版社 1992 年版，第 445 页。

[2] 《毛泽东年谱（1893—1949）》上卷，人民出版社、中央文献出版社 1993 年版，第 390 页。

一个不愿拿枪的军事家

毛泽东从本质上说是书生，是知识分子。他一生与书作伴，在书海中游泳，战时行军，在马背上吟诵，在担架上看书，直到暮年，犹在床头堆满了书，成了书的化身。

有诗曰："书生报国无长物，唯有手中笔如刀"；又有诗道："莫谓书生空议论，头颅掷处血斑斑"。好像知识分子除了"笔"和"头颅"，就没有其他能报国的了。但是毛泽东不，他是知识分子，却用枪杆子改写了中国的历史。1965 年他在同斯诺谈到自己时说，与其说我是写文章的，不如说我能同反对我的人打仗更合适些。

毛泽东会打仗，但却很少拿枪；虽然他提出过著名的"枪杆子里面出政权"的论断，并因此被人封为"枪杆子主义"，但他却不喜欢弄枪，非到万不得已不拿枪。

老将军萧克说，他仅看到过毛泽东挂过一回枪。那是在井冈山的时候，传说毛泽东被开除了党籍，不能当前委书记了，便改当师长。在红四军成立大会上，他挂着驳壳枪，诙谐地说："身背盒子枪，师长见军长。"

当然，毛泽东也并非仅拿过一回枪，在危险的时候他还曾亲自持枪冲锋陷阵。1929 年初，红四军下山向赣南闽西进军，被国民党军刘士毅部穷追不舍，红军远离根据地在白区作战接连失利，险象环生，濒临绝境。在大柏地，红军下决心与追敌决战。大年初一，红军在大柏地设伏，刘士毅部两个团进入红军布下的"口袋"后，红军各部拼全力向敌猛攻。军长朱德带队冲在前头。平时很少摸枪的毛泽东，在这关头也提枪亲率警卫排向敌人冲锋，身边的警卫排长受伤了，他仍奋不顾身地向前冲。朱毛深知，红四军生死存亡，在此一举。鏖战到第二天下午，终将敌两个团大部歼灭，扭转了红四军的被动局面。陈毅称这一仗“为红军成立以来最有荣誉之战争”。几年后，被削了军权的毛泽东战地重游，不禁感慨系之，写下了“当年鏖战急，弹洞前村壁。装点此关山，今朝更好看”的豪迈诗句，可见对这次战斗印象之深。

大柏地一战胜利，缴枪八百余支，军部动员大家背枪，很少拿枪的毛泽东这次带头背了一支步枪，同战士们走在一起。在毛泽东的影响下，许多战士一人背了两三支步枪。

外国人说毛泽东的胜利是“一个诗人赢得了一个新中国”，这话虽然说得有些浪漫，但不无道理。毛泽东是诗人政治家，诗人思想家，诗人军事家。他是集军事家的机敏气魄，政治家的胆识圆通，思想家的深邃智慧于一身的诗人；或者说是集诗人思接千载的浪漫主义和豪放不羁气质于一身的政治家、思想家和军事家。在他身上，诗人与政治家、思想家、军事家是相通的。

“纤笔一枝谁与似？三千毛瑟精兵。”1936 年 12 月，毛泽东在给女作家丁玲的词中巧妙地引用了拿破仑的话。拿破仑说，一支笔可以当得过三千支毛瑟枪。不过毛泽东的一支笔，当得岂止三千支毛瑟枪。胸中有雄兵百万，笔下似风雷激荡。在长期的战争岁月里，毛泽东始终带着一捆捆的书籍和笔墨。他开玩笑说，我要用“文房四宝”打败国民党的“四大家族”。

当然，“文房四宝”要与枪杆子结合起来才能打败拿枪的敌人，正像马克思说的，批判的武器不能代替武器的批判。毛泽东的“文房四宝”正由于有枪杆子撑着，才能打翻旧世界。毛泽东在延安对青年们说：“笔杆子跟枪杆子结合起来，那末，事情就好办了。拿破仑说，一支笔可以当得过三千支毛瑟枪。但是，要是没有铁做的毛瑟枪，这个笔杆子也是无用的。你们有了笔杆子，再加一条毛瑟枪，根据拿破仑的说法，那末，你们就有三千零一支毛瑟枪了。有了这，什么帝国主义也不怕，什么顽固分子也不怕。有了这，这些狗子敢来咬一口吗？”[1]

犹记当时烽火里，九死一生如昨

令人惊异的是，虽然毛泽东在他的一生中经历过无数枪林弹雨，艰难险阻；虽然他身经百战，与国内外敌人进行过数不清的殊死搏斗；虽然他的家庭有六位亲人为革命献出了生命，但他却没受过一次伤，哪怕是枪弹擦伤的痕迹都没有。每一次危险中他都安然无恙，仿佛是炮弹、炸弹和子弹都长了眼睛，不敢去碰这位伟人。

1965 年 1 月，毛泽东对斯诺曾谈起过这件似乎令人惊奇的事：“我准备了好多次了，就是不死，有什么办法！多少次好像快死了，包括你说的战争中的危险，把我身边的卫士炸死，血溅到我身上，可是炸弹就是没打到我。”“在长征路上也有一次，过了大渡河，遇上飞机轰炸，把我的卫士长炸死，这次血倒没有溅到我身上。”[2]

自投身革命运动后，危险就时时伴随着毛泽东。1925 年 8 月，毛泽东正在家乡韶山组织农民进行“平粜阻禁”的斗争，湖南军阀赵恒惕得知后，于 28 日电令湘潭团防局急速逮捕毛泽东。县议员、开明绅士郭麓宾在县长办公室看到了这封密电，只见上面写着：“立即逮捕毛泽东，就地正法。”他看后不动声色地退出办公室，回到住处立即写信，让其在县府当炊事员的侄子郭士奎连夜送给毛泽东。信中写道：“泽东兄，事急，省里密电拿你，务希在今晚离开韶山。”毛泽东接到信后，不慌不忙，先

[1] 《毛泽东文集》第二卷，人民出版社 1993 年版，第 257 页。
[2] 《毛泽东外交文选》，中央文献出版社、世界知识出版社 1994 年版，第 549 页。

坐下来用开水泡饭吃。毛泽民的妻子王淑兰则赶紧去要了一副轿子，轿子是由毛泽东的表兄弟贺晓秋和文涧泉二人抬的。走前，毛泽东又跟他们编了一套应付检查的话：抬的谁？抬的郎中。送轿子的人一天一夜就回来了，而团防局隔了几天才来拿人，这时毛泽东早已远走高飞。可见，那时团防局的工作效率也是很低的。

在毛泽东的一生中，曾多次遇险，多次死里逃生。其中，特别危险的一次是浏阳遇险。1927年9月上旬，毛泽东为组织秋收起义，东奔西走。9日，他在安源完成起义部署后，装作安源煤矿的采购员，由潘心源等陪同赶往铜鼓。不料，在浏阳张家坊村，被民团巡逻查房队抓住，在押送民团总部的路上，他机智地脱险。这段经历，毛泽东在后来与斯诺的谈话中谈到过：

当我正在组织军队、奔走于汉冶萍矿工和农民武装之间的时候，我被一些与国民党勾结的民团抓到了。那时候，国民党的恐怖达到顶点，数以百计的共产党嫌疑分子被枪毙。那些民团奉命把我押到民团总部去处死。我从一个同志那里借了几十块钱，打算贿赂押送的人释放我。普通的士兵都是雇佣兵，枪毙我对他们并没有特别的好处，他们同意释放我，但是负责的队长却不允许。因此我决定设法逃跑。但是，直到离民团总部大约不到200米的地方，我才找到机会。我一下子挣脱出来，往田野里跑。

我跑到一个高地，下面是一个水塘，周围长了很高的草，我在那里躲到日落。士兵们在追踪我，还强迫一些农民帮助搜寻。有好几次他们走得很近，有一两次我几乎可以用手接触到他们。尽管有五六次我已放弃任何希望，认为自己一定会再次被抓住，可是不知怎么地我没有被他们发现。最后，天近黄昏了，他们放弃了搜寻。我马上翻山越岭，彻夜赶路。我没有穿鞋，脚底擦伤得很厉害。路上我遇到一个友善的农民，他给我住处，后来又带领我到了邻县。我身边有七块钱，用这钱买了一双鞋、一把伞和一些食物。当我最后安全到达农民武装那里的时候，我的口袋里只剩下两个铜板了。[1]

这是毛泽东一生中碰到的最惊险的一幕，真可谓虎口脱险，死里逃生。随后，毛泽东便与死神交上了朋友，常常与死神擦肩而过。

1929年1月，毛泽东、朱德率红四军从井冈山上下来，便为敌轮班追击，红军初入白区作战，连战失利。一败于大庾（今大余），二败于圳下。特别是圳下遇险，朱毛差点都要做了俘虏。圳下是赣南寻乌县一个四面环山的小山村。红四军自大庾失败以后，一直被敌刘士毅部紧紧追着。这天晚上，疲惫不堪的红军到了圳下便宿营了。毛泽东和军部住在文昌庙。次日凌晨，敌军围了上来，红军还不知道。天刚蒙蒙亮，贺子珍一觉醒来，就隐隐听到吹号的声音。她感到奇怪：我们的队伍还没有到集合出发的时候，哪儿来的号声呢？她带着疑团吃了早饭，正在待命出发，忽然听到枪声大作。她下意识地说了声："有紧急情况！"马上跑出房子。毛泽东闻声，也跟着快步走了出来，他边走边问："什么情况，怎么没有接到报告？"

差不多就在同时，他们听到大路上传来杂乱的脚步声。紧接着，担任后卫的二十八团的战士拥挤着，向军部驻地跑来。军部这时才接到报告，敌刘士毅部正包围圳下，并且同二十八团接上了火。

原来，敌军头天晚上就在距红军五里路的地方宿营。他们得知红军就在附近后，便趁着晨曦，紧急集合，突袭红军。贺子珍听到的号声便是敌军的集合号。

在敌军的突袭下，红军一时陷入混乱。第二十八团团长林彪拉起队伍

---

[1] 《毛泽东自述》，人民出版社1996年版，第56、57页。

就走，毛泽东、朱德和军直机关被抛在后面，只有一个后卫营掩护，情况十分紧急。为制止溃退的战士，毛泽东亲自站在村中间小河的桥头，阻止后退的队伍，并命令第三十一团立即投入战斗，全力阻击敌人。

由于敌人人多势众，又已完成对红军的包围，并发起全线攻击，红四军被敌人分割成几块，只得各自为战，寻找突破口突出敌人的重围。朱德率领五名战士突了出来，但敌人仍穷追不舍。朱德心生一计，几个人分作两路跑，他自己带领一个警卫员，终于摆脱了险境。陈毅跑出来时，身上披着大衣，被身后冲上来的敌人一把抓住大衣。陈毅急中生智，顺势把大衣往后一抛，正好罩住敌人的脑袋，自己则乘机脱身，跑了出来。毛泽东和贺子珍则率机关冲出了危险区。毛泽东同军部人员会合后，坐在路边休息。见到别人吃饭，才感到饿了，但带着饭的警卫员也跑散了，只得向曾志“讨饭吃”。

这次被敌突袭，毛泽东胞弟毛泽覃腿部中弹；朱德妻子伍若兰被俘，后在赣州英勇就义。

毛泽东又一次九死一生。

红军长征中，毛泽东也多次碰到危险。一次是在化林坪，当时红军正在翻越化林坪的一座大山，由于山大路窄人多，行军的速度很慢。当毛泽东走到半山腰一段开阔地时，只听得头顶上响起了嗡嗡的马达声，敌人的飞机出现在天空中。红军还没来得及隐蔽，便传来了刺耳的呼啸声，大家立即意识到炸弹落下来了。果然，一颗炸弹落在离毛泽东很近的地方。正在毛泽东身边的警卫班长胡昌保喊了一声：“主席!”猛地向毛泽东扑了过去，把毛泽东一把推到一边。“轰”的一声巨响，烟雾罩住了视线。在烟雾中只见胡昌保倒在路边。毛泽东赶忙蹲下来，双手抱着胡昌保，轻轻地唤着：

“小胡，昌保同志，……胡昌保同志!”

这时，胡昌保慢慢地睁开双眼，无力但很急切地问：“主席！毛主席，他……”

警卫员告诉班长："毛主席没有负伤。"

胡昌保脸上露出了放心的笑容，在毛泽东怀中安详地闭上了眼睛。

这就是毛泽东对斯诺提到的长征路上他身边的卫士长牺牲的事。

1935年9月，毛泽东又一次陷入了千钧一发的危急关头。红一方面军长征，千回百折，到渡过大渡河，才算松了一口气。这年6月，一、四方面军在懋功胜利会师，两军实力达到十万之众。本来，这是北上发展的大好时机，但此时张国焘却自恃人多、枪多，迟迟不肯北上，向中央提条件，讲价钱。两军会合后，混编为左右两路，毛泽东、周恩来、叶剑英和徐向前、陈昌浩率右路军北上，朱德、刘伯承等则与张国焘一起率左路军北上。由于张国焘的一再拖延，使敌胡宗南部得以从容集中兵力扼守松潘，红军沿松潘大道北进甘南计划遂告流产，毛泽东被迫率右路军从自然条件极为恶劣的大草地北上。

毛泽东率右路军过了大草地后，中央一再催促张国焘北上。这时，张国焘的分裂活动变本加厉，他一面于9日致电陈昌浩、徐向前转中央，再次表示反对北进，坚持南下，一面密电陈昌浩率右路军南下，企图分裂和危害党中央。

到这时，局势便发展到了千钧一发的危急地步。右路军前敌总指挥部参谋长叶剑英看到张国焘给陈昌浩的电报后，立刻秘密赶往不远处的中共中央驻地巴西向毛泽东报告。毛泽东迅速抄下电文。据毛泽东一年多后在延安政治局会议上讲，电文中有：南下，彻底开展党内斗争。[1]抄完后，毛泽东让叶剑英拿着电报返还交给陈昌浩。随后，毛泽东与张闻天、博古、王稼祥及正在病中的周恩来磋商，一致认为在这种情况下再想继续说服并等待张国焘率部北上，不仅没有可能，而且必将导致严重后果。他们当机立断决定率

[1] 金冲及主编：《毛泽东传（1893—1949）》（上），中央文献出版社1996年版，第362页。

一、三军团迅速脱离险区，单独北上。当日夜里，毛泽东率部在前，彭德怀断后，神不知鬼不觉离开了右路军驻地，到达俄界一军团驻地。

记住，这一天是 9 月 9 日。八年前的这一天，毛泽东从敌民团的手中死里逃生，而这一次，却是从“自己人”的手中机智脱险。41 年后又是这一天，他告别人间。

这次事件，确实危险，当时如果稍有不慎，是会打起来的。毛泽东脱险，叶剑英立了一大功。后来，毛泽东多次引用明代李贽的诗“诸葛一生唯谨慎”“吕端大事不糊涂”，来赞誉叶剑英在这次事件中的贡献。新中国成立后，毛泽东一次会见杨成武时，还摸着自己的脑袋，风趣地说：叶剑英在关键时刻立了大功，如果没有他，我们就没有这个了。他救了党，救了红军，救了我们这些人。这样的话，毛泽东还说过多次。“文化大革命”中，毛泽东在与湖南省负责人谈话时，再次提及这件事，他说：叶剑英把张国焘的电报给了我，没有给陈昌浩，我们才走了的。不然我们就当了俘虏啦！[1]那次毛泽东已经做了最坏的准备，彭德怀问毛泽东：“如果他们扣留我们怎么办？”毛泽东坦然一笑：“那就只好一起跟他们南进吧！”

“创业艰难百战多。”读伟人出生入死的经历，眼前常常浮现出陈老总的这句诗。

有飞来的危险，也有明知危险，大义凛然毅然前行的。1945 年重庆谈判即是一例。这次重庆之行无异于深入虎穴，许多人都为毛泽东亲去重庆谈判捏一把汗。后来，毛泽东谈到当时的决心时说：那个时候，准备他们把我枪毙掉，我把家里的事都交给刘少奇同志。到了重庆，一面谈，一面打。我们打了两个胜仗，蒋介石才把我放回来。

---

[1] 张素华等：《说不尽的毛泽东》（下），辽宁人民出版社、中央文献出版社 1995 年版，第 610 页。

1948年5月18日，毛泽东再次遇险，又再次脱险。那是毛泽东东渡黄河，在城南庄举行中央书记处扩大会议后不久。这天，国民党的飞机突然来轰炸城南庄，击中了毛泽东的住房，但他没有受伤。对这段惊险的经历，当时在场的聂荣臻回忆说：

> 那天早晨，收听完广播，我正在吃早饭，听到有机群的轰鸣声。
>
> 我急忙走到院里，敌机的轰鸣声越来越大了。我循着声音望去，有一架敌机已经飞来了，在城南庄上空盘旋侦察。接着，后面传来一阵轰鸣声，声音很沉重，不多时，又飞来了两架敌机，这时已经看清是B25轰炸机。于是我快步向毛泽东的房间走去。
>
> 由于毛泽东同志通宵都在工作，我走到他屋内的时候，他身穿蓝条毛巾睡衣，正躺在床上休息。我以很轻而又急切的声音说：主席，敌人飞机来轰炸，请你快到防空洞去。毛泽东坐起来，若无其事，非常镇静，很风趣地对我说：不要紧，没什么了不起！无非是投下一点钢铁，正好打几把锄头开荒。
>
> 我想，不能再延迟了，就当机立断，让警卫人员去取担架。取来担架以后，我向赵尔陆同志递了个眼色，便把毛泽东同志扶上了担架。我们两人抬起担架就走，在场的秘书和警卫人员，七手八脚地接过了担架，一溜小跑奔向房后的防空洞。
>
> 我和毛泽东同志刚走进防空洞，敌人的飞机就投下了炸弹，只听轰轰几声巨响，我们驻地的小院附近升起了一团团浓烟。[1]

这次敌机一共投了五枚炸弹，其中一枚落在毛泽东所住的小院子里爆

---

[1] 《聂荣臻回忆录》（下），战士出版社1983年版，第677、678、679页。

炸了。毛泽东住的那两间小房子，门窗的玻璃都被震碎，一些鸡蛋也被弹片砸烂了，蛋液流了一地。看到这些，聂荣臻直觉得“后怕”：“如果当时不是当机立断，事情的后果是不堪设想的。”

这是敌人一次有预谋的轰炸。敌人通过潜伏在军区炊事人员内部的特务，得知毛泽东正在城南庄，于是派飞机轰炸。后来，这个潜伏的特务被抓获枪毙了。

在革命斗争中，毛泽东不仅多次从敌人手中死里逃生，而且还多次战胜病魔的折磨。毛泽东的身体原来并不坏，但由于艰苦的环境和沉重的工作压力，他曾有几次似乎要随病魔而去，但最后都奇迹般地康复了。如同毛泽东多次战胜了死神的威胁一样，毛泽东也一次次地战胜过疾病的折磨。毛泽东认为，人的精神对人的健康有着极重要的作用，他不仅将生病的主要原因归于生理状况以外的因素，而且，根据自己的经验，他也相信人们有时不靠药物单靠极大的希望也能生存下去。1929 年秋，在江西苏区，在红四军受到排挤的毛泽东得了疟疾。这场大病持续了三个月，好几次在生与死之间徘徊。上海的交通员历尽艰辛弄来了奎宁，信仰基督教的医生傅连暲尽了极大的努力，但毛泽东仍将他的康复原因很大部分地归功于他在稻草床上草拟出的著名的《古田会议决议》。长征途中，张国焘分裂红军的企图以及其所拥有的强大的武装实力，亦曾使得焦虑的毛泽东发生严重的神经衰弱。而在越过六盘山到达陕西后，毛泽东则天天晚上安然入睡在黄土窑洞里。

对毛泽东多次“大难不死”，斯诺若有所悟，他对毛泽东说：“救了你性命的命运中这些意外的事件，已经使也许是中国历史上最不平常的事业成为可能。”

晚年的毛泽东重上井冈山，故地重游，抚今追昔，不禁感慨系之：“犹记当时烽火里，九死一生如昨。”

在毛泽东的戎马生涯中，井冈山是他百战创业的发祥地，也是党重振雄风的源头。在他需要迎接重大挑战的关头，他总是想起井冈山，重上井冈山。在毛泽东留下来的诗作中，光是关于井冈山的就有三首：《西江月·井冈山》《水调歌头·重上井冈山》《念奴娇·井冈山》。井冈山，凝结着毛泽东昨天的辉煌和明天的希冀，这里“险处不须看”，这里“独有豪情”。昨天的九死一生都过去了，明天还有什么艰难险阻不能克服呢！

我也打过败仗

毛泽东是伟大的军事家，他一生直接指挥过数以百计的战役战斗。但他从不认为自己是百战百胜的常胜统帅。他说自己能打仗，但一点也不隐讳自己也曾打过败仗，并且多次坦言自己“走麦城”。

早在抗战时期召开的中共七大上，毛泽东便在所作的结论中谈到党走过的弯路：“在肃反问题上前前后后都犯过错误，打仗也打过许多败仗，这样的政策、那样的政策，也碰过许多钉子。包括我自己在内。”❶

在1956年9月10日的中共八大预备会议第二次全体会议上，毛泽东谈到自己曾犯过错误时说：“比如打仗，高兴圩打了败仗，那是我指挥的；南雄打了败仗，是我指挥的；长征时候的土城战役是我指挥的，茅台的那次打仗也是我指挥的。”❷

1957年11月12日，毛泽东在与外国客人谈话中坦率地承认：“我也犯过错误，打过好多次败仗，因为把敌情估计错了。这些败仗对我很有益

---

❶ 《毛泽东文集》第三卷，人民出版社1996年版，第408页。

❷ 《毛泽东文集》第七卷，人民出版社1999年版，第106页。

处，教育了我。”

1958年7月22日，毛泽东同苏联驻华大使尤金作了一次长谈。此前，赫鲁晓夫提出要与中国“建立一支共同潜艇舰队”的建议，毛泽东听后大为光火，气得一宿没有睡觉。在谈话中，毛泽东严厉批评了苏联的大国沙文主义，指出这件事“是把俄国的民族主义扩大到了中国的海岸”。同时，批评苏联在中国革命和建设上到处指手画脚。

尤金见毛泽东发火，赶忙说，议论像中共这样伟大的党的政策是否正确，是轻率的、傲慢的。毛泽东话题一转：

“只能说是基本上正确。我自己也犯过错误，由于我的过错，在战争中也打过败仗，比如长沙、土城等四次战役。如果说我基本上是正确的，我就很高兴了。”❶

在1959年8月的庐山会议上，毛泽东曾谈到自己在军事上的经历。当他说到“胜败兵家常事，尤其是在打败仗之后，要鼓励，不能泼冷水。否则官兵都不满”之后，接着说：“我就打过好几次败仗，如水口战役……所谓败仗，就是说没有解决战斗。”❷

毛泽东这些谈话中提到的他指挥的败仗主要是五次：长沙战役、水口战役、高兴圩战斗、土城战斗、茅台战斗。

长沙战役指的是毛泽东指挥的第二次长沙战役。1930年夏，以李立三为首的中央提出“会师武汉，饮马长江”的口号，命令各路红军进攻中心城市。这时全军上下都很振奋，谁不想革命早点成功啊。毛泽东在率部向长沙进军的路上，也兴奋地吟诵道：“百万工农齐踊跃，席卷江西直捣湘和鄂。”在毛泽东率领红一军团抵达长沙前，彭德怀指挥的红三军团已

---

❶ 《毛泽东外交文选》，中央文献出版社、世界知识出版社1994年版，第332页。

❷ 李锐：《庐山会议实录》，湖南教育出版社1988年版，第216页。

进行了第一次长沙战役，那次打长沙，敌人猝不及防，长沙被红军攻了进去。但不久敌人集中兵力反攻，红军被敌人包围在城里，突围时又遭到很大损失。第二次长沙战役时，敌人已有防备。毛泽东并不想打，认为就红军的装备条件来看，长沙不易攻下。但上有中央命令，新成立的红一方面军总前委内部又有不少委员主张打长沙，三军团领导人更加积极。他们甚至认为，三军团两万多人都能打下长沙，现在四万多人还不能打吗？打仗有时也真没有办法，上下都要打，毛泽东、朱德只好同意再攻长沙。

但打的时候，毛泽东是根据实际来的。1930 年 8 月 24 日，朱毛下达了方面军分“三路向长沙推进”的命令。进抵长沙近郊后，总前委从侦察中获悉，长沙守军有六个师又一个旅，共 31 个团，又有坚固的工事，与红军相比，占有明显的优势。毛泽东决定采用“诱歼敌军于其工事之外，然后乘胜攻入长沙”的作战方法。然而，长沙守敌并不上当，坚持凭坚固守，不肯出击。红军抓不到歼敌的战机，等得不耐烦的红军将士纷纷要求攻城。毛泽东遂于 9 月 1 日晚发出第二天向长沙发动总攻的命令。总攻战斗异常激烈，红军指战员前仆后继，甚至采用古老的“火牛阵”，试图驱赶牛群来冲破敌军的电网，仍没有奏效。守将何键看到红军攻势受挫，鼓起勇气派两个旅出击，受到红军迎头痛击。此后守军不敢再出击，红军屯于坚城之下，只得再次发起总攻，仍未能突破敌军防线。这时，敌援兵已到达湘潭一带。总前委只得下令自长沙撤围。二打长沙实际上是毛泽东为了红军的整体利益，迁就了当时红军内部存在的急躁心理。这次失利的教训也使他们认识到在红军弱小时攻打中心城市是非常困难的。

长沙之战虽说没有取胜，但打出了红军的威风。撤出来后，毛泽东说，二打长沙，“把敌军三十团以上的威风完全打落，使之不敢正眼看我红军，同时给全国以颇大影响”[1]。

长沙之役并非毛泽东想打，而水口战役则又是另一回事。水口战役又叫南雄、水口战役，是红一方面军1932年7月与入赣粤军进行的一场恶战。水口位于广东南雄县境内，1932年6月，临时中央发布军事训令，决定红军先解决入赣之粤军，占领梅岭关，随后再沿江北上。7月初，红一军团一部控制了梅岭关要隘后，粤军即由韶关、信丰兼程赶赴南雄，企图与北面国民党军合击红军。这时，毛泽东与红一方面军首长决定集中一、三、五三个军团，同时消灭由南雄出动和进抵乌径之粤军。7月8日凌晨，红五军团向水口方向截击，与敌接触，迅速击溃了敌军两个团。次日，粤军援军八个团进抵水口战场，敌军陡增至十个团。对敌之增援，红军未能及时察觉，红五军团仍按原计划实施攻击，结果伤亡很大。直至红军独立第三、第六两师到达，同敌展开肉搏，才稳住战局。10日，红军主力到达战场，向敌发起总攻，水口之敌不支，退入南雄，战役结束。

这场战役打得异常惨烈。当年参加指挥这次战役的聂荣臻回忆说：

“水口战役是著名的恶仗。双方伤亡之大，战场景象之惨烈，为第二次国内革命战争时期所罕见。尸横遍野，对于这次战斗来说，并不是过甚其词。有的部队白天打仗，夜间还要在该地露营，许多同志疲劳过甚，倒头便睡，第二天拂晓才发现是和尸体露宿在一起了。有的同志夜间口渴，摸到河沟去喝水，有一股血腥味，第二天拂晓一看，河沟里的水泛着红色。”[2]

战斗最激烈时，毛泽东也亲临前沿阵地，同五军团指挥员一起冒着枪林弹雨追击敌人。

水口战役实际上不能说是败仗，最多只能说是打成了击溃战。但

---

[1] 《毛泽东年谱（1893—1949）》上卷，人民出版社、中央文献出版社1993年版，第316页。

[2] 《聂荣臻回忆录》（上），战士出版社1983年版，第157页。

毛泽东认为击溃战意义不大，“我们历来就不欢迎这种胜仗，在某种意义上简直还可以说它是败仗。”[1] 这次战役的教训是没有及时掌握敌情变化，前方误报情报（三军团误报大庾之敌已退），未能集中兵力（红三军团赶到时，水口战役已经结束），以致没能大量歼灭敌人。

高兴圩战斗是红军在第三次反“围剿”作战中的一次战斗。1931 年 9 月 7 日，毛泽东、朱德指挥红一方面军第三军团、红四军（指挥红十二军第三十五师）、红三十五军向高兴圩之敌发起攻击。高兴圩之战，空前激烈，每一座山头，每一个工事，双方都全力争夺。经两天激战，毙伤敌 2000 余人，自己也伤亡 2200 余人。终因敌占据有利地形，红军兵力不够集中，且徒涉高兴圩以西河流时遭到较大伤亡。结果双方打成对峙。红军为争取主动，旋即撤出战斗。高兴圩之战，红军损失之大为红军战争以来所仅有，包括牺牲两个师长，即红四军第十一师师长曾士峨、红三军团第四师师长邹平。

朱德后来总结说：“这一仗打得不好，确是骄傲一点。当时，大家都很高兴打。其实那计划是错了的。因为他们并不是蒋介石的嫡系部队。同时，又不可能完全消灭他。”“如果当时不打蒋、蔡（指蒋光鼐、蔡廷锴），专打蒋鼎文的部队，可能缴到更多的枪。”他意味深长地说：“凡是高兴的、着急中决定的事情，总是有问题的。”[2] 蒋、蔡的十九路军善战，于此也可见一斑。

在这次战斗中，毛泽东夫人贺子珍还差点牺牲。战斗中，一颗炸弹在毛泽东夫人贺子珍和古柏夫人曾碧漪身边爆炸，两人都失去了知觉，等她们醒过来赶上队伍，已是第二天黎明了。毛泽东看到她们平安归来，又惊

[1] 《毛泽东军事文集》第一卷，军事科学出版社、中央文献出版社 1993 年版，第 746 页。

[2] 金冲及主编：《朱德传》，人民出版社、中央文献出版社 1993 年版，第 266 页。

又喜，诙谐地说：“通讯员向我报告说，亲眼看到你们被炸弹炸死了。我还打算战斗结束后，为你们开个追悼会。你们这是人回来呢，还是鬼回来了？”在场的人都哈哈大笑起来。贺子珍说：“我们不但人回来了，文件箱也平安回来了。”事后，毛泽东对贺子珍说：“我还以为这回连你的尸首都找不回来了。敌人要是认出这是我的老婆，还不拿你的头去领赏呀。”

土城战斗系发生在1935年1月下旬红军长征途中的一场恶仗。遵义会议后，红军分三路向赤水河以东地区推进。毛泽东在向土城镇行军途中，见这一带道路两边皆是山谷，便同朱德、周恩来、刘伯承等磋商，如果追兵孤军深入，红军可以在土城以东的青杠坡一带利用有利地形，集中优势兵力，围歼川军郭勋祺师，保障下一步顺利北渡长江。这场战斗是毛泽东提议而由红军总部决定的，以红三、五军团为主力。28日，战斗打响后，川军遭到重创，但红军也付出了不少伤亡。经过连续几个小时激战，没有取得较大战果。后来从抓获的俘虏番号中才发现，原来的情报有误，敌军不是四个团六千多人，而是六个团一万多人。对川军的战斗力也估计不足，川军的后续部队又迅速赶到，形势对红军逐渐不利。红军总部立刻派陈赓、宋任穷率领军委纵队干部团上前增援，朱德总司令也亲临前线指挥。干部团在陈赓的指挥下猛打猛冲，稳住了阵脚。此时原已北上进攻赤水城的红一军团也回师增援，巩固了阵地。这一仗没有歼灭土城附近的川军，没有达到战役目的。

刚在几天前被赶下台的博古有些幸灾乐祸地说：看起来，狭隘经验论者（指毛泽东）指挥也不成。不过，博古笑得早了点。当晚，毛泽东果断决定，红军撤出战斗，放弃北渡长江计划，西渡赤水，脱离敌人。一场有声有色的四渡赤水战役拉开了序幕。

茅台战斗发生在红军二渡赤水后。1935年3月，红军主力进攻茅台以南鲁班场之敌，因敌三个师挤在一起，攻击未能奏效，而援敌已至，红军遂主动撤出战斗，并于第二天三渡赤水。土城、茅台两次战斗均发生在长征中，红军兵疲马乏，敌人追兵又咬得很紧，要达成歼灭战是十分困难的。从另一个角度看，土城和茅台战斗比较典型地反映了毛泽东“打不赢就走”的指挥特色。

毛泽东谈到的这几次败仗，有两种情况：一种是打成了对峙，没有消灭敌人，没有实现预定作战意图；一种是打成了消耗战、击溃战，自己伤亡也不少。

我没有看过《孙子兵法》

到陕北以前的毛泽东究竟读没读过《孙子兵法》，有一阵子成了公案。毛泽东自己说过没有，也有人认为这是对“左”倾领导人说的气话，也可能读过。

事情的起因是在遵义会议时凯丰攻击毛泽东的一段话。关于这个起因，毛泽东在20世纪五六十年代曾多次提及。

土地革命战争初期，毛泽东运用灵活机动的战略战术接连取得了井冈山反“进剿”“会剿”和三次反“围剿”作战的胜利，开创了以瑞金为中心的革命根据地，创造性地提出了以“十六字诀”和“诱敌深入”为主要内容的红军作战原则。

但当临时中央搬到苏区后，当时的领导人却对毛泽东的这些作战原则左看不顺眼、右看不顺眼。他们在《革命与战争》等刊物上连篇累牍地发表文章，影射毛泽东“把古代的《三国演义》无条件地当作现代的战术；古时的《孙子兵法》无条件地当作现代战略；更有好些博览的同志，拿半个世纪以前的曾国藩作为兵法之宝”。他们断言：“这些不合时代的东西——《孙子兵法》、《曾、胡、左治兵格言》，只有让我们的敌人——蒋介石专有。”对这些浅薄的言论，毛泽东当时只能付之一笑，也不能反驳，因为他们还只是影射，没有点毛泽东的名。直到遵义会议上，凯丰指着毛泽东的鼻子说这是凭《三国演义》和《孙子兵法》指挥作战时，毛泽东才愤起反驳。

1957 年 6 月，毛泽东在与新华社社长吴冷西的谈话中说，他讲打游击战的“十六字诀”时，并没有看过《孙子兵法》。后来，被讥讽说“十六字诀”来自过时的《孙子兵法》，而反“围剿”打的是现代战争。这时，他才找到《孙子兵法》来看。列宁的《国家与革命》也是这时看的。那时，他被解除指挥中央红军的职务，就利用空闲看了不少从红军走过的县城弄来的书籍。[1] 他还说，他开始打仗的时候，并没有读过多少兵法，更不像有些人说的那样，是靠《孙子兵法》《三国演义》来指挥的，主要是靠长期革命战争实践中积累的经验。

1960 年 12 月 26 日，毛泽东 67 岁寿辰。25 日，他在同部分向他祝寿的亲属和身边工作人员谈话时说到 20 世纪 30 年代，他赋闲的时候，没事干，就看书。“走路坐在担架上，他抬他的担架，我看我的书。他们又批评我，说我凭着《三国演义》和《孙子兵法》指挥打仗。其实《孙子兵法》当时我并没有看过；《三国演义》我看过几遍，但指挥作战时，谁还记得什么《三国演义》，统统忘了。我就反问他们：你们既然说我是按照《孙子兵法》指挥作战的，想必你们一定是熟读的了，那么请问：《孙子兵法》一共有几章？第一章开头讲的是什么？他们哑口无言。原来他们也根本没有看过！后来到陕北，我看了八本书，看了《孙子兵法》，克劳塞维茨的书看了，日本人写的军事操典也看了，还看了苏联人写的论战略、几种兵

[1] 吴冷西：《忆毛主席》，新华出版社 1995 年版，第 158 页。

种配合作战的书等等。那时看这些，是为写论革命战争的战略问题，是为了总结革命战争的经验。”[1]

第二年3月，毛泽东在广州中央工作会议上也谈到这件事，基本意思差不多：“不经过第五次反‘围剿’的失败，不经过万里长征，我那个《中国革命战争的战略问题》小册子也不可能写出来。因为要写这本书，倒是逼着我研究了一下资产阶级的军事学。有人讲我的兵法靠两本书，一本是《三国演义》，一本是《孙子兵法》。《三国演义》我是看过的，《孙子兵法》当时我就没有看过。在遵义会议上，凯丰说：你那些东西，并不见得高明，无非是《三国演义》加《孙子兵法》。我就问他一句：你说《孙子兵法》一共有多少篇？第一篇的题目叫什么？请你讲讲。他答不出来。我说：你也没看过，你怎么晓得我就熟悉《孙子兵法》呢？凯丰他自己没有看过《孙子兵法》，却说我用的是《孙子兵法》。那时打仗，形势那么紧张，谁还管得什么《孙子兵法》，什么战斗条令，统统都忘记了的。打仗的时候要估计敌我形势，很快作出决策，哪个还去记起那些书呢？你们有些人不是学过四大教程吗？每次打仗都用四大教程吗？如果那样就完全是教条主义嘛！”[2]

当然，说毛泽东在长征以前一点也没接触过《孙子兵法》似乎也不成立，至少，在青年时代，他是间接读过的。在延安时，毛泽东曾对郭化若说过，学生时期喜欢读介绍历代改朝换代的战争和著名战役的书，读研究农民战争胜败得失的书。他读过记载历代战争中争夺战略要地的《读史方舆记要》。[3]在读这些书时，似乎也不可避免地要接触到《孙子兵法》的言论和思想。最为直接的证据是他在1913年10月至12月所做的课堂笔记《讲堂录》中，便有好几段前人记述和发挥的《孙子兵法》的内容。

---

[1] 毛泽东：《人没有压力是不会进步的》，《党的文献》1993年第4期。

[2] 《毛泽东文集》第八卷，人民出版社1999年版，第263页。

[3] 《郭化若回忆录》，军事科学出版社1995年版，第1127页。

“孙武子以兵为不得已，以久战多杀非理，以赫赫之功为耻，岂徒谈兵之祖，抑庶几立言君子矣。”这段话是黄裳（1212—1280年）所纂《黄氏日钞》中《〈孙子〉兵书》一节的大意。

“百战百胜，非善之善者也；不战而屈人之兵，善之善者也。故善用兵者，无智名，无勇功。”毛泽东还标明，出自“孙武《谋功（攻）篇》”。事实上，前两句出自《孙子·谋攻篇》，后几句出自《孙子·形篇》，原文为：“故善战者之胜也，无智名，无勇功。”

“苏洵论曰，按言以责行，孙武不能辞三失：久暴师而越衅乘，纵鞭墓而荆怒激，失秦交包胥救。言兵则吴劣于孙，用兵则孙劣于吴，矧祖其余论故智者乎？”这段话出自苏洵《嘉佑集》卷三《权书下》“孙武”，其原文是：“若按武之书责武之失，凡有三焉：《九地》曰，‘威加于敌，则其交不得合’，而武使秦得听包胥之言，出兵救楚，无忌吴之心，斯不威之甚，其失一也；作者曰，‘久暴师则钝兵挫锐，屈力殚货，则诸侯乘其弊而起。’且武以九年冬伐楚，至十年秋始还，可谓久暴矣。越人能无乘间入国乎？其失二也。又曰，‘杀敌者怒也。’今武纵子胥、伯嚭鞭平王尸，复一夫之私忿，以激怒敌，此司马戌、子面、子朝所以必死仇吴也。勾践不颓旧冢而吴服，田单谲燕掘墓而齐奋，知谋与武远矣。武不达此，其失三也。”[1]

“孙武越羁旅臣耳，越不能尽行其说，故功成不受官。”“弩生于弓，弓生于弹，弹生于孝子。”“杀人以生人”。“恩生于害，害生于恩。微观于五行相生相克之原，天地间无往而非兵也，无兵而非道也，无道而非情也。兼弱攻昧，取乱侮亡，天之道也。使世无害则恩不生，世而无弱昧与乱亡，又奚用兼之取之哉，故曰恩即生于害也。世有诸强以灭人之国为事，灭国则害矣，然强者灭人之国为己国，而殖其民，己之民则恩矣，故

[1] 陈晋主编：《毛泽东读书笔记解析》上册，广东人民出版社1996年版，第460页。

害生于恩也。”[1] 以上诸段，多为魏源《孙子集注》中的原文。

上述笔记说明，毛泽东在青年时代便对《孙子兵法》有所了解，至少曾间接读过。因他当时的志向和抱负不在军事，或许就是读过《孙子兵法》也没有留下印象，自然更谈不上研究了。只是到陕北后，毛泽东才花相当功夫研读了《孙子兵法》等军事著作。1959 年 4 月，毛泽东在上海召开的中共八届七中全会上回忆说："左"倾教条主义者说他照《孙子兵法》打仗的那些话，“倒激发我把《孙子兵法》看了，还看了克劳塞维茨的，还看了日本的《战斗纲要》，看了刘伯承同志译的《联合兵种》，看了‘战斗条例’，还看了一些资产阶级的。总之，激发我来研究一下军事。”[2]

看来，毛泽东成为军事家，不仅是形势逼出来的，而且还是“左”倾教条主义者“激”出来的。

兵书略通可以，多则无益有害

从毛泽东对《孙子兵法》的态度中，我们多少可以知道他对兵书的态度了。他的战争经验，使其对古今中外的兵书抱有一种辩证的态度。他认为，兵书要读，但读多了，钻进去，出不来，则要误事。

新中国成立后，毛泽东读《新五代史·刘仁赡传》。传中说：“仁赡为将，轻财重士，法严肃，少略通兵书。”读到这里，他赞赏地批注道：“略通可以，多则无益有害。”[3]

与刘仁赡形成鲜明对照的是，《新五代史·刘昫传》中的刘昫精通

---

[1] 《毛泽东早期文稿》，湖南出版社 1990 年版，第 595、596 页。
[2] 陈晋主编：《毛泽东读书笔记解析》上册，广东人民出版社 1996 年版，第 460、461 页。
[3] 《毛泽东读文史古籍批语集》，中央文献出版社 1993 年版，第 270 页。

兵书《六韬》，却不会活用而打了大败仗。传中叙后梁战将刘䢿统兵与晋王李存勖（即后来的后唐庄宗）对峙，因晋王兵强，刘䢿不肯出而应战，但梁末帝却要刘䢿出战。李存勖深知刘䢿避而不战的用意，他对部下说："刘䢿学《六韬》，喜以机变用兵，本欲示弱以袭我，今见其迫，必求速战。"接着设下计谋，假装退兵。刘䢿果然来追，被李存勖夹击而败。毛泽东在此批注道："兵书多坏事，少读为佳。"[1]

"多坏事"就在于精通兵法，容易拘于兵法，不善变通，反而被对方摸透了底牌，遭致失败。

毛泽东的这些感慨，并非完全由读史得出，更多的是他从自己的作战经验中、从现代革命战争的历史中引申出来的看法。

当然，毛泽东认为"兵书多坏事"，主要是指在实践中照着书本打仗，泥古不化，并不反对读兵书。关于兵书，他提倡读那些有实用价值的、简明扼要的。1965 年 1 月下旬，在同谷牧、余秋里的一次谈话中，他说："戚继光在他的兵书中早就讲到，不要搞那些只是好看的，要搞实际战争中能用的东西。"戚继光是明代抗倭名将，一生有四十多年在军中度过，练兵、用兵很讲究实际，其撰写的《纪效新书》和《练兵实纪》，是他留下的两部著名兵书。从毛泽东的谈话看，他对戚继光的兵书还是推崇的。

毛泽东的战争才能和指挥艺术，主要得益于活生生的战争实践，来源于对战争实践的深刻总结。他说，到第三次反"围剿"胜利后，红军的基本作战原则都形成了。而到这时，毛泽东连《孙子兵法》都没有看过，其他兵书想必也看过很少。1965 年 12 月，毛泽东在杭州的一次谈话中说：我本来没有读过军事书，读过《左传》《资治通鉴》，还有《三国演义》。这些书上都讲过打仗；可是打起仗来，一点印象也没有了。我们打仗，一

[1] 《毛泽东读文史古籍批语集》，中央文献出版社 1993 年版，第 269 页。

本书也不带，只是分析敌我战争形势，分析具体情况。

打仗是最讲实际的，毛泽东从自己的战争经验中得出一点："在打仗时，不要带着书，要狠狠把它丢掉，认真打仗。"[1]

一次，一位名叫尚伯康的人写信给毛泽东，问共产党领导的革命游击战争，是不是受了中国历史上农民战争的启发。毛泽东看了后，在信上批道：启发我们的是群众，不是古远的历史。

在抗大演讲中，他多次提到要读"无字书"，读"无字天书"。他对学员说："你们出去，在山东打游击，要学习，读的是无字书，一本'无字天书'，看到什么就跟什么学习，如果我们跟房子学习，不跟石头学习，走得不好，就是一跤，把牙齿碰掉两只——石头反对你。所以我说，要跟山学，跟水学，跟树林学，还要跟毛厕里的大粪学。你说，大粪有什么学头！不学。它就请你一跤跌进去。陕北的天气很冷，你也要跟它学，要穿棉衣。如果你说，我不跟它学，于是不知道穿棉衣，就要冻死。山水、林木、花草、鸟兽，都是自然物，我们都要学。"

碰到什么学习什么，从战争中学习战争，"战争就是学校"。毛泽东从自己的经验中总结道：不要迷信军事科学，只要去打仗，一点也不难学会。他对自己成功经验的总结是：一支"工人、农民的军队打败了知识分子的军队"。他认为，红军、八路军和人民解放军的将领，绝大多数没有上过什么学，没读过多少深奥的兵书，但仍然经常打胜仗，最后打败了蒋介石的庞大军队。

到了晚年，毛泽东的这种认识有时到了固执乃至过分的地步。他认为，现在的军事院校办得一塌糊涂，过去没有军事院校可好了。打了几十年仗，就是没有军事院校。我们的军队百分之九十以上是不识字和小学程度的。

---

[1] 《毛泽东年谱（1949—1976）》第五卷，中央文献出版社 2013 年版，第 518 页。

国民党尽办军事院校，什么陆军大学毕业，就是我们这些不识字的兵打倒了它。我们各军区的司令员过去都是老粗嘛！这些老粗，凭借着“关公的青龙偃月刀，张飞的丈八长矛”，“关张赵马黄的武器”，赢得了战争的胜利。[1]

风云帐下奇儿在，鼓角灯前老泪多

在毛泽东身上有着迥然不同的两种情结，一是农民情结，一是战士情结。前者是他出身农家，与生俱来，并在后来的农村革命中长期凝聚而成的；后者则是在投身武装斗争中形成的，是与他青少年时的志愿截然相反的。抓住这两个情结，就在很大程度上找到了开启毛泽东一生心路历程的钥匙。

“战地黄花分外香”，是毛泽东战士情结的自然流露。战士情结的本质是不畏挑战，渴望挑战。

毛泽东晚年曾说过他一生干了两件大事，第一件是打败了蒋介石，第二件是“文化大革命”。对后者，他的总体评价是七分成绩，三分错误，他不能容忍对“文化大革命”的否定。但是，实际情况事与愿违，“文化大革命”的进程没有按照他指点江山的意志运转。在打败国内外敌人的斗争中取得一个又一个伟大胜利的毛泽东，在“文化大革命”中常常不能如愿。烈士暮年，仍然志在千里，但四顾茫茫，当年的老战友，除了周恩来等人，不是被打倒，靠边站，便是先他而去，反观自身，疾病缠身。晚年毛泽东是孤独的，寂寞的。

在历史的辉煌与现实的无奈面前，毛泽东常常回想起“壮岁旌旗拥万夫”的戎马生涯，“想当年，金戈铁马，气吞万里如虎”，何其雄壮哉。不

---

[1] 参见《毛泽东军事箴言》，辽宁人民出版社 2017 年版。

难理解，为什么晚年毛泽东会在读到一首古诗，一篇古文，看到一部战争电影时，常常为中间战争场景的描述和内容所引发而大发感慨，唏嘘不止，甚至泪如雨下。

冷雨敲窗，万籁俱静。毛泽东在“借他人酒杯，浇胸中块垒”，寻找“当年鏖战急”的快感和抚平今天壮志难酬的情愫。他借张孝祥的《六州歌头》抒发情怀：“念腰间箭，匣中剑，空埃蠹，竟何成！时易失，心徒壮，岁将零……”

豪放派词人辛弃疾的作品，成为抚慰毛泽东壮志未酬悲怆胸怀的良药：

“醉里挑灯看剑，梦回吹角连营。八百里分麾下炙，五十弦翻塞外声。沙场秋点兵。马作的卢飞快，弓如霹雳弦惊。了却君王天下事，赢得生前身后名，可怜白发生。”❶

“千古江山，英雄无觅，孙仲谋处。……想当年，金戈铁马，气吞万里如虎。……四十三年，望中犹记，烽火扬州路。……凭谁问，廉颇老矣，尚能饭否？”❷

这样，我们就不难理解，为什么毛泽东要伴着岳飞的一曲《满江红》歌声来进行白内障手术：“……三十功名尘与土，八千里路云和月。……壮志饥餐胡虏肉，笑谈渴饮匈奴血，待从头，收拾旧山河，朝天阙。”

今人古人，战士情怀是相通的。

这样，我们就不难理解，为什么毛泽东在看电影《难忘的战斗》时会泪如泉涌。不说内容，单是片名就勾起了毛泽东对共和国诞生之前那遥远年代的波澜壮阔、震撼世界的斗争生活的回忆。当毛泽东看到片中人民解放军入城受到群众热烈欢迎的场面时，他再也抑制不住自己的感情，任热

---

❶ 《破阵子·为陈同甫赋壮词以寄之》。

❷ 《永遇乐·京口北固亭怀古》。

泪奔流。在场的工作人员也控制不住，热泪盈眶。

1969 年 6 月 3 日，毛泽东读《南史·陈庆之传》，为陈庆之的赫赫战功所感染，在第一段介绍其生平的地方，充满深情地写下了八个字的批语："再读此传，为之神往。"

毛泽东"为之神往"的是什么呢？陈庆之有何事迹牵动着毛泽东的感情纽带？

陈庆之系南朝梁武帝手下的著名战将，为人忠正耿直，有胆、有识、有才，建有赫赫武功。梁武帝普通元年（520 年），魏徐州刺史元法僧降梁，武帝派陈庆之去接应，又让他率军队护送豫章王入镇徐州。魏十万大军抗拒，都被陈庆之挫败。后豫章王投奔了魏，陈庆之及时地"斩关夜退"，保全了军队的实力。这是第一件"为之神往"之事。

大通元年（527 年），陈庆之亲率五百士卒奔袭涡阳，得手后，与攻城的魏兵自春至冬打了"数十百战"。同年，魏国大乱，北海王元颢来降，梁武帝派陈庆之护送他回魏国为帝。陈庆之又屡挫魏兵。魏军将领丘大千以精兵七万，分筑九垒抗拒陈庆之，陈庆之仅以半天时间就攻陷了三垒，魏兵退。魏济阳王元晖业以两万人来救，被陈庆之击败，晖业被擒。魏又派出大量援军，据守荥阳。陈庆之军中很恐慌，他对众人说："我等才有七千，败众四十余万，今日之事，意不图存，须平其城垒。"在他的激励下，战士们勇敢地攻下城池。入城后，又被围，陈庆之亲率三千人大破之，魏军逃散降服。自陈庆之护送北海王以来，"十四旬平三十二城，四十七战，所向无前"。

读到此，毛泽东怎么能不"为之神往"呢！这一年，毛泽东已是 76 岁的老人，远离战争也已二十多年。万籁俱静，深夜读史，此时此刻，此情此景，他自己的戎马生涯，为陈庆之的事迹所引发，从而不能自已，发出千古共鸣。

1964年底，正在读《五代史·庄宗纪》的毛泽东，突然想起一首描写后唐庄宗李存勖指挥三垂冈战役的诗。这首诗的作者是一个并不出名的浙江人严遂成，毛泽东一时想不起诗作者，但他却把全诗默写了下来。诗是这样的：

“英雄立马起沙陀，奈此朱梁跋扈何。只手难扶唐社稷，连城且拥晋山河。风云帐下奇儿在，鼓角灯前老泪多。萧瑟三垂冈畔路，至今人唱百年歌。”

《庄宗纪》里记载：在李存勖五岁的时候，其父李克用带他到三垂冈打猎，在冈上置酒作乐。李克用让人演奏一首《百年歌》，“陈其衰老之状，声调凄苦”。然后，李克用捋着胡子说：“老夫壮心未已，二十年后，此子必战于此。”后来果然，这个“奇儿”李存勖率军在三垂冈下大败后梁军队，斩万余人。毛泽东对李存勖深为赏识，曾写下“生子当如李亚子”[1]的评注。

毛泽东读史而共鸣于“风云帐下奇儿在，鼓角灯前老泪多”，抚今追昔，感叹于自己和国事，“鬓雪飞来成废料，彩云长在有新天”。[2]对一名经历过无数坎坷沧桑而仍然壮心不已的老人来讲，还有什么比再也不能叱咤风云、气吞万里更为痛苦的呢？

毛泽东最为辉煌的年华是在战争中度过的。这威武雄壮的革命战争画卷，无不如雕如镂地铭刻在这位历史巨人的记忆之中。晚年毛泽东，仍然深深地眷恋着广阔的战场，眷恋着战火纷飞的年月，直到生命的最后一息。

1976年这个不平凡年头的9月9日，毛泽东走完了他坎坷而伟大的

---

[1] “亚子”为李存勖的小名。

[2] 《毛泽东诗词集》，中央文献出版社1996年版，第214页。

人生路程。九九归一，有生于无，他又回到了孕育他的大地。作为个人，他消失在天地造化之中，但作为历史造就的伟人，他的遗产将与人类精神遗产一起，长留天地，永远为人们所研究、景仰和继承。“毛泽东时代”已经过去了，但作为一代伟人，他也将像人类历史上所有的伟人一样，在人类历史上永远占有一席之地。而在这一席之地中，“伟大的军事家”“伟大的战略家”将是最无争议的称谓。

小米·步枪

我们曾将毛泽东领导的革命战争的胜利，称为“小米加步枪”的军队对“面包加大炮”的军队的胜利。面包者，美援也。“面包加大炮”无疑是指美国援助下具有优良装备的国民党军队，也泛指一切强大的国内外敌人。那么，“小米加步枪”，显然是指人民（主要是农民）加上一支装备窳劣武器的人民军队。这样说是有根据的。1946 年 5 月，贺龙在晋绥军区建军会议上的总结报告中就这样说过：“毛主席说：‘我们的力量就是小米加步枪，如果看不见小米，即群众力量，这支步枪，一定不会有任何作用。’”可见，小米者，人民群众力量之谓也。“小米加步枪”就是人民加军队，也就是人民战争。

中国的事，历来是有枪为大

一部中国的历史几乎就是一部战争史。这话虽说可能绝对了些，但基本如此却是不争的事实。说不清五千年的中国究竟发生了多少场战争。权威的《中国军事百科全书》中说，从战国到清朝的2300多年间，据不完全统计，大小战争共1800多次。如以一场战争平均一年计算，就占了1800多年时间。事实上，许多战争持续时间都在几十年乃至上百年之久。毛泽东感慨地称记述中国历史的《资治通鉴》是一部“相砍书”，绝不为过。

“人世难逢开口笑，上疆场彼此弯弓月，流遍了，郊原血。”这是晚年毛泽东对五千年中国历史的总体印象。

进入近代，中国历史更是一部充满血腥和铁火的历史。列强侵略、农民战争、革命党人起义、军阀混战，把个中国搅动得几无宁日。毛泽东从自己的经历和研究中对近代，特别是辛亥革命的战争史作了深刻的描述：

“从孙中山组织革命的小团体起，他就进行了几次反清的武装起义。到了同盟会时期，更充满了武装起义的事迹，直至辛亥革命，武装推翻了清朝。中华革命党时期，进行了武装的反袁运动。后来的海军南下，桂林北伐和创设黄埔，都是孙中山的战争事业。”

“蒋介石代替孙中山，创造了国民党的全盛的军事时代。他看军队如生命，经历了北伐、内战和抗日三个时期。……为了反革命，他创造了一个庞大的‘中央军’。有军则有权，战争解决一切，这个基点，他是抓得很紧的。”

毛泽东总结说：“在这点上，孙中山和蒋介石都是我们的先生。”

“辛亥革命后，一切军阀，都爱兵如命，他们都看重了‘有军则有权’的原则。”

“谭延闿是一个聪明的官僚，他在湖南几起几覆，从来不做寡头省长，要做督军兼省长。他后来做了广东和武汉的国民政府主席，还是兼了第二军军长。中国有很多这样的军阀，他们都懂得中国的特点。”

“中国也有些不要军队的政党，其中主要的一个是进步党，但是它也懂得必须靠一个军阀才有官做。袁世凯、段祺瑞、蒋介石（附蒋的是进步党之一部转变而成的政学系）就成了它的靠山。”

“历史不长的几个小党，如青年党等，没有军队，因此就闹不出什么名堂来。”❶

毛泽东得出的结论就是：中国的事，历来是有枪为大。我们要干革命，没有枪是不行的，只有民众运动没有枪，就要垮台。❷

从历史中，毛泽东抽出了宝剑，翻出了大刀，捡起了长矛。

毛泽东如果不是中国共产党内认识枪杆子重要性的第一人，也一定是对枪杆子的认识最为深刻的人。

大革命失败后，前途茫茫，大家束手无策。毛泽东后来点出当时的心情：“心情苍凉，一时不知如何是好”，八七会议“决定武装反击，从此找到了出路”。❸

在八七会议上，毛泽东侃侃而谈，坚毅的脸上掩饰不住愤怒。他从“新姑娘上花轿”引出对大革命失败教训的总结。他说：我们党没有在国共合作的国民党中作主人的决心，“不知它是一架空房子等人去住。其后像新姑娘上花轿一样勉强挪到此空房子去了，但始终无当此房子主人的决心。”没有当主人的决心也就罢了，更重要的是不掌握武装，甚至看不起枪杆子。“从前我们骂中山专做军事运动，我们则恰恰相反，不做军事运动专做民众运动。蒋（介石）唐（生智）都是拿枪杆子的，我们独不管。”

---

❶ 《毛泽东军事文集》第二卷，军事科学出版社、中央文献出版社 1993 年版，第 420、421 页。

❷ 《毛泽东年谱（1893—1949）》中卷，人民出版社、中央文献出版社 1993 年版，第 123 页。

❸ 《毛泽东诗词集》，中央文献出版社 1996 年版，第 12、13 页。

由于没有当房子主人和掌握武装的决心，所以国民党一反动，轰轰烈烈的大革命便夭折了。

毛泽东大声疾呼："以后要非常注意军事。须知政权是由枪杆子中取得的。"[1]

在这个历史的拐弯处，毛泽东的这句话，无疑有着振聋发聩的作用。这次会议确定了土地革命和武装反抗国民党反动派屠杀政策的总方针及发动农民举行秋收暴动的任务，具有划时代的意义。

毛泽东对枪杆子意义的认识并不始于八七会议，早在一年前的中山舰事件时就比较深刻。不同的是，他当时还是主张国民党左派武装反击，事实上当时中共掌握的也只有一个叶挺独立团和第一军中的一部分共产党员。1926 年底，毛泽东已开始敏锐地注意到中国革命的两个基本问题，一是土地，一是武装。在这年 12 月的中共中央特别会议上，毛泽东提醒中央注意："右派有兵，左派没有兵，即右派有一排兵也比左派有力量。"次年春毛泽东在筹备武昌中央农民运动讲习所时，即规定学员要接受严格的军事训练。

大革命失败，毛泽东的本能反应是以牙还牙，号召人们拿起枪来。长沙马日事变后，毛泽东和蔡和森在武汉租界的一家旅社里接待逃亡出来的湖南工农干部，要大家"回到原来的岗位，恢复工作，拿起武器，山区的上山，滨湖的上船，坚决与敌人作斗争，武装保卫革命"。

毛泽东没有坐而论道，而是身体力行，他冒着危险赶回湖南。在许多会议上，他一再强调：马日事变是上海事件的继续，随着而来的将有无数个马日事变在全国发生。因此，各县工农武装一律迅速集中，不要分散，要用武力来对付反动军队，以枪杆子对付枪杆子，不要再徘徊观望。他在

---

[1] 《毛泽东军事文集》第一卷，军事科学出版社、中央文献出版社 1993 年版，第 1、2 页。

主持制定的《中共湖南省委目前的工作计划》中提出保存工农武装的三种办法，即“编成合法的挨户团，次之则上山，再次之则将枪支分散埋入土中。”在7月4日的中央政治局会议上，他再次强调：“不保存武力，则将来一到事变，我们即无办法。”

最初，毛泽东提出“政权是由枪杆子中取得的”论断，其中有一层想法，是要在暴动中增加军队参加的成分。他比许多共产党人都清楚，暴动仅靠工农，没有军队的参加是不行的。他倒不是看不起工农，而是觉得工农毕竟没有多少军事常识，虽然轰轰烈烈，声势浩大，但离开了军队这个主干，在强大的敌人面前，是难以取胜的。八七会议前，毛泽东在起草《湘南运动大纲》时，即提出要求在江西革命军中调一团人赴汝城，以革命军一团作中坚。在1927年8月18日的湖南省委会议上，毛泽东等认为：“要发动暴动，单靠农民的力量是不行的，必须有一个军事帮助，有一两团兵力，这个暴动就可起来，否则终归于失败。”“要夺取政权，没有兵力的拥卫去夺取，这是自欺的话。”❶

八七会议后，毛泽东继续发挥他的“枪杆子”思想。就在8月18日的湖南省委会议上，毛泽东尖锐地批评道：“我们党从前的错误，就是忽略了军事，现在应以百分之六十的精力注意军事运动。实行在枪杆上夺取政权，建设政权。”❷

“以百分之六十的精力注意军事运动”，毛泽东还是有保留的，在毛泽东心中，是要强调以极大的精力注意军事运动，其他一切工作都是为军事、为战争服务的。只是为了防止过分刺激党内一些人，他才有所保留。即使这样，毛泽东的这些思想还是遭到了党内一些人的反对。8月22

---

❶ 《毛泽东军事文集》第一卷，军事科学出版社、中央文献出版社1993年版，第7页。

❷ 《毛泽东军事文集》第一卷，军事科学出版社、中央文献出版社1993年版，第7页。

日，中共中央常委会在研究湖南省委关于秋收暴动计划和毛泽东的信件时，就有人指名批评毛泽东的“枪杆子上夺取政权”的论断和中央不同，批评暴动计划“偏重于军力，其结果只是一种军事冒险”。

这时，毛泽东坚持真理的脾气上来了，他与中央据理力争，在8月底以湖南省委名义给中央的信中直截了当地写道：“兄处谓此间是军事冒险”，“实在是不明了此间情形，是不要注意军事又要民众暴动的一个矛盾政策”。

毛泽东这时是“将在外，君命有所不受”。在那种混乱的状态下，中央实在也是无能为力。毛泽东坚持从具体实际出发，终于点燃了秋收暴动的烈火。

可以说，从武装斗争开始，毛泽东真正有了自己的主见，再也不唯上、不唯书了。八七会议上，毛泽东批评自己：“我素以为领袖同志的意见是对的，所以结果我未十分坚持我的意见。我的意见因他们说是不通于是也就没有成立。”[1] 毛泽东为自己过去没有坚持真理而感到惭愧。同样，这里也是为自己不能坚持己见打上一个休止符。此后，在大是大非的原则问题上，毛泽东再也没有随便让步过。

瞿秋白较早认识到了毛泽东的这一特点，他赞扬说：“我党有独立意见的要算泽东。”

毛泽东由于反复宣传“枪杆子里面出政权”，而被党内有人攻击为“枪杆子主义”。“枪杆子”而成了“主义”，自然是不好的了。结果有几年，他的日子很不好过，直到不相信“枪杆子里面出政权”的人碰了壁，革命吃了亏，他的这一论断才被看作真理。

新中国成立后，毛泽东谈到这段经历时还心有芥蒂：“那个时候，给我安了一个名字叫‘枪杆子主义’，因为我说了一句‘枪杆子里面出政权’。

---

[1] 《毛泽东军事文集》第一卷，军事科学出版社、中央文献出版社1993年版，第2页。

他们说政权哪里是枪杆子里头出来的呢？马克思没有讲过，书上没有那么一句现成的话，因此就说我犯了错误，就封我一个'枪杆子主义'。的确，马克思没有这么讲过，但是马克思讲过'武装夺取政权'，我那个意思也就是武装夺取政权，并不是讲步枪、机关枪那里头跑出一个政权来。"

经过几年正反经验教训，毛泽东对"枪杆子"作用的认识有了新的升华，他提出了一个更为鲜明的命题：枪杆子里出一切。

1938年8月，毛泽东在对抗大四期一大队、二大队、六大队毕业学员讲话中，对枪杆子的作用讲得非常深刻。他说："中国是半殖民地的国家，受帝国主义国家管，帝国主义是全副武装的反革命，他来管是用武装的，现在特别是日本帝国主义，这样来管我们。""中国且是半封建的国家，就是说没有民主的国家。民主就是讲话、开会、讨论，中国这些都没有的，所以我们国家的特点，是对外不独立，对内不民主，根据这一特点，我们的革命是怎样呢？历史证明，是战争第一，军事第一。"

在回顾了近代以来的经验教训后，毛泽东说："共产党也是讲打的，马克思主义不仅是文的，而且还要武——特别在中国。""中国在大革命时代，未注意到这个问题，那时江西有二百多万的农民协会会员，湖南有一千多万农会会员，工人十几万，在二七年五月二十一日'马日'事变，一边来一个杀，一边就来一个垮，所有的农会工会都垮了台。我们共产党就得出这一条：枪杆子里出农会，枪杆子里出工会，枪杆子里出政权，又出共产党，枪杆子里出一切，这是真理。""只有枪杆子运动，才能做得好，而这枪杆子是归马克思主义管的（马克思政治管）。政治下命令，枪杆子就要服从，枪杆子如果脱离了革命的政治，就会失败。""所以我们说枪杆子第一，是在革命的政治前提下。"

从"枪杆子里面出政权"到"枪杆子里出一切"，毛泽东道出了被许多人视而不见的真谛：在人吃人的阶级社会里，没有武装的政党、集团就如一只引颈就戮的绵羊，没有强大武装的国家，就如一个一戳就倒的泥塑巨人。

“枪杆子里面出政权”，这个论断简洁而明了，朴实而深刻，证明了一个符合中国国情的真理。

1938年11月，毛泽东从理论上回答了这个问题：“中国的特点是：不是一个独立的民主的国家，而是一个半殖民地半封建的国家；在内部没有民主制度，而受封建制度压迫；在外部没有民族独立，而受帝国主义压迫。因此，无议会可以利用，无组织工人举行罢工的合法权利。在这里，共产党的任务，基本地不是经过长期合法斗争以进入起义和战争，也不是先占城市后取乡村，而是走相反的道路。”又说：“在中国，离开了武装斗争，就没有无产阶级和共产党的地位，就不能完成任何的革命任务。”“经验告诉我们，中国的问题离开武装就不能解决。”❶

在这篇名为《战争和战略问题》的著作中，毛泽东总结说：“每个共产党员都应懂得这个真理：‘枪杆子里面出政权’。我们的原则是党指挥枪，而决不容许枪指挥党。但是有了枪确实又可以造党，八路军在华北就造了一个大党。还可以造干部，造学校，造文化，造民众运动。延安的一切就是枪杆子造出来的。枪杆子里面出一切东西。”“帝国主义时代的阶级斗争的经验告诉我们：工人阶级和劳动群众，只有用枪杆子的力量才能战胜武装的资产阶级和地主；从这个意义上，我们可以说，整个世界只有用枪杆子才可能改造。”❷

中国的事，历来是有枪为大。这是毛泽东从对手那里学来的，并用来还治其人之身。抗日战争时期，毛泽东号召“壮大人民力量”，其关键就是发展人民武装。对人民武装他是抓住不放的。国民党说，你交出军队，

❶ 《毛泽东军事文集》第二卷，军事科学出版社、中央文献出版社1993年版，第417、419页。

❷ 《毛泽东军事文集》第二卷，军事科学出版社、中央文献出版社1993年版，第422、423页。

我给你自由。毛泽东反问道："根据这个学说，没有军队的党派该有自由了。但是一九二四年至一九二七年，中国共产党只有很少一点军队，国民党政府的'清党'政策和屠杀政策一来，自由也光了。"❶ 他对蒋介石说的"共产党交出军队，才有合法地位"这句话嗤之以鼻，轻蔑地说："我们没有交出军队，所以没有合法地位，我们是'无法无天'。"❷

一个美国人对毛泽东说："你们要听一听赫尔利的话，派几个人到国民党政府里去做官。"毛泽东回答道："捆住手脚的官不好做，我们不做。要做，就得放开手脚，自由自在地做。"这"自由自在"的存在，是由于共产党是"武化团体"的缘故，没有军队的党派在旧中国是不自由的，也是成不了气候的。蒋介石说共产党是"文化团体"，毛泽东针锋相对说共产党不是"文化团体"，是"武化团体"。❸

第二次世界大战结束后，国际上一片"交枪风"，法国、意大利、希腊等国共产党都拱手交出了在反法西斯战争中辛辛苦苦建立起来的武装。当然，各国国情不同，交枪缘由也各不相同。这时，斯大林也希望中共照此办理。战后最强大的美国则出面调处国共内战，与蒋介石一齐以党的"合法地位"和政府中近 1/3 的席位为诱饵，引诱中共交出军队。国内一些"第三方"人士也在一旁鼓噪，要共产党在军事上让步。1945 年 11 月 30 日，《大公报》社论《质中共》中声言："为共产党计，应该循政争之路堂堂而进，而不可在兵争之场滚滚盘旋。""共产党交出军队，为天下政党不拥军队之倡。"并说如此便会被全国同胞"奉为万世生佛"。中共党内和人民中间，也存在着长期战争后的厌战盼和情绪。

内外双重压力，毛泽东的日子并不轻松。在决定中国历史命运的关

---

❶ 《毛泽东选集》第三卷，人民出版社 1991 年版，第 1072 页。

❷ 《毛泽东军事文集》第三卷，军事科学出版社、中央文献出版社 1993 年版，第 12 页。

❸ 《毛泽东军事文集》第三卷，军事科学出版社、中央文献出版社 1993 年版，第 12 页。

头，毛泽东表现出了敢于独树一帜的反潮流精神。

抗战胜利后，国共谈判的关键是解放区和军队问题，而其中最为关键的是军队。在根据地上，中共还让出了南方八块根据地，但在军队问题上，毛泽东毫不让步。他在《关于重庆谈判》中这样表明共产党的态度："国民党宣传说，共产党就是争枪杆子。我们说，准备让步。"这里说的"让步"，是随着国民党军的缩编，中共武装按相应比例缩编。即使这样，也不是把枪交给他们。"人民的武装，一枝枪、一粒子弹，都要保存，不能交出去。"❶

重庆谈判时有这样一个小插曲：一次，蒋介石对毛泽东"推心置腹"说："你们可以到农村搞土地改革去，不要搞武装了。"毛泽东回答说："武装对人民对国家很有用的。"一句话，把蒋堵了回去。❷

在重庆，"第三方"人士也来凑热闹，要毛泽东交出武装。民社党领袖蒋匀田就是一个。他以请教的口吻询问毛泽东能否同意各党放弃一切枪杆子时，毛泽东慨然应答："没有我这几十万条破枪，我们固然不能生存，你们也无人理睬。军队国家化固然好，所有特务人员，更须国家化。不然，我们在前头走，特工人员在后面跟踪，这样威胁，那我们又如何受得了呢？"讲到特务跟踪时，毛泽东还站起来做了一番表演，左右转头向后看，使在座的人为之惊笑不已。

一位西方军事家对毛泽东"枪杆子里面出政权"的话有着很深的印象。他是英国陆军元帅蒙哥马利。他问毛泽东："这句话是不是您说的？如果是您说的，究竟是什么意思？"

毛泽东回答："是我的话。是在漫长的革命年代里说过的，记不起说这话的确切时间了。"

---

❶ 《毛泽东选集》第四卷，人民出版社 1991 年版，第 1161 页。

❷ 《周恩来军事文集》第三卷，人民出版社 1997 年版，第 591 页。

蒙哥马利似乎觉得这话有点军人专政的意味。毛泽东却不这样看，他认为，革命不能没有战争，有战争当然需要枪杆子。

“那么，”蒙哥马利紧追不舍，“在现在，在所谓和平的日子里，这句话是不是仍然有效？”

“当然。”毛泽东毫不含糊。

“枪杆子”对未取得胜利和已取得胜利的人民来说，确实是须臾不可离开的东西。

争人不争地：人民的支持是最大的妙计

大凡雄才大略者都懂得“得民心者得天下”的道理。毛泽东不仅深知这一真谛，而且更懂得人民创造历史这一唯物史观。他把一切为了人民的利益作为发动群众、动员群众和争取民心归附的出发点和归宿，远远超出了一般的“得民心者得天下”的范畴。

毛泽东是伟大的军事家，但更重要的他还是一位伟大的政治家，他从来不是就打仗谈打仗，他总是从政治上看军事，看作战。军事政治仗，政治军事仗，是他作战指导上颇具特色的一个内容。这是他比其他军事家更为伟大和杰出的地方。他认为，地盘和实力不是最为关键的因素，关键的因素是人心。“打起仗来，人心如不属我，我就输了。”[1] 还说：“一切问题的中心是老百姓问题。”[2] 深谙毛泽东军事思想的周恩来在《军事原则》一文中将毛泽东的这一思想概括为：“争人不争地。”

---

[1] 《毛泽东文集》第四卷，人民出版社 1996 年版，第 199 页。

[2] 《毛泽东文集》第三卷，人民出版社 1996 年版，第 69 页。

这方面，蒋介石不知道，或者是知道了也做不到。他的看法与毛泽东截然相反。蒋介石认为自己进行的是“现代作战”，他的根本观点是：“无都市即无政治基础，无交通就无政治动脉”，所以，“最要紧的莫过于交通，而要控制交通就先要控制都市”。总之一句话，他要“争地”为主，尤其是城市和交通线。

有一个截然相反的例子。1946 年全面内战爆发后，国共谈判仍在继续。共产党坚持谈判的目的是为了争取人民。“代表团不能早回来，一定要在开‘国大’以后，这样战争与分裂的责任才清楚，才不致失去人心。”[1]而蒋介石也还需要谈一下，是为了装潢门面，便于他“争地”。及至占领解放区 105 座城市后，其“争地”战略目标已接近实现。特别是 10 月 11 日占领张家口后，蒋介石便得意忘形，即宣布在第二天召开“国民大会”，制定“宪法”，准备出任“总统”。不久又对其爱将胡宗南下达了进攻延安的命令，完全关闭了和平谈判的大门。

历史迅速证明，以“争地”为主的蒋介石终于没有战胜以“争人”为主的毛泽东，这其中的奥秘是值得后人细细品味的。

解放战争不过三年多的时间，蒋介石先后投入的八百万军队便悉数瓦解，战争胜利之速，不但作为敌手的国民党不明白，就是中共的朋友也感到很突然。1949 年 5 月，民主人士柳亚子专就这个问题请教毛泽东。柳亚子说：“今天胜利了，这是我们企盼已久的。我们都很清楚，蒋介石早晚是要垮台的，因为他们腐败无能，太不得人心了。共产党要胜利，这是肯定的。共产党的政策正确，合乎民意，人民拥护支持，这是胜利的基础。但是，我们没有想到胜利会这么快，人民解放军很快渡江成功，并且占领了南京，我们不知道毛主席用的是什么妙计。”

---

[1] 《毛泽东文集》第四卷，人民出版社 1996 年版，第 199 页。

毛泽东听后，呵呵一笑，回答说：“打仗没有什么妙计，如果说有什么妙计的话，那就是知己知彼，根据实际情况作出正确的决策。还有，就是先生说的，人民的支持是最大的妙计。我们一百万军队渡江，如果没有人民的大力支持，是不能成功的。比如用一百万军队带上轻武器，完全游泳泅渡是不行的，这就需要工具。我们没有兵舰、轮船，就要靠人民用土办法造木船、木排划子。在漫长的江面上，几万只木船一齐出动，直奔对岸，加上我们有很多大炮掩护，很快就过去了 30 万军队。你能说这是妙计吗？这是一般的常识，但是，像这样一个普通的常识，蒋介石是不知道的。他想的是长江天险，是美帝国主义的援助。”❶

毛泽东常常在漫不经心的闲聊中迸发出深邃的思想。

毛泽东历来将有无群众支持视作战争能否胜利的主要条件。抗战中，他认为，中国抗日统一战线的完成，“中国人民的大联合是主要的”。他很清楚，“中国的特点是武装斗争与和平斗争的统一”。人民战争除了一部分人民直接参战外，更多的是间接参战，是人心的支持。抗日战争中全民的统一抗战，解放战争中的第二条战线，都是这种民心向背的表示。

取得人民支持最重要的是政策对头，特别是要防“左”。毛泽东曾尖锐地批评那种根本脱离群众，在土地革命中硬是推行“地主不分田、富农分坏田”之类的“左”倾政策，他说：十月革命后，列宁还把一些地主送到西伯利亚搬木头，给他们以劳动与吃饭的机会，“我们的‘列宁主义者’则不然，既无木头叫地主搬，又不给地主一份土地去耕种，其结果，便是迫着他们去当绿色游击队，手执武器向苏维埃拼命，这有什么好处呢？”❷

毛泽东的愤怒是有道理的。在土地革命时期，由于“左”倾机会主义

---

❶ 李银桥：《在毛泽东身边十五年》，河北人民出版社 1991 年版，第 139 页。

❷ 《毛泽东文集》第二卷，人民出版社 1993 年版，第 342 页。

路线的推行，曾在一些地方出现了严重脱离群众，从而引起群众不满的情形。如1928年初湘南暴动后，湘南特委曾推行一套极左的做法，他们强令群众烧毁湘粤大道两旁5里内的所有村庄房屋，不管是地主的还是农民的，理由是防止这些房屋被敌人利用。结果可想而知，遭致许多农民不满和反抗。在苏区中也由于一些过“左”的土地政策，一些农民从拥护苏维埃到手持武器反对苏维埃，这种情形在江西叫“反水”。所谓“反水”，就是指农民反抗革命，上山当“绿色游击队”。这其中有地主豪绅的挑动，更多则是由于“左”的政策引起。当时苏区中有许多曾使红军久攻不克的“土围子”，占据里面的除了地主豪绅，就是“反水”的农民。对于这些“反水”的群众是不能采取武力打击的。毛泽东说：对他们决不要放枪，但要放“纸枪”（即传单、标语），多做群众工作，孤立和打击反革命分子。

“左”的政策实际上是一种“为渊驱鱼”“为丛驱雀”，脱离群众、孤立自己的政策。毛泽东后来曾沉痛地说：我们在“土地革命战争时期非常孤立”。解放战争中，汲取了这些教训的毛泽东非常警惕政策过“左”，常常提醒人们：我们不怕“美援”（指美国援助），就怕“左援”。

人民战争要争取人民群众的支持，就要实行正确的政策。概要地说就是毛泽东说的：“对敌人用霸道，对人民用王道。”[1]“王道”不能挂在嘴上，而要予群众以看得见的利益。这个话，毛泽东早在1945年12月《建立巩固的东北根据地》中就说到了：“我党必须给东北人民以看得见的物质利益，群众才会拥护我们，反对国民党的进攻。否则，群众分不清国民党和共产党的优劣，可能一时接受国民党的欺骗宣传，甚至反对我党，造成我们在东北非常不利的形势。”

---

[1] 《毛泽东文集》第三卷，人民出版社1996年版，第69页。

整个解放战争短短三年，即令苦心经营二十多年的蒋家王朝在大陆土崩瓦解，在很大程度上应当归功于毛泽东对社会各阶级、阶层和政治集团的政策的正确。这些政策使人民看到了中国的未来和希望，从而使蒋家王朝顷刻之间处于全民的包围之中。1948 年初，毛泽东曾举过这样几个例子说明人心所向：

"现在许多人把希望寄托在共产党身上，寄托在人民解放军身上。最近看到外面的报刊如《观察》杂志上有文章这样说：'假如二十年来的统治，不是如此腐败无能，何致使许多人觉得前途茫茫，中心彷徨，转而寄希望于共产党？'傅斯年[1]到过延安，他骂宋子文，在文章中说：世界上出了怪事，哪有资本家拥护共产党？硬是宋子文搞的。宋子文是封建买办阶级的一个代表。去年春天有个人写文章，说：现在全国人民对现政权可谓人人离心，个个厌恶。秋天这个人又写文章，说蒋介石和中国现政府业已失去民心，如在太阳底下的影子。"

更有意思的是：

"周副主席到上海，很多资本家请他吃饭。我们丢了张家口，有资本家掉了眼泪，共产党的张家口竟然跟资本家的眼泪发生了关系。"[2]

还有什么比这更能说明人心的转向的呢？土地革命战争时期是农民"反水"（当然是少数），解放战争时期则是资本家为解放军放弃城市伤心落泪。一减一加，力量的天平偏向了共产党。人心向背也许只是战争这场悲壮交响曲中的弦外之音，但却是决定战争胜负的关键因素，战场上的较量不过是最后把对手摔倒而已。

从这些例子中，你能不信服"人民的支持是最大的妙计"的说法吗？

---

[1] 五四运动的干将，当时任中央研究院历史语言研究所所长。——引者注

[2] 《毛泽东文集》第五卷，人民出版社 1996 年版，第 22 页。

枯木朽株齐努力

“日本敢于欺负我们，主要的原因在于中国民众的无组织状态。”❶ 而这种无组织状态又主要表现在中国农民身上。中国农民人数最多，但组织最为松散，说是一盘散沙，绝不为过。

中国革命战争实质上是农民战争。组织和武装农民成为中国革命战争的主力，这是毛泽东对人民战争的重要贡献。在中国共产党内，毛泽东是最早认识农民伟大作用的人物之一。在中共三大上，毛泽东就指出，湖南工人数量很少，国民党党员和共产党员更少，可是满山遍野都是农民。从人数上论证了农民的重要性。即使与毛泽东意见常常相左的张国焘也承认：“这种看法，是毛泽东这个农家子对中共极大的贡献。”“那时他的此项见解的重要性是不能抹杀的。”❷

当然，毛泽东的这种认识也不是天生的。他虽然出身农家，在十几岁时便对旧小说中没有地种的农民，深感不平，但他在成为职业革命家时，他对农民作用也不是一开始就看得很清楚的。那时，中共早期活动家恽代英写信给毛泽东说，要学习陶行知到乡村搞一搞。毛泽东回答，现在城市工作还忙不过来，怎么能再去搞乡村呢？1938 年 3 月，他在延安抗大谈到对农民问题的认识过程时也说：“十五年前，恽代英主张去做平民教育工作，我没有去。”后来中央要他管理农民运动，他才下决心了解农村，从此便一发不可收地倾全力于农民和农村问题。

1925 年，毛泽东在韶山农村调查中，发现贫苦农民“非常富有战斗

---

❶ 《毛泽东军事文集》第二卷，军事科学出版社、中央文献出版社 1993 年版，第 340 页。

❷ 张国焘：《我的回忆》第一册，东方出版社 1991 年版，第 295 页。

性”。1927 年的湖南农民运动考察，更使毛泽东兴奋不已，他终于发现农民发动起来后，“造成一个空前的农村大革命”，农民运动的力量，“其势如暴风骤雨，迅猛异常，无论什么大的力量都将压抑不住”。“简直是急风暴雨，顺之者存，违之者灭”。

毛泽东日后提出农村包围城市的革命道路，与这次考察留下的深刻印象关系密切。在武装斗争中，毛泽东一开始就没有把精力放在工人身上，因为这在中国是不现实的。相反，他对农民在战争中作用的认识却与日俱增。

秋收起义上井冈山之初，毛泽东同当时任副连长的张宗逊说，中国革命离不开农民，武装斗争一定要与农民相结合，把农民武装起来。

毛泽东曾讽刺那些认为不要农民也能胜利的机会主义者。他说：“中国五个人里面，有四个是农民，如果把四万万五千万人分成五份，每一份是九千万，那末就有四个九千万是农村人口，只有一个九千万是城市人口。用五个指头去打那个‘帝’[1]，他说多了，无须乎那么多，要割掉四个，拿一个指头去打，力量大得很……你看四个指头都掉了，就剩下了一个，无产阶级也孤立了，变成了无军司令、空军司令。当一个总司令，你总要有兵。你没有农民，你看小资产阶级还来不来？”“你不要农民，小资产阶级跑了，自由资产阶级也跑了，大地主大资产阶级集中力量来打我们，无产阶级就从台上滚下来，鼻子也跌烂了。”土地革命时期的急性病者只要工人暴动、城市起义，“对搞大城市很积极，农民虽然也要，但是是附带的，它不注意去研究农民”。[2]

“人民大众主要就是农民，我们讲能够胜利，就要建立在这个基础

---

[1] 指帝国主义。——引者注

[2] 《毛泽东文集》第三卷，人民出版社 1996 年版，第 307、308、309 页。

上。”中国共产党领导的人民战争，主要就是农民战争。如果我们对此还没有具体感受的话，可以作些个案分析。毛泽东在农村调查中已经替我们找了几个现成的例子，他作的《兴国调查》《长冈乡调查》《才溪乡调查》中均有详细的农村军事化内容。从中，我们可以感受到农民武装的发动和组织程度。以兴国第十区第二乡为例，全乡人口 800，编有赤卫队三个大队，通常是八九十人一个大队，以 85 人计，就有 225 人；参加工人纠察队（由手工业者为主组成）的 105 人；参加红军预备队两个连，每连人数几十到百多个，平均以 70 人计，两个连则有 140 人，以上总计 470 人，超过全乡人口的半数以上。这还不是发动和组织起来的全部军事和准军事组织的人数，如果加上女赤卫队、少年先锋队、童子团，人数就更为可观了。

再如长冈乡，全乡 1785 人，1933 年前先后当红军的有 219 人，在游击营的 7 人，男赤卫队一排 46 人，女赤卫队一连 220 人，少年先锋队一大队 86 人，合计为 578 人。如加上在红军后方医院工作，在县上工作和长期任挑夫的 94 人，脱产不脱产的军政人数就占了全部人口的三分之一强。

还有才溪乡，全乡人口 4928 人，参加红军的有 861 人，加上参加工作的共达 1018 人。这还只算脱产人数，还不算参加不脱产的赤卫队等地方军事与准军事组织的人数。

这里，除掉不许参加革命的地主劣绅及其家属，除掉老弱病残，没有编入组织的人数大概是寥寥无几的了，真可谓是“草木皆兵”。毛泽东在中共七大上说：“所谓人民战争，基本上或者说主要的，就是农民战争。”新中国成立初期他还说，我们的解放战争，主要就是靠完成了土地改革的一亿六千万人民打胜的。

将历来是一盘散沙的农民发动得如此广大，组织得如此严密，不能不说是毛泽东为代表的中国共产党人创造的一个奇迹。

战略·战役·战斗

战略、战役和战斗是三个不同的概念。在这三个概念中，战略是最高层次，战斗是最低层次，战役则是中间层次。但战役中也有属于战略范畴的，如战略决战。在这些层次中，战略是主导。“在主力红军与游击队的矛盾中，主力红军是主导。在进攻战术与防御战术的矛盾中，进攻是主导。在战略与战术的矛盾中，战略是主导。运动战与阵地战的矛盾中，运动战是主导。各兵种中，步兵是主导。”❶

但从认识过程和实践过程来看，两者是相反的。“在认识过程，战术决定战略；在实践过程，战略决定战术。”❷

---

❶ 《毛泽东哲学批注集》，中央文献出版社 1988 年版，第 89、90 页。

❷ 《毛泽东哲学批注集》，中央文献出版社 1988 年版，第 427 页。

因此，战争指导者的责任是将自己的注意力放在战略上，放在他主持的全局上。用毛泽东的话说，就是只有了解大局的人才能合理而恰当地处置小的东西，即使当个排长也应该有全局的图画。他形象地说：没有战略，战术也一定谈不好。小的东西是要占大的东西的地位的，如一个鼻子，你能把它安在背上吗？

抗战初期在延安，毛泽东反复讲要“提高战略空气”。

纵观中国革命战争中的敌我双方，在战略战术上是呈相反趋势的：在战术行动上，敌军也许并不逊色，但在战略指导上，则远不如人民军队。

正如陈毅元帅说的：“我们比战术是比不上人家的，如操场动作，内务管理，战斗动作等。我们愈往下比愈差，但愈往上比则愈强。如旅以上战役组织比人家强，纵队更强，野战司令部又更强，到统帅部的战略指导更不知比他高明多少倍。”❶

战略上的有规则有定向，战役战斗上的不规则无定向

1936年春东征途中，毛泽东提出了一个重要的原则，这就是战略上的有规则有定向，战役战斗上的不规则无定向。电报是给林彪、聂荣臻的，其中强调：“山西的经营是必不可少的，因为没有山西即不能设想同日帝进行大规模作战。”“在战役方针上，不规则无定向（这一仗在东打，那一仗在西打，没固定战线，全依情况决定）可以而且应该成为现实的指导原则。在战略方针上，不规则无定向是不许可的，应有明确的方向与地区。”❷

---

❶ 《陈毅军事文选》，解放军出版社1996年版，第411页。

❷ 《毛泽东年谱（1893—1949）》上卷，人民出版社、中央文献出版社1993年版，第531页。

关于这一原则，毛泽东在《中国革命战争的战略问题》中有过这样的表述：

“红军的作战线，服从于红军的作战方向。作战方向不固定，影响到作战线不固定。大方向虽在一个时期中是不变更的，然而大方向内的小方向则是随时变更的，一个方向受了限制，就得转到另一个方向去。一个时期之后大方向也受了限制，就连这种大方向也得变更了。”“一切战争也不能有绝对固定的作战线，胜负进退的变化不许可如此。但是相对固定的作战线往往见之于一般的战争。惟独敌我强弱悬殊像处在目前阶段的中国红军这样的军队，则是例外。”“作战线的不固定，影响到根据地领土的不固定。时大时小时缩时伸是经常的，此起彼落也往往发生。这种领土的不固定，完全来源于战争的流动性。”“从这个特点出发，规定我们的日程，不要幻想有进无退的战争，不要震惊于领土和军事后方的暂时的流动。”

上面说的大方向在一个时期中是不变更的，指的就是战略上的有规则有定向；作战线的不固定和战争的流动性，则指的是战役战斗上的不规则无定向。

在一个时期内，战略方向是相对固定的，而且只能有一个。在一个时期内不能允许有两个乃至多个战略方向。“在有强大敌军存在的条件下，无论自己有多少军队，在一个时间内，主要的使用方向只应有一个，不应有两个。我不反对作战方向有两个或两个以上，但主要的方向，在同一个时间内，只应有一个。”战略上的有规则有定向说的就是这个意思。

但在战役战斗上，作战方向是没有一定准则的，毛泽东指出：“战争方式的游击性，即没有固定战线，这是由于技术条件落后而决定的中国红军作战的特点，也正是过去军事指导的长处。在这里反‘游击主义’是错了的。第五次反‘围剿’中企图建立固定战线是失败了。”[1]

越是游击性，作战线越不固定，越无规则。这点人们容易理解。就正规战而言，其中的运动战，作战线同样是不固定的，大踏步进退是运动战的特点之一。只有阵地战，才有着相对固定的战线。抗美援朝战争中期以后的作战就是这种情况。

作战线的不固定，这点容易理解。这里，主要谈战略上的有规则有定向。

抓战略，主要是抓两点，一是抓主动权，二是抓战略方向。

清人王馀佑在《乾坤大略》中说，战略方向的选定，是用兵成败的关键，“霸王大略，此其首矣。”毛泽东抓住了这个“霸王大略”，并在实践中灵活加以运用。

研究毛泽东的战略战术思想，可以发现毛泽东对具体的用兵布阵，并不很费心，但以极大的精力关注战略方向的选择。

秋收起义失利，毛泽东不顾中央的反对，自作主张率领部队改变战略方向，上了井冈山。上井冈山后，并不是保存实力便完了，他一开始便注意在实践中摸索战略发展方向。朱毛会师之前，井冈山还足够毛泽东的两千人的部队生存，朱毛会师后，人多了，就要考虑以后的发展。会师之初，毛泽东提议以罗霄山脉中段为根据地，向北发展，向南游击，扩大政治影响；随后又完整提出了“对湘敌取守势，对赣敌取攻势”的战略原则。

可不要小看了这个战略方向的选择，它是红军弱小时代所以得以成功发展的极为关键的一招。没有这个坚定不移的战略方向，也就不会有后来红军的发展，就不会有后来的中央革命根据地。后来朱毛红军的作战方向，基本上没有脱离开这个战略方向。

---

[1] 《毛泽东军事文集》第一卷，军事科学出版社、中央文献出版社 1993 年版，第 417 页。

毛泽东在井冈山安顿下来，喘了一口气后，便对发展方向有所筹划。他很早就注意到了江西敌人比较好打的事实。1928年初，他在动员部队向江西遂川活动时，做了一个形象的比喻：井冈山的西面是湖南，东面是江西。俗话说“没江西人不成买卖，没湖南人不成军队”。湖南兵多，土生土长，力量较强；江西多是客军，与当地反动武装有矛盾，战斗力也弱一些。我们来一个雷公打豆腐——拣弱的欺，到江西遂川去活动。

历史上有“无湘不成军”的说法。当然，毛泽东提出向江西发展，不仅仅是从俗语中领悟出湘敌强于赣敌的道理的，而是根据实际调查得来的。从井冈山周围的情况看，井冈山西侧的湖南方面，国民党军实力较强，共有二十个师和两个教导团，而且都是本省的军队，具有较强战斗力。向湖南发展有可能碰硬钉子。事实上，红四军也碰过一次硬钉子。1928年7、8月间，红四军主力冒进湘南，攻打郴州，先胜后败。由宜章农民编成的第二十九团基本上被打散，酿成“八月失败”。但湖南军队对主要位于江西境内的井冈山实行“进剿”，积极性不高。几次“进剿”都是江西军队进行的。战斗力不强，但对“进剿”却很积极，这似乎有点反常，但事情就是这么怪。江西敌军战斗力较弱，只有三个师，又都是客军，即驻扎在江西的云南军队，且与当地土豪劣绅的关系也不如湖南军队与湖南土豪劣绅的关系那样密切。

战略方向一经决定，毛泽东决不轻易变更。1928年6月16日，毛泽东在宁冈茅坪以中共湘赣边界特委名义写信给湘赣两省委转中央，指出在军事布置上，对比较强的湘敌取守势，对比较弱的赣敌取攻势。但湘赣边界特委的顶头上司湖南省委对毛泽东主张向江西发展深为不满，下旬，他们专门写信给边界特委和红四军军委，要红四军“立即向湘南发展”。30日，在永新召开的特委、军委和永新县委联席会议上，省委巡视员杜修经坚持要红四军向湘南发展，毛泽东分析了湘赣两省形势，坚持对赣敌取攻势、对湘敌取守势的策略。并于 7 月 4 日再次致信湖南省委，申诉不宜向湘南发展的理由："湘省敌人非常强硬，实厚力强，不似赣敌易攻"，"故为避免硬战计，此时不宜向湘省冲击，反转更深入了敌人的重围，恐招全军覆灭之祸"。[1]

从地形上说，向湖南发展也不利于红军。向湖南发展，红军夹在湘江、赣江之间，中间又有粤汉铁路，红军在此难有大的作为。朱毛会师时，在一同往井冈山的山间小路上，毛泽东就对陈毅说：他们在湘南站不住脚的原因就在于湘南地处交通要道，敌人过于强大。毛泽东的这个分析令陈毅听了十分新鲜。第一次反"围剿"前，一部分人坚持要把反"围剿"的战场放在赣江以西。毛泽东不同意，他分析说："因为大前提还是敌强我弱，而且具体地看，湘敌强，赣敌弱，我们要避实就虚，'诱敌深入'，以弱胜强。赣江西岸夹在湘、赣两江之间，机动范围小。而赣江之东呢，地跨闽、浙、赣边界，有大山，回旋余地大，在根据地内实行群众的战争，想怎么打就怎么打。"

一个相反的例子是第四次反"围剿"胜利后的"两个拳头打人"战略。在毛泽东指挥红军作战时，战略方向是明确的，历次作战都注意围绕这个战略方向协同配合，集中相对优势兵力打歼灭战，所以屡战屡胜。经验证明，红一、三军团分离作战，就打不好，就要吃亏。1933 年第四次反"围剿"作战胜利后，军事顾问李德等人不顾实际情况，于大湖坪整编后，决定红一方面军一、三两个主力军团分离作战，实行"全线出击""两个拳头打人"的战略，事实上形成两个战略方向。以红一军团为主，称中央军，在抚河、赣江之间作战，看守中央苏区的北大门；另以红三军团为主，改称东方军，入闽作战。临时中央的打算是要在两个方向上同时取得胜利，

---

[1] 《毛泽东年谱（1893—1949）》上卷，人民出版社、中央文献出版社 1993 年版，第 248 页。

进而夺取抚州、南昌等中心城市，实现一省与数省首先胜利。但战略指导上的两个方向，不仅出现了毛泽东所说的，使一个拳头（红三军团）打得很疲劳，一个拳头（红一军团）置于无用之地的情况，而且两个军团分离作战的结果，非但没有取得预期的胜利，反而丧失了进行反第五次“围剿”准备工作的宝贵时间。

战略方向上的另一个正确选择是长征途中的“北上”方针。红军被迫撤离浴血奋战十余年的南方根据地后，向哪里发展就成了中国革命的关键。如果说遵义会议前还是为了求生存的无目的的逃跑的话，那么，到了遵义会议之后，前进方向的选择就与求生存、谋发展紧紧地联系在一起了。遵义会议前，目的地一是湘西，与贺龙、任弼时率领的红二、六军团会师，二是到四川去，有人搬出斯大林的话说，斯大林说过，四川是最好的根据地。遵义会议后，中央确定的战略方向一直是向北，如提出建立川陕苏区，建立川陕甘苏区，建立陕甘苏区，一步步向北，向陕甘发展。到川西毛儿盖后，毛泽东指出：我们的行动方向，一是向东（陕西），一是向西（青海、新疆）。红军主力应向东，向陕甘发展，不应向黄河以西发展。向东还是向西是一个关键问题，应采取积极向东发展的方针。这里的向东，与北上方针是一致的，即出陕甘。1935年9月10日，中央在《为坚持北上方针告同志书》中指出：无论如何也不应该南下，南下是草地、雪山、老林，人口稀少，粮食缺乏。红军南下是没有出路的。南下是绝路。“只有中央的战略方针是唯一正确的，中央反对南下，主张北上，为红军为中国革命取得胜利。”

向北发展，毛泽东的意图是从当时民族矛盾激化这一层出发的，将国内战争与民族战争结合起来。后来的东征也是从这一因素考虑的。东征山西由于阎锡山的晋军和蒋介石的中央军的阻拦，红军被迫回师陕北，但毛泽东依然认为：“东边的路，是将来必走的，是长时间内战略进攻的方向。”东边的路被阻绝后，对下一步的行动，毛泽东分析，要在陕南、甘肃、陕北、宁夏“四中择一”，因为“方向在一个时期中只能一个”。毛泽东决定西征甘肃，“甘肃是上述几条路的必由之路。地方虽不好，但有极重要的意义。再在三边及甘北弄它一块。地广人稀，敌人以后进攻困难。”“粮食有了，再往东边。”[1]

当时张国焘先积极推行南下战略，后又主张向西部民族地区发展。毛泽东讽刺他这是要到昆仑山上进行统一战线，与姜太公、太上老君搞统一战线。

战略上的有规则有定向，这是公开的，不是秘密；战役战斗上的不规则无定向，这是秘密的，是根据作战需要而定的。

1959 年毛泽东对印度领导人说的一段话，颇可作为战略方向只有一个的注脚。自 20 世纪 50 年代末开始，印度政府置中印两国人民的传统友谊于不顾，不断挑起事端，侵犯中国领土，并公然向中国提出领土要求。中国政府对印度军队的恣意挑衅，采取了极为克制的态度，力避事态扩大。这年 5 月 13 日，毛泽东在中国外交部关于印度外交部外事秘书谈话的答复稿上亲自加写了一大段话。这段话非常诚恳地指出印度不是我国的敌对者，而是我国的友人。毛泽东推心置腹地说：“中国人民的敌人是在东方，美帝国主义在台湾、在南朝鲜、在日本、在菲律宾，都有很多的军事基地，都是针对中国的。中国的主要注意力和斗争方针是在东方，在西太平洋地区，在凶恶的侵略的美帝国主义，而不在印度，不在东南亚及南亚的一切国家。……中国不会这样蠢，东方树敌于美国，西方又树敌于印度。……我们不能有两个重点，我们不能把友人当敌人，这是我们的国策。”[2]

---

[1] 金冲及主编：《毛泽东传（1893—1949）》（上），中央文献出版社 1996 年版，第 385 页。

[2] 《毛泽东外交文选》，中央文献出版社、世界知识出版社 1994 年版，第 376、377 页。

毛泽东公开将中国的战略方向告诉了印度，可惜的是，言者谆谆，听者藐藐。印度对毛泽东的这些好言相劝置若罔闻，甚至以为是软弱可欺，竟然口出狂言，要将中国军队从中国的边界上清除出去，于1962年发动了对中国西南边疆的大规模入侵，迫使中国不得不奋起还击，将不堪一击的入侵者驱逐出去，保持了中印边界几十年的相对平静。即使在印度将中国视作敌人的日子里，中国也没有将印度视作敌人，将战略方向放在西面。

战略上内线持久的防御战，战役战斗上外线速决的进攻战

这是毛泽东战略战术思想中两个同时并重的原则。由于对手的强大和自己的弱小，规定了革命军队在相当时期内的战略防御性和争取战争的持久性。防御性就是在敌强我弱的情况下，在战略上实行积极防御；持久性就是不应该打算明天革命就会成功。

"灭此朝食"的气概是好的，"灭此朝食"的具体计划是不好的。

与此相反的是，在战役战斗上，不是防御而是进攻，不是持久而是速决。在敌实行战略进攻的条件下，人民军队一般是处于内线的，即处于敌之战略包围之中。为了改变这一态势，毛泽东在指导中国革命战争中，采取了战役战斗上的外线速决的进攻战。

作为对手，蒋介石与毛泽东相反。他的战争指导是只重视战略攻势，忽视战役战斗的攻势。他说："战略必取攻势，要以动制静；战术上必取守势，要以静制动，以守为攻。""战术主守，战略主攻。"他对毛泽东战略上防御，战役战斗的进攻颇不以为然，他说："古今中外的战事，凡战略取守势者未有不败之理，我们剿匪战争的原则是：战略取攻势，战术取守势。而匪军恰好和我们相反，他们是战略取守势，战术取攻势。而他所谓

战术取攻势，亦不过是一面流窜游击，一面退守山地。他们这种守势的战略，自然非失败不可的。”

正像一句外国谚语说的，谁笑在最后，谁就笑得最好。蒋介石笑得太早了，也就败得最惨。从军事实践上说，国民党军队就是通过一个个战术和战役上的“以守为攻”的失败，走向全面崩溃的。

外线的速决的进攻战，其中心点在于一个进攻。外线，说的是进攻的范围；速决，说的是进攻的时间。外线是指在战略上处于敌之包围之中的情况下，在战役战斗上集中优势兵力，对敌实行包围，迫敌处于内线而消灭之。人民军队作战一般都是这种情况。速决是强调作战时间一般均是速战速决。原因很简单：“第一，红军的武器尤其是弹药没有来源；第二，白军有很多支部队，红军只一支部队，打破一次‘围剿’要准备迅速的连续的作战；第三，白军各个虽然分进，但多是比较地密集，打它们中间的一个如果不能迅速地解决战斗，其余各个都来了。”“对于我们，几小时，一天或两天解决一个战斗是经常的。”[1]这个方针与内线的持久的防御战方针，是相辅相成的，是实现战略方针必须采取的正确的战场作战指导方针。

外线速决的进攻战，一般是四种情况：一是采取在战役战斗上实行外线的进攻战；二是使用游击部队位于外线袭扰和牵制敌人，对敌形成反包围；三是在敌人深入根据地的情况下，部署一部分主力部队转入外线作战，内外线配合，夹击敌人；四是以强大的主力部队突破敌之包围，打到外线，把战争引向敌人统治区。这种出击，在形式上虽是战役规模的，但有着极大的战略意义，往往对战局起重大影响。突出的例子就是刘邓大军千里跃进大别山，从而转变战局的成功战例。

上述四种情况，第一种是最基本的，人民军队许多重要的战役战斗都

---

[1] 《毛泽东军事文集》第一卷，军事科学出版社、中央文献出版社 1993 年版，第 755、756 页。

是这种情况。如前四次反“围剿”等战役，解放战争第一年作战，都是这种战略内线的战役战斗外线的进攻战。但在战略内线作战陷于不利或外线作战有利的情况下，就要寻求外线作战，向敌之战略内线突击，这就是上面提到的第四种情况。这种情况较少见，但对转变形势意义最为重大。

在中国革命战争的几次关头，毛泽东都曾提出过具有战略意义的外线进攻的重大建议。1929年初，毛泽东和朱德率红四军为粉碎敌人对井冈山的第三次“会剿”，向外线即敌之内线出击。红四军人数虽少，只有三千余人，但对这支弱小的红军来说，这无疑是一次重大的战略性行动。这次行动的代价是丢了井冈山根据地，但却开辟了赣南、闽西苏区，两者相较，付出的代价是值得的。

第三次反“围剿”胜利后，临时中央指示苏区应迅速扩大根据地，乘胜夺取中心城市，如赣州、抚州、吉安等，实现一省与数省的首先胜利。毛泽东认为这不可能。他说：因为红军在反“围剿”中打得很疲劳，急需休整和补充，另外闽赣两个苏区之间还有七八个县的一些土围子被地主武装占据着。当前的中心任务应该是扫除土围子，打通两个苏区，然后再打通赣南与赣东北两苏区。而所谓中心城市则被蒋介石军队固守着，我们这个步枪少鞭炮多，很少机枪重炮的红军，此时绝无战胜攻取之可能。

毛泽东坚持“从容不迫地去打土围子”，有些人就说毛泽东是把打中心城市“放在脑后”，甚至是“比脑后还要后，叫做放在屁股后”。毛泽东则讽刺这些人说：那些老爷们恨不得第二天早上就把国民党打光，哪有那么容易的事！

1932年春，苏区中央局不顾毛泽东的反对，发起攻打江西中心城市赣州的战役。果然不出毛泽东所料，红军屯兵坚城之下，历时33天，城未攻下，自己伤亡达三千多人。苏区中央局无奈，急忙让在瑞金的项英去城郊东华山古庙请毛泽东下山处置。

赣州解围后，毛泽东提出红军下一步军事行动，力主红军沿武夷山脉向敌人力量比较薄弱、党和群众基础较好、地势有利的赣东北前进，发展闽浙赣三省之交的大块地区，然后向浙西皖南发展，准备对付蒋介石的第四次“围剿”。在赣江以东、闽浙沿海以西、长江以南、五岭山脉以北广大地区发展革命战争，建立根据地。这实际上是他一贯坚持的“对赣敌取攻势”战略的扩大版。

苏区中央局多数人热衷于攻占中心城市，对毛泽东向敌人统治薄弱的赣东北农村发展的建议并不关心，他们称毛泽东的这一建议是向偏僻区域发展的右倾机会主义。轻易否决了毛泽东的建议，决定红军主力夹赣江而下向北发展，相机夺取赣江流域的中心城市。并决定以红一、五军团组成中路军，以红三军团、红十六军组成西路军，分别进行作战。

面对如此重大的战略分歧，毛泽东只好退而求其次，先向东发展，适时再提出向东北发展。他建议中路军改为东路军，向闽西行动。毛泽东向一军团团以上干部动员时指出：我们的新任务，是经闽西向闽南方向发展。应该看到我们中央根据地沿赣江向北没有多少发展余地，国民党“剿共”的大本营就设在南昌。如今向西发展，有赣江梗阻，大部队往返不便。向南发展则必然会同广东部队的主力顶牛。只有向东发展最有利，一来有闽西老根据地作依托，二来闽南尚有广阔的发展余地，是一个最好的发展方向。

这次苏区中央局没有作难。这是因为毛泽东提议直下漳州、泉州，不管怎么说，这也算是不小的城市，对他们也是有吸引力的。果然，毛泽东说到做到，不费多大力气就把漳州打下来了，红军发了不少洋财，还破天荒看了一场电影，开了洋荤，让那些想看笑话的人也无话可说。

但毛泽东真正的意图是以“进攻的外线作战战略”大力经营闽浙赣广大地区。漳州战役结束后，毛泽东在一封给苏区中央局的电报中，直截了当地批评中央的政治估量和军事战略是“完全错误的”。指出：三次反“围剿”胜利和日本出兵后，蒋介石的统治势力已受到很大打击，“对于我们只能取守势防御的攻击，至于粤军亦是防御攻击性质。决不应夸大敌人力量”，因此，“我们的军事战略，大规模上决不应再采取防御式的内线作战战略，相反要采取进攻的外线作战战略。……在现时的敌我形势下，在我军的给养条件下，均必须跳出敌人的圆围之外，采取进攻的外线作战，才能达到目的。”

实事求是地说，在外线进攻这一点上，苏区中央局与毛泽东没有严重分歧，分歧主要在是进攻中心城市，还是进攻敌人统治薄弱的农村，消灭敌人有生力量，扩大苏区上。由于毛泽东坚持后者，所以毛泽东的建议再次遭到冷落。

中央局许多人冷落毛泽东的建议，朱德却对毛泽东的建议印象很深。多少年后，朱老总还对发展闽浙赣建议没有实现惋惜不已。1944 年，朱老总在延安说，打赣州前，“毛主席主张向东北发展，分散以争取群众，一直把网撒到浙江去，打到蒋介石的老家。如若实行，我看红军发展可能上 10 万人，同时也会更扩大苏区。但可惜这一主张当时被否定了。”[1]

1961 年 2 月，朱老总经江西铅山到闽西视察，途经武夷山时，汽车沿着公路盘旋而上，到达岭头时，他特意走下车来，爬到一个小山包上，迎着山风，默默伫立着凝望远方。他望着层峦叠嶂、连峰矗天的山脉，感慨万分地说：“1932 年春，王明‘左’倾机会主义路线极力推行进攻中心城市的错误方针。当时以红军一部分去攻赣州，结果没有打下来。毛主席针对这种错误方针，提出向闽、浙、赣地区挺进，从这一带一直向浙江方面发展，但这个正确主张未被采纳。结果力量分散，使我军更加被动，直到毛主席率部攻下漳州后，才扭转了当时的形势。”

---

[1] 《朱德选集》，人民出版社 1983 年版，第 132 页。

在途中，朱老总对康克清提起这段历史："当年，中央苏区开始建立时，毛泽东曾提出，要到武夷山建立根据地，我还有点不大理解，只觉得地方偏了一点，其实，革命发展的实际条件和需要，偏不偏，都是相对的。那时，若在这里建立中央苏区，虽说有点偏，但从这里的地形和周围条件看，在这个地方，打破敌人的'围剿'是不难的。"[1]

朱德言犹未尽。往事历历，萦绕心头，使他久久难以平静。《经闽西感怀》就是在这时写下的：

不听仙人指，寻求武夷巅。
越过仙霞岭，早登天台山。
赣闽成一片，直到杭州湾。
出击求巩固，灭敌在此间。

朱老总在诗中注释说："这首诗第一句以下各句，都是毛主席当时的指示精神"，"但这一正确主张，未被采纳"。

如果说这是毛泽东第一次提出具有战略意义的外线进攻建议的话，那么，第五次反"围剿"，毛泽东则是第二次提出外线进攻建议了。这时的背景已今非昔比。国民党军已登堂入室，堡垒筑到了中央苏区中心地带。毛泽东分析："当'围剿'已经证明无法在内线解决时，应该使用红军主力突破敌之围攻线，转入我之外线即敌之内线去解决这个问题。堡垒主义发达的今日，这种手段将要成为经常的作战手段。"

堡垒主义是蒋介石对付红军内线作战的主要法宝。无论是"诱敌深入"，还是"御敌于国门之外"，对付稳扎稳打的堡垒政策都难以奏效，可

---

[1] 《康克清回忆录》，解放军出版社 1993 年版，第 464 页。

行的就是毛泽东说的“转入我之外线即敌之内线去解决”。

为此，毛泽东建议：红军主力应该突进到以浙江为中心的苏浙皖赣地区去，“纵横驰骋于杭州、苏州、南京、芜湖、南昌、福州之间，将战略防御转变为战略进攻，威胁敌之根本重地，向广大无堡垒地带寻求作战。用这种方法，就能迫使进攻江西南部福建西部地区之敌回援其根本重地，粉碎其向江西根据地的进攻，并援助福建人民政府”[1]。

毛泽东曾风趣地说：这个建议就是和敌人“大换防”，敌人要到中央苏区来，我们就让给他，我们到江浙一带去打游击，重新开辟革命根据地。

这个建议是很厉害的一招，如果照着去做，整个历史就要改写了。第五次“围剿”时，蒋介石几乎把他的全部兵力都投入到苏区，后方十分空虚。原国民党将领宋希濂回忆说：“连南京一带那样重要城市的防务，只是以宪兵、警察和一些地方团队来维持”，蒋介石“最担心的是怕共军由闽北窜到浙江、安徽、江苏一带”，威胁其“根本重地”。

无奈把持临时中央的博古和军事顾问李德继续把反蒋的福建“人民革命政府”这些中间力量视作“最危险的敌人”，又害怕红军主力向外线进攻会造成中央苏区的丢失，拒绝采纳毛泽东开出来的打破“围剿”的药方，红军坐失良机，错过了打破“围剿”的时机。

该内线作战的时候，却采取外线进攻（如攻赣州）；该大胆外线进攻的时候，却在内线死战（如“御敌于国门之外”）。

后人读史至此，能不扼腕长叹?!

出击苏浙皖赣是上策，上策不用，红军步步陷于被动，形势越来越紧张。

---

[1] 《毛泽东军事文集》第一卷，军事科学出版社、中央文献出版社 1993 年版，第 757 页。

1934年6月下旬[1]，毛泽东在中央政治局扩大会议上再次建议：在内线作战陷于不利的状况下，中央红军应该转移到外线作战；至于转移的方向，中央红军已不宜向东北，可以往西。往西是向哪里？毛泽东后来在《中国革命战争的战略问题》中说："围剿"到打了一年之久的时候，"虽已不利于出浙江，但还可以向另一方向改取战略进攻，即以主力向湖南前进，不是经湖南向贵州，而是向湖南中部前进，调动江西敌人至湖南而消灭之。"[2]

此计可以说是中策。但中策又没有被接受，会议只是决定派红七军团作为抗日先遣队向赣东北前进，派红六军团从湘赣苏区到湖南中部去发展游击战争并创立新的苏区。用周恩来的话说："一路是探路，一路是调敌。"探路的是红六军团，调敌的是红七军团。但这些转到外线去的兵力过于单薄，国民党军主力不为所动。实际上没有起到吸引国民党军从中央苏区调出的作用。

上策、中策都没被采纳，剩下的只有下策——长征（最初叫战略转移）。毛泽东无限感慨地说："此计又不用，打破第五次'围剿'的希望就最后断绝，剩下长征一条路了。"毛泽东历经千辛万苦，无数红军将士浴血奋战建立的红色根据地就这样被断送了。

从此，关山千重，征途万里。红军不禁要问：踏遍青山，何处是家？

几年之后，毛泽东在谈到第五次反"围剿"失败的原因时，对《大公报》记者范长江分析说：第五次反"围剿"失败在不应当搞广昌大决战，不应同陈诚指挥的主力硬拼。应当暂时放弃苏区，分红军为四路，猛出杭州、苏州、南京、芜湖四点，施以佯攻，以诱动江西兵力，然后择弱点一战而胜，得胜后回江西，再突破弱的方面，则苏区可以保全。毛泽东认为：

---

[1] 《毛泽东年谱》中记为7月。

[2] 《毛泽东军事文集》第一卷，军事科学出版社、中央文献出版社1993年版，第757页。

"拿这一战线的暂时失利（地方被占）换得别一战线的胜利，这一战线的问题也就可以解决了（地方是可以恢复的）。"[1]

红军时代毛泽东关于外线速决进攻战的战略筹划，如果得到实行，其规模当然比不上后来刘邓大军跃进大别山，但其影响也决不会亚于后来的战略进攻。

战略上以一当十，战术上以十当一

毛泽东在总结红军作战经验时说："我们的战略是'以一当十'，我们的战术是'以十当一'，这是我们制胜敌人的根本法则之一。"又说："'以一当十，以十当百'，是战略的说法，是对整个战争整个敌我对比而言的；在这个意义上，我们确实是如此。不是对战役和战术而言的；在这个意义上，我们决不应如此。无论在反攻或进攻，我们总是集结大力打敌一部。"[2]

战略上以一当十，更多的是客观形势使然；战术上以十当一，则主要是主观努力的结果。战争指导者难以把握的往往是在战术上做到以十当一，而避免军事平均主义的错误。战术上以十当一，实际上就是战役战斗上集中优势兵力各个歼灭敌人的简明说法。毛泽东说："中国红军以弱小者的姿态出现于内战的战场，其迭挫强敌震惊世界的战绩，依赖于兵力集中使用者甚大。无论哪一个大胜仗，都可以证明这一点。"[3]

战术上以十当一，在战役战斗上要做到的是两点：一是集中兵力，二是各个歼敌。

---

[1] 《毛泽东军事文集》第一卷，军事科学出版社、中央文献出版社 1993 年版，第 417 页。

[2] 《毛泽东军事文集》第一卷，军事科学出版社、中央文献出版社 1993 年版，第 746 页。

[3] 《毛泽东军事文集》第一卷，军事科学出版社、中央文献出版社 1993 年版，第 746 页。

打仗之难，难在用兵；用兵之难，难在集中使用兵力。毛泽东本人就这样说过：打仗没有什么，就是“集中兵力”四个字，但说起来容易，做起来颇难。尤其是在敌强我弱的情况下打歼灭战，集中使用兵力就更加困难。“人人皆知以多胜少是最好的办法，然而很多人不能做，相反地每每分散兵力”，“为复杂的环境所迷惑”，“失掉自主能力，采取了应付主义”。[1] 这里重要的是要正确处理好集中与分散的关系。徐向前说，“‘为阵之法，在于分合’。所谓分合，指的就是兵力的分散和集中”，分合得当，以弱可以胜强；反之，即使处于强军的地位，也难免败在弱敌的手中。[2]

即使像诸葛亮这样伟大的军事家也没有处理好集中与分散的关系。毛泽东曾这样评价诸葛亮用兵之误：“其始误于隆中对，千里之遥而二分兵力。其终则关羽、刘备、诸葛三分兵力，安得不败。”[3] 在这一点上，毛泽东倒很欣赏唐太宗李世民的用兵才能。毛泽东读明人冯梦龙编的《智囊》一书，其中提到李世民说：“自少经略四方，颇知用兵之要，每观敌阵，则知其强弱，常以吾弱当其强，强当其弱。彼乘吾弱，奔逐不过数百步；吾乘其弱，必出其阵后而击之，无不溃败。”在这一段话的天头，毛泽东赞同地写道：“所谓以弱当强，就是以少数兵力佯攻敌诸路大军。所谓以强当弱，就是集中绝对优势兵力，以五六倍于敌一路之兵力，四面包围，聚而歼之。自古能军无出李世民之右者，其次则朱元璋耳。”[4]

顺便提一句，对李世民的用兵艺术，毛泽东还曾对身边工作人员说

---

[1] 《毛泽东军事文集》第一卷，军事科学出版社、中央文献出版社 1993 年版，第 743 页。

[2] 《徐向前军事文选》，解放军出版社 1993 年版，第 373 页。

[3] 《毛泽东读文史古籍批语集》，中央文献出版社 1993 年版，第 106 页。

[4] 《毛泽东读文史古籍批语集》，中央文献出版社 1993 年版，第 65、66 页。

过：打仗要像唐太宗那样，先守不攻，让敌人进攻，不准士兵谈论进攻的事，谈论者杀。待敌人屡战不克，兵士气愤已极，才下令反攻，一攻即胜。这样一可练兵，二可练民。

古今中外的军事家无不十分重视集中兵力。中国古兵书上说："兵散则势弱，聚则势强，兵家之常情也。"克劳塞维茨也说："战略上最重要而又最简单的准则是集中兵力。"利德尔·哈特在《战略论》中甚至说：所有战争原则都可以用一个词来表达，这就是"集中"。马克思、恩格斯在谈到拿破仑时，曾指出"拿破仑的秘诀在于集中"。马克思说："战略的奥妙就在于集中兵力。"列宁指出："在决定的时机和决定的地点拥有压倒的优势，——这是取得军事胜利的'规律'。"这些都说明集中兵力历来是作战中的重要原则。

以毛泽东为代表的中国共产党人根据中国革命战争的特点，对集中优势兵力与各个歼灭敌人的关系、集中兵力原则的具体运用等都提出了独到的见解。

毛泽东认为：红军作战的胜利，基本上靠集中兵力一招。集中兵力是改变敌我进退、攻守和内外线形势的必要条件。从领导暴动和红军初创时期起，他就非常重视集中兵力的问题，秋收暴动前，毛泽东曾制定了一个湘南运动大纲，计划在湘南举行暴动，不久局势发生变化，军阀唐生智部队南下，湘南同长沙事实上已被隔绝。这时中央还要求湖南举行"全省暴动"。湖南省委经过反复讨论，认为"以党的精力及经济力量计算，只能制造湘中四围各县的暴动，于是放弃其他几个中心。湘中的中心是长沙"。"缩小范围的暴动计划，泽东持之最坚"。毛泽东的理由是"各县暴动，力量分散了，恐连湘中暴动的计划也不能实现"。

在指挥红军作战中，他从实践中提出："红军以集中为原则"，"分兵以发动群众，集中以应付敌人"，"战略上以少胜多，战役上以多胜少，为目前军事指挥的基本原则”。[1]

解放战争时期，他根据三个月战争的经验，进一步明确提出：“集中优势兵力，各个歼灭敌人，是过去三个月歼敌二十五个旅时所采用的惟一正确的作战方法。”[2] 集中兵力打歼灭战的好处是，集中兵力，以多胜少，既能全歼，又能速决。全歼，在敌则士气沮丧，在我则士气高涨；速决，则使人民军队有可能各个歼灭敌军的增援队，也才有可能避开敌军的增援队。此其一。其二，用力省而成功多，每战必胜，较有把握。其三，能取给于敌，以敌人的大量武器装备和人员补充自己。

战略上以一当十，以少胜多，但这并不意味着在战略上就可以平分兵力，就可以不需要集中主力了。毛泽东始终认为，战略上也需要集中兵力，“战略上一个拳头打人”，“反对分兵主义，反对两个拳头主义，反对战略上的‘全线出击’，反对击溃战（战略的及一般战役的）”。[3]

但复杂多变的战争情况要求战争指导者要灵活而不是机械地处理集中兵力问题。红军时期的“六路分兵”和“两个拳头打人”的口号和打法，就是一个很糟的教训。不过也有相反的例子。解放战争初期的东北解放区，由于地理等方面的原因，分为北满和南满两个战略区，客观上形成了两个拳头打人的架势。如机械地理解集中兵力，势必要放弃较弱的南满解放区，而将兵力集中到北满去，形成所谓的一个拳头。当时这种议论很盛，大有占上风之势。而如果这样做，就恰恰中了国民党军“先南后北”进攻的企图，使敌人在占领南满后可以集中兵力进攻北满。而坚持南满，就可迫使敌人两面作战。东北民主联军指挥员在作战指导上很好地处理了

[1] 《毛泽东军事文集》第一卷，军事科学出版社、中央文献出版社 1993 年版，第 31、133、504 页。

[2] 《毛泽东军事文集》第三卷，军事科学出版社、中央文献出版社 1993 年版，第 505 页。

[3] 《毛泽东军事文集》第一卷，军事科学出版社、中央文献出版社 1993 年版，第 418 页。

客观上形成的两面作战的局面，提出了“南打北拉，北打南拉”的相互配合的作战方针，取得了三下江南、四保临江战役的胜利，扭转了东北战场上一度出现的被动局面。实践证明，两个拳头只要挥舞得好，目标一致，是可以避免一个拳头打得很疲劳，一个拳头置于无用之地的情况的。

战略上集中兵力，战役战斗上更需要集中兵力。蒋介石的失误是注意了前者而忽视了后者。发动全面内战后，他以总兵力的80%用来进攻解放区，做到了战略上兵力的集中，但在战役战斗上却每每分散了兵力，吃了兵力不集中的亏。在这一点上，毛泽东做得完美得多。他强调：“在战役部署上，必须反对那种轻视敌人，因而平分兵力对付诸路之敌、以致一路也不能歼灭、使自己处于被动地位的错误的作战方法”。在战术上集中兵力，就是在战术部署上，“我军担任攻击的各兵团（或各部队），不应企图一下子同时全部地歼灭这个被我包围之敌，因而平分兵力，处处攻击，处处不得力，拖延时间，难于奏效。而应集中绝对优势兵力……从敌军诸阵地中，选择较弱的一点（不是两点），猛烈地攻击之，务期必克。得手后，迅速扩张战果，各个歼灭该敌。”[1]

毛泽东曾以1946年10月东北民主联军第四纵队新开岭战役为例，指出在战役和战斗上都要集中兵力，反对平均主义。该纵队第一次集中五个团打有“千里驹”之称的敌第二十五师未能奏效，第二次集中八个团打就胜利了。“以后作战凡打大一点的仗总要集中十团八团兵力，最好能集中十二个团打，以期必胜。这是战役上必须集中兵力。”该纵队11月1日九次攻击皆未奏效，2日拂晓，集中炮火攻破南北山一点，从此扩张战果，即于半天内将该师全部歼灭。所以毛泽东强调：“战术上亦须集中兵力。”“尔后作战每次均须采用此种方法。”

---

[1] 《毛泽东军事文集》第三卷，军事科学出版社、中央文献出版社1993年版，第483页。

林彪总结东北作战认为：“集中优势兵力的标准，战役上是四五倍，战术上在主攻方向自然大于战役上的倍数，更要着重使用五六倍。”

兵力集中的程度，根据敌我双方的装备、火力和机动等条件，并非集中兵力的倍数越高越好。毛泽东也是根据具体情况对兵力集中程度作不同要求的。

土地革命战争时期，红军兵力集中程度并不算高，红军“集中兵力以击小于我或等于我或稍大于我之敌，则往往胜利”[1]。如 1931 年 5 月 31 日第二次反“围剿”的第一战，向建宁打七千人的刘和鼎师，红军只用了一万人，只临之以相对优势的兵力。但对强敌，或关系紧要的战场作战，则临之以绝对优势的兵力，如 1930 年 12 月 30 日第一次反“围剿”的第一战，集中四万人打张辉瓒的九千人，一战而胜，无一漏网。

抗日战争时期，八路军新四军对日军作战，一般都临之以绝对优势兵力，但那时以游击战为主，量化的指标不太严格，但也有个大体比例。毛泽东在谈到抗战中的运动战时，也指出了集中兵力的倍数问题，他说：“我们历来主张全国组成若干个大的野战兵团，其兵力针对着敌人每个野战兵团之兵力而二倍之、三倍之或四倍之，采用上述方针，与敌周旋于广大战场之上。”“例如我用两个或三个或四个机械化的师对敌一个机械化的师，更能确定地消灭这个师。”并强调：“这种方针，不但是正规战争用得着，游击战争也用得着，而且必须要用它。”[2]粟裕从实践中总结说：“现在我们要消灭日寇的一个中队，需用一个团的兵力。”平型关战斗，八路军以四个团的兵力伏击日军的一支一千余人的辎重部队，也占有绝对的兵力优势。

[1] 《毛泽东军事文集》第一卷，军事科学出版社、中央文献出版社 1993 年版，第 31 页。

[2] 《毛泽东军事文集》第二卷，军事科学出版社、中央文献出版社 1993 年版，第 314 页。

解放战争时期，中央更加强调兵力集中的倍数。1945 年 10 月 10 日，刘少奇在一份电报中指示全党全军要遵守毛泽东以多胜少的军事原则，必须以超过国民党军五六倍的兵力与之作战。毛泽东也分外强调集中兵力，并对兵力的集中程度作了规定，指出作战要集中六倍、五倍、四倍于敌的兵力，至少也是三倍于敌的兵力，并集中全部或大部的炮兵。毛泽东作出这些规定是与战争初期国民党军在美国支持下武器得到加强的情况分不开的，也是总结了战争初期解放军作战的经验得出来的。毛泽东首次提出兵力的倍数是在 1946 年 7 月 16 日通报陈赓部闻夏战役经验中提出的。该电提出："每次集中大力打敌一部，其比例应为三对一，最好是四对一。" 7 月 28 日，又指出："蒋军经过整编，其战斗力一般加强，我军对其作战时……其比例为三对一或四对一，否则不易解决战斗。"[1]

解放战争初期，国民党军三旅六团制之整编师一般为二万五千人，多者达三万人，二旅四团制之整编师一般为一万八千人，未整编的军为二万四千人到四万多人不等。其武器装备以"五大主力"之一的整编第十一师（陈诚嫡系部队，即后来黄维兵团的基干）为例，计配备有各种枪 11520 支（挺），其中冲锋枪 2370 支；各种火炮 440 门，其中 105 毫米榴弹炮 8 门，火箭炮（筒）120 门；汽车 360 辆。而解放军装备最好的一个纵队（东北民主联军第一纵队，即著名的三十八军），配备各种枪 13991 支（挺），其中冲锋枪 92 支；各种火炮 46 门，其中 76 毫米山炮 12 门。从中可以看出，敌军的火力和机动力要远远优于解放军。

正是从这一战争实际出发，毛泽东提出了兵力集中的倍数。遵照毛泽东的指示，解放军在作战中尤其在战略防御阶段的作战中，都遵循了

[1] 《毛泽东军事文集》第三卷，军事科学出版社、中央文献出版社 1993 年版，第 348、368 页。

以多打少的原则。如苏中七战七捷中的李堡之战，粟裕以 14 个团打敌 3 个团；分界之战，以 10 个团打敌 2 个团，均高于四倍。东北作战，林彪要求是："一个师通常应找敌一个营左右的兵力打，一个纵队通常应找敌一个团左右的兵力打，应两三个纵队对付敌一个师。"东北野战军一下江南，打其塔木敌一个营，出动了四个师的兵力。林彪还总结说："运动战中我与敌是四比一，攻坚战中整个来说是五比一，或六比一。"从不能因人废言的原则看，林彪的话也是有道理的。

进入战略进攻之后，由于解放军装备的加强，作战能力的提高，对集中兵力倍数的要求也就不像战争初期那样严格了，有时只要求在作战时临之以相对的优势，有时甚至是在敌我兵力相等或略少于敌军的情况下达成歼敌任务的。如早一点的豫东战役，解放军参战总兵力为 20 万人，敌军直接参战的总兵力约为 25 万人，但在战役的每一阶段，解放军都占有明显的优势。攻击开封，以两个纵队对敌一个整编师师部、一个旅及两个保安旅。围歼区寿年兵团整编第七十五师和新编第二十一旅，以四个纵队组成突击集团。著名的三大战役，解放军参战兵力与敌方参战兵力之比只是相对优势，像淮海战役，参战兵力甚至少于敌方兵力。但在战役的各个阶段，解放军都集中了优势兵力，当然不像解放战争前期那样是绝对优势的兵力。辽沈战役中围歼敌主力廖耀湘兵团时，毛泽东指出："我们认为，敌无强固的工事，士气衰落，用我两个纵队围歼敌一个军是足够的。"

抗美援朝战争运动战阶段后期，毛泽东根据志愿军技术装备条件的限制和一时尚难歼灭敌重兵集团的实际情况，提出了在一个时期内"只实行战术的小包围"，"零敲牛皮糖"，打小歼灭战的方针。

1951 年 5 月，毛泽东在给彭德怀的电报中指示："我军每一个军在一次作战中，歼灭美英土军一个整营，至多两个整营，也就够了。"甚至要求每个军一次求得歼灭敌人一两个建制连到一个建制营，多打小规模的歼灭战。

这又是与敌我双方兵器与火力的悬殊之比分不开的。以美骑一师为例，其野炮、无后坐力炮、迫击炮、火箭筒至十五厘米榴弹炮（包括坦克炮）共897门，而志愿军一个步兵师山炮、迫击炮才数十门，战防炮和高射武器则更少。可见，在不同时期、不同条件、不同敌人和不同武器装备的情况下，对集中兵力的程度和要求是不一样的。

集中是手段，目的是为了歼灭敌人。集中兵力与歼灭战密不可分，正如毛泽东指出的："歼灭战和集中优势兵力、采取包围迂回战术，同一意义。没有后者，就没有前者。"

所谓歼灭战，就是歼灭敌人全部或大部的作战，就是每战均要解除敌人的武装，剥夺其抵抗力，俘虏或毙伤其全部或部分人员，摧毁或缴获其全部或部分武器装备。歼灭战是毛泽东一贯的指导方针。他确定人民军队作战"基本的方针是歼灭战"。指出："与其击溃敌许多团，不如干净消灭敌人一个团。"他形象地说："对于人，伤其十指不如断其一指；对于敌，击溃其十个师不如歼灭其一个师。"

歼灭战最利于发挥人民军队的长处。第一，歼灭战最大限度地体现了保存自己消灭敌人的战争目的。第二，在敌强我弱的条件下，要改变力量对比，一般要通过战略上的持久的消耗战来实现。战役战斗上的歼灭战正是实现战略上的消耗战的主要途径。第三，歼灭战是争取战争主动权的关键一环。解放战争第一年，解放军平均每月歼敌八个旅，一年歼敌近百个旅，极大提升了战争主动权，初步扭转了战局。第四，歼灭战利于人民军队改善装备和补充兵员。长期以来，人民军队的人力、物力资源主要在前线，只有歼灭战才能最充分地获取敌人的武器装备和补充兵员。三年多的解放战争，解放军共俘敌459万人，其中大部分士兵补充了解放军。第五，歼灭战对打击敌之士气和鼓舞人心具有重要意义。总之，“在理论上和实践上无论如何也应提倡主力军在一切有利的场合努力地执行歼灭战”[1]。

在打法上，毛泽东指出，集中兵力是打歼灭战的主要条件。1947年1月，关于打歼灭战的两个条件中第一条就是集中优势兵力，他指出：“（一）集中优势兵力包围敌军一部，每一仗只打一部分敌人，切不可同时打几部分敌人；（二）以主力打迂回，以一部打正面，切不可以一部打迂回，以主力打正面。”[2]就是“四面包围敌人，力求全歼，不使漏网。在特殊情况下，则采用给敌以歼灭性打击的方法，即集中全力打敌正面及其一翼或两翼，求达歼灭其一部，击溃其另一部的目的，以便我军能够迅速转移兵力歼击他部敌军”[3]。对敌多敌少也有不同打法。“敌少，则主力从两翼包围，并以有力一部迂回至敌后”；“敌多，则以一部钳制其一部，以主力包围其一翼。”“不论敌多敌少，正面不使用主力。”“两翼包围时，不可平分兵力，应置最大兵力于一翼。”[4]

毛泽东提倡歼灭战，反对得不偿失的击溃战。毛泽东甚至认为击溃战在某种意义上可以说是败仗，“因为没有缴获或缴获不超过消耗”，“我们历来就不欢迎这种胜仗”。1932年7月广东南雄水口之战，1933年12月江西黎川团村之战，这两场都是恶战，前者击溃陈济棠二十个团，后者击溃陈诚十二个团，都可以说是不小的胜仗。但对红军来说，这类击溃战则很少意义，是应该避免和反对的。

提倡歼灭战，反对得不偿失的击溃战，但是，中国革命战争并不反对

---

[1] 《毛泽东军事文集》第二卷，军事科学出版社、中央文献出版社1993年版，第331页。
[2] 《毛泽东军事文集》第三卷，军事科学出版社、中央文献出版社1993年版，第637页。
[3] 《毛泽东军事文集》第四卷，军事科学出版社、中央文献出版社1993年版，第353页。
[4] 《毛泽东军事文集》第一卷，军事科学出版社、中央文献出版社1993年版，第679页。

一定条件下的半歼灭半击溃作战。这是因为，歼灭战也是有条件的。

歼灭战“是在敌军分散孤立、敌援兵不能迅速到达之条件下必须实行的正确方针”。在歼灭战条件不具备的时候，则应采取歼灭与歼灭性打击的方针，或者说是半歼灭半击溃的方针。所谓歼灭性打击或半歼灭半击溃的方针，是指：“不要四面包围，只要两面或三面包围，而以我之全力用于敌之正面及其一翼或两翼，不以全部歼灭敌军为目标，而以歼灭其一部、击溃其另一部为目标。”[1]1947 年，解放军转入外线作战后，在敌军分数路进攻，每路相距不远，或分数路施行防堵，每路相距很近的情况下，解放军一段时间内曾采取了这种作战方针，改变了出外线后一度打不了仗，较为被动的局面。特别是在敌人火力和机动性提高的条件下，实现歼灭战将愈来愈困难，半歼灭半击溃作战的比重必然会上升。

抓住战略枢纽部署战役，抓住战役枢纽部署战斗

抓住枢纽是毛泽东战争指导中的一个重要思想，这一思想的完整提出是在直罗镇战役后。

1935 年 11 月初，红军陕甘支队（即中央红军）长征甫抵陕北与陕北红十五军团会师，恢复一方面军番号。国民党军西北“剿总”即以五个师的兵力，分别由富县、合水东西对进，向红军进逼。敌之企图是，首先构成沿葫芦河的东西封锁线（由合水至富县），并打通洛川、富县与延安之间的联系，然后构成沿洛水的南北封锁线（由富县至延安）。在完成这两条封锁线后，再以南进北堵，逐渐向北压缩的方针，消灭红军于洛水以

[1] 《毛泽东军事文集》第四卷，军事科学出版社、中央文献出版社 1993 年版，第 216 页。

西、葫芦河以北的狭小地区。11 月 1 日，敌五十七军开始沿葫芦河由西向东运动。

毛泽东分析，如果让敌人构成这两条封锁线，红军便难以打破敌对陕甘苏区的第三次“围剿”，中央也便难以在陕甘地区立足。粉碎敌人两线计划的关键在葫芦河这一战略枢纽。毛泽东决心将战役作战方向指向葫芦河，首先集中兵力歼灭沿葫芦河东进之敌一两个师，尔后视情况转移兵力，各个歼灭敌人，以打破敌之“围剿”，并向洛川、中部（今黄陵）、宜君、宜川、韩城，以及关中、陇东发展。11 月 19 日，敌五十七军主力沿葫芦河向直罗镇、富县前进。这样直罗镇就成了敌所必争，而地形和群众条件又有利于红军的战役作战的枢纽。据此，红军于 21 日向直罗镇之敌发起攻击，战至 24 日，将敌第一〇九师等部歼灭，击毙敌师长牛元峰。

毛泽东后来在谈到直罗镇战役胜利的原因时指出：“战略与战役枢纽的抓住（葫芦河与直罗镇）”是其中之一。由此，他总结指出以后作战必须争取四个条件，其中很重要的一个条件就是“抓住战略枢纽去部署战役，抓住战役枢纽去部署战斗”。[1]

所谓枢纽，即是指对战争全局具有决定意义的关节。所谓“牵一发而动全身”是也。毛泽东在谈到这些具有决定意义的关节或局部时，除了用枢纽这个词外，有时还用“生命线”“重点”“转折点”“重要环节”等词，说的基本上都是一个意思。

枢纽在全局上具有决定性的意义，要善于根据战争实际抓住枢纽。在战争中，由于全局的含义在各个时期各个方面不尽相同，枢纽的含义也不尽相同。枢纽可以是作战要地、工作重点，也可以是政治上不容忽视的要

[1] 《毛泽东军事文集》第一卷，军事科学出版社、中央文献出版社 1993 年版，第 399 页。

点。因此，战争指导者要善于从战略和全局高度，在诸多事物中发现并抓住枢纽。

红军东征期间，毛泽东从晋西北作战和红军进退考虑，指出："关上、水头之线，即石楼、中阳、孝义、隰县四县交界地区，是我军作战枢纽，在地形上又是最好的临时后方根据地。"后又指出，石中孝隰四县交界是战略战役枢纽。1936年夏，关于东北军的统战工作，他指出，东北军的中层"乃是枢纽，目前最为重要"。同年9月，他从发展陕甘宁根据地的战略出发，指出红军发展的方向，"重点在宁夏，不在甘西。因宁夏是陕、甘、青、绥、内外蒙，即整个西北之枢纽"。❶

抗日战争之初，他高瞻远瞩地分析华北大势："华北大局之枢纽，现乃在恒山山脉及正太路。该地区如失，则华北战局立即转为局部战，敌已达到控制全华北枢纽之目的，我们红军全处被动地位，河南亦立受威胁。"在抗日战争最困难的阶段，毛泽东特别重视河南、华中、山东的作用。他强调河南"是我们全国长期抗战的枢纽地带"；"华中为我最重要的生命线"；"山东实为转移的枢纽"。在抗战后期，八路军实行南下战略时，他非常重视控制湘鄂赣的意义，指出"湘鄂赣边区根据地必须创立，以为南北枢纽"。❷

抗战后，一度为控制全东北，毛泽东强调山海关、锦州的战略作用，"以锦州为中心之地区为我主力集中作战之战略枢纽"。在战略进攻初期，他又将工作重心放在大别山，认为"大别山根据地之确立则是整个南线胜利的重要环节"。

---

❶ 《毛泽东军事文集》第一卷，军事科学出版社、中央文献出版社1993年版，第468、554、592页。

❷ 《毛泽东军事文集》第二卷，军事科学出版社、中央文献出版社1993年版，第82、525、542、682、795页。

在世界政治形势分析方面，毛泽东同样注意把握世界格局中的枢纽。1941 年 7 月，英国与苏联签订对德作战采取联合行动的协定后，毛泽东敏锐地察觉到："英苏协定将成为世界政治的枢纽，美国在政治上只能跟着这条路线走，不能操纵一切了。"

引述这么多材料在于说明，毛泽东在战争实践中总是非常善于抓住全局中的枢纽，并以此带动整个战局的发展。从一定意义上说，抓住了枢纽，也就是抓住了全局；抓住了枢纽，也就抓住了主要矛盾或矛盾的主要方面。1938 年春，毛泽东在读李达著的《社会学大纲》一书时，对书中提到在两种实在可能性中进行选择时，所选择的一种实在的可能性应是事物发展过程的链条中的特殊的一环，是促进或延缓过程的发展的枢纽一段，批注道："西安事变时抓住两党合作，七七事变后抓住游击战争。"可见，毛泽东是将这两个问题作为那个时期的重点或者说枢纽的。

要善于根据战争的发展抓住枢纽。枢纽不仅在全局上具有决定意义，而且，它还是连接战争前后阶段的关节点。因此，如何把握枢纽，注意战局的转折，就成了指挥员需要十分慎重又要十分敏锐注意的问题了。在战争全过程中，要注意把握有决定意义的关键点。毛泽东分析抗日战争是持久战时提出了中国抗战的三个阶段，即退却、相持和反攻。三个阶段中，又以相持阶段最为重要。"我们肯定地说：只有这个过渡阶段，才是全战争的枢纽。中国化为殖民地还是获得解放，不决定于第一阶段中主要的大城市与交通线之丧失，而决定于第二阶段中全民族努力的程度。"[1] 国民党的持久战理论中只有两个阶段，没有相持阶段，根本没有注意到相持阶段对于抗日战争的关键作用。这是国民党在战略思维上的逊色之处。

---

[1] 《毛泽东军事文集》第二卷，军事科学出版社、中央文献出版社 1993 年版，第 388 页。

战争全过程的枢纽要把握，战争中某些小阶段的枢纽也要注意把握。如抗战初期，日军正处于战略进攻的势头上，战局变化很快。1938年3月，黄河沿岸均受到日军的威胁。毛泽东敏锐地指出，为防止日军隔断黄河，使得八路军全部被限制于华北敌之包围圈中，“为了保障将来转移便利，必须巩固吕梁山脉之转移枢纽，并布置太岳山、王屋山（朱瑞处）工作”。苏德战争中斯大林格勒战役期间，毛泽东十分关注战役的进程和发展。苏军胜利后，毛泽东及时指出，这是第二次世界大战的转折点。后来的事实证明了这个论断。在斯大林格勒战役之后，德军开始转入防御，原来一直议而不决的第二战场的开辟也正式进入了实施阶段。

在全局中，枢纽并不是一成不变的，而是随着战局的演进而变化的。因此，战争指导者要有随时把握枢纽变化的能力。抗日战争初期，八路军出兵山西抗战，在游击战争部署上，毛泽东以太原失守为界，将工作计划分作两个阶段：“过去一切计划应以太原、娘子关失守为基点，今后一切计划应以军渡、临汾、蒲县、晋城失守为基点；晋西北应以宁武、神池、五寨失守为基点，晋东北应以五台、蔚县、广灵、灵丘、阜平失守为基点。”[1]

即使在一场战役中，枢纽也不能说都没有变化，尤其是一场大战役。淮海战役初期，毛泽东强调作战重心是钳制邱清泉、李弥两兵团，集中兵力歼灭黄百韬部。歼灭黄百韬部后，则指示“以宿县为枢纽”，以利长期隔断徐蚌围困徐敌。平津战役之初，傅作义在西窜和东逃上举棋不定，但主要倾向是西逃。为防止敌人西逃，并掩护东北野战军主力由山海关等地入关，毛泽东将张家口、新保安方向作为战役枢纽，主要围绕着堵塞敌西

[1] 《毛泽东军事文集》第二卷，军事科学出版社、中央文献出版社1993年版，第117页。

窜之路展开。当敌西窜之路被堵死后，战役的枢纽也随之移到了塘沽、天津方向，防止敌从海上逃窜了。“只要塘沽（最重要），新保安两点攻克，就全局皆活了。”

战略主动权和战役主动权

毛泽东在中国革命战争中有许多独到的见解和创造，其中战略主动权和战役战斗主动权（以下均作战役主动权）概念的提出即为其中之一。

毛泽东将主动权按层次划分为战略主动权和战役战斗主动权。战略主动权是军队在战争全局上的自由地位，战役主动权是军队在局部和一定程度上的自由地位。毛泽东在抗日战争前后的军事理论创造时期，如写作《中国革命战争的战略问题》《论持久战》等军事论著时，由于缺乏足够的战略进攻的实践，因而在这些著作中没有涉及战略主动权问题，直至解放战争战略决战阶段初期，才提出战略主动权与战役主动权问题。

1948 年 9 月 29 日，毛泽东在为中央军委起草的给林彪、罗荣桓和刘亚楼的电报中首次提出了战略主动权和战役主动权的概念：“你们是否能取得战役主动权（当然战略主动权是早已有了的），决定于你们是否能迅速攻克三点尤其是锦州一点。”10 月 3 日，毛泽东在另一份给林、罗、刘的电报中说：“只要打下锦州，你们就有了战役上的主动权，而打下长春，并不能帮助你们取得主动，反而将增加你们下一步的困难。”

但这并不意味着毛泽东到这时才注意到主动权的层次区分。毛泽东很早就注意到在全局被动的情况下是可以而且能够争取局部的主动权的，并通过局部的主动达到全局的主动。毛泽东虽然没有提出战略主动权和战役主动权的概念，但对战略和战役上存在着不同层次的主动权的认识是很清楚的。他曾将战争主动权分为战场、战地、战区和战争的主动权几种，指出："一切战争的敌对的双方，都力争在战场、战地、战区以至整个战争中的主动权。"[1] 显然，战场、战地、战区的主动权可以归入战役主动权或局部主动权的范畴，而战争主动权实际上是战略主动权的另一种说法。

战略主动权不同于战役主动权。前者一般表现是处于战略进攻和全局支配地位，在政治、经济、军事等总体力量上超过对手，更依赖于强大的物质力量。后者一般表现是，通过正确的主观指导，造成局部的力量优势，在歼灭敌人一部有生力量之后，获得的一定的自由权。战略主动权的获得，依赖于军队在总体力量上超过敌人，表现为从战略防御转为战略进攻。对于战役作战来说，获得战略主动权只是获得战役主动权的物质基础，战役主动权的夺取则有赖于主观能动作用的发挥。战役主动权可以不依赖战略主动权而独立存在，"战略防御中的战役战斗的进攻"就是其表现之一；战略主动权则必须依赖战役主动权来保持，战略主动权通过战役主动权起作用，没有战役主动权的战略主动权是不完全的。具有战略主动权的一方较易获得战役主动权，而处于战略被动地位的一方则不易获得战役主动权。"本来战略的防御战和内线作战，争取主动较为困难些，而进攻的外线作战，争取主动较为容易些。"[2]

但也不尽然。战略被动的一方由于有了正确的主观指导，则可以在战役战斗上夺得主动权。战役主动权的累积则会使得战略主动地位日益建立起来，促使战略主动权从掌握的一方易手。同理，夺得战略主动权并不意

[1] 《毛泽东军事文集》第二卷，军事科学出版社、中央文献出版社 1993 年版，第 236 页。
[2] 《毛泽东军事文集》第二卷，军事科学出版社、中央文献出版社 1993 年版，第 236 页。

味战役主动权的自然到手，仍需要通过正确的主观指导和艰苦的斗争来获得和保持。在这一点上，毛泽东是很清醒的，这也是毛泽东关于主动权的一个重要观点。1948 年 9 月 30 日，他在给决战前夜的刘伯承、陈毅的电报中提醒说：“现在你们尚只战略主动权，尚未获得战役主动权。”说的就是这个意思。

历史上，两军相争，弱军总是首先向强军争夺战役主动权。因此，围绕战役主动权的争夺和反争夺必然是很激烈的，战役主动权的保持不可能是一劳永逸的，但历史上有着一劳永逸的战略主动权，这就是战争一方拥有绝对强大的力量和基本正确的战争指导，这就使得弱小的一方在没有可能向其战略主动权挑战之前即被击败了。19 世纪 70 年代初的普法战争，拿破仑三世的法军还没有来得及向威廉一世的普军的战略主动权挑战之前，就在色当战役中被打得一败涂地。

中国革命战争的长期性，主要表现在弱小的革命力量在长时期里没有也不可能具有战略主动权，它只有通过局部和战役的主动积蓄力量，改变力量对比，从而逐渐夺取战略主动权。中国革命战争的实践证明，对弱军来说，夺取战役主动权是比夺取战略主动权更为客观和紧迫的问题。

中国革命战争的长期性还主要表现为战略防御阶段大大长于战略进攻阶段，敌人的残酷进攻和反复“围剿”，使得革命力量的生长缓慢，自己内部对革命特点和规律的认识和掌握也需要长期的探索才能做到。夺取战略主动权在短时间里不仅是不现实的，而且是错误的。此其一。其二，统治阶级和侵略者一般都占有强大的军力和雄厚的物质基础，虽然在政治的“质”上他们是向下的，但在“量”上他们是革命力量无可比拟的，他们是“龙王”，而革命力量在相当长时间里只是“乞丐”。在革命力量还弱小的时候就去争夺战略主动权，无异于毛泽东说的“乞丐与龙王比宝”，谁胜谁负，不用预卜即可明了。其三，反动派的政治生命和军事生命，从它出生的一天起，就是建立在进攻上面的，进攻一完结，它的生命也就完结了。与其进攻相联系的战略主动权也就随着进攻的完结而结束。因此，它们只要还有余勇可贾，就要拼死命去争战略主动权，以维持其进攻。革命力量只有先退一步，积蓄力量，求得局部的优势和战役的主动，才是上策。

弱军对于强军，主动权的争夺过程，只能是先争局部主动，再争全局主动；先争战役主动权，后争战略主动权。在总体力量上处于落后的条件下，一开始就争战略主动权，是没有不失败的。犯“左”倾错误和急性病的人就在于没有认识到这个规律，在自己力量十分弱小的情况下，就要与敌人决战，就要争取一省与数省的首先胜利，就要“饮马长江，会师武汉”。这样的结果，除了失败不可能有别的结局。

以局部优势达成全局优势，以战役战术主动赢得战略主动。劣势军队只要不是绝对劣势，就可以通过正确的主观指导，通过局部的优势和主动，逐渐造成战略的优势和战略的主动地位。毛泽东曾以古今中外许多以少击众、以弱胜强的战争为例，说明这些战例“都是先以自己局部的优势和主动，向着敌人局部的劣势和被动，一战而胜，再及其余，各个击破，全局因而转成了优势，转成了主动”。这种由战略劣势变为战略优势的方法，“就是人工地造成我们许多的局部优势和局部主动地位，去剥夺敌人的许多局部优势和局部主动地位，把他抛入劣势和被动”。[1] 局部优势是全局优势的基础，正是有了局部的优势，弱军才能以战役战斗上的歼灭战不断削弱敌人，经战役战斗上的主动逐渐转为战略上的主动。一部解放战争史已为这一思想作了生动的注解。

---

[1] 《毛泽东军事文集》第二卷，军事科学出版社、中央文献出版社 1993 年版，第 319、318 页。

在长期的战略防御阶段，敌人拥有战略主动权，但人民军队也并非全处被动，经过努力，可以力争战役和战斗上的主动权。中国革命战争史，从某种意义上说，就是一部不断反复争夺战役主动权的历史。红军时期的“围剿”与反“围剿”，抗日战争中的“扫荡”与反“扫荡”，革命根据地的波浪式推进，等等，都反映了这种由小到大，由局部到全部，由战役主动到战略主动的漫长过程。

夺取战役主动权不仅在战略防御阶段是战争指导的主要内容，即使在战略进攻和决战阶段也是战争指导的重要内容。当人民军队掌握了战略主动权后，要最终消灭敌人的重兵集团和残余势力，同样还须重视掌握和夺取战役主动权。以为夺取战略主动权就自然而然地获得了战役主动权的想法被实践证明是错误的。

主动权是军队的自由权。一支军队是否拥有完全的自由权，就看它是否拥有战略主动权。没有战略主动权的军队的自由是不完全的和脆弱的。没有战略主动权的军队要夺取战役主动权总要比有战略主动权的军队付出更多的代价和努力。我们试将战略防御时的战役和战略决战时的战役作一比较，两者在作战时间、规模、集中兵力倍数、战后处置等方面都不能同日而语。

从时间上说，战略防御阶段的战役作战的基本原则是速战速决，“外线的速决的进攻战”指的就是在人民军队处于战略防御，没有战略主动权时战役战斗的特点。这时的战斗短则几小时，长则一两天。正如毛泽东所说：对于我们，几小时，一天或两天解决一个战斗是经常的。时间一长，敌军就可以凭借其战略上的主动地位置人民军队于被动地位。而战略进攻时期，战役作战在时间上要求不太严格，有的战役越打越长，直到达成战役企图。尤其是城市攻坚作战，更需要充裕的时间。

从规模上说，战略防御阶段的战役战斗都比较小，而战略进攻时期的战役战斗则比较大。华东野战军1947年进行的莱芜战役算是解放军20年来在战略防御阶段中歼敌最多的，也只有56000余人。而像战略进攻中进行的三大战役，最大的淮海战役，歼敌56万余人，超过前者10倍。这也与是否掌握战略主动权有关，不到决战时机不进行战略决战。战略决战时机到来的一个标志就是看是否拥有战略主动权，没有战略主动权是谈不上战略决战的。

从集中兵力倍数上说，战略防御时期由于没有战略主动权，所以每次作战要求集中绝对优势兵力，而战略进攻时期，由于战略主动地位的确立，所以在兵力集中的要求上不如以前严格，有时甚至只要求临之以相对优势的兵力。这点我们已在别处说过，这里不再赘述。

从作战后的处置看，战略防御阶段的战役一般要求速打速撤，迅速转移。粟裕曾将作战后撤出战场作为一个重要的问题提出来，当掌握战略主动权后，战后兵力的处置就比较从容自由，一般不用担心敌人的进攻和反扑。

更重要的是战略主动权是通向彻底打败敌人的唯一的桥梁。单有战役主动权是不能彻底打败敌人的，最多只是“围剿”反“围剿”的长期反复而已，要打破这个长期反复，夺取胜利，唯一的途径就是彻底剥夺敌人的战略的和战役的主动权，使自己不仅有相对的战略主动权，而且还拥有绝对的战略主动权。这样，从根本上打败敌人的日子便指日可待了。1949年初便是这种状况，国民党军总兵力只剩下204万，其中作战部队只有146万人，而解放军总兵力则达到358万余人。可以说，这时解放军已有了绝对的战略主动权。

拥有战略主动权，还需要靠持续不断地夺取战役主动权来保持。不能奢望有了战略主动权，战役主动权也便一劳永逸地解决了。夺取战略主动权后，忽视战役主动权的争夺同样是错误的。这时对战争指导者的一个新的要求是，要敢于胜利，敢于决战，敢于打前所未有的歼灭战，敢于大追击大迂回大包抄，不仅要牢牢掌握战略主动权，而且牢牢掌握战役主动权，并将它保持到战争胜利。

主动·机动

把主动与机动专门作为一章提出来，系来自新中国成立后毛泽东对自己战略战术思想的一段阐释。他是这样说的：打仗并没有什么神秘，打得赢就打，打不赢就走，你打你的，我打我的。什么战略战术，说来说去，无非就是这四句话。走，你就打不着我；打，我就要打上你，打准你，吃掉你。又说，我们的打法：我能吃下你时就吃你，吃不下你时，也不让你吃了我。时机不成熟时我主力不同你硬拼，同你脱离接触。等到我能吃了你的时候，就把你吃掉，一口一口地吃，最后把你吃掉。

“打得赢就打，打不赢就走”说的是灵活机动；“你打你的，我打我的”说的是积极主动。同样内容的话，毛泽东说过多次。既然毛泽东这样重视这四句话，那么，我们就专门谈谈这四句话。

你打你的，我打我的

战争指导的一条重要原则，是力避被动，力争主动，这是军队获得行动自由，争取战争胜利的根本条件。中国革命战争中人民军队在相当长的时间内处于战略被动地位。如何从被动中争取主动，变被动为主动，这是中国革命战争在战争指导上必须解决的一个重要问题。

战争中的主动地位，主要指战争主体军队的主动权。主动，体现了战争中军队行动的自由状态。军队只有处于主动状态，才能达到消灭敌人保存自己的目的。从这个意义上说，主动权也就是军队行动的自由权。“行动自由是军队的命脉，失了这种自由，军队就接近于被打败或被消灭。”❶

1959年，毛泽东在《十年总结》中以异乎寻常的语气说：“同志们，主动权是一个极端重要的事情。主动权，就是‘高屋建瓴’、‘势如破竹’。”❷

古今中外的优秀军事家在主动权问题上的观点惊人地一致，他们都认为主动权对于战争和军队来说，具有极为重要的意义。《孙子》提出：“善战者，致人而不致于人”；《鬼谷子》认为：“事贵制人而不制于人。制人者，握权也；见制于人者，制命也”；《尉缭子》中说：“善用兵者，能夺人而不夺于人”。这里，“致人”“夺人”“制人”，讲的都是主动权问题，都体现了力争主动的意思。欧洲军事理论家若米尼说：“如果战争艺术就在于要把主力用到决定点上，那么运用这个原理的首要手段，显然就是夺取主动权。谁能夺取主动权，谁就能明确地了解自己的行动和目标，谁就能率主

❶ 《毛泽东军事文集》第二卷，军事科学出版社、中央文献出版社1993年版，第316页。

❷ 《建国以来毛泽东文稿》第九册，中央文献出版社1996年版，第215页。

力到达应实施突击的地方。”[1]恩格斯指出：“能掌握主动权，就证明军队或者在数量上或者在质量上，或者在指挥艺术上具有优势，而且在一切失利和退却的情况下，除了决战失败以外，这也可以维持士气。”[2]

主动，主动，说得容易，做到颇难。从这个角度说，人民军队的成长史，就是一部争取主动、避免被动的作战史。在这个历史长河中，人民军队曾有过一次处于兵临绝境的被动地位。这就是第五次反“围剿”后期和红军长征初期，当时中央红军虽有十万之众，但由于主观指导的错误和国民党采取了新的军事方针，红军一度陷于绝境，人数锐减，接近于被打败的命运。中共六届七中全会上，毛泽东感叹地说：当1935年冬季中央苏区红军长征到陕北时，只剩下七千人，成了“皮包骨”。

遵义会议后，毛泽东重掌兵权，依靠高度机动灵活的战术，重新掌握了行动主动权，从此，柳暗花明又一村。虽有重兵围追堵截，千山万水阻挡，红军却越战越勇，终于取得了长征的胜利。说毛泽东在危难中挽救了红军挽救了党，绝不是过誉溢美之词。

一位研究中共党史的外国学者这样评价长征：“长征简直是将中国革命划分为‘公元前’和‘公元后’的一条分界线，其后发生的一切事情，都要从这个举世无双的奇迹说起。”长征之后，中国共产党人再也没有出现过如同长征这样接近被打败的被动境地。

主动权的争夺是战争的焦点和关键。一般而言，在战争开始和进行过程中，敌我双方都没有绝对的主动权或处于绝对的被动地位，双方的优势和劣势都是相对的，往往是一方强中有弱，一方弱中有强，因而争夺主动权的斗争便更加激烈。强军欲通过速战速决，取得绝对的主动权；弱军则

---

[1] ［瑞士］A．H．若米尼：《战争艺术概论》，刘聪等译，解放军出版社1986年版，第92页。

[2] 《马克思恩格斯军事文集》第3卷，战士出版社1982年版，第303页。

一般通过持久作战，以争取局部主动，并由局部主动的积累转弱为强，赢得绝对主动权。对弱军而言，争夺主动权更是生死攸关的大事。正如朱德说的：“如能经常保持主动，虽劣势之兵力，亦能战胜强敌。”人民军队以弱小的力量出现在战场上，其所以能迭挫强敌，与善于夺取主动权有很大关系。

战争双方在互动的动态中争夺优势和主动，最愚蠢的是单纯正面交锋，“牛抵角战术”。体现在战争艺术和战争指导上最有效的法则，就是毛泽东提出的“你打你的，我打我的”。正如中国古代兵法说的：夫将者，无天于上，无地于下，无敌于前。这就是完全掌握主动权的作战。

“你打你的，我打我的”，最早完整提出于 1947 年 4 月晋察冀野战军进行正太战役期间。在此之前，晋察冀部队在大同、张家口等战役中打得不甚理想，一度处于被动地位。这年春，晋察冀军区针对正太铁路东、西段分属北平行辕和太原“绥靖”公署，指挥不统一的弱点，决心集中野战军进行正太战役，首先歼灭石家庄外围敌军，尔后沿正太路向西发展攻势，求歼太原出援的国民党军。4 月 9 日，石家庄外围战开始，战至 12 日，晋察冀野战军攻克正定、栾城两县城及石家庄外围据点九十余处。国民党守军退入城内待援。这时，在北平的傅作义着慌了，急从北平、保定、天津等地抽调部队向冀中解放区进攻，并进占冀中解放区重镇胜芳镇，保定的敌军则向南增援。傅作义的目的是“围魏救赵”，迫使攻石门部队撤围。晋察冀部队不为所动，按预定计划西进。

22 日，毛泽东针对敌企图沿平汉线南援，寻求晋察冀野战军作战的部署，指示晋察冀部队：“你们现已取得主动权，如敌南援，你们不去理他，仍然集中全力完成正太战役，使敌完全陷入被动，这是很正确的方针。正太战役完成后，应完全不被敌之动作所迷惑，选择敌之薄弱部分主动地歼击之，选击何部那时再定。这即是先打弱的，后打强的，你打你的，我打我的（各打各的）政策，亦即完全主动作战政策。”[1]

遵照毛泽东的指示，晋察冀军区除以一部阻敌南援外，主力继续西进，会攻阳泉，激战测石驿地区，取得歼敌3.5万人的重大胜利。正太战役本身并不算大，但毛泽东在战役中提出的“你打你的，我打我的”原则却有着重要的指导意义。

同年6月底，为配合刘邓大军挺进中原，中央军委指示华东野战军应以一部出击外线。7月4日，毛泽东在部署华野四路分兵打入敌后，置正面之敌主力于不顾时，再次提到这一原则：“因为正面之敌极端集中，没有好打机会，故应采取先打弱敌，后打强敌，你打你的，我打我的（各打各的）方针，完全主动作战，将敌抛入被动地位”[2]。

在有强大敌人存在的情况下，弱军也并不是无能为力和无所作为的。尺有所短，寸有所长。强军强中有弱，优中有劣；弱军弱中有强，劣中有优。如果敌人只是有强无弱，弱军只是有弱无强，也就谈不上“你打你的，我打我的”。只要善于发现敌人的劣势，发挥弱军的优势，发挥主观能动作用，同样可以获得主动地位。“弱点有时正成为争取主动地位的条件，例如正是因为自己弱小，才利于在敌人后方神出鬼没地活动，敌人无奈他何，这样大的自由是庞大的正规军所不能得到的。”[3]

“你打你的，我打我的。”首先要有“我的”一套，没有“我的”一套，一切也就无从谈起。

中国共产党搞武装斗争之初，可以说对如何搞法知之甚少，有的只有苏联革命的书本知识和国共合作的北伐战争正规战点滴经验，没有符合中国革命战争实际的“我的”一套战略战术。可想而知，在开始组织武装斗

---

[1] 《毛泽东军事文集》第四卷，军事科学出版社、中央文献出版社1993年版，第41页。

[2] 《毛泽东军事文集》第四卷，军事科学出版社、中央文献出版社1993年版，第127页。

[3] 《毛泽东军事文集》第二卷，军事科学出版社、中央文献出版社1993年版，第237页。

争时是吃了不少苦头的。没有“我的”，只好照搬俄国十月革命的一套，搞城市暴动，组织少得可怜的工人起义。外国的一套行不通以后，又照搬“对手”的一套干。你搞分进合击，我搞“六路分兵”；你打堡垒战，我也以堡垒对付；你打正规战，我也打堂堂之战。屡次受挫的教训和血的代价使以毛泽东为代表的中国共产党人不仅认识到必须创造自己的战略战术，而且创造性地提出了一整套符合中国革命战争实际的战略战术。

有没有“我的”一套大不一样。红军初创时期，红军的战略战术还处于摸索过程中，即使如此，这些朴素和简单的战略战术也曾使国民党军大吃苦头。各个被分割的根据地在实践中都提出了一些适合各自根据地特点的朴素的战术原则。运用这些原则，红军打败了国民党军的多次“进剿”“会剿”，乃至“围剿”。照毛泽东的说法，到第三次反“围剿”胜利后，红军的战略战术基本上都形成了。也就是说，到这时，红军已经有了比较完整的“我的”一套。人民军队后来的战略战术都不过是根据实际情况在此基础上的发展罢了。如果不是半路上出了王明的“左”倾机会主义，推行“左”的和“洋”的一套，中国革命的进程或许要顺利得多。

历史不能假设，但历史的教训是值得记取的。来自于实践的最不完善的战略战术也比舶来的完美无缺的战略战术强得多。只有创造和创新，只有形成“我的”一套，这支军队才有生命力，才是一支成熟的军队。

“你打你的，我打我的”，并不是敌我都主动。在战争中敌我双方都主动或都被动的事是没有的。往往是一方主动，一方被动，被动的一方通过主观努力，向主动的方向转化。被动的一方就是要通过主观指导正确，使敌主动不起来，动弹不得，自己则能行动自如，想打就打，想走就走。

“你打你的，我打我的”，就要不为严重的敌情所吓倒，不计较一城一地之得失，克服惧怕丢城失地的心理。敌人的进攻在战略上往往处于主动地位，在兵力上无不占有优势，而人民军队往往处于被动和劣势。在这种情况下，有的人害怕根据地受损，惧怕军队大踏步进退带来的根据地丧失和人民财产的损失。怕这怕那，不自觉地使自己陷入被动的境地。解放战争初期，毛泽东要求“以歼灭敌有生力量为主，不以保守个别地方为主，使主力行动自如，主动地寻找好打之敌作战”❶。当时，晋察冀根据地一度作战信心不足，其直接原因是存在着怕丢城失地的心理，“执行运动战方针不够，时常处于被动，没有很好的调动敌人”。为此，毛泽东和中央军委指出，今后作战应采取“大踏步进退，不拘于一城一地之得失，完全主动作战”，要求“不轻敌亦不怕敌”。❷后来晋察冀我军放下包袱，实行大踏步进退，打了不少好仗。

其次，实行这一方针，还要不与敌正面纠缠，不以敌人期待的时间、地点、方式与敌交锋。这是中国革命战争在战争指导上的鲜明特点。毛泽东 1947 年给晋察冀和山东的两次关于“你打你的，我打我的”指示，都是针对这一点来的。当时晋察冀当面敌军欲调虎离山，山东敌军则欲在正面寻找华东野战军决战。在这种情况下，毛泽东及时提醒晋察冀和山东部队不要被敌所牵制，而应主动作战。遵照毛泽东的指示，晋察冀军区部队不为敌所牵制和调动，按原部署，第一步攻歼石家庄外围之敌，第二步乘胜沿正太路西进，求歼沿线之敌。从而置保定南援之敌于无用之地，牢牢掌握了战役主动权。华东野战军则在正面难以歼敌的情况下，分四路大胆向敌后打去，使敌决战企图破产。1947 年夏，为打破敌对山东和陕北的重点进攻，毛泽东没有采取与敌在山东和陕北纠缠的方针，而是采取避实击虚，你打你的，我打我的方针，向中原战场展开进攻，置两翼之敌于被动无用之地，迫敌抽兵回援，从而使整个战局发生有利于我的逆转。

---

❶《毛泽东军事文集》第三卷，军事科学出版社、中央文献出版社 1993 年版，第 487 页。

❷《中国人民解放军战史》第三卷，军事科学出版社 1987 年版，第 119 页。

1964 年 1 月，毛泽东在与美国友人安娜·路易斯·斯特朗等的谈话中说：敌人认为我在哪里，要到哪里打，这由敌人决定；但是，我要打敌人哪里，那就由我决定。我们是不打则已，要打，就要看准，用五个指头吃它的一个指头。

再次，要善于调动敌人，而不为敌人所调动。“我打我的”，一个重要原则就是要善于调动敌人，牵着敌人的鼻子，变“你的”主动为被动。毛泽东撤出延安时，曾豪迈地对身边的人说：“大路朝天，一人半边，你走你的，我走我的。”他以胸中自有雄兵百万的气魄和胆略，在陕北的沟沟壑壑中牵着敌人的鼻子转。这说明，将“你的”主动变为被动是可能的。

有人总认为，敌人的战略是争城夺地，将与解放军作战放在次要位置，牵着敌人的鼻子转难以办到。其实也不尽然。要明白，敌人在抓住解放军主力之前，即使占领了许多地方也是不保险的。除了表面上的炫耀和实际上分散兵力，背上包袱之外，敌人并没有得到多大利益。毛泽东曾分析敌人的这种心理说：“在敌人看来，一方面根据地使他们畏进，一方面打到白区去的红军是他们的主要的危险物。敌军的注意力总是向着主力红军所在地，抛开主力红军不顾而专向根据地，是很少这种事情的。在红军实行防御时，敌人的注意力也还是集中于红军。缩小根据地的计划是敌人整个计划的一部分；但是如果红军集中主力消灭其一路，敌军统帅部就不得不把它们的注意力和它们的军力更大地向着红军。”[1] 这段话说明敌人的注意力主要还是向着解放军主力，调动敌人是可能的，只要主动灵活地寻敌作战，敌人就不得不跟着转。

1929 年 5 月，红四军二度入闽，开辟了闽西苏区。这时，国民党调集闽、粤、赣三省 14 个团的兵力“会剿”闽西苏区。次年 1 月，毛泽东

[1] 《毛泽东军事文集》第一卷，军事科学出版社、中央文献出版社 1993 年版，第 747 页。

和朱德决定回师赣南，吸引敌主力金汉鼎部离闽回赣。闽西特委得知后，担心红四军走后苏区难以保存，来信要求红四军留下一个纵队。毛泽东对送信人说：敌人是跟着我们走的，不会留在闽西跟你们走。毛泽东大笔一挥，写了八个大字："离开闽西，巩固闽西。"果然，红四军离开闽西，不仅闽西苏区没有垮掉，还促进了赣南苏区的发展。

1950年秋，中共中央在讨论抗美援朝决策时，毛泽东曾提到要防备帝国主义乱来，即打第三次世界大战，长期地打，打原子弹。如果碰到这种情况怎么办？毛泽东说："我们是不让你（指美国）打的，你一定要打，就让你打。你打你的，我打我的，你打原子弹，我打手榴弹，抓住弱点，跟着你，最后打败你。"[1]说的是何等豪迈。

1958年9月，针对美国的战争边缘政策，毛泽东号召要准备反侵略战争。他说："我们不怕打，要打就打。我们现在只有手榴弹跟山药蛋……他打原子弹，这个时候，怕，他也打，不怕，他也打。""我看，还是横了一条心，要打就打，打了再建设。"[2]

这使我们想起美国记者安娜·路易丝·斯特朗的细心观察：周恩来的华尔兹舞是第一流的，刘少奇的舞步像数学一样准确，朱德的步伐像是长征，而毛泽东呢，他常常按自己的节奏跳舞。即使在跳舞时，毛泽东也是讲主动权的。

当毛泽东的舞步旋转到战场上的时候，敌人也总是跟着他的舞步旋转。

有了"我的"一套，又能在实际中灵活运用，就能做到：你打你的，我打我的；你打你的阵地战，我打我的运动战；你打你的速决战，我打我

[1] 《中国人民志愿军抗美援朝战史》，军事科学院出版社1988年版，第7页。

[2] 《建国以来毛泽东文稿》第七册，中央文献出版社1996年版，第390页。

的持久战；你打你的分进合击，我打我的诱敌深入；你打你的原子弹，我打我的手榴弹；你打到我这边，我打到你那边；你有你的一套打法，我有我的一套打法。这样就能你发挥你的优势，我发挥我的优势，你打我时，叫你打不到，摸不着。我打你时，就要打上你，打准你，吃掉你，我能吃掉你时就吃掉你，吃不掉你时也不让你吃掉我。

一支军队到了这一步，可以说是一支完全主动的军队，正像一个人到了“从心所欲不逾矩”的境界。

“你打你的，我打我的”，是人民军队战略战术的精髓，也是战争指导的最高境界。其要义就是朱德所说的：“必要我们能够操纵自如的来应付战争，迫得敌人的左右俯仰，都要以我们的动作为转移。这就是说，我们处在战争的主动地位。我要战，叫敌人不能不战，我要休息，叫敌人不能不休息；我要叫敌人到东，敌人就不能不到东，我要叫敌人到西，敌人就不能不到西。”真正做到“绝对地独立自主，操纵敌人”。[1]

打得赢就打，打不赢就走

“行军就是战争。”这是拿破仑的名言。

“打得赢就打，打不赢就走。”这是毛泽东的名言。

毛泽东说：打仗没有什么奥妙，就是两句话：“你打你的，我打我的”。你打我，就扑空；我打你，是歼灭战。“我打我的”又是两句话：“打得赢就打，打不赢就走”。打得赢不打，老是跑，是机会主义；打不赢，三十六计，走为上策。一个打，一个走，简单明了。

---

[1] 《朱德军事文选》，解放军出版社 1997 年版，第 310 页。

“打”与“走”，两个字，确实简单明了，但里面却有着丰富的内涵。中国革命战争几乎所有的战役战斗都包含着走和打两个过程。

“打得赢就打，打不赢就走”，说的就是“走”与“打”的关系。毛泽东有一句名言：“不要把干粮袋丢掉了。”说的就是随时准备走。在走和打的关系上，光走不打是逃跑主义，光打不走是拼命主义。

“打”与“走”，表现在作战形式上便是运动战和游击战。运动战的特点是：“正规兵团，战役和战斗的优势兵力，进攻性和流动性”；游击战的特点是，进攻性、灵活性、主动性、速决性和分散性。两者都有进攻性和流动性的特点，只不过进攻性和流动性的程度不同罢了。刘伯承将运动战和游击战统称为机动战，主要是从两者的共性“打”和“走”上着眼的。

“打得赢就打”，主要体现进攻性。运动战就是以战役和战斗的外线速决战为内容的，进攻是其中心点。毛泽东指挥红军三次反“围剿”，作战十三次，全都是主动进行的进攻战。辽沈、淮海、平津三大战略决战中的九次主要作战，也都是进攻战。其间虽也进行一些防御战，但都是为进攻服务的。人民军队从劣势转为优势，从防御转为进攻，从被动转为主动，基本上是靠战役和战斗上的进攻战来实现的。

“打不赢就走”，主要体现流动性。所谓流动性，指的是没有固定的作战线，哪里好打就在哪里打，哪里好歼灭敌人就在哪里作战。就机动战而言，运动战具有更强的流动性。为了保存自己和创造战机，要求正规兵团实行高度的机动，大踏步地前进或后退，适时地集中或分散。我们的一切战略和战役的方针都是建立在打的基点上的，但在形势不利于作战时，则随时准备走。但一切的走都是为了打，即走的目的是为了打，走是为了避敌主力，是为了寻找敌之弱点。走的时间一般又大大多于打的时间。例如毛泽东指挥的红军第三次反“围剿”作战，前后历时六十多天，作战六次，仅占了七天时间，其他时间都是在走或短暂的休整中。

毛泽东为红军确定了一条重要指导原则："寻敌作战以运动战为上策，以打停止中之敌为下策。"[1] 长征中毛泽东反对攻击打鼓新场，在于这是打固守之敌，是"啃硬的"，主张在运动战中消灭敌人。

毛泽东深谙史书，对中国历史上农民起义军"胜亦走，败亦走，无所不走"的飘忽不定的战术有着很深的印象。

踏遍青山人未老。

在与强敌的周旋作战中，毛泽东走遍了大半个中国。

一次，他对国民党元老、湖南老乡程潜幽默地说："二十多年来，我是有家归不得，也见不着思念的乡亲。蒋介石把我逼成个流浪汉，走南闯北，全靠这一双好脚板，几乎踏遍了半个中国。"1958 年 4 月，毛泽东在汉口会议上的一次讲话中说："过去我们打游击，是旅行家，旅行了几十年。"

在这样的统帅指挥下的人民军队，在"走"字上是有着独到的功夫的，这不是笑话。就拿解放战争时期解放军的机动作战来说，在"走"字上就各具特点。西北野战军在敌我兵力极其悬殊的情况下，依据陕北地势狭小的特点和有利的群众条件，主要采取"蘑菇战术"，与敌人打圈；晋冀鲁豫野战军抓住当面敌军比较分散，后方空虚的弱点，采取大踏步前进和大踏步后退的战术，在陇海路南北大步进退，调动敌人，捕捉战机，各个歼敌；华东野战军针对敌人集结兵力分进合击的特点，在鲁南战役前的苏中苏北战场上主要采取打一仗，歼敌一部，后退一步的"叫化子打狗，边打边走"战术，退到鲁中后，凭借鲁中山区地理条件，则采取往来机动的"耍龙灯"战术；东北野战军则依据东北地势平坦、交通便利的条件，常常采取远距离长途奔袭战术，抓一把就走，回师松花江北岸。这些不同的

---

[1] 《毛泽东军事文集》第一卷，军事科学出版社、中央文献出版社 1993 年版，第 517 页。

“走”，常常花样翻新，令敌人防不胜防。

人民军队的运动战是在游击战的基础上发展起来的，在相当长时间里，实际上是带有游击性的运动战，是提高和扩大了的游击战。游击战的机动灵活的特点与运动战的进攻性和流动性相结合，使得人民军队作战更为机动灵活。这个“机动灵活”，主要反映在会“走”和善“走”上。

过去有这样一句话，战士的两条腿可以赛过敌人的火车、汽车轮子，这也不是笑话。当然，不是说战士的“飞毛腿”能赛过敌人的火车、汽车，而是想办法让敌人运动不起来，使自己运动自如。这个办法就是朱老总说的砍敌人的“腿”：进行交通破袭战，扒铁路，挖公路，让敌人的火车出轨，汽车无路可走。“砍掉它几条‘腿’，它就走得慢一些了。现在还要继续把它的‘腿’砍掉，那它就只好用脚来赛跑。大家都是一双脚跑，它就跑不过我们了。”[1] 这就是我们的绝招。

走还是摆脱被动的主要形式。以走致敌，摆脱被动。“走”是毛泽东在战争中经常采用的一种争取主动权的方法。“在许多情况下，‘走’是必须的。……走是脱离被动恢复主动的主要方法。”[2] 朱德也说：“有把握的仗就打，没有把握的仗就不打，不打就‘游’。”“不知道‘游’，光知道‘击’，结果打硬仗，拼得干干净净，使自己遭到彻底失败。”[3] 毛泽东批评那种不愿走，不愿退却而仓促应战的做法，“表面上似乎在力争主动，实际上是被动的”。他反对只打不走的拼命主义，认为，打和走，是技术条件落后的军队的作战特点，也正是军事指导的长处。人民军队历史上最有名的“走”，就是长征。正像毛泽东对长征指战员说的，从江西瑞金算起，我们走了一年多时间。每人开动两只脚，走了两万五千里。这是从来没有过的

---

[1] 《朱德选集》，人民出版社 1983 年版，第 236 页。

[2] 《毛泽东军事文集》第二卷，军事科学出版社、中央文献出版社 1993 年版，第 238 页。

[3] 《朱德选集》，人民出版社 1983 年版，第 125 页。

真正的长征。

人民军队的运动战，与一般意义上的运动战不同之处在于，一般的运动战，主要是为了歼灭敌人，而人民军队的运动战，有时主要不是为了歼灭敌人，而是为了摆脱被动，寻求主动。如毛泽东的“得意之笔”四渡赤水，其目的主要是为了保存主力和寻求主动，为的是摆脱长征以来的被动局面。长征以来，中央红军时时处于国民党军的围追堵截之中，许多时候与敌距离不超过一天路程。为摆脱这种局面，毛泽东以走致敌，以高度灵活机动的运动在云贵高原纵横驰骋，到过了金沙江后，敌我相距已达七天路程，彻底结束了被敌穷追不舍的被动局面。

从歼敌效果上看，四渡赤水之役似乎并不显著，除二占遵义于娄山关击溃和歼敌二十个团的重大胜利外，似乎没有更多的胜利。但从争取主动看，成绩是非常伟大的。那时许多人对这种走来走去的做法很不理解，下面怪话连篇。这与现在许多影视作品中写到的情况正好相反。

杨尚昆回忆：“那时候迂回曲折走得很苦，两条腿都走痛了，有的人连爬都爬不动了。这段时间，红军的情绪是不高的，四渡赤水，今天过去，明天过来，部队里骂娘骂得很厉害。那时不像现在，有个什么行动要先说清楚，目的地在哪里，怎么走法，等等。那时军事紧急，下个命令要走就得走，下大雨也要走，同样，下个命令要后退就得后退，没有人说要问问为什么。”[1]

由此看来，林彪不理解，认为尽走弓背路，也是情有可原，但这也说明他只看到运动战对于歼敌的意义，而不懂得运动战对于争取主动的意义。

---

[1] 杨尚昆：《对毛主席的几点回忆》，见《文献和研究》（一九八七年汇编本），档案出版社1991年版，第116页。

走，还是调动敌人的重要手段。在敌人重兵集结的情况下，如何创造战机，一个好办法就是宽大机动，说得通俗些，就是兜大圈。1948 年 3 月，国民党军傅作义部采取“以主力对主力”的方针，即我集中，敌亦集中，敌以三十个团左右的兵力堆在一起，使得晋察冀野战军割不开，咬不烂，总是不好下手。毛泽东便要他们采取宽大机动的办法：“你们只有在宽大机动中大量歼灭敌人，迫使敌人分散配备，才能克服你们遇到的敌人大量集中不利我军歼击的困难问题。你们机动的范围：第一是整个平绥线，包括绥远全省在内，第二是北宁线，第三是平承线，第四是平保线。”[1] 刘伯承在总结巨、金、鱼作战胜利时提到的第一条经验就是宽大机动，他说：“在宽大机动中大量歼灭敌人，乃能坚持主动权。”刘帅对以宽大机动来争取主动的办法深为推崇，他说：“宽大机动地创造或寻找敌人的弱点，并抓住它的弱点，给以有计划地突然地袭击，是把握主动权的最好的方法。”[2]

“打不赢就走”，还要看准方向。方向错了，盲目走，就可能走到敌人的包围圈中去了，自投罗网。中央红军长征冲破四道封锁线后，就出现过这种情景。一方面是“甬道式”的大搬家，一方面是明知敌人已在去湘西路上布置好口袋，却硬要往里钻，去湘西与红二、六军团会师。共产国际军事顾问李德坚持按既定方针往敌人口袋里钻，毛泽东不同意李德意见，说明红军主力现在北上湘西，将会陷入敌军重围，后果不堪设想。他根据破译的敌台情报指出，国民党军正以五六倍于红军的兵力构筑四道防御堡垒线，张网以待，“请君入瓮”！他建议改向敌军力量薄弱的贵州西进。这个建议被接受了。这就是长征途中有名的“通道（湖南省通道县）转兵”。

---

[1] 《毛泽东军事文集》第四卷，军事科学出版社、中央文献出版社 1993 年版，第 428 页。

[2] 《刘伯承军事文选》，解放军出版社 1992 年版，第 364、99 页。

20 世纪 60 年代中期，为准备打仗，毛泽东讲了许多战略问题，其中也谈到了将来如何打仗。他说：打仗没有什么巧妙，简单说就是两句话，打得赢就打，打不赢就走。你们听说过吗？大体上就是这样。你打得赢就打，打不赢还打吗？有两条腿可以走嘛！打得赢就是集中优势兵力消灭敌人，集中五个指头啃他一个指头，割掉一个，他就少一个。事物是可以分割的。以后有机会又可以啃一个，又少一个，只剩下八个了，然后有机会再割一个，总之要割掉。所谓割掉指头，就是把敌人搞过来，除打死打伤之外，把官兵、枪支、弹药都夺取过来，这就叫打得赢就打。那么打不赢呢？就走，走得远一点，使敌人不知你到哪里去了。

防御·进攻·决战

战争一般是一首两部曲：战略防御和战略进攻。中国革命的长期性，又使这两部曲还可细化为：战略防御中的战略退却、战略相持（如抗日战争）、战略反攻；战略进攻中的战略进攻、战略决战、战略追击。军事术语是死的，战争是活生生的，丰富多彩的战争创造丰富多彩的军事原则。

诱敌深入，后发制人

如果让人说出毛泽东提出过哪些战略战术方针，人们脱口而出的很可能就是“十六字诀”和“诱敌深入”。在毛泽东军事思想中，“十六字诀”和“诱敌深入”原则占有显著的地位。“十六字诀”以“敌进我退”为核心，与“诱敌深入”有着异曲同工之妙。

一般认为，“诱敌深入”是第一次反“围剿”时，毛泽东在1930年10月30日红一方面军总前委罗坊会议上提出来的。11月上旬，毛泽东在《东塘等处调查》一文中说：“1930年10月30日，红军前敌委员会在罗坊决定了诱敌深入方针。”[1]11月1日，毛泽东和朱德在红一方面军命令中完整阐述了这一方针：“方面军以原任务拟诱敌深入赤色区域，待其疲惫而歼灭之。”[2]

其实，更早一些，毛泽东即提出了这一思想。1929年7月，红四军打破赣闽粤三省国民党军“会剿”时，毛泽东制定了“诱敌人入赤色区域击破一面”的方针。[3]但最初实践是在1930年2月中旬的水南战役中。这次战役前，毛泽东和朱德提出了“诱敌深入到赤色区域同他（作）战”的原则，放弃原来攻占吉水的计划，改为诱敌深入，相机歼敌，利用苏区的有利条件，诱敌向富田冒进，于水南地区将孤军深入苏区刚从湖北调来的唐云山旅大部歼灭，唐云山带伤而逃。

虽然，毛泽东和朱德早就在实践中让人们认识到“敌进我退”“诱敌深入”的好处，但“诱敌深入”成为人们的共识却很不容易。在第一次反“围剿”前的峡江会议和罗坊会议上，毛泽东苦口婆心地给大家做工作。那时，立三路线刚结束，还没有来得及肃清，许多人还沉湎于攻打中心城市，“会师武汉，饮马长江”的幻想之中，对放弃根据地更是想不通。峡江会议上，毛泽东说：我们不能以卵击石，硬打南昌、九江，不要继续攻打大城市，而要东渡赣江到根据地内部关门打狗。在敌强我弱和湘敌强赣敌弱的情况下，要避实就虚，以弱胜强。赣江西岸夹在湘江、赣江之间，

---

[1] 《毛泽东农村调查文集》，人民出版社1982年版，第254页。

[2] 《毛泽东军事文集》第一卷，军事科学出版社、中央文献出版社1993年版，第181页。

[3] 《中国工农红军第一方面军史》，解放军出版社1992年版，第255页。

机动范围小；赣江东岸则地跨闽浙赣边界，有大山，回旋余地大，在根据地内发动群众参加战争，想怎么打就怎么打。

毛泽东的一番话说服了不少人，但是，红三军团中还有少数领导干部不愿接受毛泽东的意见，他们找不到打中心城市的理由，便坚持要在赣江西岸作战。他们振振有词地责问毛泽东："井冈山就不要了？"这是一个很有煽动性的责问。毛泽东见一时说服不了他们，便没有硬性决定东渡赣江。

不多久，又在新余县罗坊召开会议。这时，情况已经非常紧张，敌先头部队已经到了清江。会议上，毛泽东提出"撒开两手，诱敌深入"，歼敌于革命根据地的战略方针，充分利用根据地的优越条件，实行人民战争。吉安、兴国、永丰等地的地方党组织领导同志由于没有经验，无不反对红军退却。毛泽东费了不少口舌，反复说明"将欲取之必先与之"，只有退一步才能取得主动的道理。他解释说："只有丧失才能不丧失；不在一部分人民中一时地打烂些坛坛罐罐，就要使全体人民长期地打烂坛坛罐罐。"[1]他并用井冈山"敌疲我打"的经验提醒干部和群众，终于说服大家同意战略退却，诱敌深入。

这里要提及一点，这次会议决定过赣江，彭德怀起了很大的作用。会议中，红三军团的部分干部仍不同意过赣江，主张红一军团在赣江以东，红三军团在赣江以西，"夹江而阵"，分兵击敌。这种意见既不是诱敌深入，也不是集中兵力，显然是行不通的。这时，红三军团总指挥彭德怀当场表态支持毛泽东的意见。彭的表态非常重要。彭自己几十年后说："我这一票在当时是起相当作用的一票，站在哪一方面，哪一方面就占优势。"[2]1965

---

[1] 刘亚楼：《伟大的第一步》，见《星火燎原》（二），解放军出版社 1996 年版，第 3 页。

[2] 《彭德怀自述》，人民出版社 1981 年版，第 161 页。

年9月，毛泽东约见彭德怀时也没忘记提起这件事："三军团干部反对过赣江，你说要过赣江，一言为定，即过了赣江。"彭德怀会后对三军团的干部做工作说：前委过江的决定是正确的，红军要打遍全中国，不要只恋着家乡那块苏区。

确定"诱敌深入"方针后，毛泽东、朱德指挥已转移到赣江以东的红一方面军主力渐次向根据地中部的东固、龙冈一带山区退却。1930年12月初，红军到达宁都西北部的黄陂、小布地区，积极进行作战准备。但由于富田事变，红二十军部分领导人脱离红一方面军总前委的领导，将该军开往赣江以西。红一方面军主力只得继续后撤，向平田、安福、砍柴冈地区集中隐蔽。12月下旬，红军全部集中预定待机位置。

25日，红军在小布召开歼敌誓师大会，在临时搭起的主席台两侧，挂着毛泽东撰写的一副对联。上联是："敌进我退，敌驻我扰，敌疲我打，敌退我追，游击战里操胜算"；下联是："大步进退，诱敌深入，集中兵力，各个击破，运动战中歼敌人"。

在誓师大会上，毛泽东以这副对联为题，具体生动地解释了"诱敌深入"的必要和好处。他分析说，"诱敌深入"有六条好处：一、苏区军民一致，人民积极援助红军，这是最重要的条件；二、红军可以主动选择最有利的作战阵地；三、红军集中了优势兵力，可以一部分一部分地歼灭敌人，一口一口地把敌人吃掉；四、可以发现敌人的薄弱部分，拣弱的打；五、可以把敌人拖得精疲力尽，然后再打；六、可以造成敌人的过失，乘敌之隙，加以打击。

这副对联就是红军反"围剿"作战的基本方针。这时，距红军最近的是敌谭道源的五十师，毛泽东原拟先歼该师，于12月25日和27日两次在小布设伏，准备歼击该敌。但谭道源老奸巨猾，深知红军厉害，不敢轻易脱离据点出动，红军只好无奈撤回。谭道源谨小慎微，不敢出动；张辉瓒却趾高气扬，一路冒进。毛泽东、朱德当机立断，转移目标，向左翼集中兵力，横扫张辉瓒师。红军于龙冈设下天罗地网，于30日将自称“铁军师”的第十八师师部和两个旅共九千人全部歼灭。

这一仗，红军占尽天时、地利、人和。地利、人和，在根据地中不用说了，就是天时，红军也占了。龙冈一带，冬天多雾。围歼张辉瓒时，大雾弥漫。毛泽东对朱德笑道：“总司令，你看，真是‘天助我也！’，三国时，诸葛亮借东风大破敌兵；今天，我们乘晨雾全歼顽敌啊！”

这一仗，打得酣畅淋漓，战斗结束，太阳还没有下山。夕阳照耀下，红军战士都在喜气洋洋呼喊着：“捉到张辉瓒啦！”“前面捉到张辉瓒啦！”触景生情，毛泽东的脑海里一下子迸出了“齐声唤，前头捉了张辉瓒”的诗句。

首战胜利，对以后的几次反“围剿”作战产生了巨大的影响。毛泽东对这一仗很满意，他说：龙冈战斗打得很理想。第一次反“围剿”的第一仗，就把敌人全部歼灭，不走一兵一卒，这的确是战争史上少见的。他还兴奋地谈到太平天国打曾国藩时，有个打法叫“五瓣莲花抄尾阵”，还有个歌诀：“前面一支先扎定”，后面记不起来了，只记得大意是左右两支兵包围敌人，另外一支兵迂回敌后，截断敌人归路。这就是抄尾，还有一支兵为预备队，共五瓣莲花。我们这次打法，是四面包围敌人，务求全歼，主力用在迂回敌后，从后面打，以求速决，就是少了一个预备队。然而我们打得更出色，更理想，胜利也更大。[1]

打了张辉瓒，红军紧跟着转移兵力，歼灭谭道源的两个团，第一次“围剿”就被打破了。这次战役的胜利，朱老总赞誉为“红军史上破天荒胜利”，而鲁涤平则大为震惊，他在给蒋介石的电报中有“龙冈一役，

---

[1] 《郭化若回忆录》，军事科学出版社1995年版，第53页。

十八师片甲不还”的伤心语。红军将士和根据地人民从“诱敌深入”中尝到了胜利的喜悦。

顺便说一句，张辉瓒被俘后，毛泽东、朱德并不主张杀他，但张部在东固地区烧杀抢掠，这一带人民对张辉瓒恨之入骨。红一方面军有人不请示不报告，便将张交给东固地方召开群众大会公审，结果在群众一片喊杀声中被处决了。群众还将张的首级置于木筏子上放入赣江顺流而下。当时的一家报纸用“江流无声载元归”为题记载此事。在国民党为张辉瓒举行的悼念仪式上，蒋介石送了一副挽联，上书“呜呼石侯，魂兮归来”八个大字（“石侯”为张的字）。挽联与其说是蒋对张死的哀悼，不如说是对“围剿”失败的痛心。

后来，毛泽东在《中国革命战争的战略问题》中对“诱敌深入”作了深刻的阐述。他说：“诱敌深入”就是战略退却，这是江西的叫法，四川叫“收紧阵地”。“诱敌深入”的目的基本上有三点：一是为了保存军力，准备反攻。二是侦察找出敌人的弱点。“如果进攻之敌在数量和强度上都超过我军甚远，我们要求强弱的对比发生变化，便只有等到敌人深入根据地，吃尽根据地的苦楚，如同第三次‘围剿’时蒋介石某旅参谋长所说的‘肥的拖瘦，瘦的拖死’，又如‘围剿’军西路总司令陈铭枢所说的‘国军处处黑暗，红军处处明亮’之时，才能达到目的。”[1] 三是造成和发现敌人的过失。任何高明的敌军指挥员，在相当长时间中，要不发生一点过失是不可能的。毛泽东很形象地说：“两个拳师放对，聪明的拳师往往退让一步，而蠢人则气势汹汹，劈头就使出全副本领，结果却往往被退让者打倒。”为什么被打倒？就是让退让者看出了破绽。“《水浒传》上的洪教头，在柴进家中要打林冲，连唤几个‘来’‘来’‘来’，结果是退让的林冲看

[1] 《毛泽东军事文集》第一卷，军事科学出版社、中央文献出版社 1993 年版，第 729 页。

出洪教头的破绽，一脚踢翻了洪教头。”[1]

退却终点，在根据地可以大体上分为前部、中部、后部三种。第一次反“围剿”，红军退却的终点是根据地中部；第二次反“围剿”，红军退却的终点是根据地的前部；第三次反“围剿”，红军则是一种极端退却，退却的终点是根据地的后部。但由于保存和集中了兵力，还是打破了“围剿”，恢复了根据地。所以毛泽东强调：“对于我们，当敌举行大规模‘围剿’时，一般的原则是诱敌深入，是退却到根据地作战，因为这是使我们最有把握地打破敌人进攻的办法。”他规定红军作战指挥上的基本指挥原则之一是：“反对先发制人，执行后发制人（一般的），后发制人，即诱敌深入。”[2]

毛泽东熟悉中国历史，他引中国古代战例说：“春秋时候，鲁与齐战，鲁庄公起初不待齐军疲惫就要出战，后来被曹刿阻止了，采取了‘敌疲我打’的方针，打胜了齐军，造成了中国战史中弱军战胜强军的有名的战例。”“中国战史中合于此原则而取胜的实例是非常之多的。楚汉成皋之战、新汉昆阳之战、袁曹官渡之战、吴魏赤壁之战、吴蜀彝陵之战、秦晋淝水之战等等有名的大战，都是双方强弱不同，弱者先让一步，后发制人，因而战胜的。”[3]

诱敌深入，放敌人到苏区内部来打，决不只是布阵伏兵的战役问题，而是合乎人民战争性质的战略问题。敌军强过红军，红军必须加上苏区群众的力量，才能压倒敌人的优势，陷敌于人民战争的汪洋大海之中。

土地革命战争时期，红军“诱敌深入”的主要目的是为了反攻，为了

---

[1] 《毛泽东军事文集》第一卷，军事科学出版社、中央文献出版社 1993 年版，第 723 页。

[2] 《毛泽东军事文集》第一卷，军事科学出版社、中央文献出版社 1993 年版，第 731、416 页。

[3] 《毛泽东军事文集》第一卷，军事科学出版社、中央文献出版社 1993 年版，第 723、724 页。

打破“围剿”，然后准备下一次的反“围剿”，这是因为敌大我小，要准备打破敌人反复多次的“围剿”。解放战争时期，情况发生了很大的变化，由于人民军队力量的壮大，循环往复的“围剿”已经不可能了，国民党在全面进攻、重点进攻失败后，就再也没有力量组织新的进攻了。而人民解放军在内线诱敌深入打破敌人的进攻之后，便是自己的战略进攻，而不仅仅是反攻。

1947 年春，胡宗南这个“志大才疏”的将军，以二十多万人的兵力进攻中共首府延安。延安是守是弃，许多人心里没有底。毛泽东提出要主动放弃延安。当时任中央书记处办公室主任的师哲回忆说：“在延安保卫战打响后的一天晚上，我特地从枣园骑马急行几十里路赶到王家坪去见毛主席。”“我忧心忡忡地问主席备战工作到底应该怎样做？一定要疏散吗？可否设想保住延安而不撤退？”“主席点燃了一支烟，转过来微笑着打开了话匣子：你的想法不高明，不高明，不应该挡住他们进占延安。你知道吗？蒋介石的阿 Q 精神十足，占领了延安，他就以为自己胜利了。但实际上只要他一占领延安，他就输掉了一切。首先，全国人民以至全世界就都知道了是蒋介石背信弃义，破坏和平，发动内战，祸国殃民，不得人心。这是主要的一面。……延安既然是一个世界名城，也就是一个沉重的包袱。他既然要背这个包袱，那就让他背上吧。而且话还得说回来，你既然可以打到延安来，我也可以打到南京去。来而不往非礼也嘛。”[1] 毛泽东满怀信心地说：要告诉同志们，少则一年，多则两年，我们就要回来，我们要以一个延安换取全中国。

后来毛泽东在西北野战军前委扩大会议上又就让出延安、诱敌深入讲了这样一番话：“退一步的目的是什么？是准备前进。为什么我们退出延

---

[1] 《在历史巨人身边：师哲回忆录》，中央文献出版社 1991 年版，第 337、338 页。

安？退出延安是准备打到西安。”[1]

“诱敌深入”的方针，外国人很难明白。抗战胜利后，驻青岛的美国海军陆战队司令官克里门问陈毅，如果国共之间发生战争怎么办时，陈毅回答说，就是放开两手，诱敌深入，创造有利时机，选择战场，集中优势兵力，消灭敌人。听得克里门目瞪口呆，他实在难以明白其中的奥秘，只好耸耸肩说：“我不懂，你们既要丢地方，又要消灭敌人。中国的问题真复杂。”

外国人不懂，共产党的对手也不完全懂。与毛泽东打了二十年交道的蒋介石照理应该深知毛泽东诱敌深入的战略方针的厉害，可他还是被表面的胜利冲昏了头脑。3 月 19 日，胡宗南部进占延安。蒋介石欣喜若狂，致电胡宗南说：“时阅捷报，无任欣慰。”5 月 15 日，他在南京向他的将校们说：占领延安后，中共军队的“首脑部就无所寄托，只能随处流窜，即使他们还有广播宣传，但是任何人都不能和他发生联系，如此就绝对不能建立中心的力量了”。踌躇满志的蒋介石还亲自飞到延安，站在这个十年来一直是中共首府的土地上，他一定感到共产党已经完了。

但是，蒋介石高兴得太早了。胡宗南踏进延安，毛泽东拖住蒋介石重兵集团的战略意图便实现了。1947 年 5 月 9 日，周恩来分析说：“蒋介石的最后一张牌——胡宗南，现在在陕北卡着了。”“胡宗南这个‘西北王’的幻梦必将破灭在西北，命运注定这位野心十足、志大才疏、阴险虚伪的常败将军，其一生劣迹，必在这次的军事冒险中得到清算，而这也正是蒋介石法西斯统治将要死灭的象征。”[2]

---

[1] 《毛泽东文集》第五卷，人民出版社 1996 年版，第 28 页。

[2] 《胡乔木回忆毛泽东》，人民出版社 1994 年版，第 155、158 页。

即使是在非共产党人中，也有许多人认为蒋介石占领延安是失算的。有人讽刺他是以一只肥牛换来了几条鸡肋。一个外国人说得更绝："蒋介石去拿延安，等于一个人花了一大部分财产去买一条钻石项链，它光辉灿烂，但一无用处。"[1] 美国人对占领延安的评价也并不好。1949年美国政府的《白皮书》评述这段历史说：国民党军"攻占延安曾经被宣扬为一个伟大的胜利，实则是一个既浪费又空虚的、华而不实的胜利"。

国民党御用学者在回首往事时也不得不承认，进占延安"在声威上是一大胜利，使南京在这个逆运的时期顿感兴奋，可是所付的代价也特高。……此举使蒋总统调往参加延安战役的最精锐部队四十万人……无异被冻结；于是政府不得不另准备一支军队以对抗刘伯诚（承）"。

胡宗南进占延安一年后，西北野战军即以宜川、瓦子街战役的胜利从根本上改变了西北战场的形势，在西北野战军攻势的声威下，胡宗南只得放弃延安南逃，西北野战军收复革命圣地延安。随后，全国战场都进入了更大规模的进攻。

确实，读史使人兴奋。几十年后读这段历史仍让人感到毛泽东棋高一着的军事指挥艺术。

毛泽东对"诱敌深入"印象之深，后来从古书中读到相关战例也每每引起共鸣。

《宋史·太宗本纪》记载，宋太平兴国四年（979年），宋太宗率军讨伐契丹，易州、涿州、幽州、蓟州等地刺史、节度使等纷纷来降。毛泽东在这段天头批道："此人不知兵，非契丹敌手。"接着，在"帝督诸军与契丹大战于高梁河，败绩。甲午，班师"一段的天头上，毛泽东批注："尔

[1] ［美］杰克·贝尔登：《中国震撼世界》，邱应觉等译，北京出版社1980年版，第432页。

后屡败，契丹均以诱敌深入、聚而歼之的办法，宋人终不省。”[1]

高梁河一战，是在宋军平定北汉之后，军队没有得到休整，虽然连着几次打败过契丹军，但幽州久攻不下，部队由于连续作战，过于疲劳。宋太宗不了解敌情，指挥不当，陷于契丹军的两面夹攻包围之中。宋雍熙三年（989 年），为消除契丹不断南侵威胁，宋太宗在多年准备的基础上，分兵四路，开始收复燕云十六州的作战行动。起初形势很好，东线太平军节度使曹彬直克涿州，一路胜利；西线忠武军节度使潘美也节节得胜。潘美的副将、云州观察使杨业攻占了寰州。但曹彬占领涿州后，粮草不济，孤军深入，契丹军得知这一情况后，屯兵幽州，坚守不战。曹彬只得还师雄州，宋太宗严令曹彬急进，曹彬复进涿州，粮草又尽。这时，契丹沿途设下伏兵，两路钳击宋军，先败曹彬于岐沟关，复败杨业于寰州。在这段史实上，毛泽东再次感慨批注：“契丹善用诱敌深入战，让敌人多占地方，然后待机灭敌。”[2]

诱敌深入，聚而歼之，被毛泽东视为克敌制胜的基本方针。1965 年 8 月 11 日，罗瑞卿向毛泽东和中央常委汇报为贯彻诱敌深入方针采取的措施时，毛泽东谈古论今，娓娓道来：就是要诱敌深入。我最近研究历史，古今中外，凡是诱敌深入的，就把敌人歼灭了；凡是开始打了胜仗，兴高采烈，深入敌境，就打败仗。宋朝第二个皇帝赵光义，经过苦战灭亡了北汉，占领了太原之后，接着就同辽国（契丹）打仗，深入到现在的北京附近，被敌人一个反击，打得大败，皇帝几个月不知下落。以后宋朝同外国作战，就是把敌人挡住，不敢让敌人深入。刘邦也是几次轻敌冒进，被打得大败，差一点被敌人捉住。一次是孤军深入平城（今大同），被匈奴单

---

[1] 《毛泽东读文史古籍批语集》，中央文献出版社 1993 年版，第 278 页。

[2] 《毛泽东读文史古籍批语集》，中央文献出版社 1993 年版，第 279 页。

于包围了七天，弹尽粮绝，后来用陈平之计，才冲出来。一次是深入彭城，被项羽一个反击，几十万人被歼，刘邦只乘了一辆车和几十个人突围逃走。途中遇到自己的儿女，又因楚军追赶，几次把儿女推下车，夏侯婴几次把他们捡起来。不让敌人打些胜仗，尝到味道，它就不来了。这件事要经常研究才好。[1]

歼敌为主，略地次之

歼敌与夺取地方（或保守地方）的关系，犹如熊掌与鱼的关系，二者不可兼得。如欲兼得，势必二者俱失。那么，二者孰先孰后，孰轻孰重，往往反映军事统帅的作战指导思想。毛泽东规定的作战原则是以歼敌有生力量为主，不以保守与夺取地方为主。周恩来在《军事原则》中将毛泽东的这一方针概括为“歼敌为主，略地次之”八个字。

不过，蒋介石则对毛泽东的这一方针不以为然，他在1947年5月15日的一份作战纲要中说：“现代作战最要紧的莫过于交通，而要控制交通就先要能控制都市。”他说，解放军的“一个致命的弱点”，就是“无论如何集中兵力，负隅顽抗，始终不能掌握任何重要的据点，不能占据任何重要的城市”。对解放军的“这种弱点”，蒋介石自以为看得很清楚，他制定的国民党军作战方针是：“先占领据点，掌握交通，由点来控制线，由线来控制面。”使解放军“不能自由调动，不能集中主力，则他们以大吃小，以多吃少的策略，就无法实现，而我们正可反其道而行之。”听起来头头是道，但实际上一窍不通，这正是蒋介石的方针的历史命运。

[1] 陈晋主编：《毛泽东读书笔记解析》上册，广东人民出版社1996年版，第515页。

正确处理弃守地方与歼灭敌人的关系，是战争指导者首先碰到并无法回避的问题。军事教条主义者总是希望多占土地，“御敌于国门之外”，主观愿望很好，但结果往往是人地两失。守地必分散兵力；处处防守，必处处挨打。刘伯承将这种战术称之为“牛抵角战术”，“死猪不怕开水烫的战术”。尊重实际的军事家总是从敌强我弱的客观实际出发，将目标放在歼敌有生力量上。红军时期的“敌进我退”“诱敌深入”，抗日战争中的“敌进我进”“翻边战术”都体现了歼敌为主、守地次之的思想。采取这一战术，就是要舍得丢地方，抛出空间，争取时间，先退后进，以歼敌有生力量，逐渐改变敌我形势。

撤出延安前，毛泽东接见参加保卫延安的西北野战兵团部分干部时，对他们说：敌人要来了，我们准备给他打扫房子。我军打仗，不在一城一地的得失，而在于消灭敌人的有生力量。存人失地，人地皆存；存地失人，人地皆失。敌人进延安是握着拳头的，他到了延安，就要把指头伸开，这样就便于我们一个一个地切掉它。他对中央警卫团战士说：“蒋介石打仗是为了争地盘，占领延安，他好开大会庆祝。我们就给他地盘，我们打仗是要俘虏他的兵员，缴获他的装备，消灭他的有生力量，来壮大自己。这样，他打他的，我打我的。等蒋介石算清这笔账，后悔就晚了。”[1]

干部战士思想工作好做，延安的老百姓工作难做。毛泽东就用更为通俗的语言解释。他说：

“譬如有一个人，背个很重的包袱，包袱里尽是金银财宝，碰见了个拦路打劫的强盗，要抢他的财宝。这个人该怎么办呢？如果他舍不得暂时扔下包袱，他的手脚很不灵便，跟强盗对打起来，就会打不赢，要是被强盗打死，金银财宝也就丢了。反过来，如果他把包袱一扔，轻装上

---

[1] 《张耀祠回忆毛泽东》，中共中央党校出版社 1996 年版，第 23 页。

阵，那就动作灵活，能使出全身武艺跟强盗对拼，不但能把强盗打退，还可能把强盗打死，最后也就保住了金银财宝。我们暂时放弃延安，就是把包袱让给敌人背上，使自己打起仗来更主动，更灵活，这样就能大量消灭敌人，到了一定时机，再举行反攻，延安就会重新回到我们的手里。”❶

失地存人又歼敌的典型一例便是第三次反“围剿”。情况严重时，根据地几乎全部丧失，但最后由于保存和集中了部队，红军还是粉碎了国民党的“围剿”。

这次“围剿”，国民党集中了三十万人马，蒋介石亲自出马，气势汹汹，大有“不成功便成仁”的气概。1931年6月6日，蒋介石发表《告全国将士书》，叫嚷要“戒除内乱”“剿灭赤匪”，并发誓“幸而完此夙愿，决当解甲归田”，否则就“舍命疆场”。他对部下信誓旦旦地说：“这次‘围剿，如不获全胜，死也不回南京。”又说：“限三月之内‘肃清’江西共军，如不成功则成仁；如不获胜，自刎首级。”

这次反“围剿”，红军是在刚刚结束第二次反“围剿”作战仅一个月后开始的，蒋介石又采取了长驱直入、分进合击的战略方针，红军猝不及防，处于被动地位。第二次反“围剿”结束后，红军分兵行动，转入攻势，从事扩大苏区的工作。当时，苏区中央局和红一方面军领导都估计新的“围剿”不会马上开始。6月中旬，在上海的中共中央察觉到新的“围剿”可能马上要来临，遂向苏区和红军发出训令，但苏区中央局和红军都没有收到这个训令。

直到6月下旬，红军才发现敌有对苏区发动第三次“围剿”的迹象。但毛泽东在6月22日的总前委会议上仍然判断：“敌人8月15日以前只

❶ 阎长林：《警卫毛泽东纪事》，吉林人民出版社1992年版，第31页。

能进到广昌，以后有新谷子才能再进。7月以前，我们可以努力筹款，8月也可不管他，主要在于、瑞、石、汀四县布置巩固的苏区做战场。”可见毛泽东对第三次“围剿”迅速到来也是估计不足的。

当7月1日敌人突然向苏区发动攻势时，红军还分散在各地展开活动。这时敌人也犯了一个错误，即将位于南丰的红三军第九师和红四军第十二师误认为红军主力，下令迅速对其攻击。如果蒋介石的判断准确些，红军就要更被动，情况就要更糟。蒋介石这一攻击，毛泽东才确知这是新的一次“围剿”，遂迅速下令各部收拢，向苏区中心赣南集中，待机破敌。

敌军进攻速度很快，至7月下旬，敌军各路均深入苏区约70—130公里。富田、水南、广昌、宁都、瑞金等县城尽为敌占，敌进至固村、宁都、古龙岗、白石一线。蒋介石得意扬扬地向北平、南京等地官员发电说：“赣南赤匪老巢东固、龙冈、黄陂、小布、古龙岗皆已为我军击破，确实占领，散匪不难于十日内肃清也。”苏区中央局在战后给中央的汇报中也承认：敌“占尽苏区要地，其主力大部迫至赣东附近”。毛泽东甚至也不得不设想转入白区打破“围剿”，“假如敌主力不是向西而是向南，我们也许被迫着退到会昌、寻乌、安远地区（那里是白色区域），引敌更向南进，然后红军由南而北向根据地内部打去。”[1]

正当敌人十分得意之时，红军主力完成了千里回师集中的任务，这是下一步反攻的具有关键意义的一环。虽然当红军回师兴国高兴圩时，苏区“仅剩此一个圩场及其附近地区几十个方里容许我军集中”。形势依然十分严峻，但由于红军的集中，为反攻创造了条件。随后，红军在毛泽东、朱德指挥下，采取“避敌主力，打其虚弱”的方针，以极其灵活机动的

[1] 《毛泽东军事文集》第一卷，军事科学出版社、中央文献出版社1993年版，第731页。

战术穿插于敌包围圈的空隙之中，几次差不多都要陷入敌人的重围之中，又几次化险为夷，终于打破了敌人的“围剿”，苏区也发展到了极盛时期。

第三次反“围剿”的胜利，生动实在地说明了存人失地、人地皆存的道理。虽然敌军以十倍于红军的兵力，乘红军刚经过第二次反“围剿”苦战疲惫不堪之机，以突然进攻一度夺得战场主动，尽占苏区要地，但由于没有找到红军主力，并一误再误，终被红军抓住破绽。红军在毛泽东、朱德的高超指挥下，五天内连战莲塘、良村、黄陂，从而化被动为主动，为打破“围剿”奠定了基础。

三次反“围剿”胜利后，红军的作战原则便基本形成了，其中也包括了以诱敌深入、歼敌为主的原则。1946 年 9 月 18 日，毛泽东在给晋察冀军区首长的电报中明确提出“以歼敌有生力量为主，不以保守个别地方为主”的方针，指出这一方针是“使主力行动自如，主动地寻找好打之敌作战”。以后又多次指出这一点：“我们方面一城一地之得失无关大局，主要任务是歼灭敌人有生力量。”[1] 依据这一方针，解放战争头四个月，人民解放军为争取主动，大踏步进退，主动放弃城市 105 座，换取歼敌 32 个旅的胜利，平均以 3 座城市的放弃交换歼敌 1 个旅的胜利。

由于采取歼敌为主的方针，就带来了两种结果，一方面是敌人占地越多，战线越长，其包袱就越重，不可避免地要以一部乃至大部兵力担任守备，第一线突击兵力就相对减少，利于我歼击；另一方面，由于有生力量大量被歼，也导致其野战力量的不断削弱，更利于我歼击，从而导致整个军事形势的转变。

---

[1] 《毛泽东军事文集》第三卷，军事科学出版社、中央文献出版社 1993 年版，第 487、520 页。

地方和城市的保存或夺取是歼敌有生力量的结果，大量歼灭敌人是保存或夺取地方和城市的前提。“只要我军能够将敌军有生力量大量地歼灭了，就有可能恢复失地，并夺取新的地方。”[1] 解放战争头四个月，解放军净失城市 105 座，第二个四个月，敌我城市得失相当，均为 87 座，歼敌 34 个旅。即是说，解放军歼敌 34 个旅而不必失地。第三个四个月，解放军歼敌 31 个半旅，净得城市 58 座。这充分说明，改变战局的关键在于大量歼灭敌人，而不在于一城一地之得失。

不计较一城一地之得失，并不是说就可以随便放弃城市和地方了。即使放弃城市和地方，也是指野战军为执行歼敌任务而作必要的转移，地方武装和游击队守土有责，仍应坚持当地开展游击战争，防止轻易放弃地方的逃跑主义倾向，另外，有时为了从政治上和战略上的有利地位考虑，也有不惜一定代价保守或夺取城市和地方的情况。这就是毛泽东说的：“凡在敌我力量对比上能够保守或夺取的地方和在战役上战术上有意义的地方，则必须保守或夺取之，否则就是犯错误。”[2]1945 年初夏，解放军针对国民党军的蚕食和进攻，曾发起报复作战，夺取了一些城市和地方，以为所失地方的补偿。同年四、五月间，毛泽东从全国战略利益出发，为配合国共谈判，促进东北和全国和平民主的实现，曾指示东北民主联军进行四平保卫战，“化四平街为马德里”。他后来指出：“四平防御战为一时条件所致，不能成为我一般的作战方针。”[3] 但其中反映出来的思想火花仍是值得注意的，即为了战略全局，有时应不惜重大牺牲坚守或夺取城市和地方。这与歼敌有生力量为主的方针并不矛盾，其最终也是为了歼敌有生力量。还有一种情况，就是在根据地尚未建立和尚无良好战场的时候，占领

---

[1] 《毛泽东军事文集》第三卷，军事科学出版社、中央文献出版社 1993 年版，第 485、486 页。

[2] 《毛泽东军事文集》第三卷，军事科学出版社、中央文献出版社 1993 年版，第 485 页。

[3] 《毛泽东军事文集》第三卷，军事科学出版社、中央文献出版社 1993 年版，第 236 页。

与保守地方也往往有着重要的意义。1947年9月4日，毛泽东指示刚刚出击外线的陈谢大军："应将占领县城与占领乡村、消灭敌正规军与消灭敌地主武装看得同等重要。"[1] 其原因即在于人民解放军转入外线后，必须以相当的精力占领一定的地盘作为根据地。没有一定的地盘作为后方，作为根据地，也是难以歼灭敌之有生力量的。

慎重初战：一鸣则已，不必惊人

初战，又称"序战"。毛泽东说的初战，是指反攻开始的第一仗。又指战争或战役的第一仗。慎重初战，是毛泽东的一贯思想。初战的胜负对全局关系甚大，尤其是对劣势或处于防御地位的军队而言，更是如此。

关于慎重初战，毛泽东提出了一个有名的初战三原则，这就是："必须打胜；必须照顾全战役计划；必须照顾下一战略阶段。"[2] 我们的分析也从这里入手。

一必须打胜。第一仗要在敌情、地形、人民等条件，都利于我而不利于敌，确有把握而后动手。初战胜利的意义在于：能打乱敌人的战役布势，破坏敌方作战企图；创造续战的有利战场；鼓舞己方士气民心；达到战略侦察的目的。在没有取胜把握的情况下，宁可退让待机，甚至宁可放弃不打，决不贸然作战，仓促行事。

1936年10月，红军三大主力会师西北后，曾计划举行宁夏战役，

[1] 《毛泽东军事文集》第四卷，军事科学出版社、中央文献出版社1993年版，第238页。
[2] 《毛泽东军事文集》第一卷，军事科学出版社、中央文献出版社1993年版，第743页。

但由于西（安）兰（州）大道被胡宗南切断，红军遂主动放弃宁夏战役计划。随后又计划进行海（原）打（拉池）战役，也由于无充分把握而放弃，直至诱敌冒进，发现破绽后，才于山城堡一仗消灭胡宗南一部，结束了土地革命时期的最后一个歼灭战。一个反面的例子是，第五次反“围剿”中，敌先占领了黎川，红军在“左”倾路线指导下，企图夺回黎川，“御敌于国门之外”，首战指向黎川以北之硝石，明知难以取胜而强攻之，失败是必然的。毛泽东批评说：“开脚一步就丧失了主动权，真是最蠢最坏的打法。”

一必须照顾全战役计划。第一仗必须对整个战役有利，使之成为全战役的有机序幕。对指挥员而言，重要的是要全局在胸，有一个好的全战役计划。即使初战打了一个胜仗，若这个胜仗不但不于全战役有利，反而有害时，则这个仗虽胜也不能算胜利，只能算败了。

第五次反“围剿”中的洵口战斗即属这种情况。洵口战斗是一次非预期的遭遇战，虽歼敌3个团，俘敌1100余人，但由于对全战役影响不大，因此，也不能挽回被动的局面。1936年，红军举行东征作战，毛泽东提出抄敌后路的歼敌方法，其着眼点就是“为准备打一仗后，又打第二仗，又打第三仗”。为此，他指示：“必须以主力一部抄敌后路，把敌包围消灭，免去追击。必须免去追击，才能当日集合队伍于一处，才便于打第二仗，才便于应付意外变化。”[1]1946年苏中战役时，华中野战军第一仗指向宣家堡、泰兴，其目的也是为后来作战开拓战场，正因为首战宣泰取得胜利，才有后来的七战七捷。

一必须照顾下一战略阶段。进行初战，不仅要照顾本次战役，而且还要照顾下一战略阶段。要计算到胜利后或失败后的下文如何做法，否则仍

[1] 《毛泽东军事文集》第一卷，军事科学出版社、中央文献出版社1993年版，第485页。

未尽到战略指导者的责任。

1932年春，中央红军东路军入闽作战，毛泽东根据战役全计划的要求，建议东路军夺取漳州，指出："政治上必须直下漳泉，方能调动敌人，求得战争，展开时局。若置于龙岩附近筹款，仍是保守局面。下文很不好做。"[1] 显然，毛泽东是将漳州战役与整个下一步战略行动一并考虑的。

"慎重初战"，主要要做两件事，一是选择有利的战场，二是选择好打之敌。从战场上说，红军第一次反"围剿"，毛泽东曾设想，"如果红军没有内部不统一和地方党的分裂，即立三路线和AB团两个困难问题存在，是可以设想在吉安、南丰、樟树三点之间集中兵力举行反攻的。"[2] 由于"富田事变"，红军主力为避免暴露，只得转移到平田、砍柴冈、安福圩一带隐蔽集中。从打击对象上说，红军原拟打谭道源的第五十师，这是因为红军在黄陂得到情报，谭师正在大肆拉夫，准备出动，向小布前进，而小布地形正利于设伏。红一方面军先后于25日和27日两次在小布设伏，都未打成。原因是一个反革命从苏区内部逃跑出去向谭道源告了密，谭怕得要死，立即下令停止出发，并把已经出发走了相当远的前卫叫了回去。致使红军两次伏击没有打成。但这时，张辉瓒师却一路冒进。毛泽东听到这个消息后，十分高兴，立即转用兵力，围歼张辉瓒。

第二次反"围剿"，当决定在根据地内粉碎敌人的"围剿"后，毛泽东力排众议，力主先打北方来的王金钰部。在会上，毛泽东从实际出发，不在该打强敌还是该打弱敌上纠缠，而是指出，王金钰的第五路

---

[1] 《毛泽东军事文集》第一卷，军事科学出版社、中央文献出版社1993年版，第263页。

[2] 《毛泽东军事文集》第一卷，军事科学出版社、中央文献出版社1993年版，第731页。

军虽在兵力上最大，有四个师，连同守吉安地区的罗霖的七十七师一共有五个师，可算是这次“围剿”的主力，但同时又有弱点，主要是五部系北方部队，不习南方作战。更重要的是，打垮该敌后，向东横扫，可在闽、赣交界之建宁、黎川、泰宁地区，扩大根据地，征集资财，便于打破下一次“围剿”。若由东向西打去，则限于赣江，战局结束后无发展余地；若打完再东转，又劳师费时。当决定打王金钰部后，红军主力在东固地区隐蔽集结，西、北、南三面均是敌军，相距仅40—70余里，几万人的红军与敌人靠得这样近，确实成了“钻牛角”。在东固足足等了25天，在这段时间里，毛泽东岿然不动，拒绝一切性急快打的建议，不理会那些不满的议论和少数人的怪话，坚持预定计划，不受干扰，终于打到了敌人。毛泽东后来回顾说：“第二次反‘围剿’时，我军开进到东固，仅因等待王金钰脱离其富田巩固阵地，宁可冒犯走漏消息的危险，拒绝一切性急快打的建议，迫敌而居，等了二十五天之久，终于达到了要求。”[1]

我们总是拿红军反“围剿”为例来说明毛泽东的战略战术原则，就在于毛泽东的几乎所有作战原则都可以从他早期指导红军作战中找到源头，毛泽东亲自指挥的三次反“围剿”是最为典型的。毛泽东说过，第三次反“围剿”后，红军的所有原则便形成了。以反“围剿”为例，原汁原味，后人可以理解得更深。

抗美援朝战争进入第二年，刚组建不久的人民空军开始援朝参战。为防止求战心切的空军初战大意，毛泽东于1951年6月特别指示刘亚楼：“朝鲜战争可能出现停战谈判，空军要抓紧时机参战，以求得战斗锻炼。新兵种初次参战不可能等到准备工作完全充分。初次打仗不要设想一鸣惊

[1] 《毛泽东军事文集》第一卷，军事科学出版社、中央文献出版社1993年版，第741、742页。

人，一鸣则已，不必惊人。”[1]

毛泽东反成语“一鸣惊人”而用之，提出“一鸣则已，不必惊人”，可以说是对慎重初战的形象概括。

毛泽东后来读《资治通鉴》中三国时期蜀将马谡失街亭一战，联想到“慎重初战”，一反前人观点，指出“初战亮宜自临阵”。批评诸葛亮没有做到慎重初战，亲临前线指挥。后来诸葛亮总结了这一教训，几次伐魏，必亲临前线指挥。在这里，毛泽东又批注道：“自街亭败后，每出，亮必在军。”[2]

新中国成立后，一次毛泽东在谈到将来战争初期如何打法时，提出一个设想：战争初期要打小的，集中十倍八倍的兵力先消灭敌人两个营，两个团，两个师，有了经验，有了把握之后，再逐步扩大，逼着敌人逐步增兵，一个一个吃掉它。仗要越打越大，像跳舞一样，先是一边站，试试看，一身汗，然后就拼命干。这个意思就是先打小仗，进行战略试战和战略侦察，摸了底之后，再大干。这也就是慎重初战的思想。

千里跃进奇中奇

解放战争中，毛泽东有两个决策是至关重大、生死攸关的：一是确立了“向北发展，向南巩固”的方针，建立了稳固的东北根据地；二是非常及时地将战争引向国民党统治区，转入战略进攻。这两个决策奠定了人民解放军在全国胜利的基础。

---

[1] 杨万青、齐春元：《刘亚楼将军传》，中共党史出版社 1995 年版，第 304 页。

[2] 《毛泽东读文史古籍批语集》，中央文献出版社 1993 年版，第 292 页。

从 1927 年中国共产党被打入地下到 1949 年取得全国胜利，一共 22 年时间，其中有 20 年是敌人处于主动进攻之中，共产党一直处于战略退却和战略防御，直到 1947 年全国规模的战略进攻后，形势才发生了重大的变化。所以，毛泽东说“这是一个历史的转折点”。

这个事变的伟大不仅在于战略进攻的本身及其后果，还在于这场战略进攻的独特性，它完全不同于军事教科书上的解释，从进攻的背景到进攻的样式，都远远超出了敌方统帅部的想象，在世界军事史上留下了一份独特的战略进攻样式。

先说进攻的背景。一般说来，由战略防御转入战略进攻，总是在进攻者的攻势被迫停止和兵力转入劣势，防御者的兵力转为优势才转入战略进攻的。如第二次世界大战中苏军转入战略进攻时，人员超过德军 20%，炮兵超过德军 60%，飞机超过德军 1.8 倍。但人民解放军的战略进攻则是在敌人在数量上仍处于优势，重点进攻仍在进行，山东和陕北仍处于十分困难的情况下实施的。

1947 年 3 月，国民党军对解放区的全面进攻受挫。战线太长，兵力不济，目标与实力之间的矛盾十分突出。国民党军被迫转入重点进攻，重点进攻也是战略进攻，但方向少了，兵力集中了。集中于山东和陕北的国民党军分别达四十万和二十万人。蒋介石要在鲁南、鲁中山区与解放军中实力最强的华东野战军决战，决战不成则将其赶过黄河，赢得军事上的胜利；在陕北要摧毁中共首府，“犁庭扫穴”，赢得政治上的胜利。

但蒋介石在部署上存在着一个巨大的漏洞，这就是在山东和陕北之间，国民党的兵力极其薄弱。这种两翼进攻、中间防御的“哑铃形”战略态势，正好在晋冀鲁豫野战军前面留下了一个空当。蒋介石原来指望将黄河水引入故道，构成从风陵渡到济南约二千公里正面的“黄河防线”，来代替四十万大军，起到阻止刘伯承、邓小平领导的晋冀鲁豫野战军南下的作用。

毛泽东从这里看到了“四两拨千斤”，一举扭转全国战局的契机。

刘邓大军是人民解放军这时的唯一一支战略机动力量，其实力在豫北已超过国民党军。早在这年1月，毛泽东即指示刘邓大军在6月或更晚一点实行战略出击。5月4日，毛泽东正式决定：刘邓大军十万立即开始休整，6月1日以后独力经冀鲁豫出中原。6月30日夜，刘邓率十二万大军出其不意突破国民党的黄河防线，发起鲁西南战役，一举砸断了这个脆弱的哑铃把。

刘邓大军转入战略进攻时，山东和陕北解放区还处于岌岌可危的地步。7月29日，毛泽东在一封给刘邓等的极密电报中说了句“现陕北情况甚为困难”，寥寥九个字，就道尽了解放区眼前的苦楚和处境。在外人看来，可以说没有一点发起战略进攻的条件，但毛泽东看到了，他不仅看出了战略进攻的方向，而且瞄准了战略进攻的时机：敌人的两个拳头还在挥舞，重点进攻将颓未颓，大部分解放区已开始转入内线反攻的时候。

毛泽东在这时发起战略进攻，是将战略进攻与改善解放区的条件联系起来考虑的，就是要将战争引向国民党统治区。正像陈毅元帅说的，“是用蒋介石的骨头熬蒋介石的汤”。当时，整个解放区都处于非常困难的境地。蒋介石并不傻，他要将战争引向解放区，你不是要内线作战吗？好，我就在你解放区打，看谁坚持得长。蒋介石有美国的支持，而解放区地瘠民贫，难以持久。只有将战争引向国民党统治区，用国统区的财富、粮食才能支持战争。

叶剑英元帅在解释这一年打出去的原因时说：从消极方面看，战争是打家务，打本钱，我们的消耗，敌人的破坏，今年华北收成又不好，我们要消极因素积极化，缩小消极的因素，扩大积极的因素，因此使我们不能不打出去。

陈毅说得更为直截了当：毛泽东是深谙战争经济学的，内线作战是不得已，并不是一切时候都诱敌深入好。

早在解放战争初期，毛泽东就曾设想外线出击计划。这个计划的要点就是北线用半年或较多的时间夺取三路四城（三路即平汉路北段、正太路和同蒲路，四城即保定、石家庄、太原、大同）；南线第一步向豫东和津浦路徐州至浦口一段进击，第二步向大别山、安庆、浦口之线推进。后来根据南线战场作战的经验，毛泽东修改了外线战略出击计划，指示先在内线作战，待时机有利时再转入外线作战。

陈毅1948年6月在向中原野战军机关和部分部队团以上干部阐述毛泽东关于外线作战思想时说，毛泽东是从战略高度透视这个问题的："缴获多少这是战役问题、战术问题。自然我们党若不能缴获俘虏大批敌人、马匹、武器，便不能壮大自己。可是，如果死看这一点，就以为满足，不去解决战略问题，也是要失败的。战略是能否在战争中掌握主动，是把战争引向什么方向。"

陈毅接着分析：

蒋介石这个人懂得战略。蒋介石的战略方针是无论如何把战争摆到解放区。他懂得把战争引向何方主要是个吃饭问题也就是经济问题。蒋介石把他的蒋管区看守起来不受战争影响，或出得很少；把我们一百多万军队，他的二三百万军队一起推到解放区，加上民夫，双方五六百万人，吃它三年五载，不愁解放区不垮。你能俘虏他的兵。可是俘虏也要吃你的。小米没有了，棉花没有了，壮丁也没有了。毛主席讲：假使我们不出击，刘邓在鲁西南打了那样的胜仗，仍旧撤到黄河以北休整补充，当然不会有跃进大别山的损失。可是人家就要继续过河。刘邓不出击，山东的部队也不能够出来。敌人仍在你解放区打，一直打到现在（指1947年12月底），我们的解放区一定要垮。西北首先要垮台，逼迫我西北的野战军退过黄河。不是敌人厉害，而是没有饭吃。山东也一定不能坚持。关内解放区一垮，就只剩东北了。毛主席讲："如果照去年八、九月西北和山东的情形，战争能否支持，任何人没有把握。"所以去年七、八月无论如何要转入战略进攻。当时敌人的兵团都摆在黄河边，屁股后面很宽。我们一进攻，敌人被迫来一个大转身，但是来不及，蒋介石手忙脚乱。这对老解放区是一个极大的帮助。军事上转变了战局，政治上稳定了人心，经济上也具有积极的意义，敌人退了，地方安定下来，老百姓都回来开始生产。战争形势就大变了。

毛主席说：战争负担放在我们身上，战争一定失败；由蒋介石担负，蒋介石就必然失败。如果不考虑战争消耗，不考虑几百万人的吃饭穿衣，就不是战略家——这是古今中外没有人讲过的。毛主席讲了这句话。❶

陈毅滔滔不绝的一番话，生动阐述了毛泽东在这个时候把战争引向国民党统治区的战略思想。

与此相关的是战略进攻样式。以"跃进"样式千里挺进大别山，勇猛插入国民党军的战略纵深。这是一种独特的进攻样式，在人类战争史上也是罕见的。诚如刘伯承所说，"是史无前例的"。一般而言，战略进攻总是依托后方或根据地，稳扎稳打，逐城逐地，波浪式缓缓推进。这种样式可

❶ 《陈毅传》，当代中国出版社1991年版，第425、426、427页。

以说是一种“渐进式”的进攻样式，它是中外战争史上战略进攻的基本模式，几乎可以说是一种定律。毛泽东在一段时间里也是设想依托根据地，采取稳扎稳打的“渐进”进攻样式。从“渐进”到“跃进”是有一个变化过程的。

1947 年 7 月 10 日之前，毛泽东确定的进攻样式是“渐进式”。1946 年 6 月下旬，毛泽东提出外线作战方案后，指出：“依托老根据地，逐步向南，稳扎稳打，并不冒险。”[1] 第二年 5 月 4 日的电报中又要求，刘邓大军在 6 月 1 日后，“独力经冀鲁豫出中原，以豫皖苏边区及冀鲁豫边区为根据地”。注意，这里毛泽东要刘邓过河后，恢复和建立豫皖苏根据地和冀鲁豫根据地，以此为依托，逐步向南推进。7 月 10 日，刘邓大军发起鲁西南战役后，毛泽东又指示刘邓在陇海路以北多歼敌人，然后休整若干天，准备再举行陇海战役。这个意思很清楚，就是要在鲁西南战役后，依托鲁西南举行陇海路战役，开辟豫皖苏，然后再向大别山推进。这显然也不是不要后方的千里跃进。

刘邓大军在鲁西南旗开得胜，立即吸引了大量国民党军。蒋介石仓促从陕北战场和山东战场抽调部分兵力，再加上从信阳、郑州、安阳、蚌埠等地抽调的兵力，共达三十多万人，分由菏泽、巨野等地对刘邓大军分进合击，企图逼刘邓大军于郓城、鄄城间狭小地区，背水为战。这时天公也不作美，连日暴雨如注，行动困难，黄河水位陡涨，浊流汹涌，波涛连天。蒋介石准备破坏黄河旧堤，重演花园口掘堤故技。刘邓大军再在郓、巨地区作战已是弊多利少，退过黄河同样举步维艰，依托鲁西南经豫皖苏边区向南稳扎稳打，势必为优势敌军所纠缠而陷于步步被动。

前有敌兵，后有黄河，真是进亦难，退亦难。处于难以动弹的“死

[1] 《毛泽东军事文集》第三卷，军事科学出版社、中央文献出版社 1993 年版，第 284 页。

地”，一贯镇定自若的刘伯承，紧闭的牙关这时也禁不住吐出了四个字：“忧心如焚。”四十多年后，邓小平感叹地说：“我这一生，这一个时候最紧张。听到黄河的水要来，我自己都听得到自己的心脏在怦怦地跳！”

刘邓这边“忧心如焚”，毛泽东那边也是困难重重。陕北、山东敌情十分严重，毛泽东在陕北几次遇险都在这个时候。为打破困难局面，7月23日，毛泽东审时度势，出了极为大胆的一着棋：“下决心不要后方，以半个月行程，直出大别山。”[1] 这就排除了原来先出豫皖苏，再依托该区作战，逐步南进的计划。这是最早明确以“跃进”样式挺进大别山的指示。

不过这时，毛泽东仍是建议性质，7月29日，毛泽东在给刘邓的电报中仍有“渐进”“跃进”大别山两种考虑。但在第二天，刘邓主动请缨，决心不要后方，直出大别山。毛泽东立即复电，对刘邓此举大为赞赏：“如你们决定直趋大别山，决心不要后方，亦应使陈谢建立此种决心。”“刘邓决心完全正确。”[2]

正因为是在困难的条件下南进的，所以蒋介石还判断解放军这是“北退”不成而“南窜”，压根就没有想到这是毛泽东的一个重大的战略性行动。蒋介石还在做梦，他称中共“最初的目的在于分散国军的力量，以策应他东北的攻势，解救他胶东的危急，到了国军扫荡胶东，收复烟台，共匪既定的战略是全盘失败了”。

困难确实是事实。刘伯承曾说了一句很粗但很形象的话：瘦狗拉硬屎。意思是当时进行战略进攻的客观条件并不成熟，但硬是展开了战略进攻，并取得了毛泽东曾经预言的三种前途中的最好的一种。毛泽东原来曾设想刘邓出大别山有三种前途，一是站住了脚；二是站不住脚，在周围打

---

[1] 《毛泽东军事文集》第四卷，军事科学出版社、中央文献出版社1993年版，第147页。

[2] 《毛泽东军事文集》第四卷，军事科学出版社、中央文献出版社1993年版，第162、183页。

圈；三是站不住脚退回来。

多年后，毛泽东读《旧五代史·唐书·武皇本纪》时，读到唐天复元年（901年），梁王朱温六路大军合击晋阳李克用（李属沙陀部）时，批注道："沙陀最危急之秋，亦即转守为攻之会，世态每每如此，不可不察也。"[1]危急中包含转守为攻的机会，毛泽东大概想起了这次大胆的战略进攻样式。

陈毅在谈到毛泽东对战略进攻样式的考虑时说：毛泽东认为"转入外线又有两个方式，一为北伐军方式，背靠后方，逐步前进；一为跃进方式的前进，超越敌人。有阵地的前进是很合理想的，但依据我军性格，应采取跃进式的。这是由于我军依靠农村，装备不如敌，攻坚条件不好，与有帝国主义援助的敌人作战等条件决定的。应承认跃进是主要办法，要避开自己短处，发挥自己长处"[2]。

陈老总用他特有的语言风格概括跃进大别山的战略行动：刘邓出击的行动，比如关云长战黄忠，用的是"拖刀之计"。我们的反攻，用的也是"拖刀之计"。

千里跃进大别山是人民解放战争史上极为壮观的一幕。壮观就在于战略进攻的特殊样式——千里跃进。不要后方，不睬敌人，先敌出动，先敌到达，先敌展开，变被动为主动，变不利为有利。毛泽东指导战争的高明之处就在于不拘泥于战争的常态之中，审时度势，实事求是，出奇计，走险棋，断然一击，置敌于被动无用之地。

一个外国观察者惊叹毛泽东关于战略进攻的决策。他说："我阅历过多次战争，但却从未见过比共产党这次抢渡黄河更为高明出色的军事行

[1] 《毛泽东读文史古籍批语集》，中央文献出版社1993年版，第257页。

[2] 《陈毅传》，当代中国出版社1991年版，第411页。

动。说它高明出色，倒不在于这次军事行动本身，尽管没有行动一切都将是空的，而主要在于对这一军事行动的构想——它的胆识、气魄，特别是它的创造性的想象力。中国共产党的军事领导人在以下这一件事上堪称为大师：他们善于抛弃不重要的方面，而紧紧抓住主要环节。”[1]

刘邓千里跃进的同时，毛泽东又连下几步妙棋。指示华东野战军外线兵团出豫皖苏，改变陈（赓）谢（富治）兵团的使用方向，从拟出陕北改为渡黄河南进鄂豫陕，变刘邓一家经营中原为三家合营，这就在辽阔的中原大地上摆出了一个威武雄壮的倒“品”字形阵势：刘邓大军一马当先，从中间突破，形成战略进攻的尖刀；陈（毅）粟（裕）率华野外线兵团出豫皖苏，保障刘邓左翼并为其后方；陈谢兵团出鄂豫陕，保障刘邓右翼。三军逐鹿中原，驰骋江淮河汉。为配合三军出击，华东内线兵团在山东东部吸引敌人，西北野战军围攻榆林引敌北上，减轻敌对中原三军的压力。

这就是“三军配合，两翼牵制”，互为掎角，机动歼敌的战略部署。由于这一行动，则将整个战线由黄河南北一下子推移到长江北岸，奠定了战略进攻胜利的基础。而这一切，又都是以跃进大别山为滥觞的。

真可谓，妙着一子，全盘皆活。

当三军刚刚在中原大地摆开阵势时，《申报》星期论坛在《中共战略演变的分析》一文中便武断地说，三军渡河而南是李自成流寇主义的重演，是“一个最大的悲剧”。但没多久，事实便无情地粉碎了这个判断。

人们开始说，国民党是重点进攻，共产党是超重点进攻。共产党厉害。

---

[1] ［美］杰克·贝尔登：《中国震撼世界》，邱应觉等译，北京出版社 1980 年版，第 446 页。

在这段时间里，毛泽东一直处于亢奋之中。10 月 10 日，毛泽东公开提出了“打倒蒋介石，解放全中国”的口号。11 月 6 日，毛泽东在修改新华社社论时亲自加写了一段话，其中这样一句：“‘星星之火，可以燎原’，现在已是燎原的时候了。”说得多么自豪，多么扬眉吐气啊！恐怕只有身历中国革命伟大艰辛的人才能体会其中的快乐和自豪。

毛泽东后来说，在大别山各兵团没有站住脚的时候，我们不敢开十二月会议，不敢讲伟大的转折点，不敢讲蒋介石可以打倒。

十二月会议后，毛泽东在杨家沟与陈毅会面时，谈到 7 月以后全军的作战行动，强调它的性质已不再属于“自卫防御”，而是一种“革命的进攻”，是把战争的主要战场推向蒋管区，以求解放全中国的作战行动，所以叫“战略进攻”。毛泽东说：军事上，1947 年 7 月我们转入进攻以来，蒋介石转入防御地位，于是军事上完全改观。二十年来我们长期处于防御、被“围剿”的地位，没有进攻敌人。1947 年 7 月，我们历史上第一次转入进攻。不要说“反攻”，反攻是带着防御的意味，不能完全概括这一形势的内容。自从蒋介石召开伪国大，制定伪宪法，人心愈失。同时全国举行革命进攻（不是自卫防御），把蒋介石进攻打垮，造成大革命，叫“进攻”更合适。蒋介石要返回过去的形势已是不可能了，“黄鹤一去不复返”。今后是我们如何转入江南、四川、两广的问题。[1]

毛泽东没有为我们留下系统的关于战略进攻的理论著述，他的《中国革命战争的战略问题》一文中曾想写“战略进攻”一章，由于西安事变的发生，没有工夫再写，就搁笔了。抗日战争中，他也只简略地谈到战略反攻和战略进攻，他认为：“抗日战争当然没有什么战略进攻，只有战役反

[1] 《毛泽东年谱（1893—1949）》下卷，人民出版社、中央文献出版社 1993 年版，第 274、275 页。

攻及战略反攻……通俗地说，谓之进攻当然也是可以的。”[1] 但是，毛泽东在解放战争中指导战略进攻的成功实践为我们提供了最好的教材。

执行有利决战，避免不利决战

决战，即作战双方集中兵力孤注一掷的“决斗”。几乎所有的战争结局都是通过决战分出胜负的，如中国历史上的齐鲁长勺之战、三国时赤壁之战、外国的反法联军与拿破仑进行的滑铁卢之战以及普法色当战役等等。

“决战阶段的斗争，是全战争或全战役中最激烈、最复杂、最变化多端的，也是最困难、最艰苦的，在指挥上说来，是最不容易的时节。”决战对战争的胜利，又是绝对必要的。“只有决战，才能解决两军之间谁胜谁败的问题。”[2]

决战，有战略决战和战役决战。对人民军队而言，在相当长的时间里，是谈不上战略决战的，即使是战役决战，也要避免不利决战。因此，避免不利决战是决战中首先要把握的一个重要命题。几十年的革命战争，只有到 1948 年秋，才有主动找敌人进行战略决战的事，而在此前的二十多年时间里，只有敌人企图战略决战。这样，寻求决战与避免决战就成了敌我双方在战争指导上的重要内容。

在避免不利决战上，毛泽东提出的原则是三点：

第一，“不到决战的时机，没有决战的力量，不能冒冒失失地去进行

---

[1] 《毛泽东军事文集》第二卷，军事科学出版社、中央文献出版社 1993 年版，第 229 页。

[2] 《毛泽东军事文集》第一卷，军事科学出版社、中央文献出版社 1993 年版，736、735 页。

决战。”第二，“战争的前期，我们要避免一切大的决战。”第三，“拼国家命运的战略决战则根本不干。”[1] 即使是战役和战斗的决战也应本着有把握的原则进行，“我们认为与敌决战，必须具备消灭与击破敌之一方的把握。”“一切无把握的战役和战斗应避免决战。”[2]

避免不利决战，要解决两个问题，一是对中国革命的长期性的特点要有充分的认识，防止急性病；二是要正确估计形势和敌我力量，既要防止对敌人力量估计过高，又要防止对敌人的力量估计过低。

第五次反“围剿”，“左”倾领导者便犯了对敌人力量估计过低的毛病，提出两条道路决战和所谓“不让敌人蹂躏一寸苏区”“御敌于国门之外”的口号。认为：“五次‘围剿’的粉碎，将使我们有完全的可能实现中国革命一省或数省的首先胜利。”“这个问题的解决，将在最短促的历史时期之中。”他们在军事上采取了冒险主义和拼命主义，以主力对主力，以堡垒对堡垒，正中了企图寻红军作战的敌人的下怀。第五次反“围剿”的失败，抛弃了避免不利决战的原则是一个重要因素。

当没有决战能力的时候，就应不管敌人的“激将法”，也不怕别人打棍子、扣帽子，即使是“老子党”的高压也不行。

1941 年 6 月，苏德战争爆发后，苏联一度在德军的“闪击战”攻击下节节后退。这年 7 月，日军关东军在我国东北举行有七十万人参加的“关特演”大演习。斯大林为防日军从背后发起攻击，致电毛泽东，希望中共抽调若干旅或团摆在长城一线，向日军发起攻击，以牵制日军可能对苏联的进攻。

从政治上说，毛泽东认为德国进攻苏联，不仅是反对苏联的，而且也

---

[1] 《毛泽东军事文集》第二卷，军事科学出版社、中央文献出版社 1993 年版，第 272、235 页。

[2] 《毛泽东军事文集》第一卷，军事科学出版社、中央文献出版社 1993 年版，第 305 页；第二卷，军事科学出版社、中央文献出版社 1993 年版，第 335 页。

是反对一切民族的自由和独立，中共应当帮助苏联。从军事上说，毛泽东也认为，八路军须准备配合苏军作战。“自苏德战起，我们即刻加紧侦察和准备破坏交通，借以牵制敌人，我们决心在现有条件下以最大可能帮助苏联红军的胜利。”但是这种援助应当是从自身条件和可能出发，如果以弱小的八路军与日军硬碰，采决战姿态，无异于以卵击石，自取灭亡。毛泽东常说，丢失自己的利益而去援助别人，这实际上不是真正的帮助。因为既没有真正援助了朋友，反而削弱了自己。

苏德战争爆发时，八路军正处于极端艰苦的环境中，八路军平均每支枪只有二十发子弹，机枪极少，炮则更少，爆破用的黄色炸药几乎没有，敌我军事技术装备悬殊太大。毛泽东实事求是地说：“假若日本进攻苏联时，我们在军事上的配合作用恐不很大；假若不顾一切牺牲来动作，有使我们被打坍，不能长期坚持根据地的可能，这不管在哪一方面都是不利的。”“大动必伤元气，于我于苏均不利。”毛泽东认为，真正的配合，“是战略的配合，是长期的配合，不是战役的配合与一时的配合”，目前只能“采取巩固敌后根据地，实行广泛的游击战争，与日寇熬时间的长期斗争的方针，而不采孤注一掷的方针”。[1]

从这一方针出发，毛泽东回电斯大林，对他说了一个不轻不重的“不”字，避免了八路军可能发生的不利决战。电报中如实讲明了中共的处境，并说我们的力量一集结，目标就大了，就会遭到袭击、“围剿”，会吃大亏。另外，武器太差，无法同日军进行大会战。

斯大林是当时世界无产阶级公认的领袖，拒绝他的建议恐怕只有毛泽东敢为之。斯大林一度对毛泽东印象不佳，这件事恐怕也是一个原因。

---

[1] 《毛泽东军事文集》第二卷，军事科学出版社、中央文献出版社 1993 年版，第 650、654、651 页。

避免不利决战不容易，执行有利决战也不容易。“我们主张一切有利条件下的决战，不论是战斗的和大小战役的，在这上面不容许任何的消极。”[1] 敌强我弱的形势在某一局部发生变化后就应进行有利条件下的战役或战斗决战。第一次反“围剿”中的龙冈之战即带有战役决战的性质。当整个军事形势发生重大变化的时候，就应及时树立打前所未有的大歼灭战的决心，不失时机地举行战略决战。在战争客观物质条件成熟后，战争指导者的主观努力就具有一定的决定意义。辽沈战役中林彪对决战行动的一度疑虑，就反映了战区指挥员对全局形势发展认识的滞后，而淮海战役中由于邓小平、刘伯承、陈毅和粟裕、谭震林等战区统帅们的坚定决心和主观努力，终于使在总兵力上敌略强于我的战场上取得战略决战的胜利，将一锅“夹生饭”吃了下去。这表明有准备有把握的战略决战还与战争指导者的信心和主观努力密不可分。

国共两党进行的战略决战一共有三次，这三次的顺序很有意思，先北后南，最后是中间。首战辽沈，次战淮海，最后是平津。国民党似乎不承认有三大决战，只认为有一个徐蚌会战，即我们所说的淮海战役。

三大战役的起点是济南战役。打个比方，济南战役是个热身赛。那时，一些中央领导人指出：真正决战性的攻坚战这一关和在一次大会战中消灭敌人两三个兵团这一关都还没有过。这两关过去了，决战问题就解决了。济南战役在历史上的作用就有着“闯关”取得经验的作用。毛泽东、周恩来从战略全局考虑，决定南线首先以攻占济南为目标，北线首先以攻占锦州为目标；以攻坚战开局，拉开战略决战的序幕。

毛泽东主张首攻济南，出于四个考虑：第一，可以割断南北之敌的联系，切断傅作义从陆上南逃的退路；第二，使华北、山东两大解放区连成

[1] 《毛泽东军事文集》第二卷，军事科学出版社、中央文献出版社 1993 年版，第 336 页。

一片，增强解放区支援前线的能力；第三，解除华东野战军的后顾之忧，把强大的内线兵团抽出来，用于外线作战；第四，取得夺取大城市的攻坚经验。

济南战役的胜利完全达到了这些目标，极大地鼓舞了各战场攻击敌坚固城市的信心。美联社发表评论说："至今而后，共产党要到何处，就到何处，要攻何城，就攻何城，再没有什么阻挡了。"日本的《朝日新闻》看得更敏锐："中国的内战进入了一个极重要的新阶段。"

周恩来后来说："三大战役的序幕是济南战役。"

反应迟钝的国民党当局似乎还没有觉得更大的打击马上要到来。确实，战略决战时，国民党军仍在数量上占有优势，但这个优势并不明显。毛泽东认为决战的条件成熟了，他形象地说：解放战争好像爬山，现在我们已经过了山坳子，最吃力的阶段已经过去了。1948 年 1 月，他在与陈毅的谈话中便说：以前只能讲"有利于我"，现在可以讲"胜利到手"。我们的优势已经确定了，这不是估计，而是事实。

毛泽东和他的战友们从济南的攻克中看到了决战到来的前景：济南的攻克，"证明人民解放军强大的攻击能力，已经是国民党军队无法抵御的了，任何一个国民党城市都无法抵御人民解放军的攻击了"。还醒目地点出，就是"北平、天津、沈阳三点"也不除外。

当蒋介石还在为东北是撤是守举棋不定的时候，毛泽东已经吹响了东北决战的号角。毛泽东选择东北战场作为这场大决战的起点，有着很深的考虑。对这一点，叶剑英有着详细的分析：

"毛泽东同志在紧紧地抓住决战时机的同时，又正确地选定了决战方向。当时全国各战场的形势虽然在不同程度上都有利于人民解放军的作战，但敌人在战略上却企图尽量延长坚守东北几个孤立要点的时间，牵制我东北人民解放军，使我军不能入关作战；同时，敌人又准备把东北敌军撤至华中地区，加强华中防御。在这种情况下，我们如果把战略决战的方向，指向华北战场，则会使我军受到傅作义、卫立煌两大战略集团的夹击而陷于被动；如果我们把战略决战的方向首先指向华东战场，则会使东北敌人迅速撤退，而实现他们的战略收缩企图。因此，东北战场就成为全国战局发展的关键。当时东北战场的形势对我又特别有利。在敌军方面：孤立分散，态势突出，地区狭小，补给困难；长春被围，无法解救，或撤或守，举棋未定。在我军方面：兵力优势，装备较好；广大地区，联成一片；土改完成，后方巩固；关内各区，均可支援。东北人民解放军歼灭了东北敌军，就能粉碎敌人战略收缩的企图；就能实施战略机动，有利于华北、华东战场的作战；就能以东北的工业支援全国战争，使人民解放军获得战略的总后方。根据上述情况，毛泽东同志将战略决战方向，首先指向东北战场的卫立煌集团，这就将战略决战的初战胜利放在稳妥可靠的基础上。这是毛泽东同志宏图大略全局在胸投下的一着好棋子。”[1]

决战方向解决了，接下来是决战突击方向。突击方向是与战役指导方针紧密相关的。针对东北的敌我形势和全局利益，毛泽东确定东北作战的指导方针是封闭蒋军在东北加以各个歼灭，即“关门打狗”。为此，毛泽东指示东北野战军置长春、沈阳两敌于不顾，把战役的主要突击方向放在北宁线范汉杰集团，并首先集中兵力攻克锦州。

这是一个极为大胆的设想。因为，东北野战军将攻击方向置于北宁线后，后方运输长达1500华里。这么长的运输线随时有遭到国民党军截断的危险（国民党军确也曾一度想截断这条运输线）。险中求胜，是毛泽东的拿手好戏。锦州打下后，守将范汉杰感叹地说：“打锦州这一着，非雄才大略是下不了这个决心的。锦州好比是一根扁担，一头挑东北，一头挑

[1] 《叶剑英军事文选》，解放军出版社1997年版，第459、460页。

华北。现在，扁担断了。”这也从一个侧面说明了毛泽东的远见和魄力。

战罢东北，再战华东。在辽沈战役刚开始，毛泽东和他的战友们便盯上了中原战场。朱老总在战况汇报会上指出：“今年是决定胜负的一年。中原是决战的战场。”辽沈战役结束后，他又兴奋地说：“我们正以全力与敌人进行决战。二十年来的革命战争，向来是敌人找我们决战。今天形势变了，是我们集中主力找敌人决战。”“徐州从历史上就是进行决战的古战场，地势宽阔，人口稠密，大军有饭吃，有房住。”[1]

淮海战场具有与其他战场截然不同的特点。这里敌人重兵密集，便于机动，增援迅速。若要攻歼其任何一部，必须首先拦住敌人的援兵，才能赢得时间，保持主动。毛泽东根据敌黄百韬兵团孤立突出，便于我歼灭的情况，确定华东野战军的首要突击方向指向新安镇地区的黄百韬兵团，“你们第一个作战应以歼灭黄兵团于新安、运河之线为目标。”指示中原野战军指向津浦线上的战略枢纽宿县，截断徐州之敌的退路。这样不仅迅速合围并歼灭了敌黄百韬兵团，而且分割了徐州、蚌埠、蒙城三处敌军，使徐州守敌三十万人处于重重包围之中，从而为战役第二阶段分批歼敌，创造了有利的态势。

平津战役又不同于前两个战役，它的首要突击方向不是为了歼灭敌人，而是为了拖住敌人，包围敌人，变“惊弓之鸟”为“笼中之鸟”。毛泽东首先从西线开刀，指示华北军区主力首先指向傅作义部西撤绥远的交通咽喉张家口，迫使傅作义不得不以其嫡系第三十五军由北平西援。与此同时，东北野战军入关后迅速插向天津、塘沽间和北平、天津间。这就抓住了傅系，拖住了蒋系，封闭了敌人主力从海上南撤的道路，完成了对傅作义集团的战略包围和战役分割，为尔后从容逐一围歼新保安、张家

[1] 《朱德选集》，人民出版社 1983 年版，第 245 页。

口、天津守敌和解决北平守敌奠定了基础。

战略决战的开脚一步是抓住敌人，抓住了敌重兵集团，决战的胜利便也达到了一半。

迂回包抄追穷寇

毛泽东很欣赏《孙子兵法》中的许多重要思想，如“知彼知己，百战不殆”“避其锐气，击其惰归”等。但他在军事实践中，对《孙子兵法》中“穷寇勿追”的思想并不以为然。“穷寇勿追”，即使从一般军事原则上说也不能说是完全正确的。20 世纪 60 年代，毛泽东就曾赞同一个英国首相对周恩来说的话：希特勒占领了几乎整个欧洲后，还占领了北非。但“希特勒犯了错误，如果敦刻尔克之后，他的军队跟着进去，英国也毫无办法”。希特勒没有“追穷寇”，结果相当大的兵力被牵制在西部。当然，毛泽东这只是就军事上必须“穷追猛打”“乘胜追击”说的。

1949 年春，毛泽东顶住内外压力，毅然发起“追穷寇”作战，从而避免了以长江为界，划江而治的“南北朝”局面。面对已经受到冬天威胁，但还没有冻僵的毒蛇，他警告人们要记住希腊古代寓言“农夫和蛇”中农夫的教训，号召人们千万不要怜惜像蛇一样的恶人，“将革命进行到底”。

早在 1948 年初，毛泽东在与陈毅的谈话中便说道：战争不应使其间断，要一直进行到底，不使敌人有休息机会。如蒋介石见大势已去，说要下野，金蝉脱壳，移花接木，想借此得到休息的机会，以图卷土重来，要预见到这种情况。

这个决心化而为诗便是“宜将剩勇追穷寇，不可沽名学霸王”。对霸王项羽，毛泽东有着复杂的感情。“生当做人杰，死亦为鬼雄。至今思项羽，不肯过江东。”毛泽东欣赏他“不肯过江东”，至死不降的气概，但对他在胜利关头没有乘胜消灭对手刘邦而最终功败垂成深为惋惜。诗的后一句便是指此。

1949 年的那个春天，是真正属于人民的春天。毛泽东、朱德在南京国民党政府拒绝在和平协定上签字后，发出了“向全国进军”的命令。人民解放军的百万雄师在千里长江上向江南发起攻击。渡江战役总前委要求各部从战役开始后就“一气打下去”。在人民解放军的猛烈攻击下，国民党军的长江防线一朝崩溃，顷刻瓦解。江南的大路小道上，到处挤满向南溃退的散兵游勇，到处都是遗弃的汽车、大炮、枪支等军用物资。什么叫“兵败如山倒”，看看渡江战役后国民党军溃退的画面就再清楚不过了。

这场战略追击战几近于老鹰捉小鸡的游戏。毛泽东杀鸡用牛刀，不仅予敌以泰山压顶的气势，更重要的是为了防止国民党政权的“洋主子”披挂上阵，亲自出马。毛泽东历来是从最坏的角度处理重大问题的。他在 1949 年初即提醒大家：“我们从来就是将美国直接出兵占领中国沿海若干城市并和我们作战这样一种可能性，计算在我们的作战计划之内的。这一种计算现在仍然不要放弃，以免在事变万一到来时，我们处于手足无措的境地。”[1] 这年初，毛泽东提出这一年战略进军的目标是占领湖南、湖北、江西、江苏、安徽、浙江、福建、陕西、甘肃等九省的大部或全部，而不是全部国土。非不能也，是不为也。不是没有能力，而是为了防止美国出兵。当第二野战军占领浙赣路沿线，进入闽北后，便转入休整戒备状态，其目的也是为了与三野一起准备对付美国的可能干涉。直到这年秋，美国

[1] 《毛泽东军事文集》第五卷，军事科学出版社、中央文献出版社 1993 年版，第 473 页。

的干涉可能性基本消失后，才从容西进。

战略追击属于战略进攻的范畴，但又在许多方面不同于战略进攻，有着许多独自的特征，所以它是战略进攻中一个独立的阶段。先占城市后占乡村，便是战略追击不同于战略进攻的一个重要特征。在中共七届二中全会上，毛泽东及时提醒大家："从现在起，开始了由城市到乡村并由城市领导乡村的时期。党的工作重心由乡村移到了城市。在南方各地，人民解放军将是先占城市，后占乡村。"[1] 人民解放军在向各地进军过程中，除了继续贯彻以歼灭敌人有生力量为主的方针外，便是将进攻的主要方向指向大中城市，并尽可能使城市设施避免遭到敌人破坏，以利于不久即将开始的和平建设。

在国民党军处于战略退却的条件下，在进行军事打击的同时，解放军更强调运用政治攻势以瓦解敌军，注重运用"北平方式""绥远方式"解决敌军。在战略追击阶段，对士气低落的敌军实行政治瓦解的可能性比其他任何时候都大。毛泽东对此早有预见。1948 年春，毛泽东在山西临县三交镇对中央后委副书记杨尚昆说了对中国局势的判断："同蒋介石的这场战争可能要打六十个月。六十个月者，五年也。这六十个月又分成两个三十个月：前三十个月是我们'上坡'，'到顶'，也就是说战争打到了我们占优势；后三十个月叫做'传檄而定'，那时候我们是'下坡'，有的时候根本不用打仗了，喊一声敌人就投降了。"[2]

"传檄而定"，"喊一声敌人就投降"，在战略追击阶段真是屡见不鲜。如西南地区被歼敌军九十余万，其中起义投诚人数达四十余万，使云、贵、川、康诸省比原计划提前两个月获得解放。又如西北地区被歼敌军

[1] 《毛泽东军事文集》第五卷，军事科学出版社、中央文献出版社 1993 年版，第 515 页。
[2] 金冲及主编：《毛泽东传（1893—1949）》（下），中央文献出版社 1996 年版，第 834 页。

三十余万，其中起义投诚人数达 13.5 万人。成都战役中，国民党七个兵团，除第五兵团负隅顽抗被歼外，其余六个兵团都在其司令或副司令的率领下起义。仗打到这个份上，不就是“传檄而定”吗？

战略追击在作战方针上也不同于战略进攻。战略进攻，敌还不断寻我决战。而在战略追击时，国民党军为保存实力，力避决战，随时准备向边远省份逃跑，有的甚至准备逃亡国外。用什么方针将残存敌人截住并歼灭于国境内，就成了战略追击的一个主要课题。毛泽东针对不同敌人，采取不同的作战方针。如对华东和西北地区之敌，采取穷追猛打辅以小迂回包围的作战方针，即针对敌人难以逃窜国外的情况，连续猛追，置敌于绝境而迫其就歼。针对可能逃至国外和边远省份的中南和西南地区之敌，采取大迂回大包围的作战方针，即不顾敌人的任何临时部署，以主力大胆地从敌人的两翼迂回到深远后方，断其退路，求得在敌纵深内合围予以歼灭。

大迂回大包围方针是战略追击阶段最富有特色的作战方针，而歼灭白崇禧集团则是贯彻这一方针的最有特色的战役。

渡江战役后，白崇禧指挥的桂系集团是盘踞在中南、西南地区最有实力的作战集团。桂系是近代以来，除曾国藩的湘军之外最为抱团的军阀部队。桂军惯于轻装奔袭，擅长山地战，行动诡诈，动作迅速，其主力第七、第四十八军是其中最有战斗力的部队，几乎没有吃过败仗。

20 世纪 70 年代初，毛泽东在南巡中对广西人韦国清说：南方几个省能打仗的，第一是广西，第二是广东，第三是湖南，第四是江西。第四野战军南下作战面临的主要对手便是这些着短裤、穿草鞋的广西兵。

四野突破长江防线后，国民党军不战而退。抓住桂系，便成了四野进军中南、西南的关键一招。1949 年 5 月下旬，毛泽东指示二野陈赓兵团配合四野作战，“第一步在宜春一带配合四野歼灭桂系主力，第二步待命入湘抄击白崇禧后路，尔后即待命入川。”[1]这时，毛泽东设想的还是在江西西部宜春一带抓住并歼灭桂系主力。这个设想的特点是战役上的迂回包围。根据毛泽东的部署，林彪先后发起围歼宋希濂部的宜（昌）沙（市）战役和围歼桂系的湘赣战役。但这两个战役都仅歼其一小部，未达到作战预想，其原因就在于宋、白两部都在发现解放军向其两翼迂回包抄后便迅速撤退，跳出包围圈。

特别是白崇禧，极为狡猾。湘赣战役中，他派一部在江西上高一带进行佯动，摆出以攻为守的姿势，林彪果然为白崇禧的战略欺骗所迷惑，企图在赣北和湘东北与敌决战。不料，敌主力早已全线后撤，迅速跳出了林彪布置好的包围圈，四野各部纷纷扑空。此役仅歼敌 4600 余人。

宜沙、湘赣两役，是四野主力南下第一仗，原想给桂系来个下马威，却不料，猛虎扑食，倒让桂系溜掉了。桂系的灵活避战政策，着实让林彪吃了一惊。

不吃一堑不长一智。碰到了对手，毛泽东情绪亢奋。毛泽东称白崇禧是中国境内最为狡猾的军阀。要迫白部就范，只有采取完全主动的新方法，不管他的临时部署，不在近处与他纠缠，兜他的老巢，才能抓住他，迫他与我决战。经过深思熟虑，7 月 16 日，毛泽东给林彪发了一份长电。电报中说：“白匪本钱小，极机灵，非万不得已决不会和我作战。”“判断白崇禧准备和我作战之地点不外湘南、广西、云南三地，而以广西的可能性为最大。但你们第一步应准备在湘南即衡州以南和他作战，第二步准备在广西作战，第三步在云南作战。”并明确指出：“和白部作战方法，不论在茶陵、在衡州以南，在全州、桂林等地或在他处，均不要采取近距离包围迂回方法，方能掌握主动，即完全不理白部的临时部署，而远远地

[1] 《毛泽东军事文集》第五卷，军事科学出版社、中央文献出版社 1993 年版，第 596 页。

超过他，占领他的后方，迫其最后不得不和我作战。”随着战局的发展，毛泽东又进一步强调：“我对白崇禧及西南各敌均取大迂回动作，插至敌后，先完成包围，然后再回打之方针。”[1]

毛泽东这些电报是关于战略追击的一个全新的思路，是针对一触即溃的敌人作战新特点制定的，着眼点是防止敌人退入边远省份或国境外，迫使敌人与解放军决战。四野依据毛泽东的指示精神，调整部署，分东中西三路向白崇禧集团进行追击，以西路军切断白崇禧退入云南、贵州的道路，以东路军切断他退入雷州半岛和海南岛的退路，东西两路军对白崇禧集团形成大钳形包围。以中路军挺进湘南寻找白崇禧决战，最后协同东西两路军歼灭桂系于广西境内。至 12 月下旬，经衡宝、广东、广西等战役，除万余人逃往国外，桂系集团悉数就歼，实现了毛泽东提出的在广西境内歼灭桂系集团的计划。

[1] 《毛泽东军事文集》第五卷，军事科学出版社、中央文献出版社 1993 年版，第 635、670 页。

虚实·奇正

用兵之道，贵在虚实不定，奇正交替。“虚者实之，实者虚之。”古人云：能“识虚实之势，则无不胜”；“孙子十三篇，无出虚实。”[1]《后汉书·皇甫嵩传》中说：“兵有奇变，不在众寡。”并引《孙子兵法》说：“凡战者，以正合，以奇胜者也。故善出奇，无穷如天地，无竭如江海。战势不过奇正，奇正之变，不可胜也。”毛泽东读《后汉书·皇甫嵩传》，注奇正为：“正，原则性。奇，灵活性。”[2]

虚实、奇正，说得通俗点，就是灵活机动。毛泽东说得更为明白，他说：打仗“就是要活打，不要死打”。毛泽东作战用兵，向来不拘常规，不拘兵法，更不拘“四大教程”之类。一切从战

[1] 《李卫公问对》卷中。

[2] 《毛泽东读文史古籍批语集》，中央文献出版社 1993 年版，第 134 页。

争、战场、敌我、攻防实际出发。如果用几个字来概括的话，就是“法无定法”。说毛泽东用兵不合兵法，其实又最合兵法，古今中外的兵书无不提倡“兵不厌诈”“出奇制胜”；说毛泽东用兵最合兵法，可许多用兵之道在兵法上又找不见。这就是“法无定法”。

毛泽东晚年，曾向四川一位负责同志提议研读这样一副楹联：

世外人法无定法，然后知非法法也；

天下事了犹未了，何妨以不了了之。[1]

可知，毛泽东对“法无定法”之说，是推崇的。对联虽颇具禅机，然不乏朴素的辩证法思想。朱德说，打仗是最讲辩证法的。虚实、奇正之术，就是辩证法的灵活运用。

敌进我退，盘旋打圈

人民军队最初的成功作战原则是与“退”字连在一起的。几乎各个根据地的红军初期的作战原则中都有“退”这个字或这个意思。贺龙在湘西北采取“你来我溜，你歇我扰”的游击战术；徐向前与戴克敏、曹学楷等在鄂豫皖实行的是“集中作战，分散游击”“敌进我退，敌退我进”的游击战术；方志敏在赣东北领导红军制定了“扎口子，打埋伏，斩蛇头，切尾巴，打小仗，吃补药”“吃得下就吃，吃不下就跑”的游击战术。这些战略战术中最为人们熟知的自然是毛泽东、朱德提出的“敌进我退，敌驻

---

[1] 孙宝义编：《毛泽东的读书生涯》，知识出版社 1993 年版，第 132 页。

我扰，敌疲我打，敌退我追”的“十六字诀”。

但是这个“退”字原则成为共识，却是以鲜血为代价换来的。无产阶级和革命人民在从血泊中站起来开始武装革命的时候，他们的心情是悲壮的，斗志是昂扬的，决心是义无反顾的。为了反抗国民党的屠杀政策，他们不怕牺牲，甚至是勇于献身，但在方法上常常是幼稚的。他们认为无产阶级只有进攻，没有退却，他们对退却的理解是肤浅的，甚至把退却认作是怕死，因而是可耻的。广州起义后，当叶挺主张在强敌进攻面前部队应向农村退却时，共产国际的代表纽曼却搬出恩格斯说的“起义时最重要的是进攻、进攻、再进攻”的话来反对叶挺的主张。进攻倒是做到了，但起义却很快失败了。

拼将一腔血，化作杜鹃红。广州起义是那个时期前仆后继的起义中损失最惨，也最为悲壮的一次。

当进攻还被奉为金科玉律的时候，毛泽东却已开始在井冈山探索弱军对付强军的游击战术。

毛泽东秋收起义的部队在井冈山稍稍站稳脚跟后，便乘周围国民党军兵力空虚，向外发展，先后攻克茶陵、遂川县城，江西全省震动。赣军于是发动了对井冈山革命根据地的第一次“进剿”。

敌人迟早要来进攻，处于弱军地位的工农革命军亟须制定一套对付敌人进攻的战法。毛泽东自从上井冈山后，便处处留意同敌人打仗的方法。上山后，毛泽东经过向群众调查，了解到井冈山从前有个山大王叫朱孔阳，诨名朱聋子，他在井冈山当了几十年“山大王”，官府一直捉不住他。不是因为他有特别的能耐，而在于他对付官军有一套土办法，这就是利用井冈山的险峻地势，跟官军满山转悠，他跟人家宣传说：在井冈山不要会打仗，只要会打圈，打得赢就打，打不赢就跑，跑不赢就钻，钻不赢就化（化装成老百姓）。

毛泽东通过这件事受到很大启发。这时，井冈山上的工农革命军还非常弱小，除了原武汉警卫团的底子还有点战斗力外，其他部分就很难说了。照谭震林的回忆，敌人上来两个团，我们就打不赢，活动也只能在井冈山边沿转，打茶陵，打遂川，也占领过宁冈，但不敢走远。在这样弱小的情况下，如何对付敌人的进攻呢？从朱聋子的做法里，军事经验不足的毛泽东显然受到了鼓舞。

1927 年底，毛泽东在讲到打仗问题时说：现在敌强我弱，不能用过去的那套战法，更不能硬拼。从前井冈山有个“山大王”朱聋子，同官府的兵打了几十年交道，总结出一条经验，叫做“不要会打仗，只要会打圈儿”。打圈是个好经验，不过他打圈只为保存自己，不是为了消灭敌人，扩大根据地。说到这里，毛泽东亮出了自己的想法：我们改他一句：既要会打圈，又要会打仗。打圈是为了避实击虚，强敌来了，先领他转几个圈子，等他晕头转向暴露出弱点以后，就抓准狠打，打得干净利落，打得要有收获，既消灭敌人，又缴获武器。最后毛泽东概括起来说：赚钱就来，蚀本不干，这就是我们的战术。[1]

1928 年 1 月中旬，毛泽东来到刚攻下来的遂川县城，在这里召开前敌委员会和万安、遂川县委联席会议。这次会议最重要的成果是毛泽东总结工农革命军和万安农军的战斗经验，提出了“敌来我走，敌驻我扰，敌退我追”的“十二字诀”游击战作战原则。同年 7 月 12 日，万安县委书记张世熙在关于万安县委暴动情况向共产国际的报告中，专门提及这一游击战术原则：“与敌人搏战的策略是‘坚壁清野，敌来我退，敌走我追，敌驻我扰，敌少我攻’。”

这个原则就是后来红军“十六字诀”的雏形。

---

[1] 《毛泽东年谱（1893—1949）》上卷，人民出版社、中央文献出版社 1993 年版，第 229 页。

第一次“进剿”之敌为驻吉安的敌第九军第二十七师，江西国民党当局严令该部“于十日（内）肃清万安、宁冈、遂川等地的暴动”。毛泽东得知敌“进剿”后，于2月4日主动率部由遂川返回井冈山，实践“敌来我走”的策略。随后针对敌之弱点，奔袭新城，首次全歼敌正规军一个营，击破了敌第一次“进剿”。

朱德率领的南昌起义部队与毛泽东率领的秋收起义部队在井冈山会师后，他们又在总结经验的基础上概括提出“敌进我退，敌驻我扰，敌疲我打，敌退我追”的“十六字诀”。对这一原则，毛泽东评价很高，称之为是“适应当时情况的带着朴素性质的游击战争基本原则”。并认为人民军队后来的战略战术，都是由它发展起来的。

根据这一原则，毛泽东与朱德指挥会师后成立的红四军先后粉碎了敌第二、三、四次“进剿”。

第二次反“进剿”，朱毛两部刚会师，力量正盛，采用“集中兵力，先打一路”的作战方针，于五斗江将敌一路击溃，打开永新城，粉碎了“进剿”。

第三次反“进剿”，朱毛采取“敌进我退，声东击西”战术，主动撤出永新，退回根据地中心宁冈，以逸待劳，待敌进占永新，向龙源口出动的时机，第四军一部则从永新西乡出发，向湖南茶陵的高陇奔袭，摆出主力西出湖南的架势，迷惑赣军，诱敌放胆向根据地进犯。待敌出动后，在宁冈的毛泽东立即写信给在高陇的朱德、陈毅，要他们率领部队迅速折回，长途奔袭永新，端掉杨如轩（敌二十七师师长）的指挥部。朱德接信后，迅速回师，于草市坳全歼敌一个团，二占永新，杨如轩带伤狼狈而逃。

第四次反“进剿”，毛泽东和朱德再次故意向西出击湖南酃县，引诱未受过第四军沉重打击的杨池生第九师出动，随后于七溪岭、龙源口全歼赣军一个团，击溃两个团，三占永新，取得了井冈山根据地创立以来最辉煌的胜利。当时流传甚广的“不费红军三分力，打败江西两只‘羊’”（指杨如轩、杨池生）的民谣唱的就是这次战斗。

“敌进我退”，在根据地是一种打法，在根据地外又是一种打法。

1929年1月，红四军下山，向赣南进军，最初目的还是为了用“围魏救赵”的办法打破敌人对井冈山的第三次“会剿”。这里顺便说一句，“进剿”指的是本省敌军对根据地的进攻；“会剿”指的是两省或两省以上的敌军联合进行的对根据地的进攻；而“围剿”则是指国民党中央政府组织的对根据地的进攻。

红四军下山，入新区作战，形势很不利，只得且战且走，于大柏地歼灭追敌后，局面才有所改观。红四军进入东固地区，这里有李文林领导的江西红军独立第二团、第四团，取得了休整，但这时井冈山已在敌人的围攻下失守，红四军救援井冈山的计划没能实现。井冈山回不去了，敌军又向东固进逼，毛泽东主持召开红四军前委会议，认为此时若以东固为阵地与强敌作战是不利的，将会使这个地区原来秘密割据的优势完全丧失，决定抛弃固定公开割据政策而采取变动不居的游击政策，即“打圈子政策”，以对付敌人的跟踪穷追政策，沿赣闽边界转移。

红四军离开东固后，经吉水、永丰、乐安、广昌、石城、宁都、瑞金进入闽西，歼灭闽敌郭凤鸣部后，回师赣南。这时蒋桂战争爆发，敌军纷纷北上，红四军遂结束“打圈子政策”，在赣南实行近距离分兵，发展地方武装，建立红色政权，进行创建赣南根据地的工作。

4月13日，毛泽东在总结这一段工作给湘赣边界特委的信中指出：“守势的根据地的观念，以后应该抛弃，大小五井、九陇等地，再不必固守了，强敌来了就用盘旋式的打圈子政策对付他。”[1]对“打圈子政策”予以充分的肯定。

[1] 《毛泽东年谱（1893—1949）》上卷，人民出版社、中央文献出版社1993年版，第273页。

至此，毛泽东、朱德领导的红四军形成了一套比较完整的游击战术，这就是："分兵以发动群众，集中以应付敌人。""敌进我退，敌驻我扰，敌疲我打，敌退我追。""固定区域的割据，用波浪式的推进政策。""强敌跟追，用盘旋式的打圈子政策。"[1] 这中间既有根据地内的游击政策，又有根据地外的游击政策；既有集中的原则，又有分兵的原则；既有作战原则，又有发动群众建立根据地的原则。

5 月中旬，蒋桂战争结束，赣南方面的国民党军回防，红军压力加重，而这时粤桂战争爆发，闽西敌军主力赴广东参战，兵力空虚。毛泽东决定再次实行"打圈子政策"，避实就虚，二入闽西。

经过两次宽大机动的盘旋打圈，红军在赣南闽西初步创立了根据地，奠定了后来中央革命根据地的基础。

"打圈子"是在外线广大地区实行"敌进我退"的一种形式，这种形式在内线也实行，但是当红四军力量发展后，井冈山的回旋余地就显得不足了，而在外线，地区广大，通过"打圈子"，既可避实击虚，摆脱追敌，又可以扩大红军的影响。但对习惯于进攻、进攻、再进攻的某些中央领导来说，这种"打圈子政策"是他们非常不满意的。1930 年 3 月，中共中央政治局就曾专门开会，批评毛泽东、朱德的"兜圈子主义"，指令他们"向江西发展"。他们不懂得面临强敌压迫不能硬拼的道理。

敌进我进，琵琶反弹

"敌进我退"是毛泽东主张的弱军对付强军的一种游击战术，但不是

[1] 《毛泽东军事文集》第一卷，军事科学出版社、中央文献出版社 1993 年版，第 61 页。

唯一的战术，战术的奥秘在于多变，如一味强调“敌进我退”，则正像毛泽东所形容那种“只有向后运动，没有向前的运动”的运动战一样，“实行的结果，中国虽大，也是要被‘运动’掉的”。[1]

“敌进我退”反其意而用之，便是“敌进我进”。“敌进我进”这个词见之抗日战争时期，是刘伯承首先提出来的。有的论著据此认为毛泽东没有这方面的思想，这是刘帅的独创。我们不能否认刘帅对毛泽东军事思想的贡献，至少这个概念是刘帅提出来的，但毛泽东本人在这方面同样不仅有实践而且有理论。

毛泽东最初的“敌进我进”实践就是1929年1月下山向赣南进军。这次进军的背景，第一，1928年，朱毛红军会师后，彭德怀率领的红五军又于12月间来到井冈山，红军力量的激增，壮大了革命力量，但山上人满为患，加剧了供应不足，生活困难，况且井冈山夹在湘江与赣江之间，回旋余地狭小。第二，井冈山革命斗争的发展，震惊了湘赣两省国民党当局。1928年11月，蒋介石任命何键为两省“会剿”代理总指挥，金汉鼎为副总指挥，集中了六个旅约三万兵力分五路向井冈山扑来，这样多的兵力不仅大大超过红军实力，而且还超过井冈山根据地的居民人数15倍，井冈山人口不满两千，产粮不满万担。国民党方面集中这样巨大的兵力向井冈山进攻，在以前还从来没有过。在这种情况下，再以“敌进我退”方针打破“会剿”是不可取的。

1929年1月上旬的柏路会议讨论了打破“会剿”的策略和部署。会上，毛泽东提出内线作战与外线作战相结合的策略，为会议所采纳。会议认为应当采取“攻势的防御”，将反“会剿”和反经济封锁结合起来，由彭德怀率一部留守井冈山，由毛泽东和朱德率红四军主力出击外线，袭击赣州

[1] 《毛泽东军事文集》第二卷，军事科学出版社、中央文献出版社1993年版，第326页。

或吉安，以“围魏救赵”之策，迫使敌军分兵回援，解井冈山之围。

这种“围魏救赵”的策略实际上就是“敌进我进”的雏形。后来由于井冈山被敌攻破，红军救援井冈山的预想没有实现，只得在外线采取变定不居的游击政策。

毛泽东更为成熟的“敌进我进”构想形成于第五次反“围剿”时。敌对中央革命根据地实行第五次“围剿”初期，已经失去军权的毛泽东仍以负责的精神向中央提议：应该放弃黎川，诱敌深入到建宁、泰宁地区，集中红军主力于运动中各个歼灭敌人。这个建议的本质还是敌进我退，诱敌深入，但不为头脑发热的“左”倾冒险主义领导所接受。

黎川失守后，红军开始陷入被动，以敌进我退的方针打破“围剿”已失去时机。这时发生了反蒋的“福建事变”，毛泽东抓住这个千载难逢的时机，向中央建议，以红军主力“突进到以浙江为中心的苏浙皖赣地区去，纵横驰骋于杭州、苏州、南京、芜湖、南昌、福州之间，将战略防御转变为战略进攻，威胁敌之根本重地，向广大无堡垒地带寻求作战。用这种方法，就能迫使进攻江西南部福建西部地区之敌回援其根本重地，粉碎其向江西根据地的进攻，并援助福建人民政府”[1]。

毛泽东的这一着极有见地，可惜“左”倾领导人又没接受。

这一建议的实质就是“敌进我进”。毛泽东后来总结道：“当‘围剿’已经证明无法在内线解决时，应该使用红军主力突破敌之围攻线，转入我之外线即敌之内线去解决这个问题。堡垒主义发达的今日，这种手段将要成为经常的作战手段。”同样，毛泽东在这里还指出：红军“是不是根本拒绝在白区作战呢？不是的”。战略退却，“如果情况并不这样严重，或者情况的严重性简直使红军连在根据地也无法开始反攻，或者反攻不利需

[1] 《毛泽东军事文集》第一卷，军事科学出版社、中央文献出版社 1993 年版，第 757 页。

要再退以求局势之变化时，那末，把退却终点选在白区也是应该承认的，至少在理论上是应该承认的”。毛泽东坦率地承认：“我们过去很少这种经验。”❶

抗日战争初期，毛泽东总结了土地革命战争和抗战十个月来的经验，精辟地阐明了“敌进我进”的思路。他说：“在反围攻的作战计划中，我之主力一般是位于内线的。但在兵力优裕的条件下，使用次要力量（例如县和区的游击队，以至从主力中分出一部分）于外线，在那里破坏敌之交通，钳制敌之增援部队，是必要的。如果敌在根据地内久踞不去，我可以倒置地使用上述方法，即以一部留在根据地内围困该敌，而用主力进攻敌所从来之一带地方，在那里大肆活动，引致久踞之敌撤退出去打我主力；这就是‘围魏救赵’的办法。”❷毛泽东是用“围魏救赵”来表述“敌进我进”这一思想的。

到抗日战争时期，刘伯承、罗荣桓、聂荣臻和粟裕等都发展了这一思想。

1939 年，日军对晋冀豫抗日根据地实行“扫荡”“蚕食”的同时，还实行更为毒辣的“囚笼”政策，当时任八路军一二九师师长的刘伯承在反“囚笼”政策中，逐渐感到“如敌进我退，则必至毫无办法”，因为“正面堵敌，敌进我退，正是敌人‘囚笼’政策所希望的”。在次年 4 月北方局高干会议上，他第一次明确提出了“敌进我进”的概念：“现在对‘囚笼’的粉碎，一退再退，退到何处？现在就是敌进我进，打磨盘，应摸敌人的屁股。”但这时，刘伯承的这一思想在根据地中还没有引起足够的重视。

1942 年 5 月，日军集中两万五千兵力，先后对太岳区和太行区进行

---

❶ 《毛泽东军事文集》第一卷，军事科学出版社、中央文献出版社 1993 年版，第 757、730、731 页。

❷ 《毛泽东军事文集》第二卷，军事科学出版社、中央文献出版社 1993 年版，第 256 页。

空前规模的“铁桶合围”和“抉剔扫荡”。

刘伯承反复研究了敌军的活动规律和八路军的反“扫荡”经验后指出：敌人“合击的梳篦队形再密，也不可能是蜘蛛网，我们总有空子可钻。这次敌人是假定我们的主力缩入腹地中心作战，重演敌进我退，诱敌深入的老规律，所以才从各个方面一齐朝腹地一个‘铁桶’大合击。在这种情况下，我们就不能搞‘敌进我退’了，那样就要退到鬼子的包围圈里，上他的当。我们应该来一个‘敌进我进’。我这个‘进’不是同他正面硬顶，而是选择适当的时机和地点，跳出他的‘铁桶’，乘虚而入，袭击敌人守备薄弱的据点，或者以基干军队主力转到外线背击敌人，让敌人的‘且进且击’变成‘且进且挨打’。——这是反‘扫荡’的上策。”李达回忆，他听了师长的这席话，心里踏实多了，觉得刘师长已经成竹在胸。

“敌进我进”在各个根据地有不同的说法。

山东叫“翻边战术”，这是罗荣桓在1942年提出来的。他根据山东的具体条件，提出：“敌打到我这里来，我打到敌那里去”，在我弄清敌人的动向后，趁敌人的包围圈尚未收紧，尚有较大空隙时，选择敌之弱点，由根据地边沿游击区，“翻”到敌人后方去，打乱敌人部署，粉碎敌之“扫荡”。在反“扫荡”中，他曾多次运用这种战术。

在晋察冀根据地，类似的办法叫“到敌后之敌后”，即在日军“扫荡”时，以主力转入日军深远后方活动，迫使攻入根据地的日伪军回撤，挫败日军的“扫荡”。

在苏中，这个做法叫“以进为进”。粟裕在南方三年游击战争中曾总结出与敌人相向对进，易地而战的打法。“敌人梳过来，我们钻过去；你要我的山头，我要你的后方。”并将这些运用到抗战中。他说：在敌伪“清乡”时，以区队、民兵开展群众性的游击战争为主，以武工队对敌伪进行重点打击为辅。“主力部队实行‘以进为进’的方针，撤至‘清乡’区外围，随时抓住敌人的弱点，机动地给予打击。”[1]

“敌进我进”到了解放战争时期，变成了更大规模的外线作战行动。战争初期，毛泽东和中央军委曾制订了一个大胆的外线出击计划，这就是南线太行、山东、华中三军在国民党军一旦向解放区发动大规模进攻时，不是诱敌深入，而是突入外线，越陇海，过淮河，打入国民党的心腹地区，大闹天宫。

1946 年 6 月 22 日，毛泽东曾这样概述这个计划：“太行区以豫东地区为主要作战方向”，“相机占领开封”；“山东区以徐州地区为主要作战方向”，“相机占领徐州”；“粟谭主力对付江北之敌”。“上述作战胜利（不一定要取得开封、徐州）后，如形势有利，可考虑以太行、山东两区主力渡淮河向大别山、安庆、浦口之线前进。”[2]越二日，毛泽东再电补充指出：刘伯承、邓小平、薄一波负责开封、徐州间陇海路之占领；陈毅、舒同全力担负占领徐州、蚌埠间铁路及调动徐州之敌而歼灭之；粟裕、谭震林率主力占领蚌埠、浦口间铁路线。此为第一阶段，渡淮河向南为第二阶段。

这即是敌进我进的外线作战部署，这一部署的意图是与国民党军着重向北的方向相反，着重向南，以进攻的姿态，深入国民党统治区作战，变守势为攻势，向国统区取得人力、物力，不使解放区受到摧残和破坏，以支持持久战争，并保障中原军区部队顺利突围。

后来，出击外线的方针虽然没有实施，但其精神在一年后刘邓大军挺进中原后成功实现了，成了人民解放军战略进攻的先声。

“敌进我进”与古代的“围魏救赵”有着异曲同工之妙。新中国成立后，毛泽东读明代冯梦龙《智囊》一书，读到孙膑围魏救赵一节，情不自

---

[1] 《粟裕战争回忆录》，解放军出版社 1988 年版，第 279 页。

[2] 《毛泽东军事文集》第三卷，军事科学出版社、中央文献出版社 1993 年版，第 283、284 页。

禁批注赞赏道："攻魏救赵，因败魏军，千古高手。"[1] 毛泽东擅长"围魏救赵""敌进我进"，不也是"千古高手"吗？

退中有进，进退结合

毛泽东战略思维的特点之一，是退却与进攻的结合，退却中孕育着进攻，进攻寓于退却之中。从1927年到1949年的中国革命战争史，其中有二十年的形势特征主要是退却，是战略防御。如何将退却与进攻结合起来，在退却中发展革命力量，发展革命形势，毛泽东解决得相当成功。毛泽东是自如地运用退却与进攻的大师。

向井冈山进军——把从城市的退却转为对农村的进攻。即扬长避短，从敌人统治的中心向敌人统治薄弱的农村进攻。

毛泽东领导的湘赣边界起义原定计划是向长沙进攻，但起义一开始便受到了很大的挫折。是继续进攻还是实行退却，起义军需要立刻作出抉择。继续进攻长沙，是中共中央原来的决定，不执行就要被加上"逃跑"的罪名，后来事实上毛泽东也受到了这样的处分；而执行进攻，就有全军覆没的危险。在如此两难的选择中，这个决心是不好下的。在文家市里仁小学一个教室里召开的前敌委员会会议上，工农革命军第一师师长余洒度仍坚持"取浏阳直攻长沙"的主张，那时上下都有一股不服气，要反抗国民党屠杀政策的复仇心理。要让他们退却，真比让他们冒险进攻去死还难。毛泽东则以极大的勇气，断然主张放弃进攻长沙，向南转移到敌人统治力量薄弱的农村山区，寻找落脚点。

[1] 《毛泽东读文史古籍批语集》，中央文献出版社1993年版，第66页。

毛泽东磨破口舌说服大家退却。他解释说：在战后国际资本主义处于相对稳定时期，在帝国主义和国民党共同勾结对付革命的形势下，特别是国内蒋、汪合流，组成反革命联盟，这个时候我们硬要走交通要道，去打城市，那就有全军覆灭的危险。只有把革命引向敌人不注意的地方去发展，胜利才有希望。他指着从学校里借来的地图说：我们有一个罗霄山脉可以休养生息，地图上像眉毛一样浓的地方（指井冈山）我们可以去。好在总指挥卢德铭支持毛泽东的意见。最后，前委会接受了毛泽东的意见，"议决退往湘南"（注意是湘南，不是罗霄山脉中段）。

当毛泽东一拐一拐走在井冈山上的羊肠小道时（他的脚在南下途中磨烂化脓），实际上已经预示着农村包围城市革命道路的开启。

诱敌深入——把此地或此时的退却转化为彼地或彼时的进攻。敌强不与其碰，敌弱则坚决消灭。

北上抗日——从国内阶级斗争的战场上退却转变为对民族敌人的进攻；把革命低潮时的退却（被迫寻找新的立足点）与迎接革命新高潮时的进攻紧密地联系在一起。长征是其中关键的一环。长征虽然是一场不得已的战略退却，但毛泽东却灵活地将退却变为进攻，把对国民党的退却转为对日本帝国主义的进攻。斯诺在《西行漫记》中正确地评价了这场史无前例的长征："红军的西北长征，无疑是一场战略撤退……共产党人认为，而且显然也这么相信，他们是在向抗日前线进军，而这是一个非常重要的心理因素。这帮助他们把原来可能是军心涣散的溃退变成一场精神抖擞的胜利进军。"[1]

向敌后进军——从形式上的战略退却转为实质上的进攻。抗战初期，

---

[1] ［美］埃德加·斯诺：《西行漫记》，董乐山译，生活·读书·新知三联书店 1979 年版，第 180 页。

从全国战局看，中国军队是战略退却，日军是战略进攻。一般说来，战略退却总是向后退却，最多只在敌后留下少量的游击队。国民党军队便是这样，节节抵抗，节节后退。内战时期，红军的战略退却也是向着根据地内退却，即所谓“向心退却”。抗战初期，八路军、新四军一反常态，出人意料地逆着日军进攻的方向，向日军占领区挺进。这是战略退却下特殊的进攻样式。正如朱德说的：“普通的退却是朝向敌人的对方退，也就是沿着大道退，这种退却，是最容易吃亏的。我们的退却却是走小路、爬山，绕到敌人的后方，把退却变为进击敌人，打敌人的后尾。”[1] 这实际上是一种反进攻。“八路军和新四军向着敌后挺进，这种挺进是在敌人战略进攻阶段上我方的反进攻。就是说：当敌人向我进攻，而国民党军队大批退却的时候，八路军和新四军则以无比英勇的姿态向敌后反攻。”[2] 如果毛泽东不是决策向敌后挺进，也像国民党军一样向大后方退却，就不会有抗战胜利时那样的大好局面。

向北发展，向南防御——从国民党卧榻之侧退却转为向国民党鞭长莫及的地方进攻。如东北，就是国民党影响和势力最小的地方。毛泽东主动放弃南方八块根据地，而将重心放在争夺东北，巩固华北上，从政治和军事上说都是一着绝妙好棋。

战略进攻——表现形式是解放区难以支持，而转入外线“流窜”（国民党开始就是这么判断的），而实质上则是战略进攻。人民解放军的战略进攻是最没有进攻“架势”的进攻，古今中外没有一场战略进攻像这场进攻那样外表上毫无声势。当时不仅国民党认为这是“流窜”，连解放军内部都有一些人认为这不像进攻。但事实证明，这是一场真正的战略进攻。

---

[1] 《朱德军事文选》，解放军出版社 1997 年版，第 338 页。

[2] 《朱德选集》，人民出版社 1983 年版，第 138 页。

不过一年多一点，中国的军事形势便发生了根本性的变化。

声东击西，调虎离山

自古以来的军事家无不推崇这样四个字："兵不厌诈"。虚虚实实、真真假假，声东击西，隐真示假。这是高明的军事家惯用的手法。在中国革命战争中，毛泽东也十分推崇这些灵活机动的战略战术，他认为在战争中不需要宋襄公式的仁义道德。示敌以假象，"因而有计划地造成敌人的错觉，给以不意的攻击，是造成优势和主动的方法，而且是重要的方法。错觉是什么呢？'八公山上，草木皆兵'，是错觉之一例。'声东击西'，是造成敌人错觉之一法"[1]。在人民战争条件下，采用这种欺骗敌人的方法，常能有效地陷敌于判断错误和行动错误的苦境而丧失其优势和主动。

第三次反"围剿"中的君埠突围，是毛泽东运用"声东击西"战术典型的一例。敌第三次"围剿"是在红军刚刚粉碎第二次"围剿"之后紧跟着发起的，红军没有来得及休整便投入紧张的反"围剿"作战。红军以三万疲惫之师挡敌三十万精兵强将，处境十分险恶。红军原拟将敌吸引到于都、瑞金地区来打，但狡猾的敌人没有上钩，红军不得不冒酷暑从闽西一带千里回师赣南，照毛泽东的说法，这出戏叫"关云长千里走单骑"。1931 年 8 月，红一方面军在毛泽东、朱德的率领下，终于抓住战机，五天内连续取得莲塘、良村、黄陂三战三捷，歼敌万余人，但红军的实力和去向也暴露了。蒋介石立即令向西向南的第一、第二路进击军和第一军团掉头向东，采取密集大包围之势，向红军集中地黄陂以西的君埠进逼，八

[1] 《毛泽东军事文集》第二卷，军事科学出版社、中央文献出版社 1993 年版，第 320 页。

个师的敌军从三面团团围住了红军。红军陷入第一次反“围剿”以来最为艰苦的境地。

这时，如果决策稍有失误，红军将陷入万劫不复的境地。8 月 12 日，毛泽东和朱德等在君埠一座家庙里开会，讨论破敌之策。毛泽东认为此时红军应采取“声东击西”战术，针对敌人最怕红军北出临川的心理，派罗炳辉率红十二军伪装红军主力向乐安方向佯动，将敌主力向东北方向牵引，掩护红军主力悄悄西进，回到兴国地区隐蔽，待机破敌。

红十二军是红一方面军中的小部队，由地方武装升为主力不久。素有“神行太保”之称的罗炳辉指挥这支小部队，故意大摇大摆、浩浩荡荡向东北方向开去。他们牵着敌人的鼻子，走走停停，停停走走，与敌人保持着若即若离的状态。敌人果然中计，以为红军要北攻临川，迅速向东北方向奔来。这时，毛泽东、朱德则率领红军主力悄悄地由君埠地区向西急进，迎着正由西向东开进的敌军，从蒋光鼐的第一军团和陈诚的第二路进击军两部之间仅十公里的夹缝里穿插过去，经过一夜急行军，跳出了敌军的包围圈。直到 8 月底，蒋介石才知道中了红军的“声东击西”计，追了半个月的红军根本不是主力。敌军在根据地内狼奔豕突两个月，肥的拖瘦，瘦的拖垮，加之内部矛盾加剧，不得不鸣金收兵。毛泽东乘敌人撤退之机，连战老营盘、高兴圩、方石岭，取得了第三次反“围剿”的最后胜利。

更绝的是毛泽东善于重叠连环运用“声东击西”，摆脱被动，争取主动。长征中四渡赤水之役，是毛泽东的“得意之笔”。说“得意”，是因为在万千敌军的围追堵截中摆脱了敌人，夺得了主动。红军四渡赤水后的一系列行动，毛泽东运用的战术就是“声东击西”，“调虎离山”。这里且不说四渡赤水，单说四渡赤水以后，毛泽东声东击西，巧妙调动敌人的战术。

1935年3月16日，中央红军三渡赤水进入川南后，蒋介石判断红军又要北渡长江，急忙令“追剿”部队再向川南进击，企图围歼红军于古蔺地区。毛泽东当机立断，决定乘敌不备折返东岸，寻求机动。为了迷惑敌人，红军以一个团伪装主力向古蔺前进，诱敌向西；主力则于21日晚四渡赤水，向南急进。31日，红军南渡乌江，把几十万敌军甩在乌江以北。

这时，毛泽东打出了一张好牌：绕道云南渡过金沙江，进入川康地区。而借道云南，关键是要将较有战斗力的滇军调出来。他说：“只要能将滇军调出来，就是胜利。”如何调出滇军？毛泽东的方法就是“声东击西”。他的总意图是示形于东，意在西进。他连下几招：第一招以“神行太保”罗炳辉指挥红九军团伪装主力暂留马鬃岭地区，并向长干山、枫得坝佯攻，吸引敌人北上，红军主力则乘机南下。红军渡过乌江后，毛泽东又下了第二招，以红军一部佯攻息烽，主力进占机动位置扎佐等地。毛泽东的第三招是兵指贵阳。这时蒋介石正在贵阳督战，而贵阳加上周围地区只有四个团。老蒋这才感到“笨人下棋，死不顾家”的后果，一面令守城部队死守机场，并准备好轿子、马匹、向导，以便随时逃跑；一面令各部火速增援，特别是发出“万万火急”电，调滇军三个旅驰援贵阳。毛泽东连续虚晃三枪，犹嫌不足，又下了第四招，令红军一部在黔东清水江架设浮桥，装作东渡入湘西与贺龙、任弼时领导的红二、六军团会师的架势。这下子可热闹了。蒋介石不仅按毛泽东的意图将滇军主力孙渡的第二纵队调了出来，而且令中央军一部和湘军东进布防，阻止毛泽东与贺龙会合。

滇军调出后，毛泽东并未马上直趋金沙江，而是出了第五招，以主力直指昆明，与驰援贵阳的滇军背向而行。这次的目的是要将驻守金沙江南岸的滇军调出来。果然不出毛泽东所料，国民党云南省政府主席龙云深恐红军进占昆明，而昆明附近的滇军此时都已被蒋介石调到贵州去了，远水解不了近渴。龙云只好急调驻守滇北的部队，包括民团回援昆明。这一来，金沙江南岸敌兵力顿时空虚。毛泽东目的达到，便不告而别，出人意料地大踏步北转，直奔金沙江。中央红军一两万人在金沙江渡了七天七夜，蒋介石和龙云的部队硬是没追上来。

从四渡赤水到巧渡金沙江，毛泽东连用了五个“声东击西”：第一次是让罗炳辉“声东”马鬃岭，引敌北上，主力乘机南进；第二次“声东”息烽，装作“西击”贵阳；第三次“声东”贵阳，实则调出滇军；第四次“声东”清水江，佯装东进会师贺龙；第五次“声东”昆明，实则北出金沙江。以上诸种行动，“虚”多“实”少，“声东”是“虚”，而“击西”也不全是“实”的。五处“声东击西”只有两处是毛泽东的真用意：调出滇军，北渡金沙，其他种种都不过是虚晃一枪而已。

连环套式的“声东击西”，确实难让人摸透其真正意图。在毛泽东的一套套“声东击西”面前，蒋介石判断连连失误：把罗炳辉部当作主力；红军打息烽时，老蒋尚未摸到头脑，当红军前锋逼近贵阳，他以为红军打息烽是假，打贵阳是真，急调滇军出来；及至红军在清水江上架桥，他又判断朱毛要东出与贺龙会合，急忙将主力一部调到黔东，距云南越来越远；当红军前出云南时，他才急了，但已无能为力，及至龙云将滇北部队调往昆明后，就再也追不上红军了，只能眼睁睁地看着红军从容渡过金沙江，徒呼奈何。

刘伯承在《回顾长征》中对毛泽东的战术由衷地赞佩，他说：“这次，毛主席又成功地运用了声东击西的灵活的战术，‘示形’于贵阳之东，造成敌人的过失，我军得以争取时机突然西去。”[1]

---

[1] 《刘伯承军事文选》，解放军出版社 1992 年版，第 559 页。

巧布疑兵，假戏真做

毛泽东用兵灵活，主要特点就是虚虚实实，真真假假；虚则实之，实则虚之；假做真时真亦假，让人捉摸不透。上文提到的“声东击西”“调虎离山”是真真假假的手法之一，虚虚实实，还有许多手法。在战争年代，毛泽东导演了一幕幕虚虚实实、真真假假的战争活剧。

巧布疑兵，唱“空城计”是虚实之一法。早在井冈山的时候，毛泽东就唱过“空山计”，以一营兵力打退敌人对井冈山的进攻。1948 年 10 月下旬，正当辽沈战役进入尾声时，蒋介石飞到北平，令华北“剿总”司令长官傅作义秘密调遣两万余人组成“援晋兵团”，以救援当时正被围困的太原为幌子，企图偷袭石家庄和中共中央所在地西柏坡，捣毁中国革命的最后一个“农村指挥所”。以此刺激人心，挽救危局。这时的西柏坡，仅有少量的警卫部队，如果让敌人偷袭进来，后果不堪设想。28 日，敌偷袭部队进至保定以南的方顺桥，距石家庄不到二百公里。毛泽东身边的人都为他的安全担心，但毛泽东镇定自若，一面令附近部队和杨成武、罗瑞卿、耿飚率第三兵团回援，一面提笔上阵，唱一出以纸代兵的“空城计”。

26 日，得知傅部动向后，毛泽东为新华社起草了一份新闻稿《华北各首长号召保石线人民准备迎击蒋傅军进扰》。新闻稿说：“此间党政军各首长已向保石线及其两侧各县发出命令，限于三日内动员一切民兵及地方武装，准备好一切可用的武器，以利作战，尤其注重打骑兵的方法。闻蒋、傅进扰石家庄一带的兵力，除九十四军外，尚有新骑四师及骑十二旅，并附属爆破队及汽车百余辆，企图捣毁我后方机关、仓库、学校、发电厂、建筑物。据悉，该敌准备于 27 日集中保定，28 日开始由保定南进。”“此间首长指示地方各界切勿惊慌，只要大家事前有充分准备，就有办法避开其破坏，诱敌深入，聚而歼之。”[1]新闻稿号召军民全体动员对敌，“不使敢于冒险的匪徒有一兵一卒跑回其老巢”。其实这时，毛泽东身边根本没有几个兵，更没有主力部队，完全是诸葛亮“空城计”的现代重演。

这一纸消息告诉傅作义两个信息：一是偷袭阴谋已被中共确知；二是中共已有防备。这使本来就信心不足、心中发虚的傅作义及其部下更加狐疑犹豫了。这种犹豫很快便为毛泽东所知。29 日晨，毛泽东写信给负责新闻工作的胡乔木说：“我第一次口播已见效，九十四军军长郑挺锋 27 日 21 时告傅作义称：昨收听广播得知匪方对本军此次袭击石门行动似有所警惕。广播谓本军附新二军两师拟袭石门，彼方既有所感，必然预有准备，袭击恐难收效。”[2]

但这时，傅作义的偷袭部队还在保定以南向前缓缓推进，毛泽东觉得“空城计”还得唱下去。于是他又于 29 日为新华社起草了一篇口播稿，里面写道：“我保石线两侧各县高阳、安国、深泽、无极、望都、定县、新乐、正定、满城、完县、唐县、行唐、灵寿等地广大人民群众，均已完成作战准备，等待着匪众到来，配合正规军大举歼敌。”

这一下，傅作义更加心虚了，进也不是，退也不是。毛泽东干脆再吓傅作义一下。31 日，毛泽东再次发表评论，把“空城计”唱下去：蒋介石“还想弄一点花样去刺激一下已经离散的军心和人心，亏他挖空心思，想出了偷袭石家庄这样一条妙计。蒋介石原先是要傅作义组一支轻兵去偷袭济南的，傅作义不干。偷袭石家庄，傅作义答应了，但要两家出本钱”。“这里发生一个问题：究竟他们要不要北平？现在北平是这样的空虚，只有一个

---

[1] 《毛泽东年谱（1893—1949）》下卷，人民出版社、中央文献出版社 1993 年版，第 371、372 页。

[2] 《毛泽东年谱（1893—1949）》下卷，人民出版社、中央文献出版社 1993 年版，第 372 页。

青年军二〇八师在那里。通州也空了，平绥东段也只有稀稀拉拉的几个兵了。总之，整个蒋介石的北方战线，整个傅作义系统，大概只有几个月就要完蛋，他们却还在那里做石家庄的梦。”

三篇评论，虚虚实实，真真假假，使傅作义更加心中发毛。蒋介石前脚离开北平，傅作义后脚就来到保定，把偷袭部队给撤了。

假戏真做，真戏假做是虚实又一法。辽沈战役结束后，蒋介石判断，东北野战军至少要休整半年才能入关作战，为“顺应”蒋介石的判断，稳住傅作义，不使南撤或西逃；也为了掩护东北野战军早日入关的秘密意图，毛泽东指示东北野战军开演了一系列“假戏”，采取了一系列战略伪装措施。他除了要求部队行动须十分隐蔽，夜行晓宿，不走山海关，而走热河境内经冷口、喜峰口出冀东外，还要求东北野战军在东北境内演一些“假戏”，以迷惑敌人。1948 年 11 月 20 日，毛泽东给林彪出主意说：“除部队行动应十分荫蔽外，请东北局及林罗谭令新华社及东北各广播台在今后两星期内，多发沈阳、新民、营口、锦州各地我主力部队庆功祝捷练兵开会的消息，以迷惑敌人。”第二天，又指示林彪携轻便指挥机构先行入关，“并于走后一星期左右在沈阳报上登出一条表示林尚在沈的新闻，并经新华社广播”。[1] 细心的毛泽东还考虑到沈阳附近有敌特电台，要求沈阳附近的部队推迟出发时间，以稳住敌人。否则，部队一出动，敌必察觉。

兵不厌诈，毛泽东可说是运用到家了。

假戏真做，有时是敌人判断失误，我则利用敌人的这种失误，以假行动迎合敌人的判断，如上述蒋介石对东北野战军入关时间的判断；有时是故意制造假情况，让敌人上当，作出错误判断。毛泽东指挥刘邓大军和贺

[1] 《毛泽东军事文集》第五卷，军事科学出版社、中央文献出版社 1993 年版，第 254、256 页。

龙的十八兵团等部解放四川的作战就属后一种情况。

蒋介石为对付解放军进军西南，采取了一系列部署：第一步，以白崇禧集团及粤军余汉谋部组织湘粤联防，阻止解放军向两广进军，从东南面拱卫西南；同时以胡宗南集团等扼守天险秦岭、大巴山、武陵山，从北面阻止解放军入川。第二步，白崇禧部退入广西，与四川的胡宗南互相呼应，联络云贵军阀，负隅顽抗。

针对蒋的这一部署，毛泽东决心以解放军的佯动使蒋介石作出错误判断，便于在大陆上最后消灭胡宗南集团。从前一段的作战中，毛泽东意识到“欲消灭胡军及川康诸敌，非从南面进军断其退路不可”。9 月 12 日，又进一步指示二野和四野：对白崇禧和西南各敌均取大迂回动作，插至敌后，先完成包围，然后再回打之方针。从这一方针出发，毛泽东指示二野主力，待广东解放，四野发起广西战役之时，取大迂回动作，取道湘西、鄂西，挺进叙府（今宜宾）、泸州、重庆之线，切断胡宗南退往云南的退路，随后与贺龙的一野十八兵团协同聚歼胡宗南集团于成都地区。

这一步棋的关键是要让蒋介石作出错误判断，将胡宗南的重兵集团部署在秦岭地区，不使其过早后撤，使二野主力得以乘虚入川。为此，毛泽东让贺龙在陕南假戏真做，并要做得惟妙惟肖。

按照毛泽东的嘱咐，贺龙的戏开演了。他指挥部队佯攻扼守在秦岭一带的胡宗南部队，并且“攻而不破”，使胡宗南觉得解放军力量不强，稳住他不过早南撤。1949 年 8 月 29 日，第十八兵团一部向防守川陕公路正面秦岭要隘之敌“猛攻”，造成解放军要经川陕公路南下入川之势。这一着果然奏效，蒋介石和胡宗南都深信解放军决不会舍近求远，经两湖远道入川，必然由北边取三国时魏军伐蜀的传统路线，一路从兰州南下，一路沿川陕公路南下，两路合成一把尖刀，直插川南。于是蒋、胡作出了“拒共军于川境以外，以陇南、陕南为决战战场”的部署。

为利于二野出其不意地以大迂回动作完成包围，贺龙恰当地把握着攻打胡宗南的“火候”，既像真打，又攻而不破，打到一定时候，即结束秦岭战役。这一下，蒋介石高兴了，任命胡宗南为川陕甘边“绥靖”公署主任，在川陕甘边构成了两道防线，以14个军约16万人布防于秦岭、汉中、川北一线，并抽调东线的罗广文兵团北移，加强川北防线。胡宗南自鸣得意地说：“由关陕地区撤守秦岭山岳地带，是西北战场在战略上的重大决策”；“守住秦岭、陕南，川北以至成都平原大可高枕无忧”。胡宗南得意地提出要把秦岭“建成中国的马其诺防线”。

毛泽东见蒋上当，因势利导，决定还要给蒋以更深的解放军要从秦岭、大巴山入川的印象。他让刘伯承将计就计，以二野的行动进一步迷惑敌人。刘伯承命令野战军领导机关率第三兵团经津浦、陇海铁路大摇大摆乘火车西进。到郑州后，刘伯承还特意出席群众的欢迎大会，宣布大军即将入川。这一切都是做给蒋介石和胡宗南看的。其实主力第三、第五兵团早已秘密南下迂回西进，直奔湘西、鄂西。看到这些，刘伯承很高兴，他说：“毛主席就是要这种气氛，这很好。”

这时，蒋介石还蒙在鼓里，他还在做川北决战的美梦。及至刘邓大军于11月1日在北起湖北巴东，南达贵州天柱的五百公里正面发起攻击时，蒋介石才发现上了毛泽东的大当。事已至此，一切都晚了，胡军退往云南的后路被切断，完全成了瓮中之鳖。

隔而不围，围而不打

围城攻城，一般总是力求四面包围，像古代小说中说的“围得铁桶似的”。而毛泽东在战略决战夺取城市作战中则创造了“围而不打”“隔而不围”这样的新战法。

1948年12月上旬，东北野战军主力由关外进入关内，开始平津作战。这时，平津之敌西逃之路已被华北部队和东北野战军先遣兵团切断，但由于平津、津塘路等没被切断，敌仍有从海上逃跑的可能。为实现在华北就地歼灭傅作义集团的战略目标，毛泽东为防止敌从海上逃跑，采取了一系列措施，其中之一便是“隔而不围”“围而不打”。

12月11日，毛泽东为中央军委起草了给林彪等的电报，指出：现在“惟一的或主要的是怕敌人从海上逃跑”。为了继续稳住敌人，“在目前两星期内一般应采围而不打或隔而不围的办法”。其具体部署是：对已被包围的张家口、新保安实行围而不打，构筑多层阵地，防止敌人突围；对北平、天津、塘沽、唐山诸敌实行隔而不围。所谓隔而不围，即是只作战略包围，不作战役包围，以待部署完成后，各个歼灭。为此，毛泽东要求东北野战军主力克服疲劳、饥饿和寒冷的困难，兼程前进，以神速动作，“以五个纵队插入天津、塘沽、芦台、唐山、古冶诸点之间，隔断诸敌之联系。各纵均须构筑两面阻击阵地，务使敌人不能跑掉”。[1]

遵照毛泽东的部署，东北野战军和华北部队在很短的时间里便在东起乐亭、西至张家口的一千二百华里战线上，完全封闭了傅作义集团南逃和西逃之路，将其或包围，或分割于张家口、新保安、北平、天津、塘沽五地。傅作义集团完全从“惊弓之鸟”变成了“笼中之鸟”，插翅也再难跑掉。

围而不打，是从整个战略布势着眼的。一般围而不打的原因，不是没有力量攻下敌人的某个据点或城市，而是从全局着眼需要暂时不打。平津战役中围而不打，其目的就是稳住敌人，不使敌人下决心西逃或南逃。

---

[1] 《毛泽东军事文集》第五卷，军事科学出版社、中央文献出版社1993年版，第362、361页。

隔而不围，一般有两种情况，一是解放军力量一时不足以将各点都包围起来，而又须切断敌人之间的联系，防止其跑掉；二是为了麻痹敌人，防止对一点或几点过早的战役包围，而使敌人整个集团惊慌，下决心收缩或突围。

最早实行"隔而不围""围而不打"的，是在辽沈战役中。为了不使锦州、义县、兴城、绥中、榆关（山海关）等处敌军收缩集中，而东北野战军兵力又不够使用，东北野战军就采用了先以一部分兵力分别包围或隔开上述等地敌军，然后逐一歼灭的战法。毛泽东注意到了东北野战军的创造，他在12月11日的电报中指出：围而不打，隔而不围，"此项办法，大体上即是你们在义县、锦州、锦西、兴城、绥中、榆关、滦县线上作战时期用过的办法"[1]。这表明毛泽东早就注意到了东北野战军的创造，并将之总结运用到平津战役中。

其实平津战役前夕，太原战役正在进行之际，林彪和罗荣桓、刘亚楼也曾向毛泽东建议对太原围而不攻，切断其与北平的联系。林罗刘的电报是这样说的：为防止傅作义集团中的中央军南逃和傅作义西逃，"我们除感觉军委令杨成武部暂不攻归绥的方针很好外，我们建议徐(向前) 周(士第)、杨(得志) 罗(瑞卿) 两部目前既未正式总攻太原，亦可暂不攻太原，而集中力量迅速包围保定或张家口（除留一部监视太原外)，这两处中何处敌人较多能达到包围的目的则包围何处，切断其与北平的联络，对所包围之敌，采取围而不攻的办法，以达到拖住敌人的目的"。

对这一方针，叶剑英后来在《伟大的战略决战》一文中这样评论："'围而不打'和'隔而不围'的作战方针，以及延缓华东战场对杜聿明集团残部最后歼灭部署的指示，则更表现了军事指挥上的高度艺术。"

---

[1] 《毛泽东军事文集》第五卷，军事科学出版社、中央文献出版社1993年版，第362页。

打而不登，断而不死

这是毛泽东1958年在炮击金门时采取的一种战法。这场炮战是毛泽东围绕台湾问题处理对外事务的一个重大决策，是一场以军事斗争为表现形式的政治、外交之战。这场斗争在战略上前期“直接对蒋，间接对美”，后期“直接对美，间接对蒋”，集中反映了毛泽东的过人胆识和智慧，而在作战运用上“打而不登，断而不死”，又突出表现了毛泽东在军事谋略上的新创造。

1958年7月，美国为镇压黎巴嫩人民的爱国斗争，派军队在黎巴嫩首都贝鲁特附近登陆，制造了中东事件。美国为转移世界人民的视线，竟在台湾海峡大量集结武装力量，并积极支持台湾蒋介石集团向大陆沿海地区骚扰，使台海紧张局势不断升级。毛泽东从国际战略的高度和解决台湾问题的根本目的出发，觉得机会来了。他说，美国人整了我们这么多年，现在机会来了，为什么不整他们一下呢？

整的办法是炮击金门。自1954年9月炮击金门以来，这是第二次大规模的炮击作战。整个金门炮战可分为两个阶段。

8月23日至10月5日是第一阶段。这一阶段的主要任务是摧毁金门国民党军的重要军事目标，严密封锁大小金门，造成美国的错觉，牵制和调动美国的兵力。同时通过炮战，摸清美国的战略底牌。

8月23日下午，寂静的海滩上，突然万炮齐鸣，炮弹呼啸着越过大海，飞向金门，顿时山摇地动，金门岛上一片火海。这就是震惊世界的“万炮轰金门”。这一天解放军共发射炮弹三万余发，当即击毙敌金门防卫司令部中将副司令两人，外加一名澎湖防卫司令部副司令。其中有一名副司令叫吉星文，乃是西北军将领、共产党员吉鸿昌的侄子，七七事变时为驻防卢沟桥的第二十九军团长。炮弹同时击伤“国防部长”俞大维和中将参谋长，击毙美军顾问两人，岛上蒋军死伤六百余人，所有炮兵阵地、雷达阵地和通信设施均受到严重破坏。第二天，岸炮部队又发射炮弹两万余发，将妄图还击的国民党军炮兵打得偃旗息鼓，不敢还手，打得停泊在料罗湾的敌舰纷纷外逃。这时，海军鱼雷快艇乘机出击，当即击沉、击伤敌运输舰各一艘。一场炮战和海战，打得敌人心惊胆战。8 月 26 日后，金门补给全线中断，只能靠偷偷摸摸地运送一点，运输量不及平时的 5%。

金门炮战一开始，美国就陷入了困境。台湾当局为了打破封锁，赶忙请求美军协防金门、马祖。所谓“协防”，是因为美蒋签订的“共同防御条约”并不包括金、马，蒋介石要美国协助防守金、马，是想借机拉美国下水。美国则处于两难选择之中，既怕国民党当局失去沿海岛屿，导致台湾防御体系瓦解，又怕协防金、马引发中美之间的战争。为防止这两种情况发生，美国采取了一种叫做“战争边缘”的政策，即在台湾海峡大肆炫耀武力，进行战争恐吓，以此想让大陆罢手。9 月初，美国在台湾海峡地区集结飞机四百三十余架，舰艇六十余艘，重兵云集，大战大有一触即发之势。

不过，美国人打错了算盘，中国非但没有屈服，相反于 9 月 4 日发表领海声明，宣布我国领海宽度为 12 海里，并以炮火进一步封锁了位于 12 海里之内的金门、马祖，不给美国以协防金、马的借口。9 月 7 日，美海军第七舰队在中国宣布领海宽度后第一次为国民党运输舰只护航，似乎有意要试探一下中国政府维护领海权益的决心。

这是美国人给毛泽东出的一道难题，如果不打，宣布的领海宽度等于白说；如果打了美舰，则中美之间就要越过战争边缘，兵戎相见。毛泽东不愧为战略家，他采取以打击国民党军的方式反对美军的护航行动。

当解放军的炮火呼啸着越过美国军舰砸向蒋军舰队时，美国军舰立即丢下蒋军运输船向领海之外逃去。毛泽东一下子摸到了美国的底牌，即美国的胆子并不壮，它并不想越过战争边缘，与中国交战。同时又引起了美蒋矛盾。美国丢下蒋舰不管，国民党大骂美国，双方吵得不亦乐乎。

毛泽东一箭双雕，技高一筹。

这一阶段共进行了 4 次大打、83 次中打和上千次零星炮击，达到了毛泽东炮击金门的四个目的：第一，警告并严惩了蒋介石集团；第二，减轻了中东人民的压力；第三，调动了国内人民的积极性；第四，试探了美国的态度。

美国的态度要多说几句。9 月 30 日，美国国务卿杜勒斯（此人颇有头脑，曾提出引起毛泽东高度重视的“和平演变”战略）在答记者问的声明中说：我们没有保卫沿海岛屿的任何法律义务，我们不想承担任何这种义务。今后我要说，如果美国认为放弃这些岛屿不会对可能的保卫台湾和条约地区的工作产生任何不利的影响，我们就不会考虑在那里使用部队。杜勒斯还提出要中共和台湾当局“双方放弃使用武力”，同时批评台湾当局不应该把那么多的军队放在金门、马祖，认为这是“不明智和不谨慎的”。杜勒斯绕了这么多弯，说的就是美国对金、马的政策从“协防”转为“脱身”，以换取长期盘踞台湾的合法化，明显要制造“两个中国”。这时蒋介石正扬言轰炸福建、江西，逼美国与其并肩作战，美国则怕越陷越深，要蒋介石从金、马撤军，以达到在军事上避免卷入战争，政治上隔离台湾，搞“两个中国”的双重目的。蒋介石则怕划峡而治，坚持不肯从金、马撤兵，这就加剧了蒋介石与美国的矛盾。

10 月 6 日至 25 日为炮战第二阶段，针对美蒋矛盾的激化，毛泽东适时改变策略，将原定封死金门，逼蒋撤退或打到一定程度相机登陆解放金门的方针，改为对金门采取“保留金、马（祖）在蒋军手中”的方针，也就是扩大美蒋矛盾，联蒋抗美的方针。“打而不登，断而不死”就是在这一阶段提出来的。

美国准备从金、马沿海岛屿“脱身”，而这时金门也正处于被全面封锁的时期，下一步解放金、马可以说是顺理成章。这是当时国内外大多数人的想法。当时正跟毛泽东巡视大江南北的张治中先生也对解放军迟迟不拿下金门很不理解，他对毛泽东说：这次解放台湾做不到，但无论如何要把金门、马祖拿回来。并说机不可失，时不再来。

不料，毛泽东和周恩来却出其不意使出新的一招。9 月 22 日 3 时，周恩来致电巡视南方的毛泽东，请示关于军事斗争的方针，建议：“在目前形势下对金门作战方针，仍以打而不登，断而不死，使敌昼夜惊慌，不得安宁为妥。”当天下午 5 时，毛泽东回电：你“对金门作战方针问题上的批语是很对的，即照此办理，使我们完全立于不败之地，完全立于主动地位”。[1] 从上述电报看，这个方针是周恩来首先完整提出来的。

9 月 29 日，毛泽东回到北京。第二天，他请新华社社长吴冷西来讨论关于巡视南方的新闻稿一事时谈到炮击金门，说：其实我们也不是不想拿下金门、马祖，但这个问题不单同蒋介石有关，特别是要考虑美国的态度，切不可以鲁莽从事。美国人也害怕跟我们打仗。但美国在台湾海峡实力相当强，不可轻视，需要认真对待。因此我们现在的方针是打而不登，断而不死。又说：在华沙恢复中美会谈，经过几个回合的互相侦察，大体上可以判断美国人要保台湾但不一定保金门，而且有迹象显示美国人企图以放弃金、马换取我承认其霸占台湾。这需要研究对策。张治中将军的主张恐怕不宜采纳。[2]

所谓“打而不登，断而不死”，有的地方又作“打而不登，封而不死”，

---

[1] 《建国以来毛泽东文稿》第七册，中央文献出版社 1996 年版，第 424 页。

[2] 吴冷西：《忆毛主席》，新华出版社 1995 年版，第 82 页。

意即只打炮不登陆；封锁金门，断其后援，但不致困死。

对这一别出心裁的方针，毛泽东是谨慎的。国庆节刚过，毛泽东连续召开政治局会议，讨论台湾海峡形势和方针。10月3日至13日，几乎天天开会。在3日、4日两天的会议上，主要是分析杜勒斯的声明。在会议上，毛泽东说，侦察任务已经完成，问题是下一步怎么走。他说，对于杜勒斯的政策，我们同蒋介石有共同点：都反对“两个中国”，他自然坚持他是正统，我是匪；都不会放弃使用武力，他念念不忘“反攻大陆”，我也绝不答应放弃台湾。但目前的情况是，我们在一个相当时期内不能解放台湾，蒋介石“反攻大陆”，连杜勒斯也说“假设成分很大”。剩下的问题是对金、马如何？蒋介石是不愿撤出金、马的，我们也不是非登陆金、马不可。可以设想，让金、马留在蒋介石手里如何？这样做的好处是金、马离大陆很近，我们可以通过这里同国民党保持接触，什么时候需要就什么时候打炮，什么时候需要紧张一点就把绞索拉紧一点，什么时候需要缓和一下就把绞索放松一下，不死不活吊在那里，可以作为对付美国人的一个手段。我们一打炮，蒋介石就要求美国人救援，美国人就紧张，担心蒋介石给他闯祸。对于我们来说，不收复金、马，并不影响我们建设社会主义。光是金、马蒋军，也不至于对福建造成多大的危害。反之，如果我们收复金、马，或者让美国人迫使蒋介石从金、马撤退，我们就少了一个对付美、蒋的凭借，事实上形成了“两个中国”。[1]

会议上大家同意毛泽东的设想，让蒋军继续留在金、马，使美国当局提心吊胆背上这个包袱。

毛泽东最后说，方针已定，还是打而不登，断而不死，让蒋军留在金、马。但也不是天天打，更不是每次都打几万发炮弹，可以打打停停，

---

[1] 吴冷西：《忆毛主席》，新华出版社1995年版，第84页。

一时大打，一时小打，一天只零零落落地打几百发。但我们在宣传上仍要大张旗鼓，坚持台湾问题是中国内政，金、马打炮是中国内战的继续，任何外国和国际组织都不能干涉；美国在台湾驻扎陆空军是侵犯中国领土主权，美舰云集台湾海峡是蓄意制造紧张局势，都必须完全撤退；反对美国制造“两个中国”，反对美国霸占台湾合法化；我们和蒋介石通过谈判解决金、马以至台、澎问题。[1]

毛泽东一锤定音，“打而不登，断而不死”方针至此形成。

5 日，毛泽东下令暂停炮击两天，并亲自起草了以国防部长彭德怀名义发表的《告台湾同胞书》。文告一开头即提出：“我们都是中国人。三十六计，和为上计。”紧接着指出：“金门战斗，属于惩罚性质。”接下点出双方的共同点：“台、澎、金、马是中国领土，这一点你们是同意的，见之于你们领导人的文告，确实不是美国的领土。台、澎、金、马是中国的一部分，不是另一个国家。世界上只有一个中国，没有两个中国。这一点，也是你们同意的，见之于你们领导人的文告。”文告指出：“美帝国主义是我们的共同敌人”；中国人民之间的战争应当停止，“建议举行谈判，实行和平解决”，反对美国插手，并宣布“从十月六日起，暂以七天为期，停止炮击……但以没有美国人护航为条件”。[2]

13 日，毛泽东再次以国防部长彭德怀的名义发布国防部命令，指出：“金门炮击，从本日起，再停两星期，借以观察敌方动态，并使金门军民同胞得到充分补给，包括粮食和军事装备在内，以利他们固守。”毛泽东说：“兵不厌诈，这不是诈。这是为了对付美国人的。这是民族大义……有益于台、澎、金、马一千万中国人。”[3]

---

[1] 吴冷西：《忆毛主席》，新华出版社 1995 年版，第 85 页。

[2] 《毛泽东军事文集》第六卷，军事科学出版社、中央文献出版社 1993 年版，第 383、384 页。

[3] 《毛泽东军事文集》第六卷，军事科学出版社、中央文献出版社 1993 年版，第 386 页。

但美国把中国暂停炮击看成是他们强硬政策的胜利，18 日宣布国务卿杜勒斯将于 21 日到台湾与蒋介石会谈。19 日，美国军舰公然在金门海域为国民党军舰护航。为此，毛泽东决定提前恢复炮击，于 20 日杜勒斯访台的前一天，实施第五次大规模炮击。这次炮击也为蒋介石拒绝从金、马撤兵提供了理由，使杜勒斯访台目的未能如愿以偿。

杜勒斯到台湾后，毛泽东主持召开政治局常委会会议，再次就“打而不登，断而不死”作出部署。毛泽东说：美蒋关系存在着矛盾。美国人力图把蒋介石的“中华民国”变成附庸甚至托管地，蒋介石拼死也要保持自己的半独立性，这就发生矛盾。蒋介石和他的儿子蒋经国还有一点反美积极性。美国逼得急了他们还是要反抗的。……美国在台湾驻军，蒋介石只同意美国派出团一级单位的兵力，不同意派师一级单位的兵力。我炮打金门开始后，蒋介石只同意美国增加海军陆战队三千多人，而且驻在台南。我前几天说过，我们同蒋介石有一些共同点。这次杜勒斯同蒋介石吵了一顿，说明我们可以在一定意义上联蒋抗美。我们暂不解放台湾，可以使蒋介石放心同美国人闹独立性。我们不登陆金门，但又不答应美国人的所谓“停火”，这更可以使美蒋吵起架来。过去一个月中我们的方针是打而不登，断而不死。现在仍然是打而不登，断而不死更可以宽一些，以利于支持蒋介石抗美。

会上，大家都同意毛泽东的这些意见。周恩来还提出：“断”和“打”是相关的，既然“断”要放宽些，那么“打”也得放松。毛泽东听后觉得有理，说：我们索性宣布，只是单日打炮，双日不打炮，而且单日只打码头、机场，不打岛上工事、民房，打也是小打小闹，甚至连小打也不一定打。从军事上看，这似乎是开玩笑，中外战史上从未有过，但这是政治仗，政治仗就得这样打。毛泽东还说：现在我们手里只有手榴弹，没有原子弹，打金、马蒋军好办，但跟手里有原子弹的美国人打仗，就不是好办法。将来大家都有了原子弹，也很可能都不打原子弹。[1]

会议快结束时，刘少奇、邓小平提出是否发表一个正式声明，宣布双日不打、单日打。毛泽东说：恐怕有这个必要。

这就有了25日毛泽东第三次为国防部长彭德怀起草的《再告台湾同胞书》。文告揭露美国插手台湾的目的，第一步要孤立台湾，第二步要托管台湾。并以张作霖被日本人炸死于皇姑屯的历史事件为殷鉴，提醒台湾当局当心美国人的毒计。文告说："中国人的事只能由我们中国人自己解决，一时难于解决，可以从长商议。""我们并不劝你们马上同美国人决裂，这样想是不现实的。我们只是希望你们不要屈服于美国人的压力，随人俯仰，丧失主权，最后走到存身无地，被人丢到大海里去。"文告宣布："逢双日不打金门的飞机场、料罗湾的码头、海滩和船只……以利你们长期固守。"

毛泽东三篇文告（如果加上10月中旬未发表的一篇共四篇），皆以国防部长彭德怀的名义发布。与蒋介石的文章多是由人捉刀代笔相反，毛泽东却喜欢替别人捉刀。他为报纸写社论，写新闻稿；代前线指挥员向敌人写劝降书；为他人起草文电。今日某些动辄要他人起草稿子的官员真该从毛泽东的这些事上学习一二。

毛泽东的这几篇文告都是绝妙的历史文献，立场鲜明，方针明确，策略灵活，气势磅礴，文字生动，逻辑性很强，很有说服力和吸引力，是永远载诸史册的光辉文献。几篇文告，揭露了美国的侵略行径和阴谋，划清了中美两国之间和国共两党之间的界限，在台、澎、金、马军民中引起强烈反响，加深了美台之间的矛盾。通过有条件暂停炮击和无条件隔日炮击的行动，抵制了美国胁迫台湾当局从金、马撤兵，隔离台湾，制造"两个

[1] 吴冷西：《忆毛主席》，新华出版社1995年版，第89、90页。

中国”的阴谋。持续两个多月的紧张局势开始松弛下来。

这些文告实际上把“打而不登，断而不死”的意图公之于众。

这时可以说，炮击金门，已经从“直接对蒋，间接对美”转变为“直接对美，间接对蒋”了。“打而不登，断而不死”也有了新的含义。“打而不登”是让蒋放心与美国闹，打是为了给蒋介石拒绝美国要其撤离金、马一个理由；“断而不死”是为了使蒋军能够获得充足补给。打炮成了中国与美、蒋之间特殊形式的对话。

单日打炮，双日不打炮，这在中外战争史上是绝无仅有的，反映了中共极为高超的斗争艺术。正像毛泽东说的：在金门，我们采取一天打一天停，就是一天讲团结一天讲斗争。世界上的事情是很复杂的，不那么简单。

金门炮战后，美国人发现金门、马祖是他的一个大包袱，想扔掉它，几次压蒋介石退出金、马，但是蒋介石不干，同美国闹独立性。蒋也有他的想法，他不从金、马撤兵，其用意就是拖住美国人不放。1960 年美国总统选举，肯尼迪和尼克松在竞选演说中都提到金、马问题。肯尼迪在辩论中说：“如果能说服蒋介石，把防线划到台湾和澎湖周围，则美国卷入战争的机会将减少很多。”可见美国急于卸掉这个包袱。

对毛泽东“打而不登，断而不死”的方针并不是人们都能理解的，甚至时至今日还是如此，但海峡对岸的蒋介石悟出来了。杜勒斯到达台湾的前一天，毛泽东下令恢复炮击，及时帮助了蒋介石，使其获得拒绝从金、马撤兵的口实。当时，有人背后就说：“这个炮打得好！”炮战后，蒋介石放弃了“反攻大陆”的口号，而代之以“三分军事，七分政治”的“光复大陆”的口号。1959 年 3 月，蒋介石集团“外交部”特别规定，今后对外提及大陆时，不再用“红色中国”或“共党中国”等语，而称“中共政权”；提到他们自己时，不再用“自由中国”，而称“中华民国”，避免予人“两个中国”的印象。当时就有人说笑话：“毛泽东是台湾最好的代理人。”

围城打援，攻城阻援

在人民解放军的战争史上，始终有一个如何调动敌人，于运动中歼灭敌人的问题。调虎离山是为了调动敌人，声东击西是为了调动敌人，围城打援也是为了调动敌人。

围城打援，又叫围点打援，是毛泽东用攻敌坚固城市或据点吸引敌人援兵加以歼灭的战法。在人民解放军的战争史上，真正大规模地夺取国民党城市是在战略决战之后，在这以前漫长的时间里，人民军队的实力和装备都不允许它以攻取城市作为作战重心，人民军队的作战重心主要放在运动中歼灭敌人，与敌人打野战。以歼敌有生力量为主，而不以夺取城市和地方为主，这是一大军事原则。

在人民军队弱小时，对付敌占城市，毛泽东一般采取三种办法：对孤立和中小城市，用强攻或“围三阙一”的办法夺取之；对坚固城市，采取诱敌出来歼灭的办法；围城打援战法，即围攻敌城市，诱他处敌人来援，重心在打援，不在攻城。个别有利情况下也有硬攻的。第三种办法是毛泽东最为提倡，也用得最为得心应手的方法之一。

毛泽东上井冈山后第一次与敌正规军交手就是打新城，采用的方法是“围三阙一，虚留生路”。那是1928年2月，江西敌军对井冈山根据地发动第一次“进剿”的时候。那次，赣军并没把毛泽东的农民军放在眼里，“进剿”军人数并不多，其中一个营推进到宁冈县城新城，企图以此为据点“进剿”井冈山。毛泽东得知敌军兵力不大，态势孤立，又毫无戒备等情况后，根据新城的地形和每晨有雾的特点，采取利用晨雾袭击和围三阙一的战法，歼敌于运动之中。围三阙一，即三面围攻，网开一面，虚留生路，而工农革命军主力则埋伏在这里，待敌向这里突围时，将其歼灭。毛泽东的部署是：以第一团分别从东南北三面发起攻击，虚留西门不攻；以第二团埋伏于西门外，歼灭突围之敌。

18日，毛泽东指挥工农革命军，趁敌军清晨出来架枪做徒手操时，发起猛攻，激战半天，攻克新城，全歼守军一个营和一个靖卫团共五百多人。这一仗，打得干净利落，让井冈山的“山大王”袁文才佩服得五体投地，也让那些黄埔军校出来的人开始对毛泽东另眼相看。

红军时期，对中小城市也有用强攻硬打战法的，但这一般是在红军有把握、有准备的前提下，敌人较为弱小，援兵又远，红军一举攻城，迅速克之。如毛泽东指挥打的龙岩、吉安、漳州等城市，就属这种情况，既能速决，又能有许多赚头，是很合适的买卖。

将城市中的敌人诱出来打，这种办法并不总是灵验。1930年夏，毛泽东指挥红一方面军二打长沙。毛泽东对能否打下长沙是怀疑的，因为长沙有敌六个师另一个旅，兵力太强，又有坚固工事。但许多人主张打，毛泽东同意先试一试，并决定采取诱歼敌军于工事之外，然后乘胜攻入长沙的战法。但由于长沙敌军凭借工事顽抗，不肯轻出，红军没有获得歼敌战机。求战心切的红军不得已对长沙发起两次总攻，但在坚固工事面前，结果是可想而知的。遭受重大损失的红军被迫撤出战场。此后，毛泽东在攻取中心城市上一直非常谨慎。

无论是“围三阙一”，还是诱敌出来予以歼灭，都有一个共同的特点，就是力求变静止之敌为运动之敌，以利歼灭。但这两种战法并不很管用，在你大举而来时，守敌往往固守不出，“围三阙一”也易为敌识破。倒是第三种战法——围城打援比较管用。管用的原因就是围城打援是抓住了敌人一处被围，他处必然增援的规律，攻其必救，歼其救者。

1932 年 1 月赣州战役前，苏区中央局召开会议，讨论攻打赣州问题，毛泽东不同意打赣州。他分析说：赣州是赣南的政治经济中心，是闽粤两省的咽喉，是敌军必守的坚城；它三面环水，城墙高筑，易守难攻；前年红军曾围攻赣州三天，没有结果，只得撤围，现在赣州南北都屯集着国民党重兵，以红军现有力量和技术装备很可能久攻不克，还是以不打为好。毛泽东建议：即使要打，也只能采取围城打援的战术。苏区中央局多数人主张打赣州，连毛泽东说的围城打援都不接受。毛泽东成了少数派。会后不久，毛泽东怀着抑郁的心情回瑞金东华山古庙休养。

没吃过攻城苦头的苏区中央局领导人兴高采烈直奔赣州而去。有人在途中还说：等打开赣州再和毛泽东算账。

但主张打赣州的人高兴得早了点。果然不出毛泽东所料，赣州没能打开，红军损失惨重，仅红三军团就损失三千余人。3 月上旬的一天，苏区中央局领导项英冒着蒙蒙细雨从瑞金城赶到东华山，告诉毛泽东赣州前线失利的消息。毛泽东不计前嫌，二话不说，立即带着警卫班下山赶回瑞金。他复电前线指挥部，提议大胆起用起义才两个月，被作为预备队的红五军团，以解三军团之危。并兼程赶往前线决策下一步行动。

围城打援战法到解放战争时期，发挥了重大的作用。这时期，解放军已有一定的攻坚能力，可以对敌占大中城市构成一定的威胁；同时，由于解放军战斗力提高，国民党军轻易不脱离阵地和城市，解放军打运动战的机会减少。实行围城打援方针，就可以围攻敌占城市为诱饵，引诱敌援兵出动，于运动中打敌援兵。

1947 年 1 月，东北民主联军为配合南满作战，发起一下江南作战。林彪以一部包围吉林以北的战略要点其塔木，诱敌来援。待敌来援时，以主力在张麻子沟、焦家岭地区歼灭自九台、德惠来援之敌，最后乘胜攻歼其塔木之敌。此役虽歼敌不算多，仅歼灭国民党王牌新一军两个团和保安部队一部，但这是一个典型的围城打援战例。毛泽东知道后，异常高兴。这是东北自 8 个月前四平保卫战失利后的第一场胜仗，更重要的是围城打援战法引起了毛泽东的关注。他在 1 月 11 日给林彪等的电报中高度评价了围城打援的战法："包围其塔木一点引起九台吉林德惠三处之敌无计划的增援，均被我歼击或击溃。这一经验指出，围城打援是歼灭敌人重要方法之一。利用结冰时期有计划地发动进攻，普遍寻找敌之薄弱据点，采用围城打援方法，大量歼敌，转变敌我形势，甚为必要。"[1]

林彪擅长围城打援。其指挥特点是利用东北有利的交通条件，长途奔袭，突然猛攻敌所必救的战略要点，引诱敌援兵增援，然后于运动中歼灭敌援兵，抓一把就走，待敌更多援兵赶来时，他们已从容转回北满休整。长途奔袭，围城打援，是东北野战军进行的运动战的主要特点。三下江南战役就是一个很典型的围城打援战役。一下江南，围攻其塔木，诱歼敌援兵；二下江南，围攻城子街、德惠，诱歼敌援兵于德惠、九台之间；三下江南，包围靠山屯，诱歼德惠、农安出援之敌第八十八师全部和八十七师一部。

从东北和各地的围城打援中，毛泽东和他的战友们看到了其中的普遍意义。1947 年 2 月晋冀鲁豫野战军发起豫皖边战役时，毛泽东即指示刘伯承、邓小平："用围城打援方法吸引商砀之敌，各个歼灭之。"[2] 第二年 3 月洛阳战役时，毛泽东指示参战部队要将重点放在打援上。"洛阳这样的重要城市，顾祝同决不会不增援。你们占领黑石关、偃师、新安后，应以一部攻击洛阳，吸引来援，集中全力歼灭援敌，重点放在打援上面。"[3] 周恩来也在 1948 年 9 月提出，要使"攻城与野战互相结合。攻坚敌必增援，

---

[1] 《毛泽东军事文集》第三卷，军事科学出版社、中央文献出版社 1993 年版，第 612 页。
[2] 《毛泽东军事文集》第三卷，军事科学出版社、中央文献出版社 1993 年版，第 660 页。
[3] 《毛泽东军事文集》第四卷，军事科学出版社、中央文献出版社 1993 年版，第 417 页。

造成野战机会”。刘少奇也说：这种思想要在主要将领中大大宣传，解释清楚，这就是围城打援。那时对能否攻下一座敌人坚固设防的城市还没有完全把握，而打援是有把握的，因此将重点放在打援上。

围城打援的战法把国民党军打怕了。后来，敌人也摸到了一点门道，就是解放军对城市如果是围而不攻或佯攻，就不真援，或不急援；如果真攻城，就真援和急援。这时毛泽东也来个敌变我变：你不真援，我就真攻。变围城打援为攻城阻援，以攻城为主，以打援为辅。

1948 年围攻长春作战时，毛泽东就注意到了国民党军是否真援的问题，他要求林彪、罗荣桓在作战实践中，“依据城敌与援敌两方面有利于我不利于敌之变化，你们可以酌量调节攻城与打援两方面的兵力，在某种时机将重点放在打援方面（这是首先重要的），在另一种时机将重点放在攻城方面”❶。

济南战役时，敌人已经摸清解放军围城往往是为了打援的规律，当解放军围城或攻城时，决不轻易增援。这样，如果再将重点放在打援上，则很可能城攻不下，又打不了援。针对敌人的这种谨小慎微的做法，毛泽东的办法是变虚为实，变假攻城为真攻城。1948 年 8 月 12 日，他在给粟裕等的电报中指出：“对于济南既不真打，而集中十一个纵队打援，则援敌势必谨慎集结缓缓推进，并不真援。邱（清泉）区（寿年）兵团之所以真援开封，是因为我们真打开封。”半个月后，他又指出：“我们要求你们的是一部兵力真攻济南（不是佯攻，也不是只占飞机场），而集中最大兵力于阻援与打援。……因不真攻济南，则援敌必不来。攻城使用兵力太大，则打援又无力量。”❷这里真假虚实，就要根据具体情况决定，或先虚后

❶《毛泽东军事文集》第四卷，军事科学出版社、中央文献出版社 1993 年版，第 480 页。

❷《毛泽东军事文集》第四卷，军事科学出版社、中央文献出版社 1993 年版，第 566、580 页。

实，或先实后虚。毛泽东要求，如援敌进得慢，而其他条件又利于攻城，则先克城，后打援；如援敌进得快，则应以全力先打援，后攻城。

“雷公打豆腐”与敲“硬核桃”

“拣弱的打”是毛泽东一贯倡导的作战原则，这也是长期敌强我弱形势下必须把握的一条基本原则。即使到人民解放军转入战略进攻阶段，毛泽东在亲手制定的十大军事原则中仍然明确强调：“先打分散和孤立之敌，后打集中和强大之敌。”[1]

毛泽东在为中共红四军第六次代表大会起草和修改的《军事问题决议案》中就专门指出：“红军战术，遇小敌则以主力迅速消灭之，大敌则用群众力量四面包抄，使其疲于奔命，然后用主力消灭之，红军竭力避免硬战。”[2]

在战争实践中，毛泽东关注的是自己的本钱。敌人势大“财”雄的特点，决定了只能打弱敌，不能做蚀本买卖。这是一个简单的道理，但在具体问题上，人们有时往往就犯糊涂。第二次反“围剿”中，在打哪路敌人的问题上，就出现过这种情况。红一方面军总前委中有些人主张先打位于兴国的蒋光鼐、蔡廷锴的十九路军，认为打垮十九路军便于红军的发展，可以伸开两手到湘南到赣南。他们的理由是，蒋、蔡的十九路军只有两个师，孤立地驻在兴国，距离他路敌军较远。他们也认为蒋、蔡是这次“围剿”中较强的，但他们为了说明要打强的不能打弱的理由，就搬出旧的战

---

[1] 《毛泽东军事文集》第四卷，军事科学出版社、中央文献出版社 1993 年版，第 353 页。

[2] 《毛泽东年谱（1893—1949）》上卷，人民出版社、中央文献出版社 1993 年版，第 257、258 页。

略原则来，说：“只有战略进攻者可以自由选择进攻的时间和目标（或地域），而战略防御者，则必须以主力对敌之主力。不打败敌之主力，即不能完成战略防御的任务。”

毛泽东意见相反，他认为应打弱敌，即不打十九路军，而打北方来的王金钰的第五路军。王部虽有四个师，加上罗霖的一个师，共有五个师，可算是这次“围剿”中的主力，但同时又有弱点。他们是北方部队，从北方新到，水土不服，不惯爬山，士气不振；又是杂牌军，各怀鬼胎；与红军没交过手，没有经验。当时参加会议的中央局秘书欧阳钦在给中央的报告中汇报毛泽东的意见：“这时泽东同志意见认为在进攻我们的人中，蒋蔡比较是强有力的，在历史上未曾打过败仗，曾经在湘南把张发奎打得落花流水，我们现在主要的是择敌人弱点打破，打蒋蔡没有绝对胜利的把握，我们应打王金钰这路，因为这路既弱且地势群众都好。”毛泽东还指出，从富田地区的王金钰部打起，向东横扫，可以在闽赣交界的建宁一带扩大根据地，征集资财，便于打破下一次“围剿”。如果由东向西打去，则限于赣江，战局结束后没有发展余地，若打完再东转，又劳师费时。毛泽东的意见终于为大家所接受。随后，会议根据这个意见作出了正确的决策。这个决策对痛快淋漓地打破第二次“围剿”具有决定性的作用。

关于先打弱敌还是先打强敌的问题，毛泽东在会后闲谈时曾说：他们不懂得在战略上先打弱敌的道理，是古已有之的。《管子》中说：“故凡用兵者，攻坚则韧，乘瑕则神。攻坚则瑕者坚，乘瑕则坚者瑕。”不是古人早已讲过了吗？毛泽东读过不少书，但他在争论中不用这些，而是从实际情况出发，说服大家。[1]

所谓弱敌，一般表现为：兵力较少，装备较差，战斗力较弱；处于运

---

[1] 《郭化若回忆录》，军事科学出版社 1995 年版，第 64 页。

动中或立足未稳；脱离主力，兵力分散，孤立突出，麻痹疏忽，守备薄弱；遭我打击，士气沮丧或处于不利地位等。先打弱敌的好处是：先打弱敌，可速战速决；以强打弱，把握较大，易于打胜；歼灭了弱敌，则强敌也孤立了，变弱了，为下一步的歼击创造了条件。

毛泽东提倡打弱敌，也善于找到弱敌，找出敌弱点。比如，赣州和漳州，同样都是城市，毛泽东反对打赣州，但却同意打漳州，这是什么道理呢？聂荣臻后来分析说："赣州，是敌人的强点，又有国民党大部队增援，再加上我们侦察警戒疏忽，所以吃了亏。毛泽东同志一开始就不主张打。漳州，是敌人的薄弱点，毛泽东同志就赞成我们打，并且亲自指挥我们打，取得了胜利。所以，选择敌人的弱点打，应该是我们处于劣势的部队绝对要遵守的一个军事原则。"[1] 聂荣臻说了赣州的强点，但未说漳州的弱点。漳州的弱点在于这里地势平坦，没有城墙，易攻难守，这对没有重武器的红军非常重要。敌守军张贞部多系收编的土匪，缺乏军事素养，扰民有余，战斗力不强。老百姓称之为"豆腐兵"。毛泽东用中央红军打漳州，确实无异于"雷公打豆腐"。

1947 年春，胡宗南进攻延安。自党中央进入延安后，十余年间，延安基本上无战事，许多人对这个仗怎么打没有底。毛泽东对他们说："我们部队数量和装备都比不上敌人，因此，我们采取的办法是先打弱敌，后打强敌，先打分散孤立的敌人，后打集中强大的敌人。好比你面前有三个敌手，一个强手，两个弱手。你先把两个弱手一一打倒，剩下那一个强的，前后失去了照应，他就孤立了，胆怯了，强手就变成了弱手，一打就能倒。把弱的消灭了，强的也变弱了，把分散的打了，集中的又要分散。"[2]

---

[1] 《聂荣臻回忆录》（上），战士出版社 1983 年版，第 150 页。

[2] 金冲及主编：《毛泽东传（1893—1949）》（下），中央文献出版社 1996 年版，第 793 页。

如果说“先打弱敌”是“正”，那么，“先打强敌”则是“奇”；“雷公打豆腐”是“正”，敲“硬核桃”是“奇”。毛泽东强调“拣弱的打”，但在作战中，总是从当面的实际情况出发，而不是从原则和本本出发。

第一次反“围剿”，国民党军进攻的兵力10万余人，但其主力是张辉瓒的十八师和谭道源的五十师。这两个师各约1.4万人。毛泽东没有找其中较弱的敌人打，如公秉藩的新编第五师、毛炳文的第八师、许克祥的第二十四师和从陇海路新调来的敌军，而是把首战的目标放在张、谭两个强敌上。毛泽东考虑到：张、谭是“围剿”的主力军，如果打掉了张、谭，就把敌军“八百里连营”切断了，使东西各纵队成为远距离的两群，敌人的“围剿”就打破了。从兵力上讲，3万人的红军打张、谭中的任何一个师，力量是够的，也是有把握的。如果先打较弱的毛、许两师，也未尝不可，但有两个条件不好，一是那里人民条件不够好；二是打了毛、许两师后再向西，则张、谭、公三个师，势必靠拢集中，不易取胜，全战役不易解决。因此毛泽东决定依具体情况先打张辉瓒师或谭道源师。后来在实践中，“我们的第一仗就决定打而且打着了张辉瓒的主力两个旅和一个师部，连师长在内九千人全部俘获，不漏一人一马”[1]。几年后，毛泽东提起第一次反“围剿”来仍然豪迈逾常。

毛泽东这一敲“硬核桃”的思想后来为刘伯承、粟裕等大加阐扬。刘伯承提出，在战役上，有时打敌基干部队，打敌嫡系部队为有利，打了嫡系，则全线崩溃。第一次反“围剿”就是打了总指挥鲁涤平的嫡系张辉瓒师，全线便崩溃了。粟裕可算是善打强敌、啃“硬核桃”的名将。黄桥战役首先打的是顽军精锐翁达旅；天目山三次反顽作战首先打的都是强敌：一次反顽歼第六十二师，二次反顽打第五十二师，三次反顽打突击军。苏

[1] 《毛泽东军事文集》第一卷，军事科学出版社、中央文献出版社1993年版，第738页。

中战役首战整编第八十三师，打的也是顽敌。至于孟良崮战役从敌百万军中取上将首级，围歼国民党军五大主力之一的整编第七十四师，更是尽人皆知的战例。

粟裕为什么要常从打强敌人手？且看粟裕自己的分析。他认为："强和弱是相对的，或强或弱，部队本身所具有的战斗力不是惟一的因素，而是诸多因素共同作用的结果。""一切强和弱，都是相比较而存在，不是一成不变的，例如强敌而未展开，虽强犹弱；弱敌作困兽之斗，虽弱亦强等等。"[1]可谓将毛泽东的军事辩证法思想运用到家了。

说到困兽之斗，毛泽东曾提到陕北保安(今志丹）附近的一个土围子。占据这个土围子的不过百把人的地主豪绅民团武装，比起正规军来，战斗力可谓弱矣。然而就是这样一支弱小地主武装，让连国民党正规军都不在话下的红军也对这个土围子无可奈何了好几个月，红军围攻数月，就是攻不进去，后来还是里应外合才打下了这个土围子。毛泽东对这件事印象很深，十年后他还讲道：那时，红军"在南面扫，北面扫，都不行，后来把扫帚搞到里面去扫"，他才说："啊哟！我不干了。"[2]这个例子很深刻，敌强敌弱并非定数，要从具体情况出发，切莫硬套。

因势利导，就汤下面

何为"就汤下面"，还得从陈毅 1944 年 11 月给毛泽东的一封建议信谈起。当时正值美国总统罗斯福的私人代表赫尔利来中国调停国共关系，

---

[1] 《粟裕战争回忆录》，解放军出版社 1988 年版，第 495、96 页。

[2] 《毛泽东军事文集》第三卷，军事科学出版社、中央文献出版社 1993 年版，第 16 页。

11 月 10 日，毛泽东和赫尔利分别代表中共和美方在延安签订了《中国国民政府、中国国民党与中国共产党协定》。毛泽东所以签订这个协定，是因为其中提到国民政府改组为“联合国民政府”，军事委员会改组为“联合军事委员会”，这是符合中国人民利益而不利于蒋介石独裁统治的。显然，这个冒冒失失的美国人并未意识到蒋介石让共产党和其他方面代表“点缀”参加国民政府与联合政府两者的本质区别。果然，当赫尔利满怀喜悦带着这个协定飞回重庆时，蒋介石当头给他浇了一瓢冷水，拒绝在毛泽东和赫尔利已经签了字的协定上签字，相反提出了所谓“对策三条”备忘录。这个备忘录送到延安后，毛泽东将它和别的材料一并交给正在延安参加整风运动的陈毅研究。

陈毅在研究了这些材料后，认为，无论共产党是“点缀”参加国民政府，还是不理赫、蒋，自己组织民族解放委员会，均不利。前者对无可救药的蒋政权只能起到“奔丧”甚至“殉葬”的作用，后者则会给人以口实，不利于争取大多数。上策是“就汤下面”。

陈毅在给毛泽东的建议信中，从中国历史故事说起。他说：明朝末年多尔衮致史可法书提到：“本朝天下取之于闯献（指李自成、张献忠），非取之于明朝。”同时，又替吊死在煤山的崇祯发丧，这一着十分厉害，一下瓦解了反满阵线，清以二百余万人口、四十万军队征服了中国，其重要原因之一在此，过去蒋介石利用“剿共”去“就汤下面”，搞掉各省军阀也非常成功。我党抗战以来，亦是本着取之于敌寇的办法，使国民党“哑巴吃黄连，有苦说不出”，这非常对。因此，目前为照顾美国以及英国，照顾中间层，照顾国民党大多数党员及军队，仍不宜吃急酒，抛开他们搞我们的民族解放委员会。“这样拖下去，等待蒋帮的变化，等候德国坍台后苏联的出征远东，而我争取一、二年的大发展，水到渠成，把我党推上全国大舞台，实有如水就下，沛然莫御之妙用。”

毛泽东读后，回信陈毅："来示读悉，启示极多，十分感谢！"[1]

所谓"就汤下面"，就是指一方的战略运筹使对手没理由和没办法对付，明知对其不利，亦无可奈何，就如"哑巴吃黄连，有苦说不出"。蒋介石懂得这一点，对付西南军阀，他就很好地利用了这一手。他早就想吃掉独立半独立的西南军阀，但一直无机会下手。红军长征进入西南后，他暗中高兴，机会来了。他跟着长征红军的脚后跟，以"追剿"红军为名，派中央军进入西南各省。西南军阀也是有苦难言，不让中央军进来，既无理由，自己也没有力量抗衡红军；让中央军进来，明知凶多吉少，也无可奈何。蒋介石就是这样剪灭了西南，如贵州、四川等省原来对蒋闹独立、半独立的军阀的。蒋这个一箭双雕、一石数鸟的阴谋确实十分精明。不过从另一个角度来说，他也得感谢红军为他提供了这个机会。

但比起毛泽东来，蒋介石还要略逊一筹。比如，九一八事变后，中日矛盾急剧上升，但蒋没有抓住民族斗争的大旗，相反提出"攘外必先安内"的政策，在几年时间里大大失去了民心，西安事变就是这种政策逼出来的，蒋可谓咎由自取。当时党内的"左"倾人物看出了矛盾的变化，但却提出"武装保卫苏联"的错误口号，也没有抓住民心。红军长征前，中共也提出了抗日的口号，但行动不明显。红军长征，特别是遵义会议后，毛泽东紧紧抓住"北上抗日"的旗帜，坚持"北上抗日"的方针，既有口号，又有行动。这个方针既利于红军生存，又利于民族大业。红军北上陕甘，集中西北，面向华北中日矛盾的中心地区，这一下子使蒋介石原来提出的"剿共"是因为共产党"捣乱抗日后方"的说法失去了凭借，少了一个让人相信的口实，而红军则在政治上得了分，让

[1] 《陈毅传》，当代中国出版社1991年版，第312页。

蒋介石失了分。

1935年夏，红军一、四方面军会师后，在讨论战略方向的两河口、沙窝和毛尔盖等会议上，毛泽东都一再坚持红军的北上方针。毛泽东反复指出，要在部队中宣传反对日本帝国主义，反对放弃华北，这最能动员群众。他在同徐向前谈话中说：北上抗日，建立川陕甘革命根据地，就是为了促进全国抗日高潮的到来。“北上抗日”虽然似不如张国焘提出的“南下吃大米”来得诱人，但战略上的远见却有着天壤之别。一名外国学者中肯地评价说：长征使红军到达一个相对安全的地区，“他们在那里可以实现其抗日誓言，从而激起中国人民的民族感情，以达到爱国和革命的双重目的”[1]。

1936年2月，刚到陕北的红一方面军以抗日先锋军的名义挥师东征。这一举动，红军内部许多人并不理解，刚刚喘一口气，又要全军出动，何苦来哉。这其实又是毛泽东“就汤下面”的一招。红一方面军长征到陕北要扩大，要筹款，陕北本身太贫瘠，北面、西面皆不富裕，向南是张学良、杨虎城的重兵防守之区。所以毛泽东说，我们向南、向西、向西北，文章不好做。只有向东过黄河向阎老西招兵买马才有可能，而向东又是直接对日作战的必经之路，在政治上极具影响。3月下旬，毛泽东在政治局会议上指出：日、美、英、国民党、苏维埃、苏联六个势力的矛盾集中于华北。日本已把喷火口爆发。我们到华北对日作战，不是跑得太远，而是太慢。华北有广大的、革命情绪极高的群众，在那里还可以进行没有固定战线的大规模的运动战。中央提出的“国内革命战争与民族战争联系起来”，“停止内战，一致抗日”，“红军集中河北”，“争取迅速直接对日作战”

[1] ［美］莫里斯·梅斯纳：《毛泽东的中国及其发展：中华人民共和国史》，张瑛等译，社会科学文献出版社1992年版，第39页。

这些口号，是布尔什维克的，不是冒险主义的。[1]

东征虽然由于阎锡山和国民党中央军的阻拦，没有在山西立足，但却大大改善了红军的实力。红军扩充兵员八千余人，筹款三十余万元，并在山西二十多个县开展了群众工作。我们试比较一下，中央红军到达陕北时仅七八千人，全部经费不过一千余元。毛泽东说长征到陕北时，中央红军只剩下“皮包骨”，此言不虚。这样一比较，东征算是发了大财，等于扩充了一个中央红军，筹款多达三百倍。同样重要的是，政治上宣传了共产党的抗日主张，推动了华北乃至全国抗日救亡运动的发展。

抗战军兴，国共再度合作。蒋介石在抗战的同时，也有阴险的一手。他先是要将八路军分割使用，打阵地战、运动战，后虽同意八路军集中山西作战，又想将八路军集中在晋东北打硬仗，消耗乃至拼光八路军的力量。这是蒋以前惯用的对付军阀的一手，蒋也是想用“就汤下面”的一手来搞垮共产党。对这一套把戏，有的人没有看出来，他们只看到民族敌人，而没有洞察蒋的别有用心，主张出去后打硬仗，打运动战。但毛泽东没有上蒋的当。拿中共千辛万苦才保留下来的一点血脉——几万人的红军去和日军拼命，岂止是头脑简单，简直是头脑发昏。毛泽东认为，抗战的胜利若不与“人民的胜利”联系在一起，那又有什么意义！中共在大革命时期为国民党做“苦力”，抛头颅、洒热血，而一旦不需要了，即被一巴掌打入血海之中。这个覆辙，毛泽东没有忘记。

所以抗战一开始，毛泽东便清醒地提出了一整套在政治上、军事上都既能抗日，又能防止蒋介石借抗战削弱中共的战略策略。他提出独立自主的山地游击战原则，提出向敌后发展根据地，而不与国民党军争地盘的战

---

[1] 《毛泽东年谱（1893—1949）》上卷，人民出版社、中央文献出版社 1993 年版，第 525、526 页。

略思想，提出发展人民武装，壮大人民力量的方针，等等。这一切，是毛泽东的“就汤下面”策略，比起蒋介石来，这一手运用得更为高明。

比如，八路军的地盘，取之于国民党沦之于日军的地盘，而不取之于蒋介石。毛泽东指出：根据地应“向一切敌人占领区域发展”，而不能向国民党区域发展，“因蒋是站在反日立场上，我不能在南方国民党地区进行任何游击战争”。蒋虽知共产党根据地在敌后的“发展”，也只能干瞪眼。甚至晋察冀边区抗日政府建立时，国民党政府还致电认可。后来的根据地不承认了，然而也是无可奈何，因为根据地是八路军收复失地得来的，谁叫你国民党丢失大片国土呢？后来国民党派部队去向八路军、新四军“收复失地”，挑起国共摩擦，就在政治上失了分，在军事上同样也没有捡到便宜。这是蒋介石的笨拙之处。

这类毛泽东与蒋介石斗智的事例不少。抗战胜利后，蒋介石邀毛泽东赴重庆谈判，毛泽东出乎蒋的意料来到重庆，先得了一分。在谈判中，毛泽东又主动提出让出南方八块根据地，将这些地方的中共部队北撤，又得一分。其实，毛泽东的这个让步是中共战略棋盘上一着好棋。1945 年 9 月，在重庆的毛泽东、周恩来与在延安的刘少奇、朱德一起为中共确立了“向北发展，向南防御”的战略方针，这个方针的核心是争夺东北，巩固华北，收缩南方兵力，集中北面开辟新局面。让出南方八个根据地，既缩短了中共的战线，将原来分散的五个指头攥成为一个拳头；又让蒋介石消除了忧虑，尝到了甜头。南方是蒋的根本重地，“卧榻之侧，岂容他人鼾睡”。毛泽东这一手，既在政治上得了分，又在军事上得了分。

说起来，蒋介石也算是一代枭雄，多少军阀栽在他的手上，但他却没能斗过毛泽东，最后栽在毛泽东手上，原因在于除了人民的拥护不拥护外，谋略运用差异也是重要的一环。

围棋·象棋

据说，明太祖朱元璋与军师刘伯温对弈，雅兴所至，信口出了一联："天作棋盘星作子，日月争光。"刘伯温反应敏捷，脱口应道："雷为战鼓电为旗，风云际会。"一副对联，把两军对垒、刀光剑影的场面浓缩在一方棋盘上。

读者切莫以为这里是谈毛泽东的棋艺，这里要谈的是毛泽东创建根据地的"棋艺"。毛泽东曾将创建抗日根据地比作下围棋"做眼"，而陈毅则将解放战争比作毛泽东与蒋介石下象棋。这些都是非常形象的。

武装斗争、土地革命和根据地建设是农村包围城市道路的主要内涵，而根据地又是其中的重中之重。没有根据地，军队的斗争就变成了走州过府式的流寇主义；没有根据地，土地革命也就无从谈起。

在井冈山上，毛泽东就常说：人不能老走

着，老站着，也得有坐下来的时候，坐下来就靠屁股，根据地就是人的屁股。❶毛泽东说得很形象，也是老实话。

更妙的是，毛泽东用“初唐四杰”之一王勃的“落霞与孤鹜齐飞，秋水共长天一色”来比喻开辟根据地与发展军队的密切关系。抗战后期，毛泽东回顾说：“六大至七大我们实际上走了根据地路线，现在也必须坚持根据地。”“没有根据地，八路军、新四军就没有饭吃，没有地方出发去打击敌人。”❷

国民党军中的“小诸葛”白崇禧曾说过一句意味深长的话：“不怕共产党凶，就怕共产党生根。”“生根”就是建立根据地，白崇禧算是怕对了。从敌对者的口中说出来，往往更具说服力。

上山：做革命的“山大王”

“山下旌旗在望，山头鼓角相闻，敌军围困万千重，我自岿然不动。”一阕《西江月·井冈山》，不知怎地传到了远在上海的鲁迅耳中。读了这首词，鲁迅脱口而出：有“山大王”气概。这是与鲁迅颇有交往的冯雪峰1934年到瑞金不久亲口告诉毛泽东的。

毛泽东听了开怀大笑，他大概觉得这个评说颇为有趣吧。

当大革命失败后，许多人心中彷徨，不知出路何在，连毛泽东都说：当时“心情苍凉，一时不知如何是好”。不过，毛泽东没有退缩，也不像有的人那样想一拼了之，而是认真地探索一个可行的办法，这个办法就是

---

❶ 《粟裕战争回忆录》，解放军出版社1988年版，第72页。

❷ 《毛泽东文集》第三卷，人民出版社1996年版，第141、150页。

"上山"。

马日事变后，毛泽东在武汉召集从湖南出来的人开会，号召大家回到原来的岗位，在山的上山，靠湖的下湖，拿起枪杆子保卫革命。

1927 年 7 月 4 日，在中央政治局常委会会议上讨论湖南局势和农民武装的对策问题时，毛泽东发了言，提出了"上山"的主张。发言的原始记录是："毛：省农协二策略：1. 改成安抚军合法保存，此条实难办到。2. 此外尚有两路线：a. 上山。b. 投入军队中去。上山可造成军事势力的基础，给养可以卖枪。""不保存武力则将来一到事变我们即无办法。"[1]20 日，中共中央、中央农民部发出的《目前农民运动总策略》，采纳了毛泽东的主张，提出当合法名义和分散秘密训练都不可能时，则可以上山。

随后毛泽东在制定的《湘南运动大纲》中提出，以汝东县为中心，占领桂东、宜章、郴州等四五县，成一政治形势，组织一政府模样的革命指挥机关，实行土地革命。8 月 9 日，毛泽东在中央政治局会议上讨论湖南问题时再次指出：组织一师往广东是错误的。大家不应只看到一个广东，湖南也是很重要的。湖南民众组织比广东还要广大，所缺的是武装，要在湘南形成一师的武装，占据五六县，形成一政治基础，发展全省的土地革命。纵然失败也不用去广东而应上山。[2]

毛泽东不仅坚持上山的主张，而且自己身体力行。八七会议后，瞿秋白征求毛泽东对去上海中央机关工作的意见。毛泽东毫不犹豫地表示，不愿去大城市住高楼大厦，愿到农村去，上山结交绿林朋友。

在长沙，毛泽东对湖南省委负责人易礼容说，我要下乡和工农滚在一

---

[1] 《毛泽东重要著作和思想形成始末》，人民出版社 1993 年版，第 116、117 页。

[2] 《毛泽东年谱（1893—1949）》上卷，人民出版社、中央文献出版社 1993 年版，第 209 页。

起，组织工农革命军，搞武装斗争。易礼容也要求去，毛泽东没有同意，说：你身体不好，还是留在上面，我身体好。我们决不会让革命这样容易地失败，一定要奋斗到底。❶

毛泽东来自农村，少年时又读过许多中国古典小说，特别是其中的《水浒传》对他有着很深的影响。他自己回忆说，在他的少年时代对他影响最大的读物就是《水浒传》。在主持新民学会期间，他曾建议同学会友读一读《水浒传》。《水浒传》描绘了一个根本的历史事实，就是官逼民反，占山为王。1917 年中秋节，毛泽东和一群学生聚集在湖南一师后面的山上讨论救国之道，别人要他提出办法，他慨然答道："学梁山泊好汉。"

毛泽东从书中，也从历史史实中领悟到一点，就是中国历史上农民革命发展过程，无例外的是起于草野，啸聚山林，安寨屯兵，武装割据。其势力的发展过程，总是从个体反抗到群体组合，再由不同群体汇集成一支浩大的队伍，然后去攻城夺府。这可以说是传统农民造反运动的一个普遍规律。《水浒传》一书典型地反映了这个规律。新中国成立后，毛泽东谈到《水浒传》时曾这样说："当时农民聚义，群雄割据，占据了好多山头，如清风山、桃花山、二龙山等，最后汇集到梁山泊，建立了一支武装，抵抗官军。这支队伍，来自各个山头，但是统帅得好。"❷

当然，不是说毛泽东的"上山"思想就是从《水浒传》上学来的。从根本上说，"上山"是毛泽东在实践中艰苦探索得出的结论。但换一个角度，毛泽东的探索又无疑始终伴随着他对中国社会性质的认识，伴随着他对在中国这样一个国家开展以农民为主体的武装斗争规律的把握，伴随着

---

❶ 张素华等：《说不尽的毛泽东》（上），辽宁人民出版社、中央文献出版社 1995 年版，第 325 页。

❷ 薄一波：《片断回忆》，《人民日报》1981 年 12 月 26 日。

对自古以来农民武装斗争经验教训的总结。

秋收起义后，毛泽东在文家市召集受挫部队开会，主张把部队引向罗霄山脉中段时，他举历史上农民起义占山为王的例子说：大家知道，历史上每个朝代里都有山大王，可从来没有听说有谁把山大王彻底剿灭过。山大王没有什么主义，可我们是共产党，既有主义又有政策，山大王和我们比不上，那么，敌人怎么能消灭我们呢？

毛泽东甚至从军阀割据中得出结论说：军阀可以割据，为什么我们不能割据？

对毛泽东这些土生土长、在经典著作中找不到的理论，生活在上海亭子间的中央领导人自然是不可能理解的。1927 年 12 月 21 日，中央在给朱德的一封信中，便不指名地批评了“在群众眼内看来是替他们打抱不平”的“梁山英雄侠义的行为”，并暗示毛泽东领导的“农军”便有这种情况。

不管中央和别人如何看，毛泽东还是在秋收起义攻打长沙受挫后，自作主张，将“上山”设想付诸实施，成为中共党内第一个“吃螃蟹”的人。

湖南、江西有许多山，毛泽东为什么偏偏选中井冈山呢？这又与他以往的农村调查分不开。早在建党时期的 1920 年 11 月，毛泽东就曾借养病休息之机，到罗霄山脉北段的安源考察过一次。后来还多次去过安源。当然这时还谈不上上山闹革命的想法。1927 年初，毛泽东在衡阳县调查农运时，曾向湘南区委的同志谈道：形势一旦紧张，就带农民到江西安源区一带去。就在这一次调查中，他从区委李少山那里第一次听说了井冈山的情况，他高兴地说：“你们推荐了一个山，将来我就带安源的工人到那个山去。”

部署秋收起义时，毛泽东于 9 月初在安源张家湾召开军事会议。会上，毛泽东提到如果部队失利撤往何地的问题时，曾与井冈山的“山大王”袁文才、王佐共过事的赣西农民自治军总指挥兼安福县农军负责人王兴亚提议：如果我们打输了的话，可往两个“老庚”那里去。这个建议给毛泽东留下了很深的印象，对他不久之后引兵井冈是有不小影响的。

毛泽东率队伍上山，在正统的马克思主义者看来，简直是“大逆不道”，与“上山为寇”几乎没有区别。毛泽东刚上井冈山，身处大城市的中央就作出了判决：“毛同志应负严重的责任，应予开除中央临时政治局候补委员。”一直到遵义会议，“上山主义”一直不被一些同志所理解。对上山的批评，其中一条就是“山沟里没有马克思主义”。1930 年青塘会议上，有人就愤愤然地指责毛泽东在会上说的尽是江西、中国，没有引一句马克思主义，这是因为“山沟里没有马克思主义”。对此，毛泽东深有感触，就下功夫把根据地所能找到的有关马列的书通通找来看。“硬是读了两年书”。“后来写成的《矛盾论》、《实践论》，就是这两年读马列著作中形成的。”❶

毛泽东上山，既不是为寇，也不是为匪，而是干革命，做推翻旧世界的大事业。早在上井冈山前，他就耐心地对那些认为上山做大王就不是革命的同志解释说：我们这个山大王是特殊的山大王，是共产党领导的、有主义、有政策、有办法的山大王，是代表人民利益的工农武装。中国政治不统一，经济不平衡，矛盾很多，我们要找敌人统治薄弱的地方生存、发展，最后方能成大气候。❷

上山当革命的“山大王”，有一条非常重要的原则，或者说是定律，就是要搞好与原来的“山大王”的关系。初抵井冈山，毛泽东为如何处

---

❶ 《缅怀毛泽东》上册，中央文献出版社 1993 年版，第 402 页。

❷ 何长工：《井冈山功业铭千载》，《人民日报》1981 年 6 月 12 日。

理与这里的“绿林大王”王佐、袁文才的关系颇费心思。有人提议解除山下袁文才的武装，认为他们只有几十人，一包围缴械就完了。毛泽东不同意，说：谈何容易，你们太狭隘了，度量太小啦。我们不能采取大鱼吃小鱼的吞并政策，三山五岳的朋友还多呢！历史上有哪个能把三山五岳的土匪消灭掉？三山五岳联合起来总是大队伍。对他们只能用文，不能用武，要积极地争取改造他们，使他们变成跟我们一道走的真正的革命武装。

毛泽东从绿林重义气、多猜疑的特点出发，初次与袁文才见面，只带了几个随员赴会，疑心甚重的袁文才却在会面地点宁冈大仓村林家祠堂埋伏下二十多人，一片杀气。他见毛泽东很诚恳也很随和之后，才消除了疑虑。及至毛泽东慷慨大度，当场宣布送给他们一百支枪后，把个袁文才感动得不知说什么好，也当场回赠革命军六百块银元，并同意革命军在茅坪设立后方医院和留守处。在袁文才的帮助下，山上王佐的工作就好做了。

战争时期，毛泽东与井冈山、陕北两地的关系搞得很好，但与江西地方的关系却不太融洽，尤其与赣南地方武装的负责人关系处理得不甚好。王佐、袁文才被赣南特委错杀后，毛泽东对赣南特委印象很差。这与后来发生“富田事变”也有密切的关系。到陕北后，毛泽东十分重视与当地干部的关系。长征一到陕北，毛泽东的第一个动作便是“刀下留人”，释放被错抓的陕北红军的领导人刘志丹等人，为红军奠基西北打下了基础。

在罗霄山脉转了一圈之后，毛泽东对罗霄山脉中段的井冈山有了新的认识。他在给中央的信中说：“整个的罗霄山脉我们都走遍了；各部分比较起来，以宁冈为中心的罗霄山脉的中段，最利于我们的军事割据。北段不如中段可进可守，又太迫近了政治都会……南段地势较北段好，但群众基础不如中段，政治上及于湘赣两省的影响也小些，不如中段一举一动可以影响两省的下游。”[1]此前，毛泽东在给湖南省委的报告中也提出：“宁冈能成为军事大本营者，即在山势既大且险，路通两省，胜固可以守，败亦可以跑”，“实在可以与敌人作长期的斗争，若此刻轻易脱离宁冈，‘虎落平阳被犬欺’，四军非常危险”。[2]

从上述建立井冈山的思路来看，毛泽东土地革命战争初期的根据地思想，一是注重政治影响，二是有过民主革命影响的地方，有群众基础，三是在山地坚持和发展。关于第三点，还可以补充几句。

毛泽东说：“我们的政权是分散而又孤立的山地或僻地的政权”，“在四围白色政权中间的红色割据，利用山险是必要的”。[3]对处于革命低潮时期的极为弱小的红军来说，利用山地生存和发展是必要的。凭借大自然的屏障，红军可以与强敌周旋，或隐伏，或游击，神出鬼没，变化无穷。可以说，红军是靠山起家，靠山吃饭，靠山发展。

对山，毛泽东有着特殊的感情。特别是井冈山。他曾这样表达对井冈山的感情：有人嫌井冈山高，嫌井冈山大，今天东山，明天西山，爬山爬厌了，不愿意再爬它，想打到城市里去。这种思想错了。要知道，井冈山虽然磨破了我们的脚，爬酸了我们的腿，但是它给我们存粮食，给我们作根据地，便利我们机动，便利我们打击敌人。所以说，这座山，它革命，这座山是革命的山。

他还充满深情地说：井冈山是个好地方，比南京好得多，它周围八百里，有草材、营前、大汾、黄坳、沔渡等十个城镇，有山有水，腾云驾雾。蒋介石的南京就没有我们井冈山大。蒋介石“占市为王”，我们“占山为王”。

在毛泽东的诗词中，写到“山”不下几十处。仁者乐山，智者乐水。

---

[1] 《毛泽东军事文集》第一卷，军事科学出版社、中央文献出版社 1993 年版，第 43、44 页。
[2] 《毛泽东年谱（1893—1949）》上卷，人民出版社、中央文献出版社 1993 年版，第 248 页。
[3] 《毛泽东军事文集》第一卷，军事科学出版社、中央文献出版社 1993 年版，第 710、32 页。

毛泽东是既爱山，又爱水，登山临水，毛泽东就会诗思泉涌，豪情万丈，住进了紫禁城，他倒感到有一种莫名的孤独和惆怅。

1938 年，毛泽东在抗大多次谈到“上山”。5 月 3 日，他在抗大三期二大队讲话时说：“我们被逼上梁山，所谓官逼民反，井冈山、鄂豫皖的山、陕北的山，四川通南巴的山，并且来了游击战。”

第二天，毛泽东在抗大一大队成立大会上说：“为什么我们上井冈山呢？因为下面住不得，所以才上山去。为什么要上井冈山，打游击战，因为要实行半殖民地半封建国家的资产阶级民主革命的任务，便是反帝反封建，我们就举起了反帝反封建的大旗。这旗帜不准我们在城里插，就到山顶上去插，永不放下。”

上了山，才有了根据地。毛泽东风趣地说：“国民党以前不是常说我们‘窜回老巢’吗，过去我们并没有‘巢’。在陕北这个地方，靠着桥山山脉的确可以建立一个又深又好的‘巢’，敌人进不来，里面有工农商业，有牛羊鸡犬，有女子和娃娃，有生产班。这要好好计划一下，要像朱总司令所讲的好好地搞一个革命家务。”[1]

客观上，毛泽东的“上山”思想和实践构成了毛泽东“工农武装割据”和“农村包围城市”道路的起点。从这个角度说，没有“上山”，也就没有中国革命的胜利。

“波浪式推进”与“以发展求巩固”

土地革命战争时期，根据地发展战略经过两个过程，这就是实行“固

[1] 《毛泽东文集》第三卷，人民出版社 1996 年版，第 73 页。

定区域的割据，用波浪式的推进政策”和“以发展求巩固”的方针的过程。

“固定区域的割据，用波浪式的推进政策”是相对冒进政策提出来的。井冈山斗争中毛泽东即注意到了这个问题，尤其是“八月失败”的教训，使毛泽东加深了对这一问题的理解。“割据地区的扩大采取波浪式的推进政策，反对冒进政策。”❶

在井冈山割据一年多后，红四军主力下山了。朱毛红军初次下山，远离根据地作战，周围环境和井冈山斗争时期完全不同，既没有共产党的组织，又缺乏群众斗争的基础，连报信的人都没有。在强敌的追截下，一时吃尽了没有根据地的苦头。照陈毅后来所形容的，犹如“过街老鼠，人人喊打”❷。

大柏地一仗，红四军才摆脱了困境，进入赣南东固根据地。在这里，毛泽东原拟实行固定区域的割据，即建立类似于井冈山那样的根据地。但赣敌主力李文彬部进逼东固。为避免不利条件下作战，同时为了避免东固根据地的秘密割据完全丧失，毛泽东率红四军于1929年2月中旬离开东固，转向赣闽边界地区进行变定不居的游击战争。不久，蒋桂战争爆发，赣敌大部进至九江一带，红军乘机在赣南闽西进行创建根据地的工作。这是第一次从固定区域的割据变为变定不居的游击政策，又从变定不居转为固定区域的割据。

3月20日，毛泽东在给中央的信中总结这一段的工作时说:2月中旬，李文彬部追至东固，“乃决定抛弃了固定区域之公开割据政策，而采取变定不居的游击政策（打圈子政策），以对付敌人之跟踪穷追政策”。军阀混战开始后，前委决定:“以赣南闽西二十余县为范围，从游击战术，从

---

❶ 《毛泽东军事文集》第一卷，军事科学出版社、中央文献出版社1993年版，第15页。

❷ 《陈毅军事文选》，解放军出版社1996年版，第438页。

发动群众以至于公开苏维埃政权割据，由此割据区域与湘赣割据区域相连接。”❶

半个月后，毛泽东在另一次给中央的信中比较系统地总结了红军的游击战术，其中说道：“分兵以发动群众，集中以应付敌人。”“固定区域的割据，用波浪式的推进政策。”“强敌跟追，用盘旋式的打圈子政策。”“很短的时间，很好的办法，发动群众。”毛泽东具体举例说：“在湘赣边界时，大概集中兵力一度击溃敌人之后，可以散开工作两三星期(分数大支出去，每大支又分数小支出去)，及至敌人再整军来，我们又集中起来了，再击溃敌人，再分散工作。此次敌人穷追，我们用盘旋式的游击，可以走很宽的地方，发动很宽的群众。”❷

正当红四军和江西红军在瑞金、雩都（今于都）、兴国、宁都等地开始固定区域的割据，红五军在彭德怀的率领下返回井冈山，准备恢复以井冈山为中心的湘赣苏区时，蒋桂战争结束了，赣敌回师攻击红军，以三个旅分三路向雩都、兴国、宁都、瑞金推进。红四军再次放弃固定区域的割据，采取变定不居的游击政策，向敌人势力比较薄弱的闽西进军。红军二入闽西，三战龙岩，开辟了闽西苏区。

在开辟井冈山根据地，转战赣南闽西，创建苏区的过程中，毛泽东形成了较为系统的建立根据地的思想。这就是：“所谓割据，必须是武装的。”“边界的斗争，完全是军事的斗争。”此其一。其二，对敌人，要根据不同的情况采取不同的战略：对力量比较强的敌人取守势，对力量比较弱的敌人取攻势；在统治阶级政权破裂的时期（如军阀混战）可以比较地冒进，在统治阶级政权暂时稳定的时期则要逐渐地推进。无论如

---

❶ 《毛泽东军事文集》第一卷，军事科学出版社、中央文献出版社 1993 年版，第 55、54 页。

❷ 《毛泽东军事文集》第一卷，军事科学出版社、中央文献出版社 1993 年版，第 61 页。

何，都要注意中心区域的坚实基础，采取波浪式推进政策，巩固地向前发展。

毛泽东等在总结赣南闽西武装割据的新经验时，还提出了“伴着发展”的工作路线和“同时扩大同时深入”的工作方针。所谓“伴着发展”，就是伴着原有红色区域发展，波浪式地向前扩大；所谓“同时扩大同时深入”，就是一定时间，在指定区域集中精力扩大地区，同时在该区域做深入的工作。

在要不要建立根据地的问题上，红军内部有两种不同的做法：一种是朱德毛泽东、方志敏、李文林式（指东固根据地的秘密割据模式，毛泽东给林彪信的原稿曾提到“李文林式”）、贺龙式的有根据地和有计划建设革命政权的正确做法；另一种是忽视根据地的流动游击的错误做法。这种做法是走州过府，招兵买马，打了就走，今天在这里，明天在那里，像住店铺一样。

旧时代的许多店铺前都有这样一副对子：“天将晚矣君何住？鸡既鸣兮我不留”，正是这种热衷于走州过府、轻便游击的人的生动写照。特别是在红军实行变定不居的游击政策时，这种思想更容易抬头。

1930年初，毛泽东在给林彪的信（即《星星之火，可以燎原》）中系统地批评了这种希望用轻便游击去扩大政治影响，和先争取群众后建立政权的错误观念，深刻阐明了建立农村根据地的重大意义。指出：必须要有“建立红色政权的深刻观念”和用“红色政权的巩固和扩大去促进全国革命高潮的深刻的观念”。毛泽东强调：“红军、游击队和红色区域的建立和发展，是半殖民地中国在无产阶级领导之下的农民斗争的最高形式，和半殖民地农民斗争发展的必然结果；并且无疑义地是促进全国革命高潮的最重要的因素。”这个理论的提出不仅表明毛泽东对根据地认识的深化，而且揭示了毛泽东农村包围城市的中国革命道路理论的初步形成。

后来在陕北，毛泽东再次肯定了波浪式的推进政策。他对美国记者斯诺说：“在扩大苏区时，红军一般地采取波浪式或潮水式的推进政策，而不是跳跃式的不平衡的推进，不去深入地巩固既得地区。”

1950 年 4 月 15 日，中共中央派驻越南党的联络代表罗贵波给中央军委来电，请求解释毛泽东关于“固定区域的割据，用波浪式的推进政策”的具体含义。28 日，聂荣臻起草了答复电报并送毛泽东审阅，毛泽东批复“同意”。聂的答复是这样的：“主席的这一军事原则是在民族民主革命战争中，敌强我弱的情况下，创建革命的根据地，巩固根据地，再依托根据地，扩大发展根据地，既反对保守主义，又反对冒进政策，使巩固根据地与发展根据地相结合的原则。所谓波浪式的推进，就是根据地扩展到某一境地，就要暂时停止推进，而进行新区的发动群众建立政权，建立人民武装等项巩固工作，到新区已经可以作为依托再行推进。”❶

长征是一个分界线。在此之前，毛泽东关于建立和巩固根据地的战略，一般都是提固定区域的割据，提波浪式的推进，做法基本上是“以巩固求发展”。此后，毛泽东更为强调“以发展求巩固”。1932 年攻打赣州失利后，毛泽东在赣县江口会议上曾提出下步行动向赣东北发展，以“出击求巩固”，但没有被接受。到陕北之后，毛泽东发展了这一思想，提出“以发展求巩固”。

“以发展求巩固”更为强调根据地的流动性。因为，根据地的固定与流动是对立的统一，“作战线的不固定，影响到根据地领土的不固定。时大时小时缩时伸是经常的，此起彼落也往往发生。这种领土的流动性，完全是来源于战争的流动性。”❷

---

❶ 《建国以来毛泽东文稿》第一册，中央文献出版社 1987 年版，第 318、319 页。

❷ 《毛泽东军事文集》第一卷，军事科学出版社、中央文献出版社 1993 年版，第 750 页。

提出“以发展求巩固”，有两个基本原因，第一，是历史原因。第五次反“围剿”的失败，使毛泽东强烈意识到，单求固定区域的割据，巩固地发展，利于国民党的堡垒政策的推行，而使自己处于不利和被动的地位。第二，现实的原因。陕北的地理环境更利于国民党推行其堡垒政策。这里东临黄河，北临长城和沙漠，西面为少数民族居住区，南面是国民党军西北大本营。一旦国民党军在根据地周围构筑堡垒线，红军将很难有所作为。另外，陕北根据地地瘠民贫，面积狭小，人口只有四十余万，难以供养一两万人的红军，只有积极向四周发展，才能生存和立足。

是“以巩固求发展”，还是“以发展求巩固”，在1935年底和1936年初，在中央和红军中曾有过一场不大不小的争论。有人主张红军“巩固地向前发展”，以巩固陕甘苏区为主，逐步向渭水以北发展；毛泽东则力主利用当前蓬勃发展的抗日形势，积极向山西发展，“以发展求巩固”。

1935年12月23日，毛泽东在瓦窑堡举行的政治局会议上作军事报告，谈到作战指挥上的基本原则时，毛泽东指出：在内线作战中，一般是后发制人；要波浪式的发展，实行发展中的推进政策；又要打又要走，没有固定战线；反对不让敌人寸土的办法，大踏步前进后退。关于行动方针，毛泽东指出：主要分三个步骤：第一步，在陕西的南北两线给进犯之敌以打击；第二步，到山西去，准备击破阎锡山晋绥军的主力，开辟山西西部五县至十几县，扩大红军15000人；第三步，根据日军对绥远进攻的情形，适时地由山西转向绥远。

1936年一年，红一方面军干的就是一件事：“以发展求巩固”，扩大陕甘苏区。2月，毛泽东吟着“北国风光，千里冰封，万里雪飘”的壮美诗篇，踏上了东征山西的道路。这次东征，成果是辉煌的，除扩大了影响，筹措了给养外，还迫使深入陕北的晋绥军撤回山西，巩固了陕甘苏区。当国民党中央军重兵进入山西后，毛泽东适时指挥部队回师陕北。5月下旬，发起西征战役。这次战役的目的是在宁夏马鸿逵的防区中打开缺口，造成广大的陕甘宁根据地，向北打通与苏联、蒙古的联系；向南打通与张国焘等率领的红四方面军和贺龙、任弼时率领的红二、六军团联系；南面争取东北军和其他国民党军走向抗日。

说得简明一点，目的就是争取时间，争取空间，争取力量，为将来的大发展准备条件。

东征进入山西后，中央政治局于3月下旬在晋西召开会议，在讨论军事战略方针问题时，毛泽东指出：我们的方针是"以发展求巩固"。过去提"巩固地向前发展"是对的，今天则是"以发展求巩固"。现在只有发展才能巩固。为此，在战略上要大胆，因为客观环境好；在战役上要谨慎，有利地形上以多胜少，以求减少错误。并逐条批驳了李德提出的《意见书》，指出他的主要错误是"革命战争中的单纯防御路线"。

叶剑英在新中国成立后说："在我们数十年的革命斗争中，党常常运用'巩固地向前发展'这一条原则，实践证明是成功的。但是我们在学习这一条原则时，应该认识到这也是有条件的。应该记得，当着我们长征结束到达陕北以后，这一条原则就不适合当时的具体环境了，必须有另一条新的原则来代替它，那就是要'在发展中求巩固'的原则。当时，党中央批判了博古等少数同志机械地运用'巩固地向前发展'的老原则来反对东渡黄河的错误思想，坚持了'在发展中求巩固'的正确方针。"[1]

无论是"以巩固求发展"还是"以发展求巩固"，都要根据具体的条件决定。"某一时期，把重心放在发展方面，这就是推广游击区、扩大游

[1] 《叶剑英军事文选》，解放军出版社1997年版，第327、328页。

击队的工作。另一时期，则把重心放在巩固方面，这就是组织民众、训练部队的工作。”[1]

东方不亮西方亮，黑了南方有北方

谈到毛泽东的根据地思想时，不能不提到中国作为“大国”这样一个国情。

“中国是一个大国——‘东方不亮西方亮，黑了南方有北方’，不愁没有回旋余地。”[2] 据说这话最初是罗炳辉说的。

因为中国是一个大国，所以总有地方可以建立根据地，所以在一处不能立足时，可以转移到另一处建立根据地。

井冈山是中国革命的第一块农村根据地，但它只存在了三年，王佐、袁文才被错杀后，根据地便也不存在了。毛泽东在井冈山只转战了一年零两个月，便下山转战赣南闽西，建立了后来所说的中央革命根据地。红四方面军在鄂豫皖不能生存，便转到了川陕地区，建立根据地。如果说这个回旋还算比较小的话，那么，长征中红军由南向北的转移则是一场大流动，充分说明了中国这个大国具有多么充足的回旋余地。

红军三大主力的长征，仅红一方面军即行程两万五千里，在中国土地上打了半个圈。走的路最多的可能是朱德。朱老总由于一、四方面军会师后随以四方面军为主的左路军南下北上，长征后他自己说共走了三万五千里。长征经过 11 省（现在有党史学者考证出红军曾经过青海，如加上青

[1] 《毛泽东军事文集》第二卷，军事科学出版社、中央文献出版社 1993 年版，第 252 页。
[2] 《毛泽东军事文集》第一卷，军事科学出版社、中央文献出版社 1993 年版，第 709 页。

海省，则达 12 个省），走了大半个中国。

如果中国是个小国，就难以发生这种史无前例的长征，也难以长期支持一块根据地。毛泽东曾比较中国抗战与西班牙内战的不同特点说，西班牙国土太小，没有多少地方可走，所以他们采取坚守马德里的战略；中国则不同，我们可以走，地方很多，即使中国大部分国土被日本占领了，我们还是有办法。

有回旋余地，正是中国革命战争得以长期存在和坚持的条件。以往有的论著往往忽视回旋余地对于根据地建立的重要作用，其实毛泽东是非常重视这一条件的。毛泽东指出，要建立长期支持的根据地，主要是须有游击队的回旋余地，即广大地区。有了这个条件，就是在平原也是能够发展和支持游击战争的。有了回旋余地，可以避免不利决战。"'留得青山在，不愁没柴烧'，虽然丧失若干土地，还有广大的回旋余地"[1]。

毛泽东曾幽默地说：没有回旋余地，三十五计用完，第三十六计就用不上了。三十六计者，走为上计也，三十六计用不上，无处可走之谓也。

国土广大，可以回旋；国土广大，还可以在不利时，避开敌人的战略重心，把革命的大本营放在敌人统治相对薄弱的地方。

有兴趣的人们可以翻一下中国革命史的地图集，人们就会很容易地注意到一种现象，这就是标志着革命根据地的红色图块，在土地革命战争时期几乎都在南方，而在抗日战争和解放战争时期，则绝大多数位于北方，尤其是在黄河以北。这种不同时期的地域转换说明了什么？在国共斗争及其力量消长中又起了什么作用？为什么在南方点燃的星星之火没有在大江南北燃成熊熊之焰，却在长城内外、大河上下烧成燎原大火，最终由北向南燃遍全中国？

[1] 《毛泽东军事文集》第二卷，军事科学出版社、中央文献出版社 1993 年版，第 335 页。

这就是一个战略重心问题，这是毛泽东依据中国大国国情挥出的大手笔。

土地革命战争时期，中国共产党领导的革命战争主要是在南方进行的，这是有历史原因的。大革命时期，国共合作的舞台是在南方，中共活动最为活跃的城市是上海、广州、武汉；工人运动和农民运动最为令人瞩目的省份是广东、湖南、湖北、江西等地。当蒋介石背叛革命后，中共首先在这些地方举起武装起义的旗帜，打响反抗国民党残酷镇压的第一枪也就顺理成章了。从 1927 年 8 月到 1928 年 6 月的大小近百次起义，绝大多数都发生在南方。由起义暴动发展起来的红色根据地遍布南方各省贫瘠的山区，与占据城市和平原的国民党政权遥相对峙。

读过《中国的红色政权为什么能够存在?》一文的人都会记得毛泽东说的一段话："中国红色政权首先发生和能够长期存在的地方，不是那种并未经过民主革命影响的地方，例如四川、河南、云南及北方各省，而是一九二六和一九二七两年资产阶级民主革命过程中工农兵士群众曾经大大地起来过的地方，例如湖南、广东、湖北、江西等省。"[1] 这是毛泽东当时的认识。

大革命失败后，国共斗争在地域选择上的表现就是：无论是共产党领导的红色政权还是蒋介石的白色政权，双方依赖、活动和发展的重心都是在南方，尤其是东南长江流域各省。双方存在和发展的一个共同点就是南方那些北伐战争曾经经过和影响到的地域。所不同的是，共产党在"山上"，国民党在"水边"。

由此可见，国共两党都视南方各省为其存在和发展的重心所在，南京政权占有南方的城市、交通线和部分农村，中共武装割据相当部分山区。

[1] 《毛泽东军事文集》第一卷，军事科学出版社、中央文献出版社 1993 年版，第 13 页。

革命与反革命势力在这块范围并不太大的土地上展开了极为残酷的生死大搏斗。

这种搏斗的残酷表现在国民党对革命根据地的连年不断的“进剿”“会剿”“围剿”，表现在蒋介石置日本对东北、华北的侵略和西南、西北、北方各省的独立半独立状态于不顾，一味“围剿”南方各根据地。蒋介石将红军视作“心腹之患”，这不仅是由其阶级立场决定的，而且是从红军威胁其政治、经济中心地区这一点着眼的。20 世纪 30 年代初，南京政权能够发号施令的实际上只有江、浙、闽、赣、鄂、豫、皖等省，其他省份只是名义上服从南京政府，各省处于独立、半独立状态。以上诸省中大部分存在着红军和苏区。像中央苏区和鄂豫皖苏区两大根据地，最盛时面积相加达九万余平方公里，直接威胁南京、武汉、长沙、南昌等中心城市。红军的一举一动都足以使南京政府心惊肉跳，坐卧不安。

于是有了五次“围剿”，有了红军的长征。很难设想，没有红军的长征，蒋介石会善罢甘休，他必然会发动第六、第七次乃至更多次“围剿”，必欲置红军于死地而后快。更为严峻的现实是，在日本已经占领东北并进逼华北，中华民族处于岌岌可危地步的时刻，红军与国民党军在南方的连年搏战，必然在政治上引起人们的误解。就是说，继续在南方展开两大阶级的搏斗，而置已成为主要矛盾的中日民族矛盾于不顾，无论在军事上、政治上对中共都是不利和不可取的。

改变这种不利局面的出路是战略转移——长征。由于长征，才有了红军的保存，才有了三大红军主力的集中，才有了红色力量重心由南方向北方的位移。这里的关键点是确立了“北上抗日”的战略方针。无疑毛泽东是坚持这一方针的最为杰出的代表。

长征开始后，中国共产党人要考虑的是，在广袤的中国，哪里可以成为革命的新的重心所在，哪里可以发展革命势力？是向东，向南，向西，还是向北？幸运的是中国国土广大为这种选择提供了多种可能性。但正确的选择则要根据实际情况决定，违背实际必然要碰壁。在这个问题上斗争最为激烈的是毛泽东与张国焘的斗争。他们斗争的核心问题是“北上”还是“南下”。

毛泽东认为，“北上抗日”才是出路，南下则是绝路，不愧是真知灼见。张国焘在战略上远不及毛泽东，于此可见一斑。

张国焘坚持南下川康地区，与北上方针背道而驰，自投国民党必争之地，自是死路一条。当时蒋介石正在经营四川，企图在这里建立“民族复兴的根据地”，张国焘却想在这里打出个局面来，“赤化全川”，自然不会有好的结果。南下作战，四方面军损兵折将，伤亡过半。南下行不通后张国焘又欲向西，西向青海、新疆，是企图向民族地区寻找出路。事实证明，向南或向西都是行不通的。当时毛泽东就指出，“张国焘路线不相信在藏人和回人地区不能建立我们的根据地，直待碰壁以后方才相信”[1]。

张国焘在战略方向上的失败和后来的历史证明，唯有“北上抗日”，将中国革命的大本营放在西北，才是正确的选择。

红军离开国民党统治严密的南方，从军事上说取得了“避实就虚”的效果。比起南方来，北方的统治比较薄弱，蒋介石的嫡系更少。比起南方来，蒋介石对西北是轻视的，在日本步步蚕食的情况下更是如此。1936年8月，毛泽东在致杨虎城的信中说：“蒋氏欲向西南求出路，西北已非其注意之重心。”

红军长征抵达陕北后，毛泽东说了一段很耐人寻味的话：“红军移到

[1] 《毛泽东选集》第一卷，人民出版社1991年版，第213页。

了西北，不是如同在南方那样处在威胁国内敌人的最重要的地位了，'围剿'的规模、情况和战斗，就比较少些、简单些、缓和些了。"[1] 什么是"威胁国内敌人的最重要的地位"，通过以上分析，不是再清楚不过了吗。

北方是 20 世纪 30 年代民族矛盾最为尖锐的地区，红军抵达陕北，从政治上说，是从向南京政权的进攻姿态转为防御姿态，而对日本帝国主义则变为进攻的姿态，从在南方的抗日宣传转为北上抗日的实际行动，有利于推动全国抗日救亡运动的发展。

红军三大主力的集中，把中国革命的大本营放到西北，造成了红军前出华北的有利态势，毛泽东后来在谈到陕甘宁边区的作用时曾说到两点，一是落脚点，一是出发点。"它是中国革命的一个枢纽，中国革命的起承转合点。"[2] 这里指的就是西北在战略上的这种有利地位。它对中共后来发展黄河以北广大地区，为抗战时经略华北，抗战后控制东北，提供了极为便利的地理条件。

长征是被迫的，但"北上抗日"是主动的。正像斯诺在《西行漫记》中所说的："进军到战略要地西北，无疑是他们大转移的第二个基本原因，他们正确地预见到这个地区要对中、日、苏的当前命运将起决定性的作用。"[3] 由于这个主动，初步完成了中共力量由南向北的重心转换，奠定了十多年后底定全国的大势。中国共产党在最穷困潦倒的战略退却中找到了中国革命胜利的新起点，这是它的敌人和友人都不曾料到的。

红军主力抵达西北，在中国大地上形成了中共重心在北方，国民党的重心在南方的新的战略格局，如果加上侵入东北和华北的日本侵略者，当

---

[1] 《毛泽东军事文集》第一卷，军事科学出版社、中央文献出版社 1993 年版，第 713、714 页。

[2] 《毛泽东文集》第三卷，人民出版社 1996 年版，第 265 页。

[3] ［美］埃德加·斯诺：《西行漫记》，董乐山译，生活·读书·新知三联书店 1979 年版，第 180 页。

时的中国政治地图上就形成了一个三足鼎立的局面。

做眼谋势争全局

在根据地问题上，中国共产党在抗日战争一爆发便表现出不同于土地革命战争初期的特征。在日军的强势攻势面前，八路军、新四军不是如同十年前的红军那样先是向白色政权统治薄弱的地区退却，而是向着敌人前进的相反方向，勇敢地向敌后进军，在日军没能有效地控制其占领区之前，抢占先机，控制敌后战略要地，作为长期抗战的战略支点。

这是毛泽东的“围棋”战略，对手是凶悍的日本帝国主义。

与日本侵略者下围棋，毛泽东着重在“做眼”，做眼谋势争全局：占据战略支点，由点到面，扩大根据地，打破日伪军的“囚笼政策”，挤走日伪军。

八路军、新四军向敌后进军，自然与日军的攻势形成了一种包围与反包围的关系，形成了一种你中有我、我中有你的犬牙交错的关系。毛泽东形容这种状况有如下围棋：

“从整个抗日战争看来，由于敌之战略进攻和外线作战，我处战略防御和内线作战地位，无疑我是处在敌之战略包围中。这是敌对于我的第一种包围。由于我以数量上优势的兵力，对于从外线分数路向我前进之敌采取战役和战斗的进攻和外线作战的方针，就使各个分进之敌的每一个处于我之包围中。这是我对于敌的第一种包围。再从敌后游击战争的根据地看来，每一孤立的根据地都处于敌之四面或三面包围中……这是敌对于我的第二种包围。但若将各个根据地联系起来看，并将各个游击战争根据地和正规军的战线联系起来看，我又把许多敌人都包围起来。……这是我对于敌的第二种包围。由是敌我各有加于对方的两种包围，大体上好似下围棋一样，敌对于我我对于敌之战役和战斗的作战好似吃子，敌之据点和我之游击根据地则好似做眼。在这个‘做眼’的问题上，表示了敌后游击战争根据地之战略作用的重大性。”[1]

在另一处，毛泽东也说了类似的话：“这样，敌我各有加于对方的两种包围，大体上好似下围棋一样，敌对于我我对于敌之战役和战斗的作战，好似吃子，敌的据点（例如太原）和我之游击根据地（例如五台山），好似做眼。如果把世界性的围棋也算在内，那就还有第三种敌我包围，这就是侵略阵线与和平阵线的关系，敌以前者来包围中、苏、法、捷等国，我以后者反包围德、日、意。但是我之包围好似如来佛的手掌，它将化成一座横亘宇宙的五行山，把这几个新式孙悟空——法西斯侵略主义者，最后压倒在山底下，永世也不得翻身。”[2]

上述两段话，都是在 1938 年 5 月说的。也在这个月，毛泽东在会见美国武官卡尔逊时，说得也很形象。他说：中国像一个容量一加仑的细颈瓶，而日本灌进了半品脱水。它的部队进占一地方，我们转向另一地方；他们追击，我们就后退。日本兵力不足，无法占领全部中国，只要人民决心继续抵抗，它就无法用政治手段控制。他还说：有几种围困。日本在五台山包围我们，围困我们。但我们有另一种围困，比如日本在太原驻守，太原的东北是聂荣臻的部队，西北是贺龙的部队，林彪的部队在西南，朱德的部队在东南。日军在山西一出动就会撞上我们的巡逻队。正像山西是华北的战略锁钥一样，五台地区也是山西的锁钥，我们占领五台，日本人就不能控制山西。另一种围困应是美国、苏联同中国一道围困日本，这将

[1] 《毛泽东军事文集》第二卷，军事科学出版社、中央文献出版社 1993 年版，第 253 页。
[2] 《毛泽东军事文集》第二卷，军事科学出版社、中央文献出版社 1993 年版，第 300 页。

是一种国际的围困。[1]

从上述论述中，我们不难看出在根据地战略上，抗战时期与红军时期不同。一般说来，红军时代的根据地有些也处于具有战略意义的地方，但相互之间缺乏比较密切的战略策应，因此也就难以对国民党占据的中心城市和交通线形成包围，对国民党军的包围形成反包围。这里的主要原因在于，红军时代的根据地在建立时，考虑更多的是在国民党政权控制较为薄弱的地方和对白区的政治影响，以农村的割据促进全国革命高潮的到来，而似乎不太强调军事战略上的作用。毛泽东所以引兵井冈，理由之一便是罗霄山脉中段“一举一动可以影响两省的下游”；罗霄山脉北段地势“不如中段可进可守，又太迫近了大的政治都会”，南段“政治上及于湘赣两省的影响也小些”。显然，毛泽东当时设想还是用根据地的建立与扩大以影响和促进全国革命高潮的到来。这也是与幼年时期红军对根据地作用的认识还不深刻分不开的。经过十年内战，中共党内已经锻炼出一批富有战略眼光的领导者，毛泽东无疑是其中的卓越代表。因此，当八路军、新四军出师之日，便能从长期抗战着眼，对战略展开的方向、地区作了大致的规划，并随着战争形势的不断变化加以修正，使之日臻完善。

毛泽东是如何做眼谋势的呢?

第一，未雨绸缪，抢占先机，控制具有战略价值的地区。全面抗战初期，毛泽东利用日军热衷于战略进攻，抢占城市和交通线之机，指示八路军、新四军勇敢地向敌后进军，抢占具有战略意义的地区。

1937 年 8 月，为向沿平汉铁路南进和沿平绥铁路西进的日军实行侧后游击战，毛泽东和张闻天提出并经中共中央洛川会议通过，决定八路军

---

[1] 《毛泽东年谱（1893—1949）》中卷，人民出版社、中央文献出版社 1993 年版，第 66、67 页。

全部部署于以恒山山脉为中心的冀察晋绥交界地区。后又依战局发展趋势，毛泽东指示八路军三个师分别依托恒山、管涔山、太行山、吕梁山展开，创立根据地，坚持依傍山地与不打硬仗。这个部署等于控制了山西几乎所有的战略支点。由于展开部署得当，所以在太原失守后，八路军即在战略上三面包围了同蒲路，四面包围了太原城。第二年春，毛泽东乘日军和国民党军尚未顾及的时候，指示新四军向茅山发展。这对后来华中根据地的开辟具有重要的意义。他还指示八路军派部向以雾灵山为中心的冀东地区发展，威胁华北与东北联系的咽喉地带。这是极富战略意义的一着棋。根据日军进攻态势，毛泽东还设想西安、武汉、长沙、南昌四处不守时，以山西区、鄂豫皖区、苏浙皖赣区、陕甘区、鄂豫陕边区、湘鄂赣边区为中心作为长期抗战的战略支点，而以苏鲁边区、冀南区、热冀边区、大青山脉为辅助区。随着形势的发展，后来这些地区大部分都得到了开辟。

第二，敌变我变，着眼于在日军翼侧及后方展开，以保持战略主动。根据地要在敌之包围中形成对敌的反包围，就须随时做到敌变我变。这种包围与反包围的时时变化，构成了犬牙交错的战争形态，形成了战争史上的奇观。

八路军出师之初，原拟全部展开于恒山山脉。但到9月中旬后，形势突变，日军以相当兵力沿平绥线突破晋北防线，企图由北而南沿同蒲路直趋太原，同时，日军一部沿正太路突破娘子关，进逼太原。这样，位于同蒲路和正太路之间的恒山山脉就成了日军夺取冀察晋三省的战略中枢，八路军如依原计划行动，将全部处于日军之战略大迂回之中，完全陷于被动地位。这时，毛泽东迅速作出新的战略部署，指示八路军第一二〇师转至以管涔山为中心的晋西北地区，第一二九师于适当时机进至以吕梁山脉为依托的晋西南地区，第一一五师则以“自觉的被动姿势”进入恒山山脉南段活动，准备依情况逐渐南移，展开于晋东南之太行、太岳两山脉。这个部署的总意图就是使八路军主力在日军战略大迂回的翼侧展开，避免入敌“彀”中，保持战略主动。这就既可避敌锋芒，又可以翼侧与敌后的游击战争相配合对日军形成反包围。

这就是毛泽东指出的，对敌应取四面包围袭击之态势，集中一区是难以立足的。在根据地的总体布局上，强调各战略支点的相互配合作用，使在一定的范围内对日军占领区形成三面或四面包围的最佳态势。

中日战争的一个特点，便是敌以少兵临大国，兵力不足，没有后续力量，因而只能控制“点”和“线”，难以实现“面”的占领，即除了控制城市和交通线及其沿线乡村外，对广大山区和平原则有一种“虽鞭之长，不及马腹”的哀叹。毛泽东形象地说：“‘中国不是亡国，而是亡路’。日本得到了城市、大路的速决战，也就得到了乡村、小路的持久战。”毛泽东还说：人说中国亡了，我说不是全亡。城市亡了，乡村未亡；大路亡了，小路未亡；白天亡了，黑夜未亡。我们的办法就在“面”上做文章，以“面”的扩张包围“点”“线”。“敌人占领的地方是大块的，我们就可以在附近的小块地方做起‘文章’来”；或者说画“豆腐块”。“山西的‘田’字形态势，从几条大路来讲，敌人包围了我们；反过来，我们占领了大路附近的许多‘豆腐块’，我们就包围了敌人。”[1]

这些“豆腐块”便是被分割的根据地。敌后第一块“豆腐块”是聂荣臻开辟的以五台山为中心的晋察冀抗日根据地。1937年秋，八路军第一一五师政委聂荣臻率二千余人挺进五台山，开辟了这块唯一得到国民党政府承认的敌后根据地。

消息传来，毛泽东击节赞道：古有鲁智深，今有聂荣臻。毛泽东在抗

[1] 《毛泽东文集》第二卷，人民出版社1993年版，第107、108页。

大和陕北公学的讲话中多次高度评价聂荣臻创立的根据地是抗日模范根据地。毛泽东说：大块地方，如王羲之所说“大块假我以文章”，决不是没有文章可做的。聂荣臻现在五台山造成了一个抗日根据地，在平汉线、平绥线之间大唱其戏。毛泽东号召“从建立山西的五台山，到建立全中国的五台山，争取最后的胜利”。❶

有了五台山根据地，紧接着，八路军又在管涔山、太行山、太岳山、吕梁山建立了抗日根据地。有了这些山地战略支点的依托，毛泽东开始把眼光转向更为广阔的平原，要把“豆腐块”做大。“各个根据地上的游击战争必须极力向其根据地的四周发展，迫近一切敌人的据点，威胁其生存，动摇其军心，同时即发展了游击战争的根据地。”❷1938 年春，毛泽东等发出展开平原游击战的指示，八路军居高临下，向河北、山东平原地区滚动发展抗日游击战争。这是十年内战以来没有过的举动，那时的根据地基本上都没有离开过山地。可以说，只有在平原创造根据地，才能真正逼近敌占中心城市和交通要道，对日军构成威胁；只有在平原创立根据地，才能缩小对城市的包围圈，使农村包围城市理论真正从可能变为现实。因为只有山地根据地是不可能形成对城市的包围的。

随着根据地由“点”到“面”的扩大，敌我之间围绕根据地生存与发展的斗争也进入了一个新阶段。其中一个很重要的内容是交通斗争。日军利用铁路、公路等交通线对根据地实行“囚笼政策”，典型的就是以“铁路为柱，公路为链，碉堡为锁”，分割抗日根据地。通过蜘蛛网般的交通线将一块块根据地分割得支离破碎，七零八落。毛泽东形象地说：“我们中国是出豆腐的，照割豆腐的办法，划了很多块，这不是我们自己划的，

---

❶ 《毛泽东文集》第二卷，人民出版社 1993 年版，第 109 页。

❷ 《毛泽东军事文集》第二卷，军事科学出版社、中央文献出版社 1993 年版，第 252 页。

是敌人给我们划的。”[1]

抗日根据地的大小是与敌人交通网的疏密程度成正比的，哪里敌人的交通线越发达，敌后根据地的生存便愈艰难，根据地便愈小。根据地要扩大要发展，便要打破敌人的“囚笼政策”，破坏敌人的交通线。所以，以扒铁路、挖公路、砍电杆、平路沟为内容的交通破袭战便成了相持阶段后八路军最主要的作战行动和拿手好戏。百团大战便是一场著名的交通破袭战。这次战役的重点是破击正太路，同时，破袭同蒲、平汉、德石等铁路以及华北一些主要公路线。八路军参战兵力由原定的22个团自发地增至105个团，可见人们对敌占交通线是如何恨之入骨。这次交通破袭战，使正太铁路等重要交通线在短时间里陷于瘫痪，极大地鼓舞了沦陷区人民的抗日斗志。

于是便有了一句戏言：八路军是“扒”路军。

“面”与“点”“线”的斗争还表现在敌不仅要“点”“线”，还要扩大“面”的占领。日伪军通过“扫荡”占领根据地，通过“清乡”稳定游击区，从“面”上缩小根据地。双方的斗争便表现为一个“挤”字。“把敌人挤出去”，一度成了敌后根据地斗争的重点。1942年10月，毛泽东致电中共晋绥分局书记林枫，指示晋绥开展游击战争向敌人挤地盘，“向敌取积极政策，否则地区再缩前途甚坏。”[2]后来，毛泽东又说：“对敌斗争，挤地方，是一个很重要的问题。如果不挤，我们生了两只脚就无立足之地。”他十分形象地指出：“六年的抗战，在敌后我们被敌人挤得好似由茶壶底到茶壶腰，再挤到茶壶顶，现在我们一定要从茶壶顶往下挤一下才行。”[3]

把敌人挤出去，最典型的莫过于太岳军民进行的沁源围困战。沁源位

---

[1] 《毛泽东文集》第三卷，人民出版社1996年版，第252页。

[2] 《毛泽东军事文集》第二卷，军事科学出版社、中央文献出版社1993年版，第688页。

[3] 《毛泽东文集》第三卷，人民出版社1996年版，第72页。

于太岳根据地北部，1942 年 10 月，日伪军出动 1.6 万余人“扫荡”太行、太岳北部，在根据地军民的打击下，日伪军被迫于 11 月中旬撤回原据点，但留下一个大队日军及部分伪军据守沁源县城等据点，企图以此为基地分割和“蚕食”太岳根据地。为了把敌人挤出去，太岳北部军民对沁源之敌展开了长达两年半的长期围困战，他们采用麻雀战、阻击战、地雷战和伏击战打击沁源县城的日伪军。沁源地方武装和民兵共作战 2700 余次，毙伤日伪军 4000 余人，迫使沁源日伪军于 1945 年 4 月弃城逃走。为此，延安《解放日报》发表社论，称赞沁源围困战是“敌后抗战中的模范典型之一”。

抗战根据地的“围棋”战略有一个规则，就是只能在敌后建立和发展根据地，而决不能在国民党统治区建立根据地。“做眼”不能做到国统区来，避免向国统区争地盘。从政治上说，“因蒋是站在反日立场上，我不能在南方国民党地区进行任何游击战争”。从军事上说，在国民党统治区活动易受制于人。皖南事变的教训就在于项英留恋皖南，企图依托国统区，迟迟不愿向敌后发展。毛泽东曾一再告诫项英：“在敌后进行游击战争虽有困难，但比在敌前同友军一道并受其指挥反会要好些，方便些，放手些。”[1]1940 年春，广东东江抗日游击队离开敌后抗日基地，进入国民党后方，遭到国民党军围追堵截，部队受到严重损失，由原来的七百余人锐减至一百多人，也是一个深刻的教训。

毛泽东对此认识是很清楚的，他早就指出：“党的主要工作方面是在战区和敌后。”[2]1940 年 5 月，他号召根据地应“向一切敌人占领区域发展”[3]。这就规定了凡是日军铁蹄蹂躏之处，八路军、新四军和一切抗日武

---

[1] 《毛泽东军事文集》第二卷，军事科学出版社、中央文献出版社 1993 年版，第 562、220 页。

[2] 《毛泽东军事文集》第二卷，军事科学出版社、中央文献出版社 1993 年版，第 419 页。

[3] 《毛泽东选集》第二卷，人民出版社 1991 年版，第 754 页。

装皆有收复，发动游击战争之责。国民党政府及其时至今日出版的史书还在说八路军、新四军在敌后“扩大地盘”，是破坏军令、政令“统一”，实在是毫无道理的。抗战后中共的19块根据地，除陕甘宁边区外，都是人民武装在敌后从日军手中一寸一寸夺回来，建立起来的。1944年八路军南下，其原因就是日军实行“一号作战”（即打通大陆交通线作战，中国史书称之为“豫湘桂战役”），国民党军望风而逃，河南、湖南、广西大片国土沦丧，当地民众迫切期待有人领导他们起来反抗侵略者。在这种情况下，毛泽东和中央才当机立断，确定开辟河南、苏浙皖，进军湘鄂西。用毛泽东的话说就是：“蒋介石丢到哪里，我们就到哪里。”

八年全面抗战，在毛泽东的指导下，抗日根据地得到了空前的发展。抗战结束时，中共领导的根据地从一块陕甘宁边区发展到19块，面积达100余万平方公里，人口达1.2亿，民兵268万余人。依托这19块根据地，正规军发展到127万余人。

只有到这时，陈毅才能豪迈地对下山“摘桃子”（抢夺抗战胜利果实）的国民党军说：

此山是我开，
此树是我栽，
谁敢来摘果，
把枪缴下来！

黄河为界，落子无悔

如果说抗战时期毛泽东的根据地战略是“围棋”战略的话，那么，解放战争时期，毛泽东的根据地战略便是“象棋”战略。

“象棋”战略的特征是国共双方大体上以黄河为界，展开决定中国命运的大决战。

“象棋”战略的第一步是“向南巩固，向北发展”。

抗战结束后，黄河以北出现了对中共极为有利的局面。河北、察哈尔、热河、山西大部，山东及江苏北部，大都成了解放区，这在中国革命的历史上还是头一次。华北除傅作义、阎锡山两支势力和一些投靠国民党的伪军外，几乎没有其他国民党势力；整个东北更无国民党的踪迹。填补东北这个势力真空，是中共千载难逢的极好时机。就全国范围看，西南是国民党抗战赖以生存的半壁江山，南方为国民党必争之地，唯有东北是国共双方皆未开垦而又极具战略意义的处女地。

依据历史经验和蒋介石坚持独裁与内战的现实，毛泽东和中共中央在抗战结束后及时调整了战略方针。在重庆谈判前夕，毛泽东在政治局会议上谈到下步的设想：“我们准备让步的第一批地区是广东至河南的根据地，第二批是江南根据地，第三批是江北根据地，这要看谈判的情况，在有利条件下是可以考虑让步的。”但是，“陇海路以北以迄外蒙一定要我们占优势。东北我们也要占优势……那里一定有文章可做。”[1]1945 年 9 月 17 日，刘少奇在为中共中央起草给在重庆谈判的毛泽东、周恩来的电报中说：“我们全国战略必须确定向北推进，向南防御的方针。”当天，毛泽东和周恩来回电，完全同意力争东北的方针，并指出，东北及热察控制在手，全党团结一致，什么也不怕。19 日，刘少奇为中共中央起草了给各战略区的指示，明确指出：“全国战略方针是向北发展，向南防御。只要我能控制东北及热察两省，并有全国各解放区及全国人民配合斗争，即能保障中

[1] 《毛泽东文集》第四卷，人民出版社 1996 年版，第 15 页。

国人民的胜利。”[1]

在这一战略方针中，“向北发展”就是发展华北东北，其核心是控制东北。9月19日的中共中央指示中具体对“向北发展”作了部署：第一，晋察冀（除冀东外）和晋绥两区以现有力量对付傅作义、马占山的进攻，保障对察哈尔全境、绥远大部、山西北部及河北一部的占领，使之成为以张家口为中心的基本战略根据地之一。第二，山东主力及大部分干部迅速向冀东及东北出动，由山东调三万兵力进入东北。第三，新四军（除五师外）调八万兵力到冀东，开辟热河，完全控制冀东、锦州、热河。另由山东调三万兵力到山东和冀东，保障与发展山东根据地及冀热辽地区。第四，晋冀鲁豫军区全力阻止并打击国民党军北上部队，准备三万兵力调到冀东和进入东北。

“向南防御”，大体说来就是对黄河以南取守势。除保留必要的战略支点（如中原、华中）外，黄河以南主力大部向黄河以北收缩，以集中力量发展东北。这种收缩或者说妥协，在抗战结束后是一种必然。毛泽东在谈到和平时期，有的地方占领了又退出时说：“插草为标时要搞大一点，到安居乐业时要搞小一点。”[2]

9月19日中共中央的指示要求，新四军苏浙军区部队撤向苏南苏中，皖南部队撤向皖中。这还只涉及长江以南部队撤到江北。同一天，周恩来在与国民党谈判中提出：“我方拟将海南岛、广东、浙江、苏南、皖南、湖北、湖南、河南境内，黄河以南等八个地区之军队撤退，集中于苏北、皖北及陇海路以北地区，此为第一步。”“第二步再将苏北、皖北、豫北三地区之军队撤退……集中驻防于山东、河北、察哈尔、热河与山西之大部

---

[1] 《刘少奇选集》上卷，人民出版社1981年版，第327页。

[2] 《毛泽东文集》第四卷，人民出版社1996年版，第9页。

分，绥远之小部分，与陕甘宁边区等七个地区。”后来事实虽未发展到第二步，但这已足以反映中共为了向北发展，准备在必要时不惜放弃黄河以南各根据地的战略设想。

向北发展，夺取东北，使中共终于有了一个有相当经济基础，面积广大，且无后顾之忧的战略根据地。中共自“北上抗日”将中国革命的大本营放在西北后，北方（包括东北）就一直是发展的重要地区，但由于日本帝国主义的苦心经营和野蛮镇压，东北的革命斗争长期处于低潮。即使这样，毛泽东对东北仍非常重视。在抗战初期，他指示开展冀东抗日斗争，即有以此向东北发展的设想。抗战胜利前夕召开的中共七大上，毛泽东肯定地指出：“东北是很重要的，从我们党，从中国革命的最近将来的前途看，东北是特别重要的。如果我们把现有的一切根据地都丢了，只要我们有了东北，那末中国革命就有了巩固的基础。”[1]

“有如汉高祖之汉中”，中共中央这样形容东北对中国革命的作用。

随着日本投降，夺取东北终于有了可能。中共久处华北敌后，夺取东北自有地利之便，可以捷足先登，在东北完成战略展开，打破国民党独占东北，南北夹击关内解放区的企图。当时东北地区有人口3400余万，面积100余万平方公里，相当于中共19块根据地面积的总和。这里工业发达、资源丰富、交通便利，南与冀热辽、晋察冀和山东各根据地相邻，东、西、北三面与朝鲜、蒙古、苏联接壤，具有重要的战略意义。有了东北，再加上华北，中共就有了一块大体上能联成一片的具有举足轻重作用的大根据地。

为了夺取东北，毛泽东倾注了大量的“血本”。从日本投降到11月中旬，毛泽东最为关注的是进军东北，他夜以继日从全国各战略区调兵遣将

---

[1] 《毛泽东文集》第三卷，人民出版社1996年版，第426页。

开赴东北，以至疲劳过度，患病住院。在短短的四个月时间里，中央先后调派4名政治局委员（占政治局委员总数的1/3）、20名中央委员和候补中央委员（占中央委员和候补中央委员总数的1/4）到东北工作，派遣11万人的主力部队、2万干部（包括用于建立100个团的各级干部）进军东北。

毛泽东指出：十几万部队进军东北，“这是有共产党以来第一次大规模的军事调动”，是“又一个几千里的长征”。

“向南防御”，既在政治上赢得了中间派和人民的同情，又在军事上收缩了兵力，争取了主动。南方为国民党势力重心所在，卧榻之侧，不容他人鼾睡。南方不易坚持，更难于发展，这已为土地革命和抗日战争的实践所证明。在南方让一步，在政治上、军事上更为有利。抗战胜利时，中共武装分布极广，东到东海黄海，西到陕甘，南抵海南，北达绥蒙。主力分散，地区太大，只有收缩力量，集中主力于必要地区，才能形成拳头；撤出孤悬国民党统治腹心的解放区，才能避免被各个击破的厄运。如果说红军“北上抗日”是避实就虚，那么“向北发展，向南防御”则是趋利避害。

从实行“向北发展，向南防御”的战略方针到全面内战爆发，中共在东北、华北形成了一定的优势，这个优势是土地革命和抗日战争时所不可比拟的，它改变了国民党军在战略上对中共及其武装长期四面包围的态势。可以说，中共力量重心由南向北的位移在这时才真正显示出它的战略意义来。

对此，国民党中也有人很清楚，哀叹：中共军队悉数退至黄河以北，而据有黄河以北之地区，岂非分疆而治，欲三分天下有其一。这个人不是别人，就是国民党中的儒将张治中先生。张治中的话算说对了，但不完全。中共据有黄河以北，但并不想“分疆而治”。有了这个基础，中共就可以在蒋介石挑起内战时进可外线出击，退可内线作战，就有了打败蒋介石的坚实基础。

至此，以黄河为界的“象棋”战略大体成形，接下去是以此为界进行的大较量。

三年内战，实际上是国共双方经过近二十年斗争后的一次总决战，决战的最为重要的战场就在黄河两岸的古老土地上。

全面进攻时，国民党的意图是在三至六个月内消灭关内人民解放军，然后再转用兵力于东北。对关内又以黄河以南各解放区为主要进攻方向，尤其是位于长江、黄河之间的中原和苏中两个解放区。中原和苏中是中共在南线最前沿的两块根据地，是威胁南京、上海、武汉等国民党中心城市的两把利剑，也是阻遏国民党军冲向华北的第一道屏障。明乎此，全国性内战首先在中原、苏中两区爆发就不难理解了。国民党军对这两区企图以平汉、津浦铁路为轴线，主力由南向北进攻，荡平这两个解放区，或将这两区部队逐步压迫至黄河以北。国民党要员们深知，要消灭解放军是不容易的，但驱逐过黄河则是可能的。当国民党军因全面进攻失败而采取重点进攻后，这一战略企图就更为清楚不过了。首先，国民党当局于 1947 年 3 月强使黄河在花园口合龙（1938 年 6 月 9 日，蒋介石为阻止沿陇海路西进的日军，命令国民党守军炸开郑州以北花园口黄河大堤，致使黄河改道向东南沿贾鲁河入颍河及西淝河，在正阳关等地注入淮河，造成大片黄泛区。1947 年 3 月，花园口决口堵复，黄河复归故道），构成从风陵渡到济南约一千公里正面的“黄河防线”，企图以滔滔黄河之水代替其四十万大军，以阻止晋冀鲁豫野战军向外线出击。其次，将重点进攻的方向定在黄河以南的山东和以西的陕北（此时中原解放军主力已胜利突围），而对黄河以北各战场转取守势。

以毛泽东为首的中国共产党，对国民党玩的这套把戏洞若观火。当国民党对山东的重点进攻刚刚展开时，毛泽东便电告陈毅、粟裕、谭震林：

“从实施黄河堵口复故计划之时起，蒋介石一贯方针，第一步驱我至黄河以北，第二步于黄河以北歼灭我军。”8月5日，再次致电陈、粟、谭，强调指出：“敌之基本计划是驱我过黄河，而不是迫我入滨海与胶东，你们必须重视此种企图。”

毛泽东对国民党的办法是针锋相对，始终将战争的主要战场置于黄河以南各解放区，不让国民党重兵集团轻易进入华北，使华北各根据地少受蹂躏，坚持长期战争的基础不受破坏。1946年夏，国民党军要驱赶中原军区部队过黄河或入陕甘宁边区，毛泽东则指示中原军区各部在鄂豫皖川陕五省境内进行机动灵活的作战，在敌后创立根据地，以牵制国民党军，破坏蒋介石以重兵进攻东北、华北、华中的计划。中原军区部队根据这一指示，先后建立了鄂豫陕根据地和鄂西北根据地，牵制了约三十万国民党军。

当国民党军进攻苏中、山东时，华东野战军采取运动战战法，其特点是“叫化子打狗，边打边走”，从苏中退到鲁南，又从鲁南退到鲁中。但请注意，华东野战军到鲁中后放弃了“边打边走”的战法，因为再走下去就要过黄河了。而采取了与敌周旋的“耍龙灯”战法。国民党军曾有意开放泰安一带，想让陈毅、粟裕由此向北渡河，但陈粟就是不领这个“情”，与强敌周旋于鲁中山区。

陕北战场也是如此。陕北战场地域狭小，西北野战军在数量上又处于绝对劣势，即使如此，毛泽东仍率中共中央精干机关转战陕北，与胡宗南的二十万大军周旋于黄土高原的沟沟壑壑。针对胡宗南从南、西、北三面压迫，而在东面“网开一面”让中央和西北野战军过河的企图，毛泽东就是不顺胡宗南的情向东过黄河。[1] 毛泽东一针见血地指出：“目前敌之方针

---

[1] 《毛泽东军事文集》第四卷，军事科学出版社、中央文献出版社1993年版，第68、168页。

是不顾疲劳粮缺，将我军主力赶到黄河以东，然后封锁绥德、米脂，分兵‘清剿’。”毛泽东的方针是反其意而行之，以极少的兵力与胡宗南实行“蘑菇战术”，牵制胡宗南重兵集团于陕北，不让其转用于其他战场。

山东、陕北在黄河以南以西的坚持及中原军区部队在黄河以南的分散游击，使得国民党军从抗日战争以来一直企图建立黄河封锁线的梦想归于泡影。毛泽东将主要战场始终置于黄河以南的土地上。

正当国民党军在山东、陕北陷入泥潭难以自拔之际，在“黄河防线”正面的晋冀鲁豫野战军这支利剑开始出鞘了。1947 年 6 月 30 日，刘伯承、邓小平率晋冀鲁豫野战军按照中央军委部署南渡黄河，打出外线，进军中原，揭开了人民解放军战略进攻的序幕。随后，陈（赓）谢（富治）大军渡黄河向南，陈粟大军渡运河向西加入中原战场，一下子打破了国民党军凭借黄河建立的中原防御体系，挫败了其在黄河两翼山东、陕北的重点进攻。

这里，黄河似乎成了一种标志，国民党军打到黄河边，将解放军逐过黄河，则标志着其战略进攻的首着成功，而解放军突破“黄河防线”，进军中原，则标志着国民党军战略进攻的失败和人民解放军战略进攻的开始。对此，周恩来有一个形象的比喻：“黄河是蒋介石的‘外壕’，陇海路是他的‘铁丝网’，长江是他的‘内壕’。”解放军突破其“外壕”，砸烂其“铁丝网”，将战争引向“外壕”与“内壕”之间的中原战场，则意味着逐鹿中原，南面定天下的战略行动的开始。

黄河，成了 20 世纪国共双方攻守易势的“楚河汉界”。

这正如 1947 年底陈毅在《一年自卫战争的初步总结》中所说的：这场战争“好比毛主席和蒋介石下棋，‘黄河为界，落子无悔’”。黄河这条国共之间的“界河”是中共经过长征、抗日战争的艰苦斗争才建立起来的；而蒋介石一旦失去黄河这个凭借，等待他的只有垮台的命运。

在中国历史上，早就有“取源于南，收功于北”的说法，是耶非耶？征诸史实，自古以来，北伐败多胜少，而南伐则胜多败少。以北方为根据地，南面定天下，高屋建瓴，势如破竹，毛泽东领导的这场气势宏伟的革命战争又一次自觉不自觉地印证了这个古老的观点。

时间·空间

据说毛泽东的《论持久战》刚发表，周恩来就把它的基本精神向国民党将领白崇禧作了介绍。白对此深为赞赏，认为这是克敌制胜的最高方针。后来白又把它向蒋介石转述，蒋也十分赞成。在蒋介石的支持下，白崇禧把《论持久战》的精神归纳成两句话："积小胜为大胜，以空间换时间。"周恩来觉得这个归纳很中肯。后来，这两句话由国民政府军事委员会通令全国，作为抗日战争中的战略指导思想。[1]

白崇禧是毛泽东颇为赏识的国民党军中有数的几个将领之一，渡江战役前后，毛泽东曾通过人做白的工作，劝其起义，并说，白崇禧过来后，愿意带兵，可给他五十万兵让他统率。白崇禧继续顽抗后，毛泽东打电报给林彪注意提防白

---

[1] 程思远：《我的回忆》，华艺出版社 1994 年版，第 131 页。

崇禧，称白是“中国境内最狡猾的军阀”。

话扯远了，还是回过头来，从白崇禧的这两句话谈谈毛泽东关于战争中时间、空间关系的思想。

以空间换时间

人们都知道中国革命战争的长期性，但如果中国没有足够广大的空间，也是难以支撑长期战争的。

毛泽东说，一部十年内战史，就是一部红军反“围剿”史，从另一个角度说，也是一部“以空间换时间”的作战史。在土地革命战争中，“以空间换时间”，更多的是表现在战役作战上，如反“围剿”作战中的“诱敌深入”，红军以部分根据地“空间”的丧失，争取兵力集中，战场选择，疲劳敌人的“时间”，从而赢得反“围剿”的胜利。第三次反“围剿”，红军几乎丧失了所有根据地的空间，仅剩兴国县高兴圩附近几十里的地方容许红军集中。但红军在这一过程中，终于寻找到了敌人的弱点，一战而胜，再及其余，从而粉碎了敌人的“围剿”。

“以空间换时间”在抗日战争时期则表现为战略上、全局上的以空间换时间。无论是毛泽东还是蒋介石，都坚持抗战是持久战，在这一点上，两人是一致的。抗战前，蒋介石便提出“长期抵抗”和“持久消耗战略”。国民党的防卫计划大纲1935年就提出：“集结国军实力……与敌长期抗战。”“为抵御强暴使敌难达到其速战速决之目的起见，集合国军实力坚固占领预定之阵地，以消耗之战略，行逐次之抵抗。”抗战开始不久，国民党政府便确立了持久消耗战略。

毛泽东也在抗战前便提出了持久战的方针。早在抗战前一年，毛泽东在同斯诺的谈话中就说："日本在中国抗战的长期消耗下，它的经济行将崩溃；在无数战争的消磨中，它的士气行将颓靡。中国方面，则抗战的潜伏力一天一天地奔腾高涨。"❶

毛泽东关于持久战更为成熟的论述在抗战中。

1937年10月，毛泽东在《目前抗战形势与党的任务报告提纲》中指出："决胜负的战争尚在前面，最后胜负要在持久战中去解决。""今天的中心是坚持抗战，进行持久战。"第二年3月，他在对陕北公学毕业学生临别赠言中说："中国革命的长期性，这是历史变化过程所决定了的。根据半年来的经验，可以讲下面两句话：'先败后胜，转弱为强。'这是我们长期抗战的前途。"❷

但毛泽东真正从理论上阐明了持久战战略，是在抗战爆发十个月后。这是因为，这时国内的"亡国论"还有相当市场，在台儿庄会战胜利后又出现了一种"速胜论"，提出徐州会战将是中日之间的"准决战"。这些悲观和盲目乐观的论点都直接影响和动摇长期抗战的决心。1938年5月，毛泽东发表了《论持久战》一文，从理论高度回答了抗战既不会失败，也不会速胜，只能是持久战的道理。下面这段结论是人们引用最多的："中日战争不是任何别的战争，乃是半殖民地半封建的中国和帝国主义的日本之间在二十世纪三十年代进行的一个决死的战争。"论据就是，日本是一个强大的帝国主义国家，但它的侵略战争是退步的、野蛮的；中国的国力虽然比较弱，但它的反侵略战争是进步的、正义的，又有了中国共产党及其领导下的军队这种进步因素的代表。日本战争力量虽强，但它是一个小国，军力、财力都感缺乏，经不起长期的战争；而中国是一个大国，地大

❶ 《毛泽东军事文集》第二卷，军事科学出版社、中央文献出版社1993年版，第272、273页。
❷ 《毛泽东文集》第二卷，人民出版社1993年版，第50、52、105页。

人多，能够支持长期战争。日本的侵略行为损害并威胁其他国家的利益，因此得不到国际的同情与援助；而中国的反侵略战争能获得世界上广泛的支持与同情。毛泽东总结道：这些特点“规定了和规定着战争的持久性和最后胜利属于中国而不属于日本”。

毛泽东后来还提出一个根据。1938 年 11 月，他在一次大会上说道：在半殖民地的中国，我们长期作战就依据乡村，乡村同城市作战有一定困难，这也是中国采取持久战的道理。毛泽东虽然谈的是抗日战争，但这实际上把中国革命从农村包围城市的道路与革命的长期性联系在了一起。农村要战胜城市，只能企求于持久战，而不能期望速胜。

中国的土地广大是持久战得以支持的重要条件。毛泽东批驳那种认为一旦中国海岸被日本封锁，中国就不能继续作战的论点。他说：“中国是一个庞大的国家，就是日本能占领中国一万万至二万万人口的区域，我们离战败还远呢。我们仍然有很大的力量同日本作战，……中国经济的不统一、不平衡，对于抗日战争反而有利。例如将上海和中国其他地方割断，对于中国的损害，绝没有将纽约和美国其他地方割断对于美国的损害那样严重。日本就是把中国沿海封锁，中国的西北、西南和西部，它是无法封锁的。”❶

地大人多，是中国的长处，正利于发挥持久战的优势；如果企图速胜，可谓弃长扬短，正中敌人的下怀，“如果照了干去，整个的抗战就要吃大亏，持久战为之葬送，恰恰中了敌人的毒计，实在是下策”。毛泽东通过历史史实分析道：“不决战就须放弃土地，这是没有疑问的，在无可避免的情况下（也仅仅是在这种情况下），只好勇敢地放弃。情况到了这个时候，丝毫也不应留恋，这是以土地换时间的正确的政策。历史上，俄

❶ 《毛泽东军事文集》第二卷，军事科学出版社、中央文献出版社 1993 年版，第 271 页。

国以避免决战，执行了勇敢的退却，战胜了威震一时的拿破仑。中国现在也应这样干。”[1]

“以土地换时间”，这就是毛泽东的办法。白崇禧归纳的“以空间换时间”很可能是受这句话的启发得出的。

对抗战是持久战，当时的许多有识之士都意识到这一点，这可以说并非毛泽东的独创（当然毛泽东关于持久战的理论贡献最大），如人称“中国两个半军事家”之一的蒋百里（另一个是刘伯承，半个是杨杰）提出“拖”的战略，杨杰也提出过中国作战要立足持久战的思想。但这场持久战如何打，却是仁智互见。就蒋介石和毛泽东比较，蒋介石的持久战是两阶段论，他认为抗战只有战略退却（守势）和战略反攻，没有中间相持变化；并寄希望于国际形势的变化，大国的参战。

毛泽东独创的是持久战三阶段论。在《论持久战》中，毛泽东指出：“第一个阶段，是敌之战略进攻、我之战略防御的时期。第二个阶段，是敌之战略保守、我之准备反攻的时期。第三个阶段，是我之战略反攻、敌之战略退却的时期。”毛泽东比他人高明的地方，就是恰如其分地指出了第二个阶段，即相持阶段的重要意义。第二个阶段，敌处战略保守时期，按一般的军事常理，也即是另一方的战略反攻时期，但中国却不一样。这时中日之间敌强我弱的态势并未改变，对中国而言，还处于严重的关头。毛泽东着重强调：第二阶段是整个战争的过渡阶段，“将是中国很痛苦的时期”，“此阶段的战争是残酷的，地方将遇到严重的破坏”。“我们要准备付给较长的时间，要熬得过这段艰难的路程”。然而，它又是敌强我弱形势“转变的枢纽”。[2]

---

[1] 《毛泽东军事文集》第二卷，军事科学出版社、中央文献出版社 1993 年版，第 336 页。

[2] 《毛泽东军事文集》第二卷，军事科学出版社、中央文献出版社 1993 年版，第 290、292、293 页。

“先败后胜，转弱为强”的转折依靠相持阶段的努力。

毛泽东这些异常清晰而符合实际的判断，回答了人们最为关注而一时又看不清楚的问题，使人们对战争的发展过程和前途有了一个清楚的了解，大大提高了坚持抗战的信念，也博得了越来越多的人对他的钦佩与尊重。

在毛泽东的所有军事著作中，以《中国革命战争的战略问题》和《论持久战》最为有名。这两部著作中，《中国革命战争的战略问题》是关于总结红军十年血战史经验的，是回顾性的；《论持久战》是关于正在进行的抗日战争的，是预见性和前瞻性的。这两部著作即使放在古今中外的世界军事遗产宝库中也毫不逊色。这两部著作的价值，用一位西方哲人评价优秀著作的话来说，就是“因为它好，所以它好”。

《论持久战》的影响很大，当然也受到一些责难和质疑，甚至不怀好意的挑战。一年后，毛泽东曾计划再就持久战写一篇著作。1939 年 6 月 30 日，毛泽东在为纪念抗战两周年写的一篇文章中说：“我手边收集了不少材料，撰写一篇纪念抗战两周年的论文，借以答复自《论持久战》和《论新阶段》出版以来从某些方面发出的责难、挑战和质疑，名之曰《再论持久战》。”[1] 这个想法得到了周恩来的赞同。周恩来在几天后的一次政治局会议上说：我们要支持长期抗战是坚持敌后游击战争，请毛泽东作《再论持久战》，答复如何继续支持抗战的办法。当然不知什么原因，《再论持久战》没有写成，但毛泽东想再论持久战这件事本身就说明了他对持久战战略的重视。

“以空间换时间”并不意味着“空间”就可以随便放弃给日本人了，而应是有计划地边战边退，在有利条件下则要予敌以歼灭和半歼灭；在有

[1] 《毛泽东年谱（1893—1949）》中卷，人民出版社、中央文献出版社 1993 年版，第 128 页。

的地方则要坚守，正如毛泽东说的，中国也要争取几个像马德里保卫战那样的机会。如果一味退却，中国空间再大，也是要被敌人占光的，哪里还谈得上“换”时间呢？

抗战中毛泽东坚持得最力的是持久战和游击战及独立自主原则，这也是他与王明斗争的焦点。抗战爆发不久，王明坐苏联飞机来到延安。毛泽东诙谐地说“马克思主义从天上飞来了”，并说“喜从天降”，对王明回来抱有很大的期望。但王明一回来便提出“一切经过统一战线，一切服从统一战线”，鼓吹“速胜论”，反对游击战。王明是从共产国际回来的，一些思想代表国际的观点。所以，在许多问题上，毛泽东沉默着，但在持久战等问题上，毛泽东没有让步。1943 年 11 月延安整风时期，他在一次会议上说：1937 年十二月会议时，由于王明的回国，进攻中央路线，结果中断了遵义会议以后的中央路线。十二月会议我是孤立的，我只对持久战、游击战为主，统一战线中独立自主原则是坚持到底的。

抗日战争中的“以空间换时间”，人们比较清楚，但对解放战争，“以空间换时间”，人们可能不甚了了。解放战争中毛泽东多次主张打出外线，把战争引向国民党统治区，也是“以空间换时间”的意思。但这里做法不同。如果说抗日战争是抛出空间，争取时间，那么解放战争则是扩大空间，争取时间。不是像抗战那样，让敌深入，广占土地，而是争取人民解放军的运动空间，以坚持战争。叶剑英在分析战略进攻的原因时说：“当前战争在中国历史上是空前浩大、持久的，无论是胜者或是败者都要付出很大的代价。蒋介石想从时间上、物质上战胜我们，因他有美国的支持。我们的对付办法，除节约外，即是发展空间。过去我们是不惜一城一地的得失，现在是扩大空间，支持时间。”[1]

---

[1] 《叶剑英选集》，人民出版社 1996 年版，第 122—123 页。

“以空间换时间”，毛泽东赢得了一个新中国。

熬时间的苦斗：积小胜为大胜

“先败后胜，转弱为强”，转变敌我形势的“枢纽”是持久战，而在作战形式上则主要依靠游击战，“积小胜为大胜”。“在长期和残酷的战争中，游击战争将表现其很大的威力，实在是非同小可的事业。”❶

由于毛泽东在世界上史无前例地将游击战提高到战略地位，由于他在游击战方面有着杰出和独特的贡献，所以国外许多人将毛泽东奉为游击战大师，认为他的理论就是游击战理论。这种看法当然并不全面，但毛泽东的游击战思想和实践确实有着重要的地位。也有人将毛泽东与古巴的格瓦拉相提并论，称为游击战专家。其实，格瓦拉在游击战方面是难以与毛泽东比肩的，无论是在游击战理论还是游击战实践上。

毛泽东的游击战思想，大体上可以归纳为如下几个方面。

——游击战的特点是进攻性、灵活性、主动性、速决性和分散性。

进攻性。毛泽东认为：“游击战争的基本方针必须是进攻的，和正规战争比较起来，其进攻性更加大些，而且这种进攻必须是奇袭。”❷抗日战争时期，八路军第一二九师进行的824次战斗，属于进攻（包括袭击、伏击、破袭等）战斗的有599次，占73%。

灵活性。与正规战比较起来，游击战具有更大的灵活性。其灵活性主要表现在灵活地使用兵力，如“化整为零”“化零为整”。“分散、集中和

❶ 《毛泽东军事文集》第二卷，军事科学出版社、中央文献出版社1993年版，第328页。
❷ 《毛泽东军事文集》第二卷，军事科学出版社、中央文献出版社1993年版，第235页。

变换，是游击战争灵活使用兵力的三个方法。”[1]根据敌情变化，像流水和疾风一样转移兵力，捕捉战机，打击敌人。

主动性。游击队大多处于强敌包围的严重环境之中，因此，“游击战争的主动权问题，是更加严重的问题”[2]。但从另一个角度说，游击队的小巧和灵活，也正是其可能争得主动权的长处所在。

速决性。游击队的弱小和敌人的强大，决定了游击队作战必须集中可能的兵力，采取秘密和神速的动作，出其不意地袭击敌人，速战速决，力戒恋战。游击队的兵力和装备，都经不起长时间的消耗战。

分散性。分散行动是游击队的特性；在统一战略指导下的分散指挥，是游击队的基本指挥原则；独立作战和各自为战，是游击队的作战特点。

——游击战争是弱军保存和发展自己的主要形式。弱军在与强军的斗争中，为保存自己和消灭敌人，一般都采取游击战争的形式。中国共产党人在敌后创建根据地，以根据地为依托开展游击战争的做法，为保存和发展自己提供了新的经验。毛泽东论及根据地的作用时指出：游击战争的根据地“是游击战争赖以执行自己的战略任务，达到保存和发展自己、消灭和驱逐敌人之目的的战略基地”[3]。

——游击战具有举足轻重的战略地位。在作战形式上，游击战是非正规战，但这并不意味着游击战不重要，相反，在地广人多的弱国里，游击战在反抗外来侵略中具有举足轻重的战略作用。中国的抗日游击战争主要地不是在内线配合正规军作战，而是在外线单独作战；不是小规模的，而是大规模的作战。因而形成了以游击战为中心的独立的战略区域，在战略上形成了对敌人的四面包围之势。毛泽东曾用“路遥知马力，事久见人心”

---

[1] 《毛泽东军事文集》第二卷，军事科学出版社、中央文献出版社 1993 年版，第 239 页。

[2] 《毛泽东军事文集》第二卷，军事科学出版社、中央文献出版社 1993 年版，第 237 页。

[3] 《毛泽东军事文集》第二卷，军事科学出版社、中央文献出版社 1993 年版，第 244 页。

的俗语来说明其作用。积小胜为大胜，正是游击战见功力的地方。

——游击战是和正规战进行战略的、战役的和战斗的配合的重要作战形式。毛泽东认为，没有游击战的配合，正规战简直成了独臂将军。游击战与正规战的战略配合，是在敌人后方所起的削弱敌人、牵制敌人以及妨碍敌人运输的作用，给予全国人民和正规军精神上的鼓舞等等。如南方三年游击战争对主力红军长征的配合，东北抗日联军对全国抗战的配合，敌后游击战争对全国正面战场的配合，解放战争时期长江以南游击战争对长江以北正规战的配合等，都属于战略配合。战役配合，如抗战初期忻口战役时，雁门关南北游击战争对敌占交通线的破坏所起的对战役的配合作用，华北五省的游击战争对台儿庄会战的配合作用。没有战役上的配合，游击战争的战略作用也就逊色不少。战斗的配合，即战场作战的配合，是一切战场附近的游击队的任务。游击队在战斗中往往担负侦察敌情、钳制敌人和充当向导等任务。

——游击战必须坚持向运动战发展的方针。革命战争依靠游击战才能得以坚持和发展，但游击战争本身不能最后解决战争的胜负。就战争全体而言，正规战是主要的，游击战是辅助的。游击战必须向正规战发展，才能适应战争发展的需要。毛泽东提出游击战的战略作用有两点："一是辅助正规战，一是把自己也变为正规战。"人民军队作战形式的演变基本上走的都是从游击战到运动战的路子。游击战是向运动战发展的基础，运动战是游击战发展的必然结果。这是中国革命战争的一条重要规律。

在相当长的时间里，毛泽东关注的一直是游击战，人们熟稔的"十六字诀"便是著名的游击战术。他的许多军事著作中都有关于游击战争的内容。第二次反"围剿"时，毛泽东在百忙中指示郭化若等人草拟了一个关于游击战争的通令，提出扰敌、堵敌、截敌、袭敌、诱敌、毒敌、捉敌、侦敌、饿敌和盲敌等十项办法。第五次反"围剿"后期，红军已处于非常困难的境地。这时，无职无权，“赋闲”在家的毛泽东全身心地投入到游击战争的研究中，他撰写了名为《游击战争》的小册子。1934 年 10 月红军长征前夕，中革军委印发了这个小册子下发各部队，题名为《中央革命军事委员会关于游击队动作的指示》。这个小册子没有毛泽东的署名，但却实实在在是毛泽东撰写的。全文约三万字，共三章。第一章“概论”，论述游击队的任务、组织以及游击队如何发展成为红军。第二章“游击战术”，论述游击队战斗动作的要则、袭击驻止和行动的敌人、破坏敌人的后方、对付敌人的“围剿”和追击、关于行军宿营给养卫生等事项。第三章“游击队的政治工作”，论述游击队政治工作的目的、游击队内的政治工作、游击队在地方居民中的工作、游击队破坏敌人部队的工作。

抗战初期，为适应抗日游击战争的需要，毛泽东将该书的一部分修改后以陈伯均的名字发表，题名为《论抗日游击战争的基本战术——袭击》，用以指导抗日游击战争。

毛泽东对游击战术有着卓越的贡献，但这也是他被指责最多的地方。毛泽东在井冈山上打出红旗的时候，中央就对毛泽东一直是另眼相看，不是重视他，而是斜眼相看，横挑鼻子竖挑眼。他们攻击毛泽东是“上山主义”“兜圈子主义”。立三路线时的中央攻击毛泽东是妨碍“猛烈扩大红军”的代表人物。李立三说：“在全国军事会议中发现了妨害红军发展的两个障碍，一是苏维埃区域的保守观念，一是红军狭隘的游击战略，最明显的是四军毛泽东同志，他有整个的路线，他的路线完全与中央不同。”“他对红军的发展，仍是保持游击战争的观念。”“游击战术是不适合于现代的需要。”王明路线时，“左”倾代表人物又抨击毛泽东的“诱敌深入”方针是“专去等待敌人进攻的右倾主要危险”，批评红军“没有完全脱离游击主义的传统”，忽视“阵地战”“街市战”。总之，游击战似乎是臭不可闻的。

"左"倾领导人的攻击是没有道理的，后来的历史证明，在红军弱小时强制推行正规战只有百害而无一利，即使是后来的运动战，也是带游击性的运动战，过早的正规化是不现实的。

抗战时期，毛泽东更为大张旗鼓地宣传游击战争，并将游击战争提到战略高度加以认识。1937 年 8 月洛川会议上，许多人认为国共合作了，红军应该以运动战为主，但毛泽东坚持一条，就是"独立自主的山地游击战"。毛泽东提出，争取抗战胜利，最基本的方针是持久战。"红军的基本任务应当是：1. 创造根据地；2. 牵制与消灭敌人；3. 配合友军作战；4. 保存与扩大红军；5. 争取民族革命战争的领导权。"红军的战略方针是"进行独立自主的山地游击战——包括有利条件下消灭敌人兵团与在平原发展游击战争，但着重于山地。"[1]

就在这次会上，毛泽东以他特有的语言风趣地说："我们就是要插杨柳，让老母鸡下蛋。立足自己，吃饱了饭再说。"意思就是以游击战发动群众，发展力量，这样打日本就更有本钱。

毛泽东比当时许多人都想得看得深远，当时许多人只想痛痛快快上前线，轰轰烈烈打一战，总觉得打游击战没有劲，不过瘾，不像个民族英雄的样子。他们提出要打运动战，或运动游击战，或游击运动战，意思是要打得大一点。毛泽东意思正好相反，最好打小一点，先站住脚，发展队伍。这就引起了激烈的争论。后来毛泽东在谈到由国内正规战争向游击战争的转变这一问题时说，曾经在中央和一部分军事干部之间发生过严重的争论，指的就是从洛川会议到太原失守前后中共党内高级干部之间关于游击战还是运动战的争论。

人们不理解，毛泽东便反复讲，讲游击战争的战略作用。1938 年 1

[1] 《彭德怀传》，当代中国出版社 1993 年版，第 168 页。

月 13 日，毛泽东在陕北公学作关于时局问题的演讲时说，应该普遍地发展游击战，游击战使敌人灭亡不了中国。2 月，他在会见美国合众社记者王公达时说，游击战对于战斗方式来说，始终是辅助的。但在半殖民地的民族解放战争中，特别是地域广大的国家，游击战无疑在战略上占有重要的地位。

当然，论述游击战争最充分的还是毛泽东的《抗日游击战争的战略问题》和《论持久战》两篇著作，他指出："中国抗日战争中的游击战，决不是可有可无的。它将在人类战争史上演出空前伟大的一幕。"[1] 著作中提出的"基本的是游击战，但不放松有利条件下的运动战"的方针，对抗日战争中八路军新四军的作战方针作了完整的表述。在《战争和战略问题》中，他还简明地提到了游击战争的十八条好处。

针对有人认为打游击战名气不大的说法，1938 年 7 月 16 日，毛泽东在八路军留守兵团举行的一次会议上说："有人说这样游击无大名声，如台儿庄那样有名。要知道打得好的也有平型关那样的仗。"毛泽东完全认为游击战是有所作为的，并将平型关战斗归入游击战之列。

后来毛泽东又将游击战争归纳为三个法宝之一。1939 年 7 月，他在陕北公学演讲时说要送给同学们三个法宝：统一战线、游击战争、革命团结。他说：你们不要看轻这"游击战争"四个字，这是我们 18 年艰苦奋斗中得来的法宝。

"积小胜为大胜"，从战斗规模上说，是游击战，"小胜"主要指游击战；从时间上说，是持久战。

就像蒋百里说持久战应采取"拖"的战略一样，毛泽东赋予持久战一个"熬"字，就是熬时间，要会熬，善于熬。在游击战争的战略相持中，

---

[1] 《毛泽东军事文集》第二卷，军事科学出版社、中央文献出版社 1993 年版，第 328 页。

在敌我强弱的相互转化中，要会熬，善于熬，靠“熬”字争取胜利。一个“熬”字抵得上千篇大论。

1941 年 7 月 15 日，毛泽东在致周恩来的电报中说：“我们采取巩固敌后根据地，实行广泛的游击战争，与日寇熬时间的长期斗争的方针，而不采取孤注一掷的方针。”同月，在给刘少奇和黄克诚的电报中也指出：“八路、新四大规模动作仍不适宜，还是熬时间的长期斗争的方针，原因是我军各种条件均弱，大动必伤元气。”“军事上在武器未改变前仍是与敌人无时间的不冒险亦不消极的长期游击战争。……此种方针应准备长期坚持下去，不为一时一事所冲动，望注意为盼。”[1]

毛泽东在苏德战争爆发后的冷静处置，使一些企望图一时痛快，配合苏联打大仗的人也很快冷静下来。

靠“熬”，终于等到了国际合力打日本的日子，终于拖垮了日本。

“熬”不是被动的苦撑，而是主动的作战，以游击战不断消耗敌人。中国抗日战争中的游击战是中国近代以来反侵略战争的典范。毛泽东说的“中华民族的壮举，战争史上的奇观”，主要指的就是这种全民性的游击战争。在这种作战形式中，人民的主动性和战斗性得到了空前的发挥，创造了种种灵活机动的游击战方式。除了神出鬼没的地雷战、地道战、麻雀战和破袭战外，广大的游击队和民兵还创造了埋伏在敌人碉堡附近、敌人一出门便给以痛击的“堵门战”，埋伏在树林村边活捉敌零散人员的“捕捉战”，敌人走到哪里就打到哪里的“车轮战”，同敌人转圈子的“推磨战”，一村打响四处驰援的“蜂窝战”。真个是“遍地枪声响，村村打敌人”。日本帝国主义就像一头野牛，陷入了人民战争的汪洋大海之中。

---

[1] 《毛泽东军事文集》第二卷，军事科学出版社、中央文献出版社 1993 年版，第 651、654、656 页。

靠一个“熬”字，靠积小胜为大胜的游击战，中国人民终于赢得了抗战的胜利。后来，毛泽东不无自豪地说：“游击战我们是得了益处的。”❶

抗日战争要慢，解放战争要快

中国革命的长期性成为人们的共识是在长征之后。一省数省首先胜利计划的挫折，第五次反“围剿”时阶级决战的失败，使人们对敌强我弱、敌大我小的国情有了深切感受，因而对中国革命战争的长期性的认识更为自觉了。抗战初期关于抗日战争是持久战还是速决战，党内对抗战是持久战的认识是比较统一的，速决战在党内的市场并不大，认为抗战是速决战的观点主要在党外，特别是在台儿庄会战胜利后的一段时间里。

中国革命是长期的，但不意味着革命是遥遥无期的；中国革命战争一般是持久战，但不意味着其中的每一场战争都是持久的。随着敌我力量对比发生一定的变化，就需要不断调整取得胜利的计划。革命的急性病是不对的，但慢性病同样是有害的。

人们对毛泽东讲的中国革命战争的长期性有着很深的印象，殊不知，毛泽东在抗战后期也多次谈到尽可能快地争取革命胜利的问题。

在中共七大上，毛泽东说，要花很大的力量进行城市工作，像北平、天津这样大的三五个中心城市，我们八路军就要到那里去。“我们一定要在那里开八大，有人说这是机会主义；恰恰相反，八大如果还在延安开，那就近乎机会主义了。”❷

---

❶ 《毛泽东文集》第五卷，人民出版社 1996 年版，第 133 页。

❷ 《毛泽东文集》第三卷，人民出版社 1996 年版，第 333 页。

毛泽东讲这番话，似乎很随意，其实是很认真的。毛泽东这里说的还是抗战的胜利，但也含有中国革命胜利的意思。因为抗战胜利的曙光已经呈现在大家眼前，人们用不着怀疑抗战的胜利将很快到来。在七届一中全会上，毛泽东分析，日本人的战败已成定局，国民党腐败无能有目共睹，中国的天下将是共产党的，已成为人心所向。说八大一定要在北平这样的大城市召开，既充满了对革命一定胜利的无比自信，也表现了毛泽东高瞻远瞩的伟大预见。

在《论联合政府》一文中，原稿上有“两三年中将是中国情况大变化的关键”这样一句话，在发表时删去了，原因是“不说为好”。这句话显然不是指抗战的胜利，毛泽东当时预见抗战将在 1946 年胜利。如果仅指抗战胜利，这句话的意义就不大了，也用不着删了。

同样是在七大上，朱德说过这样的话：我们党一开始就作武装斗争，一直没有离开过武装斗争，这是我们党的一个特点。因此，尽管中国的封建势力要杀我们，外国的帝国主义同样要杀我们。很多时间敌人宣布我们的党已经没有了，已经不存在了；但是，我们党不但没有被消灭，反而更壮大了。在我们党发展的道路上，充满了激烈的斗争，这些斗争锻炼了我们的同志，同时在这个斗争中间创造了我们的领袖毛泽东。在今后的斗争中仍有许多障碍，要打破这些障碍，就要靠我们武装同志及全体同志的工作。他引述说：毛主席那一天讲过，我们不想等到儿子一代才取得胜利，我们这一代人就要取得胜利，我们一定要胜利！[1]

这里讲的是中国革命在全国的胜利。这个时候说这些话，条件完全成熟了。抗战已经进入尾声，日本的垮台指日可待；与世界各反法西斯战场上凯歌高奏的景象形成鲜明对照，国民党正面战场却一溃千里，前方的失

---

[1] 金冲及主编：《朱德传》，人民出版社、中央文献出版社 1993 年版，第 538 页。

败与后方的腐败，使得国民党的威信降到了抗战以来的最低点；中共抗日武装则越战越勇，力量越来越大，中国共产党经过整风，全党团结一致，景象如日中升。

从这些端倪中，历史老人看好了中国共产党。

抗战胜利后，在和平与战争的抉择中，毛泽东选择了和平，蒋介石选择了战争。

毛泽东从全国人民经过八年抗战、不愿再有战争的愿望出发，提出建立联合政府的主张，并力排众议，亲赴重庆谈判。为使谈判成功，毛泽东做出了退出南方八块解放区等让步，随后又下令复员部分军队。甚至中央驻地也准备搬到距南京比较近的淮阴去，毛泽东准备好南京、淮阴两头跑。甚至在全面内战前夕，毛泽东还要求在南京谈判中，“尽最大努力，付出最大让步，以求妥协”。

毛泽东的让步并没有使蒋介石感到满足，相反使他感到共产党软弱可欺。他自恃有四百万装备精良的军队，否决了共产党和其他民主人士提出的联合政府的主张，坚持独裁，企图重演江西五次“围剿”红军的一幕。他在1946年1月10日国共《停战令》下达后赶忙颁布《剿匪手册》，即是一例。

其实，蒋介石早在读到毛泽东的《论联合政府》时，内心里已有了战争的决心。他说这是国民党有史以来最大的耻辱。深谙蒋介石内心想法的蒋的侍从室秘书陈布雷看了《论联合政府》一文，叹气说了两个字：“内战。”

人民希望和平，蒋介石希望内战。代表人民意愿的毛泽东，在不得不应战的时候，只能采取尽快结束战争的战略，而不能像抗战那样再打持久战，再打个八年。我们把解放战争叫作关系中国命运的大决战，从时间上说，既然是决战，就不能是持久，而是一环扣一环，一战接一战。三年解放战争的进程基本上就是这种情况。

毛泽东设想解放战争有几个时间表，一是三年胜利，二是五年胜利，三是十五年胜利。“十五年”是极而言之，是从最坏处打算，从最困难的情况着眼。具体说就是设想美国出兵支持蒋介石打内战的情况而言的。基本设想是取中，即五年内基本上打倒国民党政权，但争取快，准备慢。争取快，一方面是人心厌战，另一方面是国民党在美国的支持下具有强大的实力，如果打持久战，让蒋介石总有喘息的机会，就难以真正打倒蒋介石政权。

读解放战争史，我们时时感到毛泽东有一种只争朝夕的紧迫感。

战争打响后，毛泽东提出一个外线出击的战略方针，这一方针是基于这样的考虑：“大打后，估计六个月内外时间，如我军大胜，必可议和；如胜负相当，亦可能议和；如蒋军大胜，则不能议和。因此，我军必须战胜蒋军进攻，争取和平前途。”“在我党取得大的胜利之后，必能实现国内和平。”❶ 毛泽东的意图是以人民解放军强硬的进攻姿势，打痛蒋介石，让蒋介石觉得打内战无利可图，在较短的时间里恢复和平。

当蒋介石一意大打，特别是攻下张家口，召开伪国大，关上了国共和谈的大门之后，和平之路被蒋介石彻底堵死。在这种情况下，毛泽东横下一条心，打败蒋介石再说。1946 年 10 月，毛泽东设想，在前三个月歼敌 25 个旅的基础上，再完成歼灭第二个 25 个旅这一任务后，“我军必能夺取战略上的主动，由防御转入进攻。”“那时国共军力对比，必起重大变化。”❷ 在歼敌 50 个旅后转入进攻的计划，按毛泽东每个月歼敌 8 个旅的计划，只要半年就行了。后来，虽然人民解放军的战略进攻是在歼敌 100

❶ 《毛泽东军事文集》第三卷，军事科学出版社、中央文献出版社 1993 年版，第 277、286 页。
❷ 《毛泽东军事文集》第三卷，军事科学出版社、中央文献出版社 1993 年版，第 504 页。

个旅，时间是在一年之后，但我们仍然可以感受到毛泽东快马加鞭的紧迫心情。

对比一下抗日战争时期，毛泽东从来没有提出每月，哪怕是每年的歼敌指标，但有部队发展的计划，根据地发展的步骤。解放战争时期，毛泽东对歼敌计划抓得非常紧，对每一个战略区一年应歼敌多少个旅都有量化指标。

1947 年 1 月，毛泽东在署名陆定一的长文《关于战后国际形势中几个基本问题的解释》中加写了一段话，其中说道："可以预断，三年至五年后的中国与世界，其面目将比现时大不相同。全党同志与全中国人民，都应当为一个新中国与新世界而坚决奋斗。"❶ 话中已隐含着中共将在三至五年内打败蒋介石政权的战略思想。在国民党军进攻达到高潮的时候，毛泽东讲这段话是非常有气派的，也是非常鼓舞人心的。

1947 年 5 月，毛泽东在为新华社撰写的《蒋介石政府已处在全民的包围中》的评论中指出："中国事变的发展，比人们预料的要快些。一方面是人民解放军的胜利，一方面是蒋管区人民斗争的前进，其速度都是很快的。为了建立一个和平的、民主的、独立的新中国，中国人民应当迅速地准备一切必要的条件。"❷ 这段话明白无误地表明，解放战争将不会是持久战，人们必须对此有所准备。

毛泽东的这种紧迫感在他与杨成武的谈话中透了"底"。1948 年春，他在城南庄接见杨成武时说：抗日战争要慢，解放战争要快。抗日战争的慢，是打持久战，就是为了积聚力量，壮大自己，消耗敌人。而解放战争的快，就是像我们这两年所进行的，一仗接着一仗，一个战役接着一个战

---

❶ 《胡乔木回忆毛泽东》，人民出版社 1994 年版，第 443、444 页。

❷ 《毛泽东选集》第四卷，人民出版社 1991 年版，第 1227 页。

役，不给敌人以喘息、补充的时间，接连不断地吃掉敌人。假若我们不是以只争朝夕的精神去歼灭敌人有生力量，蒋介石有美帝国主义支持，占领了那样大的地盘，不乏人力、资源，又将会是个什么样的局面呢？又将是什么样的历史呢？[1]

毛泽东的设想完全得到了实现，仅三年多时间，人民解放军便席卷神州大地，摧毁了蒋家王朝在大陆的统治。

可以这样说，抗日战争是播种，解放战争是收获；抗日战争着眼发展，解放战争着眼胜利；抗日战争立足持久，解放战争立足速决。但速决不是冒进，而是在可能的基础上争取胜利。在公开宣传中，毛泽东是很慎重的。1947 年七一社论中，毛泽东亲笔加上一段话，指出："前进的道路上还会有困难，我们一定要正视这些困难，宁可作长期打算，不要有速胜论。"[2]在1948年九月会议上，毛泽东又说，我现在倾向于讲困难一些，这可以使人更沉着，更努力些。不久之后又强调："我们的方针是稳扎稳打，不求速效。"正是有了这些稳健求实的作风，才加速了蒋家王朝的覆灭。

---

[1] 杨成武：《战华北》，人民出版社 1986 年版，第 208 页。

[2] 《胡乔木回忆毛泽东》，人民出版社 1994 年版，第 495 页。

远谋·善断

有人说，战争历来是分两次进行的，第一次是在军事家的头脑里，第二次是在现实中。毛泽东也说，认识情况的第一个过程存在于军事计划建立之前，第二个认识过程是在开始执行计划到战局终止。对战争进程的预见和进展的决策、控制，就是军事家头脑中进行的战争，是认识情况的第一个过程。古人说的“先胜而后求战”，说的就是开战前包括预测和决策在内的认识过程的必要性。不过，预测和决策是否正确则要在战争的过程中加以检验，并在现实中，即认识的第二过程中修正和完善。

没有预见就没有一切

与毛泽东打交道的第一个西方人是美国记者

埃德加·斯诺，他在草泽山野里找到了人数已经不多的红军和他的领导人。与毛泽东的一番深谈，使他对毛泽东的才智和预见能力大为惊异，他在著作里赋予毛泽东一个头衔："窑洞里的预言家。"

毛泽东是一个大政治家、大军事家，他的远见卓识突出反映在较一般人高出一筹的对事物发展趋势的预见和把握上。

毛泽东认为，预见就是预先看到前途趋向。"所谓预见，不是指某种东西已经大量地普遍地在世界上出现了，在眼前出现了，这时才预见；而常常是要求看得更远，就是说在地平线上刚冒出来一点的时候，刚露出一点头的时候，还是小量的不普遍的时候，就能看见，就能看到它的将来的普遍意义。"没有预见也就没有领导。"只有当着还没有出现大量的明显的东西的时候，当桅杆顶刚刚露出的时候，就能看出这是要发展成为大量的普遍的东西，并能掌握住它，这才叫领导。"毛泽东的结论是："没有预见就没有领导，没有领导就没有胜利。因此，可以说没有预见就没有一切"。[1]

为了赢得战争，指导战争，人们总是试图对战争作出预测。古人所说的"庙算"，指的就是预测；"人无远虑，必有近忧"则是说无远见者不足以谋事。

预见是不容易的，即使是无产阶级的伟大导师也不能说预见得百分之百的准确。因为，战争是一个极其复杂的领域，一个难以捉摸的模糊世界。战争进程的丰富多彩也使得预测的失误与误差是在所难免的。19世纪美国南北战争时，素有军事家之称的恩格斯在预测美国南北战争的结局时说，北军肯定要失败。1862年7月30日，他在致马克思的信中说："如果北部不立刻以革命的方式行动，就会遭到一顿痛打，这也是活该——看

---

[1] 《毛泽东文集》第三卷，人民出版社1996年版，第394、395、396页。

来事情必将如此。”9月9日，他还在一封信中反问马克思：“难道你仍然认为，北部的这些先生们能平定叛乱吗？”南北战争的结局出乎恩格斯的意外，北方军队不仅平定了叛乱，而且取得了最后胜利。恩格斯所以预测失误，马克思认为他“有些过分看重事情的军事方面”，而忽视了战争的政治经济因素。[1] 预测之不易，由此可见一斑。

从长期的战争实践中，毛泽东形成了系统的预见思想。这主要有：第一，战争不是神物，乃是世间的一种必然运动。不管怎样的战争情况和战争行动，知其大略，知其要点，是可能的。第二，马克思主义者不是算命先生，未来的发展和变化，只应该也只能说出个大的方向，不应该也不可能机械地规定时日。预测的东西并不可能尽合将来的事实。第三，没有预测，对战争的行程没有大概的估计，我们就只能跟着战争打圈子，让战争把自己束缚起来，而不能将其放在自己的控制之下，加之以调节整理，引导战争向指导者所要求的方向走去，争取战争的胜利。第四，给战争趋势描画一个轮廓，为战争指导者所必需。第五，在战争实践的基础上不断校正战争预测的结论，使得预测愈加接近战争实际。

理论是枯燥的，但实践却是生动的。毛泽东是如何在复杂纷繁的战争实践中预见战争发展的大体趋势的呢？

毛泽东最早的惊人预见可能是1916年关于中日战事的预见。这年7月25日，毛泽东在给好友萧子升的信中，提出注意“东事”。信中说：“日人诚我国劲敌！感以纵横万里而屈于三岛，民数号四万万而对此三千万者为之奴，满蒙去而北边动，胡马骎骎入中原，况山东已失，开济之路已为攫去，则入河南矣。”信中预测：“二十年内，非一战不足以图存，而国人犹沉酣未觉，注意东事少。愚意吾侪无他事可做，欲完自身以保子孙，止

---

[1] 《马克思恩格斯军事文集》第5卷，战士出版社1982年版，第522、525、527页。

有磨励以待日本。”[1]

严格地说，这个预见还不能算是科学的预见，因为没有严密的推理和论证，更多的还是一种直观感觉和情感流露。不过后来中日全面战争确实是在二十年后发生了，你不能不佩服这种直观感觉的洞察力。

当毛泽东开始漫长的戎马生涯后，对作战行动的决策常常需要首先对战争趋势作出预测。预见的当与不当，都直接影响着军事行动的成功与失误。应该说，土地革命战争时期，毛泽东对战争趋势的预测规律也还在艰苦的探索之中。由于对中国革命战争的长期性认识还不如后来那么清楚，所以他对一些问题，如在对中国革命高潮是否很快到来的认识上与后来的实情是有变化的。

1929 年，毛泽东代表红四军前委在给中央的信中建议："在国民党军阀长期战争期间，我们要和蒋桂两派争取江西，同时兼及闽西、浙西。在三省扩大红军的数量，造成群众的割据，以一年为期完成此计划。"这种一年为期的预见和安排显然是过急了一些。所以在第二年毛泽东给林彪的信中，承认上面争取江西的话是正确的，"不对的是规定一年为期"。"那个建议的缺点就是不该规定为一年，因此，影响到革命高潮快要到来的所谓'快要'，也不免伴上了一些急躁性。"[2]

在这篇著作中，毛泽东批评了"红旗到底能打多久"的悲观思想，指出革命高潮快要到来。有了上面的教训，毛泽东在解释时就慎重多了："所谓革命高潮快要到来的'快要'二字作何解释，这点是许多同志的共同的问题。……我所说的中国革命高潮快要到来，决不是如有些人所谓'有到来之可能'那样完全没有行动意义的、可望而不可即的一种空的东西。

[1] 《毛泽东早期文稿》，湖南出版社 1990 年版，第 51 页。

[2] 《毛泽东军事文集》第一卷，军事科学出版社、中央文献出版社 1993 年版，第 134—135 页。

它是站在海岸遥望海中已经看得见桅杆尖头了的一只航船，它是立于高山之巅远看东方已见光芒四射喷薄欲出的一轮朝日，它是躁动于母腹中的快要成熟了的一个婴儿。”❶

毛泽东以诗一般的语言揭示了革命高潮快要到来的必然性。这固然反映了毛泽东对前途充满信心，同时，也反映了他当时的预见水平，他不可能说得更为具体了。

相比之下，抗日战争时期毛泽东对持久战的预见可要成熟多了。所以说成熟多了，就在于毛泽东不仅指出了抗日战争是持久战，而且指出了抗日战争的三个阶段，没有这三个阶段，特别是相持阶段的分析，持久战就像是建立在沙滩上的城堡，是没有基础可言的。正是通过这三个阶段的分析，毛泽东说的“日本必败，中国必胜，只是牺牲会大，要经过一个很痛苦的时期”的结论才令人信服。

持久战，要多长时间？三年，五年？还是八年，十年？在相当长时间里，毛泽东没有说，也没办法说。马克思主义者不是算命先生，谁也不能说出抗日战争的流年来。1939 年 7 月，毛泽东在给人的题词中写道：“精神一到，何事不成。抗日战争中，人人努力，个个奋进，打上十年八年，没有不能胜利的道理。”❷

“打上十年八年”，或许就是毛泽东设想的抗日战争的“流年”吧。

对持久战的预测只是抗战中一个典型的例子。1941 年苏德战争爆发后，毛泽东还成功地预测了日军的“南进”，即后来日本发动的太平洋战争。德国发动侵苏战争后，国际上都预测日本即将“北进”，配合德国夹击苏联；毛泽东一度也把爆发日苏战争的可能放在首位加以考虑。这时，

---

❶ 《毛泽东军事文集》第一卷，军事科学出版社、中央文献出版社 1993 年版，第 135—136 页。
❷ 《毛泽东年谱（1893—1949）》中卷，人民出版社、中央文献出版社 1993 年版，第 131 页。

日本确实也在做“北进”或“南进”的准备。在一片日军即将“北进”的鼓噪中，毛泽东却冷静下来了，他独具慧眼指出：日本在同时准备着南进和北进，伺机而动。一般地说，日本南进的可能性更大，因为日本早就垂涎于被英法荷瓜分的东南亚地区丰富的自然资源。自1939年欧洲战争爆发以来，法国投降，荷兰战败，英国自身难保，无力东顾，这就为日本南进提供了千载难逢的机会。

毛泽东认为，苏德战争爆发后，日本北进的可能性虽然增加了，但日本要下决心北进尚需两个条件：第一是在苏德战场上德军迅速取胜，苏联列宁格勒、莫斯科两城不守；第二是日美矛盾能够得到某种程度的缓解。从7月初起，毛泽东和周恩来即估计日本不使用武力而实现南进的政策不易成功，日本与美国冲突终究不可避免。7月6日，毛泽东致电周恩来：“苏联战局有渐趋稳定的形势，日本似不是攻苏而是牵制英美。”毛泽东从华北、东北日军的动向中分析日军在近期内没有进攻苏联的迹象。毛泽东没有按照苏联的要求命令八路军在华北展开进攻性行动，也是与他对日本暂时不会北进的战略意图的预测分不开的。

在毛泽东对日本动向的预测中，最核心的一点是在任何情况下，日本都不会放松对中国战场的压力，因为中国战场是日本帝国主义的生命线。1941年10月20日，毛泽东在致周恩来的电报中说：“无论日本北进南进，其对华侵略决不放松，此点我们应加强调。”11月7日，毛泽东在延安发表广播演讲说：“日本法西斯虽然同时在准备着南进和北进，但是无论他们采取那一条冒险的道路，西进以求消灭中国是必然的。”[1]

对战争进程的预测十分困难。预测短了，易产生轻敌和急躁的消极后果，达不到则易使人们失望；预测长了，虽较稳妥，但也会给人一种遥遥

[1] 《胡乔木回忆毛泽东》，人民出版社1994年版，第162页。

无期的感觉。在这方面，毛泽东也是有教训的。

1942年夏秋，中共突然提出了一个非常鼓舞人心的口号："1943年打败日本。"这是怎么回事，预测的根据又是什么呢？

中国抗战发生后到太平洋战争爆发之前，中国基本上是独立抗战。1941年6月，德国进攻苏联。12月，日本偷袭珍珠港，发动太平洋战争。此后，英美向日本宣战，国际反法西斯联合阵线开始形成，这对中国抗战无疑是一个极大的鼓舞。1942年6月19日，毛泽东在中央政治局会议上讨论纪念"七七"抗战五周年宣言的内容时说：宣言的内容，应拥护建立反法西斯战争第二条战线，提出应有信心明年战胜日本帝国主义，并提出战后建国的主张。

次日，中共中央发出关于纪念"七七"抗战五周年的决定，其中指出："抗战第六个年头，将是接近于战败日寇的年头，同时也是抗战最困难而应做绝大努力的年头。"7月7日，中央在告根据地全体党员和八路军新四军将士书中也说："我们今天的困难是胜利前的困难，党中央曾经指出过，今年可以打败德国，明年可以打败日本。""斯大林同志在五一节的命令中，苏联人民在他的行动中，英美在建立第二条战线的准备中，都预计在今年——一九四二年战胜希特勒。""我们在明年打败日本，同样具备充分的条件。日本兵力更加分散了，在太平洋战争中，日本虽然占了些便宜，可是到处都要兵，都要运输联络，力量不集中了。……日本经济也更加困难了，……日本不仅与中国为敌，而且已经与英美及很多民主国家为敌了，向日本宣战的有二十四个国家。在打垮德国及其欧洲伙伴以后，英美就可集中全力对付日本，那时配合中国的力量，日本的崩溃与失败就会到来。"❶

❶ 《中共中央文件选集》第十三册，中共中央党校出版社1991年版，第416页。

7月9日，毛泽东在给刘少奇的电报中也明确地说："国内外局势是很有利的。反希特勒斗争今冬明春就有胜利希望，如此则明年秋冬就有战胜日本的希望。"❶毛泽东的估计是多么乐观啊。

这年9月9日《解放日报》社论《敌后形势与我军政治工作》说得更乐观："我们应当用一切方式，向军人及老百姓解说：困难是严重的，但是临时的，我们有光明的前途，明年打垮日本是有把握的。"

曾经提出持久战科学理论的毛泽东为什么在中国抗战最为艰难的关头提出1943年打败日本的口号，这似乎是不可思议的。不过有一点是可信的，这就是国际特别是苏联的影响。1941年12月17日，中央在关于太平洋战争爆发后敌后根据地工作的指示中说到这个背景："斯大林同志说：'几个月，或者半年，也许一年希特勒便会被击败'，我们可以说希特勒被击败后，再过一个相当时期，中英美再加上苏联便可战败日寇。"❷从这段话中可以看出，斯大林的乐观估计或许就是毛泽东提出1943年可以打败日本的原始根据之一。后来中共中央在分析提出这个口号的原因时也指出："当苏联提出1942年打败德国时，是以英美约定于1942年建立第二条战线为根据的，……但当英美没有开辟第二条战线，又无新的约定时，就没有继续宣传此种口号。""当苏联据英美提出上述口号时，我党亦提出1943年打败日本的口号，这也是不但可以而且应该的。"❸

不过，这个口号从提出到终止，时间并不长，大约只有半年左右时间。1942年7月下旬，毛泽东开始对这个口号有所怀疑。他在30日的政治局会议上说：今年打败希特勒的问题还要看一看，恐怕对冬季反攻，对

❶《胡乔木回忆毛泽东》，人民出版社1994年版，第169页。

❷《中共中央文件选集》第十三册，中共中央党校出版社1991年版，第265页。

❸《中共中央文件选集》第十四册，中共中央党校出版社1992年版，第36页。

德国的弱点估计过大了。1943 年 5 月，中共中央专门就何时打败日本的宣传工作发出指示，解释说：当英美没有履行诺言而于去年打败德国时，“我党即不应继续宣传此种口号，而应向群众解释今年还不能打败日本的原因，鼓励群众坚持努力争取胜利”。“苏联现已提出准备决战口号，红军实力已极大增加，故今年打败希特勒有极大的可能性，但也有要待明年才能打败的可能性。如果今年能打败德国，则明年自有可能打败日本，否则还要推迟时间。各地宣传，在目前几个月内不要去强调打败日本的时间，等到欧洲形势充分明朗时，中央及《解放日报》自有指示。”指示还实事求是地指出：各地“须作长期坚持打算，准备再作两年至三年的极端艰苦斗争，并须准备或有的意外变化。如胜利早临，我们并不吃亏，如胜利延迟，我们早有精神准备及工作准备”。[1]

“1943 年打败日本”口号提出时间虽短，但也带来了一些消极的影响。甚至影响到解放战争后期，1948 年底毛泽东提出再有一年左右便可打倒国民党政权时还有人用这个口号的失误来怀疑中央是在“吹牛皮”。

直到 1943 年 1 月，毛泽东才以比较肯定的语气指出：“整个抗战，尚须准备两年。”同年 3 月，又预测中国抗战有打七八年的可能，还要坚持两年到两年半。6 月，又指出：“抗战还须准备三年。”应当说，这些预测是基本符合后来战争进程的。

解放战争时期，毛泽东对战争的预见能力也像他的军事指挥艺术一样，达到了炉火纯青的境地。

全面内战爆发后不久，毛泽东就指出，蒋介石虽有美国援助，但有三个不可克服的弱点，即人心不顺，士气不高，经济困难。我们虽无外国援助，但是人心归向，士气高涨，经济亦有办法。并初步预测了战争的进

---

[1] 《中共中央文件选集》第十四册，中共中央党校出版社 1992 年版，第 36、37 页。

程：三五年和十五年。1946 年 11 月 21 日，毛泽东在中央会议上指出：目前国民党军对延安、涟水、临沂、烟台还可能有攻势，对晋察冀、东北也还可能有一些攻势，此外便无足观。对敌人如果不加分析，就会像三国时曹操号称八十三万人马，把东吴搞得议论纷纷一样。蒋介石的进攻是可以打破的，经过半年到一年消灭他七八十个旅，停止他的进攻，我们开始反攻，把他在美国援助下积蓄的力量在一年内打破，那时我们就可以打出去，然后再向长江以南发展，这大约要用三年到五年的时间。当然我们也不能就说那时就能消灭蒋介石，我们宁可把事情估计得严重一些，最坏也无非是打十五年，打得我们连一个县城都没有了，这些我们也要有准备。

可以说，毛泽东后来说的“五年左右从根本上打倒国民党统治”的设想滥觞于此。但这个设想的正式提出却是第二年 7 月中共中央在靖边县小河村举行的扩大会议上。在小河会议上，毛泽东提出对蒋介石的斗争计划用五年（从 1946 年 7 月算起）来解决的设想。他说，这个计划根据过去一年的战绩是有可能实现的。山东战场的局面最近可以改变，陕北战场还不可能，但基本上停止了胡宗南的进攻，这就打下了一个基础。现在我们有主力军 90 万，地方军 60 万，如能把主力军发展到 150 万，就足够解决问题。

谈到这个设想的时候，毛泽东是很慎重的，他汲取了抗战中的教训，决定先不公布。他说：“对蒋介石的斗争计划用五年的时间来解决，现在不公开讲出来，还是要准备长期斗争，五年到十年甚至十五年，而不要像蒋介石那样，先说几个月消灭共产党，后来又说还要几个月，到现在又说战争才开始。”[1]

---

[1] 《毛泽东文集》第四卷，人民出版社 1996 年版，第 267 页。

这是毛泽东首次明确提出五年解决设想。此后，毛泽东在 1948 年 3 月、9 月和 10 月为中央起草的有关指示中多次提到了这一设想。

“五年左右从根本上打倒国民党统治”的预测不是向壁虚构、凭空产生的。毛泽东这里不仅有定性分析，而且还有定量分析，这就把预测放在了坚实和科学的基石上。

毛泽东和中央其他领导人界定“从根本上打倒”的含义是：第一，人民解放军达到 500 万人左右，占绝对优势；国民党军事力量降到 200 万人以下，处于绝对劣势。第二，国民党统治区大为缩小，全国一半以上土地和 2/3 人口获得解放，但国民党还占有若干大城市和长江以南部分地区。毛泽东预测说：“五年作战结果，国民党的军事力量可能只剩下二百万人左右了”，“我军可能接近五百万人。如果五年作战出现了这样的结果，就可以说国民党的反动统治已经从根本上被我们打倒了”。[1]

从定量上说，毛泽东的预测建立在三个基点上：第一，人民解放军的作战能力。他从战争初期作战中，推测出战争的大体进程。头三个月作战，解放军共歼敌 25 个旅，平均每月 8 个旅。战争第一年，共歼敌正规军 97.5 个旅，78 万人，如加上伪军、保安队等杂部共 112 万人，如再加上国民党军官兵的逃亡人数，则达 150 万人。这个数字就是五年设想的基本依据之一。解放军在处境艰难的时候尚且能每月平均歼敌 8 个旅，那么随着战斗力的提高，做到平均每月歼敌 8 个旅是完全可能的。这样一年可歼敌 100 个旅、150 万人左右，五年可歼敌 500 个旅、750 万人左右。

第二，国民党军的补充能力。内战初期，国民党军总兵力约 430 万人，其中正规军约 200 万人。第一年作战，解放军歼敌 150 万人，与此同

---

[1] 《毛泽东选集》第四卷，人民出版社 1991 年版，第 1345 页。

时，国民党军补充了约100万人，总兵力为373万人，这即是说，歼灭与补充大约为3∶2。这是毛泽东五年设想的基本依据之二。毛泽东预测，第五年末，国民党军总兵力可能剩下200万人左右。毛泽东说："敌人这些被消灭的部队第一次打垮了可以补充，第二次打垮了还可以补充，第三次第四次就不好补充了。我们将敌人总是这么消灭下去，打个三四年就差不多了，胜利的把握很大。"❶

第三，人民解放军的补充能力。国共内战初期，解放军总兵力约为120万人，经两年作战，除去伤亡消耗，增至280万，平均每年递增80万。这是毛泽东五年设想的基本依据之三。解放军只要每年保持这个递增数，不出五年，便可达到500万人。1948年10月，毛泽东说："我军现有二百八十万人，今后三年准备收容俘虏参加我军一百七十万人（以占俘虏全数百分之六十计算），动员农民参军二百万人，除去消耗，五年作战结果，我军可能接近五百万人。"❷

这个分析最完整的表述在中央九月会议上。毛泽东在会后的通知中说："根据过去两年作战的成绩和整个敌我形势，认为建设五百万人民解放军，在大约五年左右的时间内（从一九四六年七月算起）歼敌正规军共五百个旅（师）左右（平均每年一百个旅左右），歼敌正规军、非正规军和特种部队共七百五十万人左右（平均每年一百五十万人左右），从根本上打倒国民党的反动统治，是有充分可能性的。"❸

五年设想，或者说五年预测，是毛泽东预测指导战争的光辉范例，把握了在稳步扎实的基础上加速解放战争胜利的基本原则。这个预测既充分留有余地，又依据战争实践不断加以修正。

---

❶《毛泽东选集》第四卷，人民出版社1991年版，第1345页。

❷《毛泽东文集》第四卷，人民出版社1996年版，第21页。

❸《毛泽东选集》第四卷，人民出版社1991年版，第1345页。

这个预测比之《星星之火，可以燎原》中对中国革命高潮的预测，其准确和成熟真不可同日而语。

辽沈战役后，全国各战场捷报频传，从7月1日至11月2日四个月间，国民党即丧师100万人，敌我总兵力破天荒颠倒了过来：国民党军总兵力降为290万人左右，人民解放军则增至300余万人。历史上从来是敌强我弱的形势拧过来了，中国的军事形势发生了重大变化。从这个变化中受到鼓舞的毛泽东发出了气势磅礴的新的预言："现在看来，只需从现在起，再有一年左右的时间，就可能将国民党反动政府从根本上打倒了。"[1]

五年设想，三年成功。

"神奇的预言是神话，科学的预言却是事实。"[2]当毛泽东在陕北的窑洞里发出一个很快为实践所证明的预见时，人们不能不由衷赞佩毛泽东是伟大的预言家。人们亲眼看到，蒋介石一次又一次地预言"三个月到五个月"、"半年之内"要"消灭共军"等等，最后都成了历史的笑柄；而毛泽东一次又一次地预言中国革命的新高潮到来的预言，最后都变成了事实，而且比预计的时间提前变成了活生生的事实！原因就在于，蒋介石依据的是其主观愿望，毛泽东依据的是马克思主义的科学。

一个鲜明的对照是，1948年元旦钟声响起时，蒋介石还在南京的元旦广播中又一次预言："一年内消灭共军主力。"说这话恐怕连他自己也不相信了。而毛泽东在陕北的杨家沟，热情地向大家举起大粗瓷碗祝福，他没有夸海口，而只是说："1948年，我们要以更大的努力取得更大的胜利！"果然，这一年取得了比以往20年都辉煌的胜利，这一年以"决战年"载入了人民解放战争的史册。

---

1 《毛泽东军事文集》第五卷，军事科学出版社、中央文献出版社1993年版，第219页。

2 《列宁军事文集》，战士出版社1981年版，第458页。

拿得定，见得透，事无不成

这是毛泽东青年时在《讲堂录》笔记中写下的一句话。在他的一生中，确实时时表现出这种遇事“见得透”，主意“拿得定”的突出才能。

毛泽东将领导者的责任归结为两点：出主意和用干部。“一切计划、决议、命令、指示等等，都属于‘出主意’一类。”[1] 所谓“出主意”，也就是决策，就是拿主意、下决心。毛泽东后来还说，领导的任务不外决策和用人。

他称赞汉高祖刘邦得天下，一因决策对头，二因用人得当。

如果说“见得透”是洞察力、预见力，那么，“拿得定”就是决策力和拿主意的能力。“拿得定”，从决策者的角度说，就是多谋善断，决策果敢。这是决策者的最佳境界。毛泽东引用唐朝著名医学家孙思邈的话，说：“胆欲大而心欲小，智欲圆而行欲方。”这有点类似刘伯承谈到决策时说的：“接受任务，要有包天胆略；在部署和指挥作战时，要像描花绣朵的姑娘那样认真细心。”说的都是决策者要有胆有识。

“拿得定”就要多谋善断。所谓“多谋”，就是要集思广益，倾听大家的意见，避免主观、片面、表面地看问题和处理问题。所谓“善断”，就是在战略眼光方面使自己操练得高人一等，一方面善于持重待机，一方面避免迟疑坐困的错误，领导者要具有“善观风色和善择时机的聪明”，具有“事先看出航船将要遇到暗礁的能力”，“用清醒的头脑把握船舵，绕过暗礁”的能力。

领导者的雄才大略主要体现在决策的多谋善断上，体现在决策的出人

[1] 《毛泽东选集》第二卷，人民出版社 1991 年版，第 527 页。

意外，超乎常规上。决策最忌的是优柔寡断。毛泽东在一次评论三国人物时说，袁绍、刘备、孙权都是优柔寡断，而曹操则是多谋善断。我们做事情不要独断，要多谋，但多谋还要善断，不要多谋寡断，也不要多端寡要，没有抓住要点，言不及义，这都不好。听了许多意见之后，要一下子抓住问题的要害。曹操批评袁绍，说他志大智少，色厉而内荏，就是说没有头脑。

毛泽东谈古论今，臧否人物，在谈到政治家、军事家时往往从其决策才能上加以褒贬，评头论足。如唐高祖李渊，是唐王朝的开国之主，起兵于隋末乱世，倒也不失为一代雄主。李渊为人“倜傥豁达，任性真率，宽仁容众”，但作为政治家，“宽仁容众”的性格特点，并不见得都是好事，特别是在重大决策上。所以毛泽东批评他“遇事无断制”。

除了曹操，毛泽东还推崇郭嘉的多谋善断。毛泽东喜欢三国时曹操的谋士郭嘉（170—207 年），在于他多谋，又善断，且谋断都很准确。加上英年早逝，更让人惋惜。1959 年 3 月，毛泽东来到郑州，触景生情，想起两千年前活动在郑州一带的谋士郭嘉。在郑州举行的政治局扩大会议上，毛泽东几乎把《三国志·魏书·郭嘉传》里郭嘉为曹操出谋划策的故事都讲了出来。他说：三国时候，曹操有一个有名的谋士，叫郭嘉，27 岁到曹操那里当参谋，38 岁就死了。赤壁之战时，曹操想他，说这个人在，不会使我处于这种困难境地。许多好主意就是他出的。比如，打不打吕布，当时议论纷纷。那时袁绍占领整个河北和豫北，就是郑州以北，曹操在许昌，吕布在徐州。郭嘉建议先打吕布，有人说，打吕布，袁绍下来怎么办？郭嘉说，袁绍这个人多端寡要，袁绍一定不会打许昌。于是曹操就去打吕布，把吕布搞倒了。如果不先打吕布，如果吕布跟袁绍联合起来同时攻击，曹操就危险了。郭嘉这个计策很成功。然后又去打袁绍。袁绍渡了黄河，在郑州与洛阳被曹操打败了。接着引出是不是去打袁绍的两个儿子袁谭、袁尚的问题。郭嘉说不要打，我们回师，装作打刘表，把军队摆到许昌、信阳之间，他们一定要乱的。果然，曹操的军队一搬动，几个月，两兄弟就打起来了。袁尚把哥哥包围在山东平原（德州），哥哥眼看要亡党、亡国、亡头，就派了一个代表叫辛毗的，跑到曹操这里来求救。曹操去救，乘势夺取了安阳，消灭了袁尚的部队，袁本人跑到辽东去了，然后再去消灭袁谭。这个计策也是郭嘉出的。在河北冀东追袁尚时，郭嘉又出了一计，他说他不防备，我们轻装远袭，可以得胜。就在这个时候，郭嘉得病，38 岁就死了。这个人很有名。

他谈郭嘉的立意是借郭嘉的事来讲领导干部不要多端寡要、多谋寡断。谋要多，但是不要寡断，要能够当机立断；端可以多，但是要拿住要点。

这一年里毛泽东多次谈到郭嘉。4 月，他在八届七中全会上又不同寻常地向全党高级干部推荐《郭嘉传》。毛泽东介绍这篇文章是希望党的高级干部做事要多谋善断。他说，多谋善断这句话，重点在“谋”字上，要多谋，少谋是不行的，要与各方面去商量，反对少谋武断。商量又少，又武断，那事情就办不好。谋是基础，只有多谋，才能善断，谋的目的是为了断。要当机立断，不要优柔寡断。应当根据形势的变化来改变计划。反对党内的一些倾向，也要当机立断。

夏天，毛泽东下榻杭州刘庄。一天他与秘书林克谈天说地，无意间又谈起郭嘉：“曹操有个参谋叫郭嘉，是个河南人，初投袁绍，批评袁绍‘多端寡要，好谋无决，欲与共济天下大难’。袁绍这个人多谋寡断，有谋无断，没有决心，不果断，结果兵败于官渡。所以有谋还要善断。后来荀彧把郭嘉推荐给曹操，郭嘉足智多谋，协助曹操南征北战，擒吕布，破袁绍，北伐乌桓，平定天下，深得曹操器重。”

“大跃进”运动中的挫折，也使毛泽东冷静地思考着决策上失误的原因。庐山会议上，他对李锐等又说到郭嘉：世上没有什么前知五百年、后知五百年的刘伯温。无非是多谋善断，留有余地。《三国志》里《郭嘉传》值得一读。郭嘉这个人足智多谋，初在袁绍麾下不得施展，就跑到曹操那里。曹操说他“每有大议，临敌制变。臣策未决，嘉辄成之。平定天下，谋功为高”。可惜中年夭折。

多谋善断，还要见事快。见事迟是领导者的又一大忌。1959 年 3 月 2 日，毛泽东在郑州会议上说：袁绍这个人多端寡要，多谋难断，见事迟，得计迟。慢了，得出一个方针就处于被动。翦伯赞在《光明日报》上写了一篇论赤壁之战的文章，他说，刘备这个英雄，跟曹操同等水平，是厉害的，但是事情出来了，不能一眼看出就抓到，慢一点。

毛泽东讲话喜欢谈古论今，上下五千年，侃侃道来，虽是漫谈，却极有深意。

在毛泽东看来，做领导的，见事迟，得计迟，是致命的弱点。成败之举，往往在瞬息之间。明察要点，然后当机立断，不称职的领导者，往往失误于此。就在毛泽东推崇郭嘉的讲话中，毛泽东还举了蒋介石在辽沈战役中指挥国民党军失误的例子。他说：蒋介石就是见事迟，得计迟。形势已经出来了，他还没有看见，等看见了又不好得计。比如辽沈战役时他对卫立煌的部队，总是犹豫不决，最后才下决心，强迫他去热河到北京。如果早一点，我们围攻锦州的炮一响就让他马上走，我们就没有办法，只能切他一个尾巴。如果在我们还没有打锦州时，就把沈阳、锦州统统放弃，集中于平津，跟傅作义搞在一起，我们也不太好办。

毛泽东评价历史上的政治家、军事家往往从其决策和用人上着眼。从这些褒贬中寄寓着他对决策水平的思考。

1964 年 10 月，毛泽东修改陈伯达在一次座谈会上的讲话稿时加写了一段话：“凡办事，要看得到，抓得起。要有这两种能力。凡办事，首先要看得到。如果连那件事看都没有看到，当然谈不到抓的问题。有许多人，对于当前已经出现了的苗头，甚（至）大量出现了的事实，缺乏看到的能力（感觉和理解），当然谈不到抓起来做的问题。至于抓得起，是指抓全局，更需要一种大的能力。普通叫做有魄力。有些人对于某些事，不是没有看到，甚至著书立说，长篇大论。至于做，他就抓不起来了，或者抓了片断面，忘了全面，说到抓，既要抓得起，又要抓得对，又要抓得紧。抓不起，等于不抓；抓不对，就要坏事；抓得不紧，也等于不抓。看也有看的对不对的问题。看得不对，等于不看，或者还要坏。面向全世界，既看得到，又抓得起，又抓得对。”[1]

无论是优柔寡断，还是见事迟，得计迟，都可以说是没有做到“拿得定，见得透”，这样自然是一事无成了。

作为一名伟大的军事家，毛泽东在铁与火的战争中，运筹帷幄之中，决胜千里之外，导演了一幕又一幕有声有色的战争活剧。

这些决策很多，可谓俯拾皆是：

土地革命战争中，关于引兵井冈，在农村实行工农武装割据的决策；关于在反“围剿”中实行“诱敌深入”方针的决策；长征中有名的“通道转兵”决策；到陕北后关于举行东征、西征，“以发展求巩固”的决策。

抗日战争初期，关于“基本的是游击战，但不放松有利条件下的运动战”的战略决策；关于开辟平原抗日根据地的决策；关于在反顽斗争中“人不犯我，我不犯人，人若犯我，我必犯人”的决策。

解放战争中，关于“向北发展，向南巩固”的战略决策；关于在东北实行“让开大路，占领两厢”方针的决策；关于将战争引向国民党统治区，发起战略进攻的决策；关于“打前所未有的歼灭战”的战略决战的决策；

[1] 《建国以来毛泽东文稿》第十一册，中央文献出版社1996年版，第198—199页。

关于“将革命进行到底”，不让敌人有喘息之机的战略追击决策等等。

毛泽东平生最重大的战略决策恐怕就是抗美援朝、保家卫国的决策。照周恩来的说法，毛泽东下这个决心是不容易的。这个决策在实践中为后人树立了如何在错综复杂的战争现象中进行预测、作出决策的榜样。

解放战争后期，毛泽东就以敏锐的眼光注视着美国政策的走向，他始终将美国出兵干涉中国革命与中国人民作战考虑在作战计划之中。毛泽东分析，中国革命战争的胜利在东方冲破了帝国主义最薄弱的一环，帝国主义集团大吃一惊，开始回头注意东方了。他预见中国与美国将有一场难以避免的较量，主要可能有三个地方：越南、台湾和朝鲜。1950 年上半年，美国政府要员连续发表关于亚洲问题的演说，军政大员也频繁出访远东。从这些现象中，毛泽东觉察到美国这头狮子的脑袋已经转向东方了。

1950 年 6 月 25 日，朝鲜战争爆发。6 月 27 日，美国决定侵略朝鲜，并陈兵台湾海峡，中央决定将攻台作战计划向后推延，并决定在鸭绿江边摆上三个军，如果帝国主义不干涉，没有妨碍；帝国主义如果干涉，不过“三八线”，我们也不管；如果过了“三八线”，我们一定打过去。7 月 7 日，美国操纵联合国安理会通过成立“联合国军”的非法决议，扩大侵略战争。同一天和 10 日，毛泽东提议，由周恩来主持召开保卫国防会议，讨论朝鲜形势和加强国防问题，13 日，决定成立东北边防军，屯兵鸭绿江边，以防不测。8 月 26 日，中央军委加速特种兵建设，以适应朝鲜战争可能的需要。9 月 15 日，美军在仁川登陆，朝鲜战局急转直下。下旬，美国放出烟幕，制造不越过三八线的假象，企图稳住中国。毛泽东迅速识破了美国的阴谋，判断是美国在搞缓兵之计，决定将是否出兵援朝提上日程。

毛泽东处变不惊，多谋善断，未雨绸缪，环环相扣，不愧大政治家、大军事家的风范。

就在未雨绸缪的过程中，毛泽东和中央就在考虑出兵援朝问题。8 月

4日，在中央政治局会议上，毛泽东指出：如美帝得胜，就会得意，就会威胁我。对朝不能不帮，必须帮助，用志愿军形式，时机当然还要选择，我们不能不有所准备。周恩来也说，如果美帝将北朝鲜压下去，则对和平不利，其气焰就会高涨起来。要争取胜利，一定要加上中国的因素，中国因素加上去后，可能引起国际上的变化。我们不能不有此远大设想。[1]

但这时，毕竟还没有将具体出兵的事提上日程。

10月1日，新中国一周年国庆。金日成请求中国出兵。

毛泽东面临着两种严峻的选择：是重兵把守中朝边界，不越雷池一步，还是主动出兵，抗美援朝。

出兵决策可能是毛泽东一生中最为艰难的选择，这不仅是他要面对的是第二次世界大战以来的头号强国，也不仅是新生的中华人民共和国刚刚只有一周岁就要冒与美国进行全面战争的风险，还由于决策层内在是否出兵问题上占主导的是不出兵的意见；还由于苏联既想要中国出兵，自己又不愿出面承担责任。

毛泽东就是在这种内外不利的形势下作出决策的。胡乔木回忆说："我在毛主席身边工作二十多年，记得有两件事是毛主席很难下决心的。一件是1950年派志愿军入朝作战，再一件就是1946年我们准备同国民党彻底决裂。"[2]

作为战略指导，一个基本原则就是趋利避害，但要真正在许多种选择中分清利害，识别孰轻孰重，有时是非常非常困难的。抗美援朝出兵决策即是其中一例。它难就难在出兵不出兵，哪个选择更为有利不易把握上。新中国面临的问题是极为严峻的：江南水灾，饥民嗷嗷待哺；工厂、桥梁

---

[1] 薄一波：《若干重大决策与事件的回顾》上卷，中共中央党校出版社1991年版，第43页。

[2] 《胡乔木回忆毛泽东》，人民出版社1994年版，第92页。

没有修复，满目疮痍；战争创伤还没有治愈，土地改革尚未完成；国内敌人还没有彻底肃清；军队的装备训练尚不充分；出兵朝鲜还要准备美国向中国宣战，与中国进入全面战争。决策层总的基调是：“不到万不得已的时候，最好不打这一仗。”

在几乎是众口一词的情况下，毛泽东没有动摇，依然是“拿得定”。听了大家说的，他只说了一句很沉重的话：“你们说的都有理由，但是别人国家处于危急时刻，我们站在旁边看，不论怎么说，心里也难过。”毛泽东认为：“我们不出兵，让敌人压至鸭绿江边，国内国际反动气焰增高，则对各方都不利，首先是对东北更不利，整个东北边防军将被吸住，南满电力将被控制。”❶

他对薄一波说：我们确有困难，一些同志不主张出兵，我是理解的，但我们是个大国，不打过去，见死不救，总不行呀！❷

在这个节骨眼上，临时应召来参加会议的彭德怀起了很大的作用。他经过反复考虑说：“出兵援朝是必要的，打烂了，最多就等于解放战争晚胜利几年。可是，如让美军摆在鸭绿江和台湾，它要发动侵略战争，随时都可以找到借口。”“老虎是要吃人的，什么时候吃，决定于它的肠胃。”彭老总掷地有声的一席话，有力地支持了毛泽东的观点，也感染了大家。

10 月 8 日，毛泽东发布命令，成立中国人民志愿军。

毛泽东决策出兵，决不是好战，而是饱受屈辱的刚刚站起来的中国人民对新一轮侵略的强烈回应。近代中国的全部历史告诉人们，对于帝国主义的侵略，只有坚决抵抗才是出路，妥协退让只能招来帝国主义更大的贪心和自己国家的更大屈辱。毛泽东代表了站起来的中国人民的意志，决定

---

❶ 《毛泽东军事文集》第六卷，军事科学出版社、中央文献出版社 1993 年版，第 117 页。

❷ 薄一波：《若干重大决策与事件的回顾》上卷，中共中央党校出版社 1991 年版，第 43 页。

组成中国人民志愿军入朝作战。在美国重兵压境的情况下，中国除了同美国直接较量外，已没有退路，也没有别的选择，出兵是迫不得已的。胡乔木回忆说，中央的会议我都参加了，根本没有我们同意打朝鲜战争的事，我们出兵是迫不得已的，非常不情愿的。今日有的美国学者也承认，当美国强大的军事力量出现在中国东北边境的时候，“中国人民也似乎没有别的选择”。

毛泽东既然已经料到中美之间不可避免会有一场较量，那么，与其坐等美国在东北逼近中国边境，东南放蒋出笼，两面受敌，不如主动迎战；与其晚打，不如早打，打完了再安心搞建设；与其坐等对手登堂入室，不如在国门之外打；与其示弱，不如示之以强。而且，在朝鲜与美国较量要比在台湾或越南与美国较量有利一些。正如周恩来说的：选择朝鲜战场同美国进行较量，具有“最便利的地形，最便利的交通，最便利的物资支援，最便利的人力支援，最便利的政治动员，还有最便利于我们取得苏联间接的帮助。……那里最有益、最有价值、最值得、也最有利”。

还有一点也是毛泽东决策的基点，这就是他判断美国的战略重点在欧洲，不可能全力以赴进行朝鲜战争。“美国的战略重点是欧洲。他们出兵侵略朝鲜，没有料到我们出兵援助朝鲜。”[1]

因此，毛泽东认为：中国人民“应当参战，必须参战，参战利益极大，不参战损害极大”。

几乎就在毛泽东作出决策的同时，10 月 7 日，美国再次操纵联合国通过决议，要在联合国监督下实行选举统一朝鲜，这是一个授权美国占领全朝鲜的严重信号，同一天，美军越过“三八线”，疯狂向朝中边境进犯。

---

[1] 《毛泽东军事文集》第六卷，军事科学出版社、中央文献出版社 1993 年版，第 318 页。

第二天，毛泽东发布组建中国人民志愿军的命令。箭在弦上，不得不发。到这时，两个大国的较量已在所难免。19日，志愿军跨过鸭绿江，25日，第一次战役发起。

不知是偶然还是巧合，这天距国内解放战争最后一仗昌都战役结束仅一天。国内的硝烟尚未散尽，东北的战火又起。为朝鲜，也为新生的共和国，中华优秀儿女征程未洗，便匆匆披挂东征。

毛泽东出兵抗美决策，淋漓尽致地反映了他"拿得定，见得透"的魄力。这个决策，出乎美国当权者的意外，让他们目瞪口呆；让苏联领导人感动得五体投地，对中国的态度从此来了个一百八十度的大转变；让全世界都对这个东方巨人刮目相看，中国的国际形象陡然上升。在朝鲜土地上的这场较量，告诉全世界，中国人是敢做敢当的，哪怕是承担最大的民族牺牲。

审机独断，往往成功

毛泽东喜欢读史，尤其喜读历史人物传记，对自己喜欢或不喜欢的历史人物，他都有着独到的评点。这些评点，常常是与他自己的阅历和经验联系在一起的，反映了自己对事物的认识或总结。他读《通鉴纪事本末·后唐灭梁》一段，其中记载同光元年（923年）时，梁军大势已去，犹作困兽之斗。梁将段凝等分数路大军前来争取郓州；契丹也要在"草枯冰合"时前来骚扰，后唐庄宗李存勖内忧外困，处境十分艰难。他招集诸将商议宣徽使李绍宏等"以为郓州城门之外，皆为寇境，孤远难守，有之不如无之，请以易卫州及黎阳于梁，与之约和，以河为境，休兵息民，俟财力稍集，更图后举"。李存勖不高兴了："如此，吾无葬地矣。"不理这帮将领的妥协之议。毛泽东对李绍宏等的畏缩妥协主张不以为然，对李存勖没有听这帮人的话颇为赞赏，在天头上批注："已成摧枯之势，犹献退兵之谋，世局往往有如此者。此时审机独断，往往成功。"[1]

在毛泽东读古籍人物评价中，对李存勖的评价颇高，对其指挥的战役颇多好评。毛泽东曾这样赞赏李存勖："生子当如李亚子。"亚子，是李存勖的小名。此语系从曹操的一句话演化而来。三国时，曹操与孙权对垒，见孙权军中队伍整齐，孙权仪表堂堂，威风凛凛，不禁赞叹道："生子当如孙仲谋。"毛泽东改曹操赞孙权的话，用来赞李存勖，可见毛泽东对李评价不低。

"审机独断"，在战争指导上往往如此。战争决策要求集思广益，也要求机断专行。这是战争决策区别于其他决策的一个重要特点。许多时候，战局的迅速变化决定了决策不能也不应该完全按部就班，民主讨论。战争决策讲求时效性，它需要迅速决断，讲究逼近真理的速度。古人云："兵争交，将争谋，帅争机。"战机对于胜利的意义决定了决策不能完全遵循在其他领域应该遵循的民主程序。机不可失，时不再来。与其明天十全十美的决策，不如今天七分把握三分冒险的决策。

毛泽东号召：在作战指挥上，要"为夺取先机而奋斗"[2]。

决策的时效性决定了战争决策在很多时候要求统帅专断，要求指挥员凭借自己以往的经验甚至直觉迅速作出决策。这里，不能讲究少数服从多数；这里，军事权威的作用是十分重要的。只有为人们所信服的权威在作出决策时才能容易为人们所接受。毛泽东在谈到在军事权威没有树立前作出决策的困难时曾这样说："战略退却，在干部和人民还没有经验时，在

---

[1] 《毛泽东读文史古籍批语集》，中央文献出版社 1993 年版，第 309 页。

[2] 《毛泽东军事文集》第一卷，军事科学出版社、中央文献出版社 1993 年版，第 416 页。

军事领导的权威还没有达到把战略退却的决定权集中到最少数人乃至一个人的手里而为干部所信服的地步时，说服干部和人民的问题是一个十分困难的问题。”[1] 这段话道出了军事决策权掌握在最少数人乃至一个人（当然是为众人所信服的军事权威）手里的意义。

在战争史上，不乏这方面失败和成功的例子。

1929 年初下井冈山后的大庾（今大余）之战，我们曾在书中提到多次。这一仗完全是军事决策民主化的失误。红四军到大庾之后，有点不想走，但又知道赣敌就要追上来了，怎么办？军领导在大庾县城的一个天主堂开活动分子会议，讨论是打是走。有的主张打，有的主张走，两种意见争论不休，最后采取了非常民主的做法：举手表决，让少数服从多数。这种近乎可笑的方式是幼年红军曾多次采用过的，其实是不应该采用的。由于同意打的占多数，就决定在大庾迎敌。结果这一仗打得大败，造成了红四军下山初期的被动。

另一个不成功的例子是长征途中。1935 年 3 月，红军二占遵义后，蒋介石迅速调集大军向遵义一带合围，企图聚歼中央红军于遵义西南地区。3 月 10 日，张闻天主持召开政治局扩大会议，讨论林彪等提出的进攻打鼓新场（现金沙县）的黔军，打开西进道路的建议。这次会议再次采取了举手表决，少数服从多数的方式，通过了攻击打鼓新场的建议。据周恩来回忆：

“遵义会议开了以后，要继续前进。这个时候争论又起来了，打仗如何打法也引起了争论。那个时候困难啰，八万人剩下三万多人。每一个部队里都减员，伤员病号都不少，的确有困难。在那种关头，只有坚定不移地跟毛主席走。这时问题就出来了，一个比较小的问题，但是一个关键性

[1] 《毛泽东军事文集》第一卷，军事科学出版社、中央文献出版社 1993 年版，第 734 页。

的问题，就是从遵义一出发，遇到敌人一个师守在打鼓新场那个地方，大家开会都说要打，硬要去攻那个堡垒。只毛主席一个人说不能打，打又是啃硬的，损失了更不应该，我们应该在运动战中去消灭敌人嘛。但别人一致通过要打，毛主席那样高的威信还是不听，他也只好服从。但毛主席回去一想，还是不放心，觉得这样不对，半夜里提马灯又到我那里来，叫我把命令暂时晚一点发，还是想一想。我接受了毛主席的意见，一早再开会议，把大家说服了。”[1]

第二天所以把大家说服了，还有一个原因，是侦察发现滇军三个旅正向打鼓新场急进。这次总算避免了一次将要发生的重大损失。

这种少数服从多数的方式，民主则民主矣，但多数时候很难适应瞬息万变的战争情况，况且，在作战上很多时候真理往往在少数人手里，因为战争的概然性和模糊性，以及各人所处的位置不同，并非人人都能洞悉战争全貌。

通过这件事，毛泽东更加意识到，作战不能再像过去那么多人来集体讨论，还是把权力集中到少数人手中为好。经他提议，中央决定成立毛泽东、周恩来、王稼祥组成的三人团，全权指挥作战，以周恩来为团长，而起核心作用的实际上是毛泽东。正是由于指挥权集中了，红军行动才更加灵活机动。

可以说，没有这种指挥上少数人甚至是一个人的“审机独断”，就不会有四渡赤水的胜利，就不会有后来佯攻贵阳，出云南，巧渡金沙江的“得意之笔”。这个时候，说怪话，发牢骚的人很多，连林彪这样的人都不理解，毛泽东硬着头皮顶住了，终于换得了从被动到主动。如果还是动不动开会商量表决，就不可能有这样的结局。

---

[1] 《周恩来军事文选》第四卷，人民出版社 1997 年版，第 563 页。

调查不够不决策，条件不备不行动

这是一个国民党人说的。1965 年，原国民党政府代总统李宗仁先生从海外归来，回到祖国怀抱。这在当时是一件轰动全球的大事。7 月 26 日上午，毛泽东在中南海接见了李宗仁夫妇和他的原机要秘书程思远。像毛泽东的其他谈话那样，这次谈话也是海阔天空，无所不谈。谈话中，程思远说起这样一件事：近来一个国民党人对我说过，他也用毛泽东思想办事，他把毛泽东思想概括成两句话："调查不够不决策，条件不备不行动。"

听到这里，毛泽东笑了，似乎对这两句话颇为欣赏。从这两句话中，毛泽东若有所悟，他突然问程思远："你们知道我靠什么吃饭吗？"

程一时茫然，莫名所以："不知道。"

"我是靠总结经验吃饭的。"毛泽东说，"以前我们人民解放军打仗，在每个战役后，总来一次总结，发扬优点，克服缺点，然后轻装上阵，乘胜前进，从胜利走向胜利，终于建立了中华人民共和国。"[1]

无论是"调查不够不决策"，还是"靠总结经验吃饭"，都表明了毛泽东善于调查研究、总结经验的工作方法。

毛泽东有一句名言，"没有调查就没有发言权"。他总说，凡是没有办法的时候，就去调查研究。在作战上也是如此。第二次反"围剿"时，敌重兵压境，情况非常紧张。内部在作战问题上也有许多争论。毛泽东岿然不动，拒绝一切性急快打的建议。因为，这时虽然解决了先打何部的问

---

[1] 程思远：《难忘的一天》，见郭思敏：《我眼中的毛泽东》，河北人民出版社 1990 年版，第 225 页。

题，但是进到什么地方，才最能利于歼击敌军，毛泽东心里也还没有谱。毛泽东就和彭德怀亲自上山调查，决定了作战的具体问题。

1961 年 3 月，毛泽东在广州中央工作会议上回顾这件事时说："我的经验历来如此，凡是忧愁没有办法的时候，就去调查研究，一经调查研究，办法就出来了，问题就解决了。打仗也是这样，凡是没有办法的时候，就去调查研究。在第二次反'围剿'的时候，兵少觉得很不好办，开头不了解情况，每天忧愁。我跟彭德怀两个人到白云山上跑了一天，察看地形，看了很多地方。我对彭德怀说，红一军团的四军、三军打正面，打两路，你的红三军团全部打包抄，敌人一定会垮下去。如果不去看呢？就每天忧愁，就不知如何打法。"❶

这件事，彭德怀也印象很深。他回忆说：第二次反"围剿"时，敌已逐步推进至富田、广昌、建宁之线，当时兴国还为敌占据。"红军主力一、三军团由龙冈开至东固，离兴国六十华里。有人说，这是钻牛角。毛主席约我到东固（三军团驻地）富田之间山上去看地形，我们饱吃了刺梅，才议这一仗如何打法。……这次到实地侦察，解决了如何打法的战术问题。决定一军团之三、四两军在离东固约十五里处布置阻击和伏击阵地；三军团绕至敌之右侧背，是一个背水（背赣江）阵。毛主席问，有无危险？我说，无危险，敌人意识不到我军会敢侧敌侧水进攻敌人。"❷

毛泽东在七大上说："一个问题来了，一个人分析不了，就大家来交换意见，要造成交换意见的空气和作风。我这个人凡事没有办法的时候，就去问同志们，问老百姓。打仗也是这样。"❸

1959 年 7 月 31 日，在庐山中央常委会上，毛泽东也说：军队的经验，

---

❶ 《毛泽东文集》第八卷，人民出版社 1999 年版，第 261 页。
❷ 《彭德怀自述》，人民出版社 1981 年版，第 167、168 页。
❸ 《毛泽东文集》第三卷，人民出版社 1996 年版，第 398 页。

头天开会，无结果，睡一觉，办法就出来了。人的认识是逐步发展的，不可能如同孔明那样，事先安排好锦囊妙计。这大概指的是遵义会议后打打鼓新场那次战斗。

更有意思的是，据薄一波回忆，毛泽东有一句口头禅：谁要是不愿下去，不搞调查研究，“我是拿起石头要打人的”。

在调查方法上，毛泽东非常赞赏明代人杨继盛的一联诗：“遇事虚怀观一是，与人和气察群言。”20世纪50年代，在庐山上，他对人说：“我从年轻的时候，就喜欢这两句，并照着去做。这几十年的体会就是：头一句‘遇事虚怀观一是’，难就难在‘虚怀’这两个字上，即有时是虚怀，有时并不怎么虚怀。第二句‘与人和气察群言’，难在‘察’字上面。察，不是一般的察言观色，而是虚心体察，这样才能从群言中吸取智慧和力量。”

毛泽东不仅善于调查研究，而且善于总结经验。他曾跟人说到“十六字诀”的来历。他说，刚上井冈山时，在井冈山先打了个小胜仗，接着又打了两个大败仗。于是总结经验，总结了十六个字的打游击的经验。这“十六字诀”，后来就成了人民军队最初的战术原则。

毛泽东的许多重要著作，都是在总结中国革命正反两方面经验教训基础上写出来的，他自己也是这样说的。1956年9月10日，他在中共八大预备会议上说：“我的那些文章，不经过北伐战争、土地革命战争和抗日战争，是不可能写出来的，因为没有经验。所以，那些失败，那些挫折，给了我们很大的教育；没有那些挫折，我们党是不会被教育过来的。”1962年1月，他在扩大的中央工作会议上再次谈到这一点：“在民主革命时期，经过胜利、失败，再胜利、再失败，两次比较，我们才认识了中国这个客观世界。在抗日战争前夜和抗日战争时期，我写了一些论文，例如《中国革命战争的战略问题》、《论持久战》、《新民主主义论》、《〈共产党人〉发刊词》，替中央起草过一些关于政策、策略的文件，都是革命经验的总结。那些论文和文件，只有在那个时候才能产生，在以前不可能，因为没有经过大风大浪，没有两次胜利和两次失败的比较，还没有充分的经验，还不能充分认识中国革命的规律。”[1]

[1] 《毛泽东著作选读》下册，人民出版社 1986 年版，第 825—826 页。

将兵·将将

自古以来，统兵御将便是军事艺术中的重要一课。杰出的统帅不仅有着决胜千里的卓越才能，而且有着非同一般的用人本事。

西汉王朝开国不久，出生入死，功高震主的大将韩信便落得个头断长乐宫的下场。对这我们不必太介意，因为一个新王朝建立后，功臣的下场都往往是可悲的。倒是韩信被抓时，刘邦与韩信的一段对话，令人饶有兴味。刘邦问："你看我能指挥多少兵?"韩信答："陛下不过能指挥十万罢了。"刘邦又问："那你可以带多少兵?"韩信毫不谦虚地说："臣多多益善耳。"刘邦笑着问："多多益善，何为为我擒?"韩信从容回答："陛下不能将兵，而善将将，此乃信之所以为陛下擒也。"

这段话道出了两个不同的概念：将兵，将将。将兵是直接领兵打仗；将将是善于用人，善于用将，间接领兵打仗。韩信的长处在于直接领兵作战，所以后来就有“韩信将兵，多多益善”之说。刘邦的长处在于用人，并确实给予大权，间接领兵打仗，所以才能“运筹帷幄之中，决胜千里之外”。

一个统帅，善于将兵，已属不易，既能将兵，又能将将，则更为罕见。毛泽东从一介书生，成长为一名既能将兵，又能将将的军事家，并且在这两方面都有许多独到的见解。没有这两方面的才能，毛泽东就难以在角逐疆场中打败日本侵略者，推翻蒋家王朝。

胸中自有百万兵

自 1927 年毛泽东秋收起兵，直至去世，近五十年间，便再也没有与这支军队分开过。这支军队，最少时不足千人（毛泽东直接统率的部队，不是指各地的起义军），最多时达到五百多万。无论是人多人少，毛泽东指挥起来总是得心应手，总能做到人多有多的打法，少有少的打法；人多就打运动战，人少就打游击战。

秋收起义军南下三湾，进行改编，全军人数不足一千，是毛泽东戎马生涯中带兵人数最少的时候。景象之凄凉，犹如一支逃难的队伍。毛泽东虽为前委书记，实际上指挥的不过大略相当于一个团的兵力罢了。像萧家璧那样的地主靖卫团都敢欺负这支部队。一直到井冈山朱毛会师前，毛泽东就靠着这千把人的队伍加上王佐、袁文才的农民军，硬是开辟出一块名震天下的根据地来。那个时候，毛泽东常常亲自领兵打仗。像主动出击，第一次歼灭敌正规军一个营的新城战斗，就是毛泽东亲自临阵指挥的。

红军时期的许多战役战斗，毛泽东都亲临前线统兵，指挥作战。大柏地战斗、长汀战斗、三次反“围剿”、漳州战斗、直罗镇战役等，毛泽东都在前线指挥，既统兵，又御将。

毛泽东在战争中学习战争，很快摸到了作战的门道。从打小仗到大仗，从打游击战到打运动战，从一介书生成长为叱咤风云的统帅。

更重要的是，毛泽东在实践中显示出优秀统帅的应有特质：智、仁、勇、严、信和在逆境中从不灰心的乐观主义。这后一点是许多将领和统帅所缺乏的。

秋收起义失败，部队转兵南下时，毛泽东鼓励战士们：我们现在好比一块小石头，蒋介石反动派好比一口大水缸，但总有一天，我们这块小石头，一定要打烂蒋介石那口大水缸！

在“敌军围困万千重”的外部条件和“红旗到底能打多久”的内部氛围中，毛泽东始终保持着一种坚定的乐观主义。中央红军长征，从出发时的八万余人到陕北时只剩下七千余人，看到这情景，许多人感到前途渺茫，心灰意冷。毛泽东却说比井冈山上下来时四千人好多了。长征，千回百转，连个落脚地还没找到时，他却在六盘山上发出“今日长缨在手，何时缚住苍龙”的豪迈誓言。这点不要说敌人不相信，就是自己队伍中的人也未必全信。可是历史证明了毛泽东说对了。不过八年，赶走了日本帝国主义，又过了四年，他麾下的百万雄兵便席卷整个中国大陆。毛泽东在困难面前的态度是愈挫愈奋；在挑战面前，他的情绪高亢。他的信条是：“无限风光在险峰。”

这是何等豪迈的誓言。一支处于弱小地位和困境中军队的军心往往系于指挥员的坚定的信念和决心，系于指挥员的优秀品质和众望所归的权威。毛泽东统兵御将，除了共产党领导的人民军队本身的特质外，他个人在长期战争实践中形成的威望是一个不容忽视的因素。

毛泽东在人民军队中的威信是在长期的戎马战火中逐渐形成的。历史上自然形成的威信最为可贵。毛泽东的军事才能为人们所认识，从了解不多到了解较多，最终成为全党的共识，经历了十多年的时间。

毛泽东初出茅庐，领兵打仗，很多人，特别是参加起义的军官对他并不信服。秋收起义时，除了卢德铭（这是一个很优秀的军官，死在秋收起义军南下井冈山的路上，毛泽东闻讯，大为悲痛，大呼：“还我卢德铭！”）等少数几个人外，其他出身黄埔等军校的军官并没把毛泽东放在眼里。他们我行我素，不听指挥，甚至试图率队伍叛变，迫使毛泽东不得不予以断然处置。

古田会议前，毛泽东制定的一套全新的建军主张在红四军内部都没有取得一致的认识，直到周恩来主持起草的中央“九月来信”对毛泽东的主张作出肯定，才使红四军内部在建军问题上达成共识。这是一次了不起的飞跃。毛泽东的地位在红四军内得到了承认。

第一次反“围剿”对毛泽东是一次严峻的考验。毛泽东力主诱敌深入，在苏区内歼灭敌人，但阻力重重。开始时是退不退，有人还主张进攻中心城市；后来是过不过赣江，许多人，尤其是红三军团中有些人极力反对在赣江以东布置反“围剿”的战场。彭德怀一言九鼎：红军要打遍全国，不要地方主义。这样部队才过了赣江。部队过了江，又发生了“富田事变”。这一连串的事件，使毛泽东深深感到：战略退却，在干部和人民还没有经验时，在“军事领导的权威”还没有达到把战略退却的决定权集中到最少数人乃至一个人的手里而为广大干部人民所信服时，说服干部和人民的问题是一个十分困难的问题。

第一次反“围剿”胜利后，毛泽东的“诱敌深入”方针开始为人们所接受。但第二次“围剿”来势凶猛，如何打破“围剿”，内部争论之激烈不亚于第一次反“围剿”时。因为这时，从上海来了几位资格甚老，权力甚大而不懂红军作战经验的人。毛泽东、朱德等经过艰苦的说服工作，总算让他们同意采取“诱敌深入”的作战方针。“七百里驱十五日，赣水苍茫闽山碧，横扫千军如卷席”，说得是够轻松的，但其中的难处只有过来人才清楚。不说敌情，就说内部的争论。青塘会议结束后，红一方面军参谋长朱云卿走出会场，就担心地说："大敌当前，中央局这样不统一，可不是件好事啊。"又说了句更为让人揪心的话："但愿不要重蹈太平天国的覆辙。"[1] 朱的话亏得没有成为现实，但却反映了内部争论之异常激烈。第二次反"围剿"胜利后，全军上下对毛泽东的指挥艺术心悦诚服，最有代表性的便是彭德怀在胜利后说的一句话："究竟是拿鹅毛扇子的厉害。"

第三次反"围剿"前后，毛泽东的威信在红一方面军和中央苏区达到了鼎盛时期。这次"围剿"，敌情更为严重，形势更为严峻，最严重时几乎放弃了全部根据地，但内部却没有出现像前两次反"围剿"时那样大的争论，也没有听到怨言。党内军内的思想都比较一致地统一在毛泽东、朱德的作战方针上。朱毛说东到东，指西打西。毛泽东说经过三次反"围剿"，红军的基本作战原则都形成了，也就是他在实践中创立的作战原则为全军（红一方面军）所认识并接受了。

临时中央的"左"倾路线在苏区推行后，毛泽东开始受到排挤。但这时毛泽东的正确做法已为实践所检验，为人们所认识，所以打击毛泽东的举动便在中央苏区遇到重重阻力。如果"左"倾中央早进入中央苏区一年，情况或许就难说了。为了一步步削弱毛泽东的权力，"左"倾领导人的办法是架空毛泽东，宁都会议上将毛泽东排挤出红军，随后又在第二次全国苏维埃代表大会后，在毛泽东继续担任中央执行委员会主席的同时，又任命张闻天为人民委员会主席，毛泽东只剩下空头主席一个虚衔。"左"倾中央的另一个举动是"清君侧"，打击执行毛泽东正确路线的人，如批福建的罗明路线，批邓毛谢古（指邓小平、毛泽覃、谢维俊、古柏），审判萧劲光等，其目的都是为了打击毛泽东。

不过毛泽东的才能和威信毕竟已在红一方面军和中央苏区人民中留下

---

[1] 《郭化若回忆录》，军事科学出版社 1995 年版，第 63 页。

了深刻的印象。别的例子不说，就说宁都起义组成的红五军团，军团总指挥季振同谈到为什么参加起义时说："我参加红军，第一是相信毛主席，第二是相信刘伯坚。"[1]可见，毛泽东在敌军中也是很有影响力的。

对毛泽东的能力，连临时中央也不能否认。博古曾说，毛泽东"大事有错[2]，小事没有错的"；王明则说毛泽东"能抓得大事"。[3]连王明、博古等人都不敢小瞧毛泽东。

第五次反"围剿"的失败和长征初期的被动局面，与毛泽东领导下连战连捷的景象形成了鲜明的对照。从血的代价和胜败反差中，人们更加深了对毛泽东提出的一系列正确作战原则的认识。突破湘江后，红军人数锐减，从8万多人减为3万余人。部队中对李德、博古等的不满达到了沸点。连张闻天、王稼祥等都主张把李德、博古轰下来。张闻天也不能不承认：毛泽东打仗有办法，比我们有办法，我们是领导不了啦，还是要毛泽东出来。毛泽东出山已是众望所归，只是时间迟早的问题。遵义会议至此已是水到渠成。如果没有遵义会议，也会有别的会议将毛泽东推举出来。

但事情没有这么简单。土城战斗失利和四渡赤水多走了一点路，又有人发牢骚了，其中包括林彪。他认为毛泽东指挥走的尽是弓背路，意思是没有走捷径。他给中央写信，要毛朱周随军主持大计，请彭德怀任前敌指挥，但被毛泽东一顿"你是个娃娃，懂得什么"的训斥打了回去。不管怎样，毛泽东的权威在自己部队又一次受到了挑战，但毛泽东没有把账算在林彪头上，而是算在了彭德怀的头上，让彭受了多年的不白之冤，直到1959年的庐山会议林彪才说出那封信与彭无关。

红军时期，毛泽东的威信主要还是在红一方面军中，到抗战时便不一

---

[1] 季是西北军将领，刘伯坚曾在西北军工作过，在西北军中很有威信。

[2] 指在大政方针上与他们不一致。——引者注

[3] 金冲及主编：《毛泽东传（1893—1949）》（上），中央文献出版社1996年版，第326页。

样了。抗日军兴，中央和红军各路诸侯、各个山头的将领在洛川开会，讨论抗战出兵大计，众说纷纭，对毛泽东说的“独立自主的山地游击战”方针并不怎么赞成，主流倒是打运动战，打大仗的呼声。直到第二年，才在“基本的是游击战，但不放松有利条件下的运动战”的方针下统一思想。在八路军方面统一了，在新四军中又有人对毛泽东的指示我行我素，其代表人物是项英。直到皖南事变后，经过延安整风，毛泽东的才能和威信才真正为全党全军所认识。与毛泽东并肩战斗多年的朱老总在整风时说：毛泽东是一个“有魄力、有能力，遇到困难总能想出办法”的人。有毛泽东领导，各方面都有发展。照毛泽东的方法办事，中国革命一定有把握胜利。我们这次学习，就要每人学一套本事，主要学好毛泽东办事的本事。

至此，全党全军可以说真正形成了以毛泽东为核心的领导集体，其里程碑便是中共七大。

全党全军的思想统一，使毛泽东胸中的宏伟蓝图得以在短短的三年间成为现实。历史形成具有权威的核心是一支军队意志统一、步伐一致的象征。

知人善任：将能而君不御

还是从刘邦的故事说起。汉高祖刘邦得天下后，一天与群臣谈论得天下的原因。群臣应对不一，众说纷纭，刘邦均不以为然。他自己总结说：“夫运筹帷幄之中，决胜于千里之外，吾不如子房（即张良）；镇国家，抚百姓，给馈饷，不绝粮道，吾不如萧何。连百万之军，战必胜，攻必取，吾不如韩信。此三者，皆人杰也，吾能用之，此吾所以取天下也。项羽有一范增而不能用，此其所以为我擒也。”

刘邦虽系一名小亭长出身，倒也颇知用人之术。刘邦有一首悲凉慷慨的《大风歌》:“大风起兮云飞扬，威加海内兮归故乡，安得猛士兮守四方。”短短三句，就有一句讲用人，勾勒出这位马上得天下的开国皇帝思贤若渴的爱才心胸。在用人这一点上，他确有超人之处，所以韩信说他善于将将。将将者，善于用人也。

毛泽东也善于用人，用人之长，弃人之短。一名在延安见过毛泽东的“老外”，叫爱泼斯坦，他在一本书中对蒋介石和毛泽东的用人作风作了这样的比较:“蒋经常没有必要地过问过多的繁琐事务，事后批评他的指挥官做的大小每一件事。……毛则相反，他极擅长于委任他人负责某件事，以便他有充分的时间去考虑、分析一个更大的远景。”❶

在战争年代，毛泽东用人的原则是:用人不疑，疑人不用;“大权独揽，小权分散”。他对诸葛亮事必躬亲的做法颇不以为然，认为事无大小一一过问，是一种累死人的统帅法。

在用人上，毛泽东看得准，也放得开。他只考虑战略大事，具体的事，如统战方面或敌工方面、作战计划、军队整编方面的事，就交给周恩来;建军方面的事，许多时候交给朱德。

解放战争时期，毛泽东转战陕北指挥全国解放战争，身边只有两员大将:周恩来和任弼时。他把许多事情都委托给周恩来，自己只关注最关键的问题和最主要的战场。那时，周恩来兼军委总参谋长，手下有一个军事组，有五六个得力参谋主管作战方面的工作。当时担任作战参谋的张清化后来回忆说:周恩来是“一个非常杰出的军事组织者和指挥者。当时他运筹帷幄，出谋划策，深得党中央、毛主席的称赞和全军的拥戴。凡是党中央研究，毛主席下了决心以后，具体的组织布置和如何执行等都是周副主席具体来抓的。无论前方或后方，无论是后勤供应或部队调动，总离

❶ 伊·爱泼斯坦:《突破封锁线访延安》，人民日报出版社1995年版，第28页。

不开他的具体的组织指挥”[1]。毛泽东在发出作战电报前，如果五大书记在一起，就要让他们阅看，征求他们的意见；如果情况紧急，就在电头上批上：“周阅后发”，往往只征求周恩来的意见，随即发出。周恩来起的是副统帅和总参谋长的作用。

1950年2月27日，毛泽东访苏归来，在哈尔滨接见省市委负责人时，毛泽东说：胡宗南进攻延安以后，在陕北，我和周恩来、任弼时同志在两个窑洞里指挥了全国的解放战争。周恩来插话说：毛主席是在世界上最小的司令部里，指挥了世界上最大的人民解放战争。

朱德是毛泽东相知甚深的老战友。毛泽东称赞朱德“肚量大如海，意志坚如钢”。红军时期作战，朱老总起了很大作用。作战时，朱老总常常身先士卒，奋勇当先。解放战争时期，朱老总在五大书记中年龄最大，毛泽东有夜间办公的习惯，而朱老总生活很有规律，按时作息。毛泽东为照顾他的身体，总是让他减轻工作量，不是大事急事，不去打搅朱老总。

但不能由此理解为朱老总就无所事事了。解放战争初期，晋察冀军区在作战中一度胜利不足，毛泽东深为焦虑，他让朱德以总司令的身份去晋察冀，“将晋察冀军事问题解决好”。朱老总不负众望，他指导和帮助晋察冀野战军连续取得了清风店战役和石家庄战役的胜利，探索了攻坚战的经验。1948年华东野战军三个纵队原定南渡长江作战，朱总司令又受毛泽东委托，千里迢迢来到部队集结地濮阳视察部队。战略决战中，他参与指挥，提出了许多宝贵的意见。

许多人都知道，红一方面军中，毛泽东手下有“三骁将”，据黄克诚回忆，这三人是林彪、彭德怀和黄公略。林是第四军军长，彭是第三军团总指挥，黄是第三军军长。作战中毛泽东对三人深为倚重。红军历次反

---

[1] 金冲及主编：《周恩来传(1898—1949)》，人民出版社、中央文献出版社1995年版，第686页。

“围剿”作战和其他重大战役，主要靠他们几个和他们的部队。

1930 年 7 月，毛泽东在率部攻打长沙时，路过赣西南，赋诗咏赞黄公略：“赣水那边红一角，偏师借重黄公略。”因为黄曾在赣江流域的赣西南根据地领导作战。第二次反“围剿”首战富田，毛泽东率黄公略在攻击前进行实地考察，发现东固通向中洞的南侧，还有一条小路。毛泽东立即令黄公略率红三军沿这条小路秘密前进。这一行进路线的改变，使红三军缩短了行程，争取了时间，对歼灭敌公秉藩师起了重要的作用。由这条小路悄悄前进的红三军突然进至中洞南侧，处在居高临下的有利地形，待公秉藩师离开中洞时，突然从山上猛攻下来，使毫无应战准备的敌军陷入一片混乱之中。毛泽东咏第二次反“围剿”词中有“飞将军自重霄入”一句，即指这件事。第三次反“围剿”，黄公略在方石岭追击战中为敌机扫射牺牲，毛泽东闻之悲痛不已。

对彭德怀，毛泽东虽然后来说两人的关系是三分合作，七分不合作的“三七开”关系，但在战争年代，实事求是地说，毛泽东对彭德怀总体上是信任的。可以这样说，凡是最困难最艰苦的时候，毛泽东都想到彭德怀，委以重任。1929 年初，毛泽东、朱德率红四军离开井冈山后，将保卫井冈山的重任交给彭德怀，彭德怀服从大局，并说服其他人留守井冈山。中央红军长征后期，彭德怀出任陕甘支队司令员，与政委毛泽东一起指挥六七千人的部队，夺腊子口，过六盘山。吴旗镇切“尾巴”一战，将敌骑兵干净利索地消灭在吴旗镇外面。眼前的胜利与长征到家了的感觉，使轻易不赞扬人的毛泽东也大为感慨，写下了他诗作中的唯一一首六言诗：

山高路远坑深，
大军纵横驰奔。
谁敢横刀立马？

唯我彭大将军！

解放战争中，西北战场在全国各战场中条件最为艰苦。西北野战兵团以两万人面对胡宗南集团的二十万人，敌我力量之悬殊为各战场之冠。另外西北地区地瘠民贫，生活条件极为艰苦。在这种情况下，毛泽东点将，任命彭德怀为西北野战兵团（后称西北野战军）司令员兼政委。彭德怀临危受命，勇担重任，逐步扭转了西北战场的局面。

新中国成立后不久，朝鲜战争爆发，美军大举北进，唇亡齿寒，户破堂危。毛泽东“闻鼙鼓而思良将”，任命彭德怀为中国人民志愿军司令员兼政委。这次本该林彪出马，而林不愿出马；彭德怀征尘未洗，再挑重任，令毛泽东大为感动。

在红一方面军“三骁将”中，对彭、黄，毛泽东都有诗赞之，但其实最钟爱的还是林彪。林彪是毛泽东一手提拔起来的。红四军主力团二十八团团长王尔琢牺牲后，毛泽东力排众议，任命林彪为该团团长。1930年又任命林彪为红四军军长，时林年仅23岁，而红四军是一方面军中的主力。林彪有点子，能打仗，善打巧战，擅长打机动灵活的游击战、运动战。在毛泽东的指挥下，打了不少好仗。在麾下的众多将领中，毛泽东对林是倚重和信任的。一篇《星星之火，可以燎原》，与其说是批评，不如说是耳提面命，循循善诱。毛泽东对林彪的批评也不止这一次，如长征中的会理会议上毛泽东就训斥过他：“你是个娃娃，懂得什么？”长征到陕北后，林彪不同意东征战略方针，主张到陕南打游击。这件事也受到了毛泽东的批评。林彪会打仗，但也有许多毛病，如个性乖张，与人难以相处，常与政委合不来。毛泽东深知林彪的这个个性，也曾为给他挑一个理想的搭档煞费苦心。罗荣桓就是毛泽东为林挑的比较理想的政委。罗荣桓胸怀宽广，善于容人，既有原则性，又能在非原则问题上忍让、谅解。从这些事上看出，毛泽东对林彪真是呵护有加。

长征中，林彪的一军团和彭德怀的三军团是党中央手中的两个拳头，别的部队如第五军团、第九军团可以交给张国焘的左路军，但这两个军团是万万不能交的，中央必须随这两个军团行动。抗战初年，毛泽东将红一方面军（包括红十五军团）为主编成的一一五师交林彪率领，出师之初，首战平型关，威名天下扬。1938 年 3 月 2 日，林彪在晋西受伤后，毛泽东亲自策马到几十里外的八路军总医院探望，后又送林彪去苏联养病。

林彪从苏联回国，毛泽东又亲自出面迎接。这对在党内从来不拘礼节的毛泽东可谓是罕见的举动。毛泽东身边的工作人员师哲看得目瞪口呆，多年后他回忆说，那时，朱德从前方回来，周恩来从重庆回来，毛泽东都没有出来迎接，现在却亲自迎接比朱周两人的地位都低得多的林彪，真是不可思议。毛泽东拉着林彪的手，这等于斯大林拉着一位将军的手一样了不起。

解放战争中，林彪执掌东北党政军大权，把东北这块中共最为重视的战略基地搞得红红火火，令毛泽东大为赞赏。三大战略决战，有两大决战（辽沈、平津）是林彪在前方主持指挥的。他指挥的四野从东北打到海南岛不能说是不实之词。至于后来林彪走向了反面，那里面有着太多的复杂的情结，也可以说人的一生变化是难以预料的。

毛泽东知人善任，对军中诸将领之品质、特长颇为了解。

对刘伯承的军事才能，毛泽东早有所闻，并相当推崇。1929 年春，中央对红四军的处境作了过于悲观的估计，指示要朱毛将部队分散，他们两人离开部队。毛泽东在 4 月给中央的信中提议：“中央若因别项需要朱毛二人改换工作，望即派遣得力人来。我们的意见，刘伯承同志可以任军事，恽代英同志可以任党及政治，两人如能派来，那是胜过我们的。”[1] 期

[1] 《毛泽东军事文集》第一卷，军事科学出版社、中央文献出版社 1993 年版，第 62 页。

望之殷，溢于言表。长征途中，毛泽东充分发挥刘伯承对四川地理民情的熟稔，任命他为长征先遣队司令员，斩关夺隘，开路搭桥，为中央红军顺利通过川康少数民族地区作出了突出贡献。抗日战争和解放战争中，毛泽东让他与邓小平搭档，并肩作战。一个举轻若重，一个举重若轻，相辅相成，相得益彰。毛泽东可谓知人矣。

说起邓小平，毛泽东印象最深的是在中央苏区时，邓小平作为所谓"毛派"中邓、毛、谢、古之一受到"左"倾中央错误打击一事。但那时，毛泽东对邓小平的才能尚不十分了解。抗日战争初期，邓小平出任一二九师政委，此后邓才华显露，工作有声有色，受到毛泽东器重。1947年与刘伯承一起组织部队挺进中原，跃进大别山，创造了惊天动地的伟业。第二年冬，在华东野战军与中原野战军联合进行的淮海决战中，毛泽东没有任命刘伯承或陈毅为总前委书记，相反任命最年轻的邓小平为总前委书记。毛泽东看中的可能正是他举重若轻、大刀阔斧、干脆利落的工作才能。随后又让他指挥渡江战役。

毛泽东对贺龙的传奇生涯也早有所闻。贺龙"两把菜刀闹革命"的传说大概早在毛泽东读书时就在三湘大地传得沸沸扬扬。秋收起义失败后在三湾改编时，毛泽东还拿这个故事激励过那些对前途感到渺茫的战士：贺龙两把菜刀起家，现在带了一军人。我们两营人，还怕干不起来吗？在长期的战争中，毛泽东对贺龙有了更进一步的了解，尤对贺龙率红二、六军团长征在乌蒙山转战的那一段格外赏识，他说，一方面军出贵州、过乌江，付出了大代价，二、六军团讨了巧，没有吃亏。一万多人，走过来还是一万多人，没有蚀本，是个了不起的奇迹。毛泽东多次说：贺龙有三条：对党忠诚；对敌斗争坚决；联系群众。解放战争时期在小河会议上，毛泽东布置陕北工作说，前方交彭德怀，后方交贺龙。贺龙不负所望，在极端困难的条件下，全力支持和保障了西北战场的作战。其作用可以说不亚于汉代萧何的“给馈饷，不绝粮道”。

一般人都认为罗荣桓是“政治元帅”，如果从罗帅一生大多数时间是从事军队政治工作上说，似乎不错，如果认为罗帅的才能仅在政治工作上，那就错了。罗是跟随毛泽东上井冈山的“三湾子弟”之一。但开始时，由于罗帅平时不张扬，沉默寡言，毛泽东对他的才能认识不足。后来毛泽东曾对人说，这是个人才，我们对他发现晚了。红四军九大后，罗荣桓作为基层代表之一当选为前委委员，这里面毛泽东是起了作用的。此后，罗荣桓与毛泽东的关系便很密切了。罗帅去世时，毛泽东曾说，凡是我倒霉的时候，罗荣桓都跟着我倒霉。1938 年 3 月初，林彪在晋西隰县负伤，毛泽东命令罗任一一五师代理师长。同一天，十八集团军总部的命令也到了师里，任命三四三旅旅长陈光代理师长。因为集总的电报早到几个小时，就以集总的命令为准了。一一五师主力到山东后，毛泽东于 1943 年初任命罗荣桓为一一五师政委兼代师长、山东军区司令员兼政委，后又任罗为山东分局书记，在山东实现一元化领导。毛泽东起用罗荣桓，看准了人，用对了人。在罗荣桓的领导下，山东在抗战中取得了很大成绩，形成了一块比较完整的根据地。

对罗荣桓在山东的工作，毛泽东有一段评价，这段评价经人回忆是这样的：“山东只换上了一个罗荣桓，山东全局的棋就活了。山东是执行中央十大政策的模范，他把山东所有战略点线都抢光和包围起来了。当时，只有山东一个全省是我们党完整的、最重要的战略基地。北可以抢占东北，南可以直到长江，这都是主要依靠山东。罗荣桓在决定中国革命成败的地区，做好了决定中国革命成败的事业。”[1] 这个评价是很高的，虽是孤

---

[1] 张素华等：《说不尽的毛泽东》（下），辽宁人民出版社、中央文献出版社 1995 年版，第 579 页。

证，没有文件说明，但联系到罗荣桓去世时，毛泽东悼念罗帅写的诗中对他的高度评价，应该说是可信的。

在毛泽东知人善任的人当中，有一个人不能不提，这就是粟裕。毛泽东对粟裕才能的认识并不早，甚至说是比较晚的。主要在抗战中后期，黄桥一战，陈毅、粟裕指挥部队以少胜多，歼灭了韩德勤顽军的主力。1944 年，粟裕率新四军南下浙西，成立了苏浙军区。在天目山三次反顽作战中，打得利索解气。毛泽东高度评价了这些战役，但指出歼灭性少了一点。抗战后，粟裕率部北返苏中。苏中解放区是中共在南线最为突出的两大解放区之一（另一块是中原解放区），直接威胁国民党的腹心地区南京、上海，是抵挡国民党北进的前哨阵地。当中原解放军突围后，苏中解放区便成了国民党军进攻的重点。粟裕指挥只有两万余人的华中野战军，依托内线，机动灵活，七战七捷，为解放战争初期解放军作战提供了极好的经验，受到毛泽东高度称赞。1946 年 8 月 28 日，毛泽东在为中央军委起草的向全军的通报中指出：苏中战役中华中野战军“每战集中绝对优势兵力打敌一部”，“故战无不胜，士气甚高；缴获甚多，故装备优良；凭借解放区作战，故补充便利；加上指挥正确，既灵活，又勇敢，故能取得伟大胜利”。[1] 这无疑是对粟裕的最高褒奖。9 月 12 日《解放日报》社论则指出：苏中大捷与中原突围、定陶战役的胜利，“对于整个解放区的南方战线，起了扭转局面的重要作用”。

解放战争初期，粟裕在南线屡战屡胜，其军事才能脱颖而出。毛泽东不拘一格，委以重任。这年秋，山东、华中两支野战军会师。毛泽东在两支野战军领导人的分工上明确指示：在陈毅的领导下，“大政方针共同决

[1] 《毛泽东军事文集》第三卷，军事科学出版社、中央文献出版社 1993 年版，第 438 页。

定”，“战役指挥交粟负责”。[1] 由毛泽东点明作战指挥上的具体分工在历史上是绝无仅有的，可以看出毛泽东对粟裕倚畀之重。此后，粟裕指挥部队愈打愈奇，愈打愈妙。1948 年粟裕到城南庄毛泽东驻地汇报工作，毛泽东打破惯例，大步迎出门外，可以视作是毛泽东对粟裕信任感的自然流露。

大将中除了粟裕，毛泽东很喜欢陈赓。陈赓智勇双全，豪爽乐观。毛泽东在台上讲课，他在台下听课，口渴了，会跑到台上端起毛泽东的杯子喝水。陈赓就是这样不拘小节的人。他毕业于黄埔一期，在东征军阀陈炯明时，危难中救过校长蒋介石的命。红军时期，先后在鄂豫皖和中央苏区战斗过。陈赓的这些传奇式经历，毛泽东也可能略知一二，但给毛泽东留下深刻印象的是在长征中的土城战斗中。土城战斗，由于情报有误和对川军战斗力估计不足，战局对红军极为不利。危急中，朱老总亲自提着驳壳枪上阵，指挥由团长陈赓、政委宋任穷率领的军委纵队干部团出击，终于顶住了川军的猛攻，稳住了阵脚。毛泽东在指挥所看到这种情景，不禁脱口而出：“陈赓行，可以当军长。”

抗日战争中，陈赓立马太岳，打了不少好仗。解放战争初期，他率太岳纵队，独当一面，接连取得闻夏、同蒲、临浮、孝汾和晋南诸战役的胜利，歼灭胡宗南王牌整编第一旅等部五万余人，受到毛泽东表彰。毛泽东在给他区的电报中说：“查我陈赓纵队仅三个旅，七月间歼灭胡军一个旅后，胡军停止于绛县以南不敢冒进。八月我陈纵队北上攻取洪、赵、霍、灵及汾西五城，此时胡军乘机占我垣曲、曲沃、浮山等地，故陈纵此次回师再歼胡军主力（第一旅及一六七旅均老一军）。由此可见，只要指挥上既灵活又勇敢，敌人进攻是能够打破的。”[2] 刘邓大军跃进大别山后，

---

[1] 《毛泽东军事文集》第三卷，军事科学出版社、中央文献出版社 1993 年版，第 525 页。

[2] 《毛泽东军事文集》第三卷，军事科学出版社、中央文献出版社 1993 年版，第 494 页。

毛泽东又从全局考虑，将原拟使用于西北战场的陈赓部改用于豫西战场，配合刘邓、陈粟大军纵横驰骋于江淮河汉。陈（赓）谢（富治）兵团是出击中原三路大军中唯一一支独当一面的兵团级单位。陈赓所部虽属晋冀鲁豫野战军，但在三年多解放战争中，基本上是独立作战。建国后，以兵团司令而授大将衔的，陈赓是少数几人中的佼佼者。

在几十年的战争中，中共党内人才辈出，产生了一大批治党治军的人才。特别是解放战争时期，人民解放军中涌现了一大批年富力强、智勇双全的治军作战人才。1947年8月，陈毅在一份给中央军委的电报中说："我认为我党二十多年来创造杰出军事家并不多。最近粟裕、陈赓等先后脱颖而出，前程远大，将与彭（德怀）、刘（伯承）、林（彪）并肩迈进，这是我党与人民的伟大收获。"[1] 如果说，解放战争时期，是毛泽东军事思想达到炉火纯青的时期，那么这一时期，也可说是产生了一大批智勇双全的将才的时期。从战略指导者上看，毛泽东无疑要高出蒋介石一筹，就是在战区一层，解放军将领的谋略水平也要普遍高于国民党军同级将领一筹。在野战军、兵团、军师团这些层次的指挥员中，解放军从总体上也远高于国民党军。毛泽东麾下如果没有一批能征惯战、智勇双全的将才，要夺取全国胜利无论如何是不可能的。

集思广益，从善如流

毛泽东认为在作战中不能民主讨论，主张要有权威，但这并不是说作战就不要集思广益，充分倾听各级的不同意见了。如果真是这样，这个江

[1] 《陈毅传》，当代中国出版社1991年版，第382页。

山是打不下来的。毛泽东“将将”的特点在于，他一方面提出军队要有军事权威，作战时要审机独断，另一方面又主张发扬军事民主，注意倾听各级指挥员的不同声音，特别是战区指挥员和处于实际作战位置的指挥员的意见。聂荣臻回忆他第一次在毛泽东指挥下作战时的情景：毛泽东善于调查研究，总结经验，并且“很讲民主，大的军事行动，都尽可能事先征询我们的意见，然后再作出决定”。

毛泽东赞扬陈毅善于听取他人的意见。1971 年 8、9 月间，毛泽东巡视大江南北，他对人谈到陈毅时说：陈毅打仗，有个好处，还能听听其他人的话。打孟良崮，他南边听粟裕的，北边听许世友的。

古人说，谋定后动。又说，先胜而后求战。凡作战，在战前，毛泽东除了自己深思熟虑外，还注意倾听各指挥员的意见。在政治民主、军事民主的氛围中，各级指挥员也总是能做到知无不言，言无不尽。将帅协谋，上下一致，这是人民军队所以无往而不胜的重要原因。

像著名的淮海战役前和战役中，中原、华东两大野战军的负责人都提出过许多很好的建议，并为毛泽东采纳。1948 年 10 月 25 日，陈毅、邓小平向军委建议在攻克郑州、开封后，部队下一步不去淮南，而是集结于永城、亳州地区，无论出宿蚌线或打孙元良都更方便。毛泽东同意了他们的意见，指示陈邓进到萧县地区，对徐宿（县）、徐砀（山）两线相机行动。这个建议和毛泽东指示的意义就在于将原来中原、华东两军在淮海战役上的战略配合变成了战役上的协同作战。11 月 3 日，刘伯承、邓子恢、李达建议军委：“陈邓主力似应力求首先截断徐、宿间铁路，造成隔断陈兵团，会攻徐州之形势。”5 日，陈邓依据当面情况，建议先打刘汝明兵团。军委均复电同意。

淮海战役第一阶段歼灭黄百韬兵团后下一步打谁？这是军委、毛泽东和前线指挥员早就预筹的一个问题。但由于战场情况变化多端，是先打邱清泉、李弥，还是按预定计划打黄维，成为最不易决策的问题，但从中也最易体现出上下沟通、将帅协谋的决策范例。最初，毛泽东决定歼灭黄百韬后，依势先打邱李或先克徐州。但也设想如果徐敌不撤，则第二仗打黄维、孙元良，使徐州之敌孤立起来。这是11月7日的设想。14日，刘伯承、陈毅、邓小平提出以集中中野、华野八个纵队“歼击黄维为上策”。第二天毛泽东复电，认为还要看一看，待歼灭宿县之敌后，再定下一步作战方针。19日，战役进入关键时刻，刘陈邓致电军委：“我们决心先打黄维。”毛泽东接电后回电说：我们“基本方针是和刘陈邓大体上一致的”。23日，战场情况明朗，黄维部急进，邱李部缩回徐州；华野已同意以四个纵队加入歼灭黄维作战。24日，毛泽东回电总前委：“完全同意先打黄维。”

这个战例说明，在依据战场形势确定作战方针上，毛泽东和前线指挥员的意见是一致的，毛泽东从全局出发，有预见，善于因势利导，又能虚心采纳前线指挥员的意见，形成正确的决心；前线指挥员则善于提出并阐明自己的观点。正是这上下一致，全军一致，才取得了一个又一个伟大的胜利。

毛泽东麾下有两人以爱提建议著称，一是林彪，一是粟裕。有意思的是，两人生于同一年，都是1907年出生，同是解放战争中独当一面的战将。林彪爱提意见和建议，在红军时期就如此。这些意见和建议有对有错。如四渡赤水后，写信提议让毛泽东、周恩来、朱德随军主持大计，让彭德怀任前敌总指挥。到陕北后又建议到陕南打游击。对这些馊主意，毛泽东并不在意，相反保护他的这种积极性。战争年代，林彪具有一副有话就说，有建议就提的劲头，比起后来“主席画圈我画圈”的林彪，真可谓是判若两人。

抗战胜利后，初到东北，林彪就根据东北一片混乱的实际，多次致电毛泽东，提出东北工作要以在农村建立根据地为主。这与开始时毛泽东要“独占全东北”的意见是不一致的。当时毛泽东正在病中，许久没有回音，但林彪照提不误，其他人，诸如陈云、罗荣桓、黄克诚也提议在东北农村创建根据地。正是这些建议促使毛泽东深入地思考了东北工作方针。1945年12月，大病初愈的毛泽东在研究了东北实际和包括林彪在内的东北领导人的意见和建议后，为中共中央起草了一份长电，这就是后来有名的《建立巩固的东北根据地》一文，该文明确指出："我党现时在东北的任务，是建立根据地，是在东满、北满、西满建立巩固的军事政治的根据地。"[1]

毛泽东一锤定音，肯定了林彪等人的意见。

在作战上，林彪的建议更多，仅以平津战役为例，大的建议就有三次。如建议打南口敌十六军，从北面威胁北平；建议不打塘沽打天津。其中突出的是建议停攻太原。辽沈战役结束、淮海战役打响，蒋介石加紧了从华北撤退的准备。为抑留傅作义集团于平津地区，毛泽东于1948年11月9日致信周恩来，指示杨成武、李井泉部停攻归绥（今呼和浩特），待东北主力南下攻平津时再攻归绥；杨得志、罗瑞卿、耿飚部主力16日开始向西参加太原作战。当天，军委下达了华北二、三兵团（即杨李兵团、杨罗耿兵团）改变部署的电报。这个电报同时发给了林彪，眼光敏锐的林彪从中看出了问题。他认为，太原的阎锡山，虽不属傅作义集团，但傅原属阎系，与阎有着千丝万缕的历史渊源。打了太原，傅作义必惊恐不安，对抑留傅作义于平津地区极为不利。15日，林彪与罗荣桓、刘亚楼等致电中央军委，建议华北部队"可暂不攻太原，而集中力量迅速包围保定或张家口（除留一部监视太原外），在这两处中何处敌人较多能达到包围的目的，则包围何处，切断其与北平的联络"。"太原已成死城，……故太原之敌横直可歼灭的，并可有意留在打了平津之后作为那时无仗可打时的目标。"林彪等的建议立即引起毛泽东的重视，第二天，他致电太原前线指

[1] 《毛泽东军事文集》第三卷，军事科学出版社、中央文献出版社1993年版，第148页。

挥员徐向前，征询推迟攻击太原的意见。徐向前回电同意停攻太原。这一举动进一步迷惑了傅作义，对稳住傅作义集团起了重大作用。

相比之下，粟裕提建议的特点是慎重，他不像林彪，想提便提，不管对不对，所以“命中率”也比较高。粟裕在战争年代多次提出过不同凡响的战略性建议，并为毛泽东和党中央所接受，这是他对中国革命战争的胜利作出的重大贡献。从抗日战争到解放战争中，粟裕提出过许多重大建议。1942 年 7 月，他向华中局、新四军军部建议在苏中区从上至下实行党政军一元化领导，改善武装体制，实行主力兵团地方化。1948 年 1 月，他向中央军委建议“以东北之兵员成分及其他优越条件训练大批技术兵种，以为全国军队骨干”。可以说，敢于反映意见，勇于提出建议是粟裕的一大特点。粟裕最为著名的战略性建议是在苏中战役、豫东战役、淮海战役前和战役中提出的。

1946 年 6 月中旬，毛泽东判断：观察近日形势，蒋介石准备大打，恐难挽回。鉴于国民党军大举进攻在即，毛泽东于 22 日设想提出了一个南线作战的战略计划。这个计划的核心是在全局破裂，国民党军大举进攻时，山东、太行两区主力实行外线出击，向南作战；以华中主力对付江北之敌，予以配合。在形势有利时，两区主力南渡淮河，向大别山、安庆、浦口前进。粟裕从南线敌我力量、后勤供应、苏中作战条件等分析，认为以先在内线作战为宜。从 6 月到 8 月间，他先后数次向毛泽东慷慨陈词，建议先在内线作战。6 月 27 日，就在毛泽东指示华中方面准备以 15 个团向淮南作战的第三天，粟裕即向毛泽东和新四军军长陈毅发电建议，在苏中先打一仗再西移。29 日，他与邓子恢、张鼎丞、谭震林联名致电中央和新四军军部，建议在第一阶段中，华中野战军一、六师仍在苏中作战，解决当面之敌，改善苏中形势与钳制敌人，第二阶段再加入蚌埠、浦口线作战。

毛泽东对粟裕等人的建议十分重视，在认真研究了这些建议和全国各战场形势后，毛泽东同意了粟裕的建议，于7月4日，指示华中局：“我先在内线打几个胜仗再转至外线，在政治上更为有利。”❶这是毛泽东对原定战略计划的一次重大调整，对解放战争初期作战的胜利起了重要作用。7月13日，毛泽东再电粟裕等，进一步指出：“待敌向我苏中、苏北展开进攻，我苏中、苏北各部先在内线打起来，最好先打几个胜仗，看出敌人弱点，然后我鲁南、豫北主力加入战斗，最为有利。”❷“先打几个胜仗，看出敌人弱点”，这实际上赋予了粟裕部在内线作战以战略侦察的任务。

那时如何打，在哪里打更好，毛泽东也并不完全胸中有数。初期作战，包括苏中战役，都带有“摸底”的战略试战和战略侦察的性质。

8月1日，粟裕又建议“将淮南主力大部东移苏中参战”。14日，苏中战役第四仗李堡战斗结束后，粟裕、谭震林再次向毛泽东提出继续在苏中作战的建议。建议说：“在苏中作战不仅群众、地形、运输、粮食均较淮南方便，且有足够民力可用，同时威胁长江亦直接拖住敌人，不仅使其无法他调，且将吸引其继续调兵来援。”“在歼灭敌人有生力量上说，亦较淮南为有利。”如出淮南开辟新战场，不仅代价大，且不一定能调动敌人。第二天，毛泽东回电答复：“所见很对，望利用苏中各种有利条件继续在那里作战。如你们能在今后一个月内再打二三个胜仗，继续歼敌二三个旅，则对整个局势助益极大。”❸

正是有了毛泽东的支持和赞同，粟裕才能在苏中内线七战七捷，打出军威。国民党战史在回顾苏中战役时也说：华中野战军在苏中内线“行动自如，情报灵活，我军则时有盲目作战之感，常贻匪以集中兵力，袭击我一点之机”。

---

❶《毛泽东军事文集》第三卷，军事科学出版社、中央文献出版社1993年版，第320页。

❷《毛泽东军事文集》第三卷，军事科学出版社、中央文献出版社1993年版，第340页。

❸《毛泽东军事文集》第三卷，军事科学出版社、中央文献出版社1993年版，第410页。

比起内线作战的建议来，一年半后粟裕关于暂不过长江，继续在中原作战的建议更显得大胆，说斗胆陈词，并不为过。1948年初，在南线中原战场，刘邓、陈粟和陈谢三路大军犹如三把钢刀插入敌人的腹部，完成了战略展开。但这时，国民党军在中原战场仍占有一定的优势，还能集中较大的机动兵力，在各要点之间往返驰援，对三路大军进行战役性进攻。为改变这种处境，1月27日，毛泽东致电粟裕，提出一个大胆的设想：为迫使敌人改变战略部署，吸引敌人20—30个旅回防江南，确定华东野战军外线兵团的一、四、六纵队，由粟裕率领渡长江南进，在南方数省执行宽大机动作战任务。计划在湖北的宜昌至监利之间渡江进入湘西，或从洪湖、沔阳地区渡江进入鄂南，先在湖南和江西两省周旋半年至一年，沿途兜大圈子，以跃进方式分几个阶段到达闽浙赣边，使敌人防不胜防，完全处于被动地位。渡江时间，或在2月，或在5月，或秋季。电尾，毛泽东并要粟裕“熟筹见复”。

这个设想的意图是为了进一步把战争引向敌人的深远后方，以配合正面战场打开战局，使中原解放区迅速获得巩固。用陈毅的话来说，就是“变江南为中原，变中原为华北”。

粟裕收到毛泽东的电报，经过一个多月的反复思考，权衡分兵渡江作战和集中兵力在中原作战的利弊之后，于4月18日向毛泽东提出建议：三个纵队暂缓渡江，集中“刘邓、陈谢及华野主力，依托后方（陇海路北）作战……求得在雨季和夏收前在中原地区（主要战场应在豫皖苏及淮北路东路西）打几个较大的歼灭战”，另在敌近后方派出强有力的游击兵团，在敌人深远后方派出坚持的远殖游击队。以野战军主力、游击兵团及远殖游击队密切配合，开展战局。

这就是战史上有名的“四一八”建议。这个建议提不提，粟裕是有顾虑的。他回忆说：“主要是担心自己看问题有局限性，对中央如此重大的战略决策提出不同看法，会不会干扰统帅部的决心。”[1] 还有一层顾虑，就是毛泽东的决策正在实施，这时是不能轻易提出不同意见的，尤其是在当时正十分强调组织纪律性的情况下。所以他在这份长达三千字的电报中一开头便说：“职对目前战局，虽经月余之考虑，但不成熟，恐有不周，兹未敢轻率呈述。”电文最后则说：“以上是职个人不成熟的意见，加以对政局方面情况了解太少，斗胆直呈，是否正确尚祈指示。”[2] 这正表明粟裕当时的心情是很紧张的。

正在城南庄的毛泽东收到粟裕电报后，非常重视。这确是一份分量很重的建议。他立即指示粟裕和刚到濮阳的陈毅一起来城南庄汇报。在太行山麓的这个小村庄里，中央五大书记毛泽东、刘少奇、周恩来、朱德、任弼时一起听取了粟裕的方案。与会负责人一致同意粟裕的建议。5月5日，毛泽东为中央军委起草文电，正式决定粟部三个纵队暂不渡江，在四个月至八个月内，粟部“在徐汴线南北地区，以歼灭五军等部五六个至十一二个正规旅为目标，完成准备渡江之任务”。

这是对重大战略决策作出的关键性变动。它对此后南线作战的整个进程，包括豫东战役、济南战役、淮海战役、渡江战役等，都产生了深远的影响。作为战区指挥员，粟裕敢于斗胆直呈，提出不同意见，是难能可贵的；作为最高统帅的毛泽东，能实事求是地重视并采纳部属的意见，果断地调整重大战略部署，也表现了高度的智慧、勇气和吞吐百川的胸怀。

在城南庄，毛泽东对粟裕说，今后华野就由你来搞。粟裕城南庄之行，等于立了一份“军令状”。由此可以理解粟裕说的不久之后的豫东战役是他“亲身经历的最复杂、最剧烈、最艰苦的战役之一”的原因。他以

---

[1] 《粟裕战争回忆录》，解放军出版社1988年版，第540页。

[2] 《粟裕军事文集》，解放军出版社1989年版，第356页。

豫东战役的胜利交了一份优秀的答卷。

济南战役后，粟裕提出了进行淮海战役的建议。1948 年 9 月 24 日，济南战役行将结束，粟裕向中央军委提出在济南战役结束后南下举行淮海战役的建议，第一步以一部主力攻占淮阴、淮安，高邮、宝应；第二步攻占海州、连云港。翌日，毛泽东复示："举行淮海战役，甚为必要。"但指出，以歼灭新安镇、运河之线的黄百韬兵团为第一个作战（这是粟裕建议中没有的）；歼灭两淮、高宝之敌为第二个作战；歼灭海州、连云港、灌云地区之敌为第三个作战。从这个设想来看，还属于非决战性的战役，战役目标是开辟苏北战场，将山东、苏北连成一片。即人们所说的"小淮海"战役。

济南、郑州的解放，特别是辽沈战役的胜利，使全国军事形势和中原战场的形势发生了重大变化，南线决战的时机成熟了。10 月 31 日，粟裕建议中央："此次战役规模很大，请陈军长、邓政委统一指挥。"毛泽东接受了这个建议，第二天复示："整个战役受陈邓统一指挥。"与此同时，毛泽东相机作出了扩大作战规模的决策。11 月 7 日，毛泽东提出淮海战役第一仗力争歼灭黄百韬等部 21—22 个师；第二仗歼灭黄维、孙元良，使徐州之敌完全孤立起来。同一天，粟裕与陈士榘、张震联名致电中央军委、陈毅、邓小平，建议中野主力直出徐蚌段，切断徐敌退路，使邱清泉、李弥不能南撤；华野主力歼灭黄百韬后，协同中野攻击徐蚌段，孤立徐州；下一步或继歼黄维兵团，或歼灭孙元良兵团，或夺取徐州。11 月 8 日，粟裕与张震再次致电军委，在分析了蒋介石可能采取的方针后建议：如果各老解放区尚能对战争作较大支持，以迫使敌人采取在长江以北与我周旋的方针为更有利。这样我们在此次战役歼灭黄百韬后，不必以主力向两淮进攻，即以主力向徐蚌线进击，抑留敌人于徐州及其周围，尔后分别削弱与逐渐歼灭之（或歼孙元良兵团，或歼黄维兵团）。

这个建议立即为毛泽东采纳。11 月 9 日，毛泽东回电："齐（8 日）辰电悉。应极力争取在徐州附近歼灭敌人主力，勿使南窜。华东、华北、中原三方面应用全力保证我军的供给。"[1] 电报虽短，真是字字千钧。表明毛泽东已下决心将徐州之敌就地歼灭，"小淮海"变成了南线决战的"大淮海"战役。

毛泽东对各级指挥员的建议的重视，还反映在即使有时看起来并不全面，甚至可能是不对的，毛泽东也尽量实事求是，肯定他们的建议，甚至让他们先试一试再说，决不轻易否定他们的建议。辽沈战役前，毛泽东早就构思在东北打一大仗。1948 年 2 月，正当东北野战军还在开展冬季攻势时，毛泽东即在一封给林彪、罗荣桓、刘亚楼的电报中提出将蒋军封闭在东北加以各个歼灭的设想，要求他们下一步作战应考虑以主力转至北宁线，占领义县至滦县地带，截断敌军由陆上撤向关内的通路，关门打狗各个歼敌。这其实就是后来辽沈战役的最初蓝图。但林彪觉得南下北宁路作战困难重重，主张先打长春。这实际上是一种开门赶狗一路平推的方针，与毛泽东关门打狗的方针大相径庭。但毛泽东没有轻易否决林彪的意见。鉴于蒋介石当时还没有下决心从东北撤走主力，而林彪又认为长春之敌比较好打，因此同意林彪他们"先打长春的意见"，但同时指出："在目前情况下先打长春比较有利，不应当强调南下作战之困难，以免你们自己及干部在精神上处于被动地位。"[2]

但长春外围战一打，林彪就信心不足了。朱德看了参加这次作战的第一、第六纵队指挥员的电报后写信给毛泽东，认为"长春还是可能打下的条件多"，主张用坑道爆破和集中炮火相结合的战法，强攻长春。但是林

[1] 《毛泽东军事文集》第五卷，军事科学出版社、中央文献出版社 1993 年版，第 184 页。
[2] 《毛泽东军事文集》第四卷，军事科学出版社、中央文献出版社 1993 年版，第 455 页。

彪却没有这种劲头了。

林彪擅长打运动战，打野战，打机动战，一遇到攻坚，他就有点底气不足。1947年6月攻四平（史称“三战四平”）不克的教训，给林彪带来不少的震动。那一次，林彪用七个师围攻敌陈明仁的七十一军防守的四平城，打下了半个城，由于敌援兵十个师临近而作罢。陈明仁于这一仗一举成名，而三战四平失利的阴影则一直伴随着林彪。

林彪觉得长春不好打后，又提出建议，改变硬攻长春为长困久围，主力位于长春、四平间休整。对林彪等人的这一建议，毛泽东又同意了，并要求他们“精心组织这次战役”，同时提醒他们不要忘了做好向南作战的准备工作。7月20日，林彪等人报告中央军委，主动提出8月中旬开始南下作战。7月22日，毛泽东复电林彪等：“攻击长春，既然没有把握，当然可以和应当停止这个计划，改为提早向南作战的计划。”

至此，毛泽东为取得与下级相一致的认识，足足等了林彪五个月，毛泽东也算够有耐心的。毛泽东在看准的问题上，决不轻易让步，但有足够的耐心。

当然，作战中耐心是有限度的，当9月份，林彪以葫芦岛敌人增兵的不确实消息，动摇南下攻锦州的决心，想再次回头打长春时，毛泽东不能再忍耐了，在给林彪的电报中严厉地批评了林彪。这时正是战机稍纵即逝的关键时刻，毛泽东决不容一个战区的统帅在这时如此狐疑不定。好在林彪的犹豫很快就改了过来，并未影响战役的进展。

在作战中，毛泽东善于发挥各级指挥员作战的主动性和积极性。毛泽东“将将”，向来不下那种扼杀下级积极性和创造性的呆板命令。

毛泽东在作战上总是在集思广益的基础上实行高度集中统一，在高度集中统一的原则下赋予下级以机断专行之权。邓小平曾回忆说：党中央的领导完全正确，既高度集中，又真正高度民主。有时抓得我们气都出不得，但使我们避免了失误；很多作战中央先问我们，如南下直出大别山，毛主席来电问可否出动，我们说出动也行，但慢点好；实际脱出被动，应出动了。当我们说可以出动后，中央的指示三天就来了。中央对战争关键抓得非常好，何时内线作战，何时外线作战，有时我们脑中还没有这个问题，或者想得零碎而未成形，中央的指示就来了。

对各级指挥员，毛泽东是信任的，总是放手让他们干。作战决心定下来后，毛泽东就放手让下面的人去实施，自己从不遥制。第一次反“围剿”的龙冈之战，战斗打响后，毛泽东便甩手了，他到山坡下去休息，并嘱咐枪声激烈时不要叫他，没有枪声时再叫他。

好一个大将风度。

对各级指挥员，毛泽东要求他们在执行命令时，不要墨守成规，以执行上级意图为满足，而要在上级总的战略意图下灵活处置实际情况，确定部署。他在给下级的电报中除了给予明确的指示外，还常常加上诸如“机断专行，不要事事请示，按当面情况决定部署”，“如果你们不同意这些指示，则望你们提出反驳”之类的语言，鼓励各级指挥员发挥主动性和创造性。20 世纪 50 年代，苏联军事顾问看到这类电报，不禁哑然失笑，他们认为这种语气不像是命令，因而怀疑其约束作用。他们不知道，这恰恰是毛泽东战争指导上的长处。在人民军队装备，特别是通信技术落后的条件下，与其不明情况地瞎指挥，不如让了解情况的指挥员大胆指挥，在总意图一致的基础上机断专行。

建军·治军·强军

毛泽东曾经站在中国历史的高度，将中国军队的近代化划分为三个阶段：第一代是清末新军，这个新军和孙中山建立的革命党，在人民拥护的基础上，完成了推翻清朝的任务，但后来腐化了。第二代是黄埔军，即国民革命军，它曾经是一个革命军队，革了前面所说的那个军队的命，后来也脱离了人民。第三代是人民解放军。“这三代，代表了中国近代军队的三个阶段。”毛泽东期望：“中国要搞一部军事史，把这三个时代的进步写一下就好。”

虽然人民解放军与前两代有着历史的渊源和承继关系，但就建军制度来说，实在与前两代相距甚远。毛泽东在长期的硝烟战火中，不仅提出了一整套灵活机动的用兵新法，而且锤炼形成了一整套全新的建军制度，创造了一整套养兵、带兵、练兵的治军、强军原则。毛泽东创造的这套制度和原则，20 世纪 30 年代初期的中央就觉得很新鲜，“都是在中国‘别开生面’，在过去所没有看过的”。

党指挥枪，不容许枪指挥党

近代以来，以八旗、绿营为标志的国家军队衰落，以湘军兴起为标志，一支以亲戚、同学、同乡为主组成的私家军队开始出现，开近代军阀军队之先河。近代军阀又以袁世凯最为典型，兵为将有，军队成了个人的私产。随后，皖系、直系、奉系，在中国舞台上演出了一幕幕军阀混战的闹剧。蒋介石叛变革命，在南京成立国民政府后，虽拥有国家政权，但他的军队仍然是一支只听命于他的私家军。蒋介石曾三次下野，但军队别人却指挥不了，最后只能乖乖请蒋回来。

孙中山有感于“南北军阀，皆一丘之貉”，以俄为师，从俄国革命党指挥军队的经验中，立志建立一支听命于国民党的“党军”。黄埔建军，迈出了以党领军的第一步。中国历史上的“党指挥枪”，创始人并非共产党，而系国民党，而国民党又是效法苏俄红军。毛泽东建军，根据实际，将党指挥枪的原则向前大大推进了一步。

八一南昌起义，虽在共产党的独立领导之下，但打出的旗号仍是“左派国民党”，而毛泽东领导的秋收起义，一开始便打出了共产党的旗帜，“军叫工农革命，旗号镰刀斧头”。秋收起义部队南下时，部队状况非常糟糕。一些急于革命胜利的官兵失望，原工农义勇队的许多成员则不愿远离家乡，许多人不辞而别。部队沿途不断受到袭击，损失惨重。总指挥卢德铭牺牲后，失败主义和离队现象更为严重。行至永新县三湾时，部队兵员已不足千人，军心涣散，军队垮掉似乎已成定局。在这种情况面前，不进行整编，部队已无法行动。毛泽东果断进行了一系列组织整编措施。其中最重要的一项是将军队掌握在党的前敌委员会手里，在部队各级分别建立党的组织：营团建立党委，支部建在连队上，班排设小组；连以上设党代表，由同级党组织的书记担任。部队的一切重大行动，都必须经党组织集体讨论决定。这就形成了从前委到党委，从支部到党小组的完整的组织体系。

毛泽东当时在连队中建立党的支部，一改以往在团一级才设立党支部的做法（如北伐时共产党掌握的叶挺独立团就只在团一级设党的支部），在当时困难条件下或许还只是权宜之计，但这个措施很快就显示出了它的强大生命力。井冈山斗争，"红军所以艰难奋战而不溃散，'支部建在连上'是一个重要原因"[1]。

"支部建在连上"，实在不能小觑。中共在国民党军中的组织，完全没有抓住士兵，即使在叶挺部也还是一团只有一个支部，也不能说抓住了士兵，所以经不起严峻的考验。支部建在连上，就把党的"战斗堡垒"筑在了基层，筑在了斗争的最前沿，与营团以上单位的党组织形成了牢固的联系。党的组织在军队的建制上上下沟通，纵横交汇，把军队凝聚成一个坚强的整体。

红军初创时期，在党对军队绝对领导问题上是不断有争论，甚至有斗争的。红四军转战赣南闽西期间，一些人对党委、支部讨论和决定问题的制度不习惯，感到受约束，主张由长官说了算。更有人认为党委领导是"自上而下的家长制"，把党的领导说成是"书记独裁"。这些问题的严重存在，引发了红四军内的一场大争论。毛泽东在大是大非面前，毫不含糊，宁愿离开军队也不愿迁就错误认识。周恩来主持起草的中央"九月来

[1] 《毛泽东军事文集》第一卷，军事科学出版社、中央文献出版社 1993 年版，第 30 页。

信”肯定和支持了毛泽东的正确意见。根据“九月来信”精神和红军建设实际，毛泽东起草了指导红军建设的纲领性文件《古田会议决议》，从各个方面确定了党领导军队的一些基本制度和措施，明确规定在军队中要建立党的“领导中枢”。

以古田会议为标志，党对红军的领导地位开始确立。在全国各支红军中，红一方面军中党的领导地位是最为突出和鲜明的。

1932 年 1 月 19 日，红军总政治部在《关于红军中支部工作的一封信》中，第一次提出了“绝对领导”的概念：“加强党的本身教育，扩大党的政治影响，提高并巩固党在红军中的绝对领导，保证红军中对上级命令的执行与巩固红军的纪律，这是目前红军中党的最中心任务。”

长征途中，红一、四方面军在四川懋功会师。当张国焘看到历经千辛万苦来到川西的中央红军是一支仅有两万余人的疲惫之师后，不禁暗中高兴，他自恃人多枪多（四方面军当时有八万人枪），拥兵自重，公然向党伸手要权。他借口“统一指挥的组织问题”没有解决，拒绝北上。他先是提出要充实红军总司令部，以陈昌浩取代周恩来任总政委。他唆使陈昌浩致电朱德，向中央施加压力，说什么“坚决主张集中军事领导，不然无法顺利灭敌”，向中央提出由张国焘担任军委主席并给以“独断决行”的权力，让朱德改任前敌总指挥，周恩来改任参谋长。

张国焘实在是利令智昏了，人多枪多成了他向中央要权力的资本。

党中央在拒绝张国焘的无理要求的同时，仍然作了一定的妥协，同意让张国焘任中革军委副主席，徐向前、陈昌浩为委员。后又任命张为红军总政委。这个职务是周恩来让出来的，因为如果让出军委主席代价太大，等于让张控制了军队。张当上总政委后，仍感到不满足。他进一步提出增加四方面军干部九人进入政治局。当时两军会合在一起的政治局委员和候补委员只有八人，如果增加九人，张国焘就能左右政治局这个最高决策机构。中央坚决不同意他的意见，但同意四方面军增加三名中央委员和候补委员。

张国焘欲壑难填，一意孤行，最后发展到危害中央，另立“中央”的地步，几乎酿成红军间自相残杀的悲剧。徐向前一句“哪有红军打红军的道理”，所起的作用实在不可低估。

张国焘另立“中央”是在四川理番县卓木碉，这是中共历史上迄今为止唯一的一次分裂事件。与此同时，他竟宣布“开除”毛泽东、周恩来、博古、张闻天中央委员及党籍，对杨尚昆、叶剑英“免职查办”，批判攻击随左路军(两军会师后，分为左、右两路军北上）行动的朱德、刘伯承。气焰十分嚣张。

张国焘自以为兵多枪多势大，就可以为所欲为，其实他想错了。他大概仍以为红军也会像军阀部队一样兵随将走。当他以政治局常委、中革军委副主席、红军总政委的名义统辖部队时，可以指挥几万人的部队，而一旦公开搞分裂，就遭到了许多人的反对，最后不得不取消“中央”，北上陕甘。1938 年春，当他公开投降国民党后，不仅原来的干部不跟他走，就是他已经带到武汉的警卫员也跟他划清界限，不跟他走。张国焘落得个“茕茕孑立，形影相吊”的结果。

张国焘叛变之初，蒋介石曾欣喜若狂，他从旧军队兵随将走的观念出发，认为这是对延安的致命打击，他要特务头子戴笠好好加以利用，对共产党军队特别是原四方面军的部队进行拉拢策反。可是到头来，竹篮打水一场空，毫无所获，费尽力气也没有拉出一排一班。中共对军队绝对领导的威力，在这一点上得到了充分的体现。

张国焘以枪指挥党，在人民军队历史上留下了深刻的教训。在总结这场斗争的经验教训时，毛泽东提出了“党指挥枪，而决不容许枪指挥党”的著名原则，提出一个引人深思的问题：“共产党员不争个人的兵权（决不能争，再也不要学张国焘），但要争党的兵权，要争人民的兵权。”[1]

“西安事变”后，国共再度合作，共同对敌。在两党谈判中，国民党居心险恶，要共产党交出军队，朱毛和师职以上将领解职出洋，半年后召回，按才录用，各师之参谋长与师内各级副职，皆由国民党派充。这显然是一种不战而瓦解红军的毒计。这一阴谋遭到中共严词拒绝后，国民党又提出红军不能编独立的指挥部，且需要国民党派员来红军担任要职。中共则坚持设置独立的指挥部，并拒绝国民党当局派员来红军任职，但同意国民党派联络人员，以便协同作战。由于国民党当局坚持其无理要求，谈判未能达成协议。

1937 年 7 月抗战爆发后，国民党仍提出要派特务头子康泽来红军任政治部副主任，毛泽东对此予以拒绝。他在给与国民党谈判的周恩来等的电报中说：“三个师以上必须设总指挥部，朱（德）正彭（德怀）副，并设政治部，任弼时为主任，邓小平为副主任（不要康泽），以便指挥作战。”[2]“八一三”事变后，战火烧到国民党统治的腹心地区，蒋介石急需调红军开赴前线，才被迫同意中共的要求。

毛泽东可以同意红军换上曾长期作为射击目标的青天白日帽，但决不容许康泽之类的人踏入八路军营门一步。在保持党对军队绝对领导上，毛泽东毫不退让。

这时，从苏联刚回国的王明一改“左”的面孔，鼓吹“一切经过统一战线”的错误论调，主张八路军、新四军同国民党军实行“统一指挥，统一编制，统一武装，统一纪律，统一待遇，统一作战计划，统一作战

---

[1] 《毛泽东军事文集》第二卷，军事科学出版社、中央文献出版社 1993 年版，第 421 页。
[2] 《毛泽东军事文集》第二卷，军事科学出版社、中央文献出版社 1993 年版，第 18 页。

行动”，这实际上要取消共产党对军队的绝对领导。毛泽东针锋相对提出了统一战线中的独立自主方针，并明确指出共产党领导的人民军队不是统一战线的组织。1939 年 12 月，他在一个指示中说：“八路军是共产党领导的工农的又是中国人民的武装，不是统一战线的武装。”[1]1940 年 5 月 6 日，总政治部针对《新四军政治工作组织纲要》中只字不提共产党的领导，不以共产党的理论、纲领、策略和口号为根据，反而把国民党领导人的言论编成讲话材料教育部队等错误做法，发出《对于新四军政治工作的指示》，着重指出：军队中的政治工作，仍旧是共产党的党的工作，并不因统一战线的环境和战区的指挥关系而有所改变。因此，政治工作必须在政治上、理论上、组织上、工作内容上与方法上，保持共产党的独立性，必须保证共产党对军队的领导。正是针对当时摆脱党的领导的右倾错误，陈毅在新四军提出了建设“党军”的口号。1944 年 4 月，毛泽东主持起草的《关于军队政治工作问题的报告》重申了党对军队绝对领导的原则，并把它作为建军和处理军党关系的基本原则。

解放战争中，毛泽东要求各部队建立健全党委制。告诫全军将士必须时刻牢记：“我们是伟大的人民解放军，是伟大的中国共产党领导的队伍。只要我们时刻遵守党的指示，我们就一定胜利。”[2]

为了保证党对军队的绝对领导，毛泽东在建军中逐步建立健全了一整套党领导军队的政治、组织制度。这个制度其中有几个重要环节：

一是政治领导，就是用党的路线、方针和政策统一全军的思想和行动，坚持正确的政治方向，同中央和军委保持高度的一致。

---

[1] 《毛泽东军事文集》第二卷，军事科学出版社、中央文献出版社 1993 年版，第 500 页。

[2] 《毛泽东军事文集》第四卷，军事科学出版社、中央文献出版社 1993 年版，第 294 页。

二是思想领导，就是用马列主义武装干部、战士，树立无产阶级世界观。这对把一支大部分由农民群众和来自旧式军队官兵组成的队伍改造成为无产阶级军队具有重要的意义。

三是组织领导，就是建立与部队建制体系相适应的党的组织系统。连队建立党支部，营以上建立党委，实行党委、支部领导制度。同时，在部队中实行党委集体领导下的首长分工负责制。在部队中建立和保持一支坚强的党员队伍。

毛泽东在谈到中国共产党为什么要对军队实行绝对领导的时候说："外国的资产阶级政党不需要各自直接管领一部分军队。中国则不同，由于封建的分割，地主或资产阶级的集团或政党，谁有枪谁就有势，谁枪多谁就势大。处在这样环境中的无产阶级政党，应该看清问题的中心。"[1] 在存在浓厚的封建主义、军阀主义、山头主义和分散主义的国度里，在"有枪就有一切"，"有枪就是草头王"的国度里，规定党指挥枪的原则，对于防止军阀割据，防止国家分裂，具有重要的意义。

只要主义真：政治工作的威力

毛泽东在总结抗美援朝战争的胜利时曾说，美军是"钢多气少"，就是说美军虽有优良的装备，但士气低。在这方面，人民军队恰好相反，是"钢少气多"，装备较差（这是缺点），但士气高昂。人民军队始终能保持高昂士气的原因之一，就在于它成功的政治工作。

解放军的政治工作制度源于苏俄红军的政治工作制度，并首先在大革

[1] 《毛泽东军事文集》第二卷，军事科学出版社、中央文献出版社 1993 年版，第 421 页。

命时代的国民革命军中萌芽。毛泽东抗战初期在与外国记者的谈话中说过：1924 年到 1927 年的大革命时代，“那时军队有一种新气象，官兵之间和军民之间大体上是团结的，奋勇向前的革命精神充满了军队。那时军队设立了党代表和政治部，这种制度是中国历史上没有的，靠了这种制度使军队一新其面目。一九二七年以后的红军以至今日的八路军，是继承了这种制度而加以发展的。”[1]

但政治工作的真正成形并产生出巨大威力是在中共领导的革命军队中。由三湾改编开始到古田会议决议，基本上形成了人民军队政治工作的一整套体系，从而保证了军队政治工作的正确方向。

当毛泽东选择中国革命向农村发展的时候，就在实际上碰到了一个严重的问题，即教育农民。在农民像汪洋大海一样的国度里，如何将一支以农民为主体的军队建设成为无产阶级革命军队，是摆在中国共产党人面前的一个重大课题。军队政治工作首先要解决的就是这个问题。

“左”倾教条主义者攻击说“山沟里没有马列主义”，实际上不能说没有一点道理，农民中不能自然而然产生马列主义，马克思和列宁也确实没有碰到和解决过这些问题，中国共产党也需要在实践中摸索前进。中国革命走以农村包围城市的道路，农民就成了革命武装的主要成分。中国农民革命性强，斗争勇敢坚决，但有其小农经济基础所固有的局限性。由于散居面广，互相联系不多，地方观念比较严重，缺乏远大目标和理想等，尽管红军已有了共产党的领导，不同于历史上的农民起义军，但他们的思想意识、行为习惯等仍没有完全摆脱农民阶级的局限。人民军队初创时期不乏这方面的教训。

秋收起义部队南下，许多工农义勇队队员反对远离家乡。平江、浏阳

---

[1] 《毛泽东选集》第二卷，人民出版社 1991 年版，第 380 页。

工农义勇队的农民，才随队到江西莲花，便跑了一大半。通过三湾改编，才制止住了这场“逃跑风”。

井冈山朱毛会师后，由湘南农军改编的第二十九团失败的教训更为深刻。二十九团是由湘南宜章农军组成的，这支部队在农军中算是有战斗力的，在战斗中可以独当一面，但由于其兵士成分和多数干部是农民，又没有进行深入的无产阶级思想和严格的组织纪律教育，不少官兵的农民意识十分严重，家乡观念、自由散漫、极端民主化等充斥部队。在湘赣两省敌人对井冈山发动第一次“会剿”时，红四军军委决定毛泽东率三十一团去永新，切断湘赣敌人联系；朱德、陈毅率二十八团、二十九团，袭击酃县和茶陵之敌，迫敌返回老巢。二十九团随部队攻下酃县后，朱德、陈毅决定率红军大队返回宁冈，增援永新。这时，二十九团的士兵和一些干部提出，不回宁冈，要回湘南。理由是家乡被敌人占了，要打回老家闹革命。朱德召开军委扩大会议，对二十九团要返回湘南的行动加以阻止。但不管朱德如何磨破嘴皮劝说，思乡心切的湘南农军就是不听。他们甚至说，如果不让他们去，他们就交了枪单身回去。在这种情况下，为防止二十九团军心涣散，组织解体，军委才决定率二十八团同去湘南。二十九团听说军委同意他们回湘南，立刻一改几天前那种“似行不行，三五成群，步伍零乱”的状态，行军速度飞快，三伏天一天可走七八十里，二十八团在后面紧追都跟不上。朱德忧心忡忡，总觉得往湘南打郴州凶多吉少。果不出所料，打郴州，先胜后败，二十九团在打郴州后，几乎全部失散。

这两个例子说明，在人民军队初创时期，军队内最为迫切的问题，要算是教育问题。对此，毛泽东体会颇深：“我们感觉无产阶级思想领导的问题，是一个非常重要的问题。”[1] 要把以农民为主体的军队，改造成无产

---

[1] 《毛泽东军事文集》第一卷，军事科学出版社、中央文献出版社 1993 年版，第 41 页。

阶级的革命军队，使他们脱去农民、手工业者和小知识分子的狭隘眼光，具有坚定的政治方向和远大的革命目标，就必须进行理论的灌输、思想的启迪和行为的规范。

1929年12月，毛泽东为红四军党的第九次代表大会起草的决议，即《古田会议决议》，规定了红军中政治机关和政治工作的地位，强调在红军内部加强思想政治教育，规定处理红军内外关系的原则。决议提出，在省级地方政权未建立前，红军的政治机关与军事机关在前委领导下平行执行各自担负的工作：政治训练及群众工作事项，军事系统应接受政治系统的指挥；作战、宿营、给养等，政治系统应接受军事系统的指挥。决议批评把政治机关隶属于军事机关的错误观点。决议从红四军的组成和处在农村分散游击环境的实际出发，指出对红军不断进行马克思主义和党的正确路线教育，是克服各种非无产阶级思想，提高军队政治素质，完成无产阶级政治任务的中心环节。决议坚持官兵平等，实行民主主义制度。官兵之间只有职务的不同，没有阶级的分别。长官应当爱护士兵，关心士兵，切实保障士兵的民主权利，坚决废止肉刑。士兵要尊重长官，自觉地接受管理，遵守纪律，克服极端民主化和平均主义、雇佣思想等错误倾向。在军政关系上，要求红军指战员严格尊重人民政权机关；在军民关系上，要求红军严格执行“三大纪律”和“六项注意”；在对敌军工作上，实行瓦解敌军和宽待俘虏的政策。

《古田会议决议》和尔后在实践中提出的政治工作原则，比较完满地解决了政治工作中两个关键的问题，一是政治工作机关的地位，一是政治工作的原则。

确立政治机关和工作人员的威信和地位，在当时有着重要的意义。北伐时期的政治工作虽然也比较活跃，但许多政治机关和工作人员的威信并不高。政治工作人员被视作“卖嘴皮子的”，“卖狗皮膏药的”。

抗日战争初期，因为受到国民党当局的干涉，八路军一度取消了政治委员制度，并将各师的政治部改称政训处，使政治工作遭到削弱。1937 年 10 月 19 日，朱德、彭德怀、任弼时联名致电中央，建议在营以上恢复党代表制度，在连仍为指导员，师政训处改为政治部，旅设政治处。22 日，毛泽东和张闻天复电同意："关于恢复政治委员及政治机关原有制度，我们完全同意，请即速令执行。惟党代表名义不妥，仍应名为政治委员。将来国民党采用党代表制时，我军方可改为党代表。"❶24 日，八路军总部转发了中央的决定，恢复了原有政治工作制度。在此以前的 10 月 16 日，中央军委成立了军委总政治部，负责中共领导的人民军队的政治工作。

政治机关的地位取决于政治工作的地位。早在 1932 年 7 月 21 日，中共中央便在《给苏区中央局及苏区闽赣两省委信》中，提出"政治工作不是附带的，而是红军的生命线"的论断。在 1934 年 2 月召开的红军第一次全国政治工作会议上，王稼祥、朱德、周恩来、贺昌都在会议上强调了"政治工作是红军的生命线"的观点，提出以革命主义为基础的革命军队政治工作是人民军队的生命线。1944 年，毛泽东在修改谭政所作的《关于军队政治工作问题的报告》中，亲笔加了一句："共产党领导的革命政治工作是革命军队的生命线。"❷并强调：无此则不是真正的革命军队。1954 年，《中国人民解放军政治工作条例（草案）》送中央修改时，毛泽东亲笔恢复了原稿中删去的"中国人民解放军的政治工作是我军的生命线"的提法。

对政治工作的重视，是中共中央和毛泽东的一贯思想，但对人民军队

---

❶ 《毛泽东军事文集》第二卷，军事科学出版社、中央文献出版社 1993 年版，第 92 页。

❷ 《中共中央文件选集》第十四册，中共中央党校出版社 1992 年版，第 207 页。

政治工作原则的全面论述和实践，则是毛泽东的一大贡献。

人民军队政治工作的原则是什么呢？就是官兵一致的原则，军民一致的原则和瓦解敌军的原则。说得简单点，就是军、民、敌三个字。三项原则就把军内、军外和敌我关系说清楚了。

官兵一致，就是在军队中肃清封建主义，废除打骂制度，建立自觉纪律，实行同甘共苦的生活。与旧军队不同的是，毛泽东在建军中坚决反对军阀主义，在军队内实行民主主义，规定官兵平等，在连以上各级建立士兵委员会，规定士兵有充分发表意见的权利。《古田会议决议》进一步确定了这种新型的官兵关系。

人民军队内部的这种官兵一致关系，在各个历史时期有不同的表现形式。如抗战中的尊干爱兵运动，解放战争中的团结互助运动。后者又以“王克勤运动”最为典型。

全面内战爆发后，解放军在各个战场上英勇作战，歼灭了大量敌人，但也付出了相当的代价，部队中经过战争考验的老战士减少，翻身农民和解放战士（被俘虏后经教育参加解放军的原国民党军士兵）大量补入部队。三种战士（老战士、新战士、解放战士）因经历不同，受教育情况不同，因而各有所长。如何发挥三种战士的作用，并使他们团结起来，互相帮助，共同提高，就成为军队政治工作重要而紧迫的任务。正是在这种情况下，晋冀鲁豫野战军产生了团结互助的典型王克勤和王克勤班。

王克勤原系国民党军士兵，1945 年邯郸战役中被解放，加入解放军后，作战勇敢，1946 年入党，1947 年在战斗中牺牲。他在参加人民解放军的短暂生涯中，创造了思想、技术、生活三大互助的带兵方法。他任班长时，把全班战士分成三个互助组，平时行军、训练。以体力强的帮助体力弱的，以技术熟练的帮助技术不熟练的，以有战斗经验的帮助没有战斗经验的，形成互帮互学；战时各小组相互支援，共同完成战斗任务。全班战士团结得像一个人一样，作战、训练、行军，样样出色。1946 年 12 月 16 日，延安《解放日报》发表《普遍开展王克勤运动》的社论中指出，王克勤带兵法“为中国人民解放事业创造了新的光荣的范例”，号召全解放区军民普遍有力地推动这个运动。这个运动，增强了人民军队内部的团结，对部队的各项工作起了积极的推动作用，成为提高部队战斗力的一个重要因素。

军民一致，就是实行秋毫无犯的民众纪律，宣传、组织和武装民众，减轻民众的经济负担，打击危害军民的敌人。长期以来，毛泽东一直把建立良好的军政军民关系放在重要位置。在政治工作中贯彻军民一致的原则，一是教育部队履行战斗队、生产队、工作队三大任务，努力减轻人民负担；二是教育部队认真遵守三大纪律八项注意，始终保证和爱护人民群众的利益；三是教育部队贯彻全心全意为人民服务的宗旨，努力为人民群众做好事，办实事；四是教育部队广泛开展拥政爱民活动，密切军民关系。

抗日战争时期从陕甘宁边区首先发起随后发展到各根据地的拥政爱民运动充分体现了军民一致的原则，这一运动一直沿袭到今天。1940 年 1 月，毛泽东出席边区第二届农工展览会时讲话说：八路军也就是老百姓，故军队不要忘本，本就是工农，老百姓是主人。八路军有两条规矩，一条就是官兵合作，一条就是军民合作，大家亲亲密密团结起来，日本一定会被打倒的。为进一步密切军政、军民关系，在毛泽东和中央军委的推动下，1943 年 1 月，八路军留守兵团司令部和政治部发出《关于拥护政府爱护人民的决定》，政治部发出拥政爱民运动月工作指令，决定从 2 月 5 日到 3 月 4 日为边区部队拥政爱民运动月。此后，边区部队出现了拥政爱民运动的热潮，与边区政府开展的拥军爱民和人民开展的拥军优抗互为呼应，互为推动，消除了军政、军民之间的某些隔阂和误会，进一步密切了军民关系，增进了军政、军民团结。同年 10 月，毛泽东指示各地部队，军队应准备于来年阴历正月重新宣布拥政爱民公约，自己开检讨会，召集居民开联欢会，有损害群众利益者，实行赔偿、道歉。以后应于每年正月普遍举行一次。拥军爱民和拥政爱民运动进一步密切了军民关系。

瓦解敌军和宽待俘虏，这是毛泽东军队政治工作中极具特色的思想。瓦解敌军和宽待俘虏，就是涣散敌军士气，削弱敌军的战斗力；对已经放下武器的敌军官兵，尊重他们的人格，不打、不骂、不杀、不辱、不搜腰包、不没收私人财物，对伤病者给予治疗。毛泽东极为重视实行瓦解敌军和宽待俘虏政策。他说："我们的胜利不但是依靠我军的作战，而且依靠敌军的瓦解。"[1]

毛泽东认为，不宽待俘虏，就是不懂政治。他在读《北史》时，曾在北朝将领王建主张杀俘虏的内容旁批注道："王建庸人，不知政治。"他对曹操"不杀降"的政策予以高度评价。在《魏书·刘表传》一处天头上批注："杀降不祥，孟德所不为也。"[2]孟德是曹操的字。可见毛泽东对曹操的豁达大度是十分赞赏的。他还认为，商纣王是个很有本事的人，但他的俘虏政策做得不大好，所以以后失败了。他征伐东南，所得"俘虏太多，消化不了，周武王乘虚进攻，大批俘虏倒戈，结果使商朝亡了国"。

毛泽东是红军中最早提出宽待俘虏和瓦解敌军的人。红军初创时期，他就提出了宽待俘虏和"溶化"俘虏以瓦解敌军，扩大红军的政策。他指出："对敌军的宣传，最有效的方法是释放俘虏和医治伤兵。敌军的士兵

---

1. 《毛泽东选集》第二卷，人民出版社 1991 年版，第 379 页。
2. 《毛泽东读文史古籍批语集》，中央文献出版社 1993 年版，第 212、141 页。

和营、连、排长被我们俘虏过来，即对他们进行宣传工作，分为愿留愿去两种，愿去的即发路费释放。这样就把敌人所谓‘共匪见人就杀’的欺骗，立即打破。”[1]

1928年春，毛泽东指挥打新城，第一次歼敌正规军一个营。打下新城后，俘虏了不少官兵，毛泽东想了个办法，就是不打不骂，愿走的发给路费，受伤的给予医治，愿留的参加红军。这个从来没有过的宽大俘虏政策，敌指挥官知道后，惊恐万状。该营所属的敌第九师刊物《九师旬刊》连连发出“毒矣哉”的哀叹。

第一次反“围剿”胜利，俘获敌师长张辉瓒，毛泽东指示要好好看管他，不要杀他。但由于张辉瓒部曾在东固一带烧杀抢掠，民愤很大，红一方面军中有人不请示不报告，就将张辉瓒交给东固人民批斗，结果在群众一片愤怒的喊杀声中被处死了。毛泽东知道后十分不快，多年后他还对陆定一说：第一次反“围剿”胜利后，如果不杀张辉瓒，把他放回去，可能更好。但是当时群情激愤，非杀不可，我们没有能够战胜这种情绪。

有了这次教训，后来反“围剿”就更加注意宽待俘虏工作，但这有时又带来了“松”的问题。第二次反“围剿”中敌第二十八师师长公秉藩被赤卫队抓获，他混在俘虏中，佯称是营部书记官（类似文书），赤卫队员既不认识，也没有详细盘问，第二天让他与别的俘虏一道，领了一块银洋的路费放走了。无独有偶，第三次反“围剿”方石岭一战，红军俘虏了敌第五十二师师长韩德勤。韩往脸上抹了一大把锅灰，自称伙夫，红军一大意，就把他作为一般士兵释放了。这两件事既说明红军的疏忽，更说明红军宽大俘虏政策是真正实行了的，否则就不会这样即俘即放，轻易让敌师

[1] 《毛泽东军事文集》第一卷，军事科学出版社、中央文献出版社1993年版，第31页。

长级的军官从眼皮底下溜掉。

毛泽东对待俘虏的人道政策，是极其成功的，粉碎了敌人对共产党军队的一切诬蔑，对瓦解敌军起了重大作用。解放战争后期，人民军队许多部队中，解放战士（即俘虏兵）成分通常占部队员额的百分之五十。解放战争中对俘虏的敌士兵，一般均加以争取，实行即俘、即补、即查、即战。对敌军官则分别对待，或学习，或释放，或留用。蒋介石对此格外伤心，他哀叹："尤其使我痛心的"是"有许多受我耳提面命的高级将领被俘"，"而不能慷慨成仁"；许多下级官兵被俘，编入解放军来打国民党军，"而不能相机反正"，这是"有史以来所未有的奇耻大辱"。毛泽东不仅对国内敌人俘虏实行人道政策，而且对民族敌人也实行人道的俘虏政策。抗日战争中，八路军新四军在作战中俘获的日本战俘，或是予以释放，或是留在根据地中，让他们参加日本人反战组织，如"日本兵士觉醒联盟""在华日人反战同盟""日本人民解放联盟"。这些反战组织在瓦解日军方面，正如叶剑英 1944 年对外国记者说的，"成绩非常之大"。在朝鲜战场上，中国人民志愿军的良好俘虏政策，赢得了包括美国在内的国际舆论的普遍赞誉。

红军宗旨：民权革命

毛泽东建军之初就为人民军队规定了为人民扛枪，为人民打仗的宗旨。他在组织秋收起义时便指出："湖南的秋收暴动的发展，是解决农民的土地问题，这是谁都不能否认的。"[1] 他还在中国历史上第一次打出了

[1] 《毛泽东军事文集》第一卷，军事科学出版社、中央文献出版社 1993 年版，第 7 页。

“工农革命军”的旗号。在实践中也是如此。在1928年给中央的报告中，他指出：由于废除了雇佣制，使士兵感觉不是为他人打仗，而是为自己为人民打仗。

1929年1月，红四军下井冈山，为了使沿途人民能够理解红军的宗旨和纲领，毛泽东与朱德特地发布了简明的《红四军司令部布告》，这个布告开宗明义提出：“红军宗旨，民权革命。”[1]“民权革命”与后来说的民主革命是一个意思。在《古田会议决议》中，毛泽东更加明确地规定了红军的宗旨和任务，指出红军与一切旧军队不同，“是一个执行革命的政治任务的武装集团”。决议规定对红军战士进行宗旨教育有三项内容：1. 红军与白军不同；2. 红军与土匪不同；3. 红军的三大任务。

如果说土地革命战争时期，红军的宗旨更突出工农色彩的话，则到抗日战争时期，随着全民族抗战的出现，人民的含义更广泛了。毛泽东对人民军队宗旨的阐述也更为广泛和鲜明。他反复强调：“我们的军队，是真正人民的军队。我们的每一指战员，以至于每一个炊事员、饲养员，都是为人民服务的。……与人民利益适合的东西，我们要坚持下去，与人民利益矛盾的东西，我们要努力改掉，这样我们就能无敌于天下。”[2]毛泽东为悼念一名为烧炭而牺牲的普通战士所作的《为人民服务》，教育了好几代人。其中心思想就是：“我们的共产党和共产党所领导的八路军、新四军，是革命的队伍。我们这个队伍完全是为着解放人民的，是彻底地为人民的利益工作的。”在中共七大上，毛泽东概括说：“紧紧地和中国人民站在一起，全心全意地为中国人民服务，就是这个军队的唯一的宗旨。”[3]

---

[1] 《毛泽东军事文集》第一卷，军事科学出版社、中央文献出版社1993年版，第51页。

[2] 《毛泽东军事文集》第二卷，军事科学出版社、中央文献出版社1993年版，第730页。

[3] 《毛泽东军事文集》第二卷，军事科学出版社、中央文献出版社1993年版，第769页。

转入和平建设后，军队住进了营房，在形式上与老百姓同吃同住的时代过去了，无形中有了一层隔膜。毛泽东要求官兵要坚持全心全意地为人民服务，“不要半心半意或三分之二的心，三分之二的意”。

以为人民服务为宗旨，就是毛泽东强调的：“对敌人用霸道，对人民用王道。”“一切问题的中心是老百姓问题，武装的人民（军队）与非武装的人民要打成一片。”他强调说：军地之间、军民之间出现问题，首先要问军队方面。他说：“我们的军队和军队中的干部是‘闯州过府’的，是经过二万五千里长征的，是见闻广博而有经验的。……只要军队对人民的态度好，人民的态度是没有不好的。过去留守兵团有的负责人，总是说边区人民不好，不爱护军队。但是我们要问问我们军队对人民的态度如何？替人民干了些什么事？首先应当检查自己，责备自己。”[1]

人民军队宗旨的思想，是人民军队一切实践活动的出发点。人民军队在历史上虽然名称、任务、作战对象等有过多次变化，但为人民服务的宗旨，却在任何时候都没有动摇过。

与为人民服务的宗旨相联系，人民军队也必然有着与其他军队不同的任务规定，这就是毛泽东说的三大任务：打仗、做群众工作和生产。这在古今中外的建军史上是绝无仅有的，是毛泽东对人民军队学说的巨大贡献。

引起毛泽东提出三大任务有一个过程。1927 年 11 月，工农革命军一部攻克茶陵县城，部队沿袭北伐时的做法，没有做群众工作，也不去发动群众打土豪，在茶陵一个多月，部队每天的活动还只是三操两讲两点名。在茶陵，县长是部队派的，其他人仍是旧的胥吏，依然坐堂审案，派款派捐靠商会，群众很不满。第一营党代表宛希先是一个很有头脑的人，他觉

[1] 《毛泽东文集》第三卷，人民出版社 1996 年版，第 69—70 页。

得这样不行，便写信给在宁冈的毛泽东。毛泽东立即回信，予以纠正，要求部队开展群众工作，打土豪，建立工农民主政权。部队按照毛泽东的指示开展工作后，茶陵出现了热火朝天的新局面，还组织了湘赣边界第一个工农兵政权，工人出身的谭震林被选为主席。工农革命军还帮助地方组织了赤卫队。

这件事引起了毛泽东的思索。12月下旬，毛泽东便明确提出了工农革命军要执行三大任务，即打仗消灭敌人，打土豪筹款子，做群众工作。

毛泽东起草的《古田会议决议》，重申了红军不能单纯打仗的观点，指出除打仗以外，还要担负宣传群众、组织群众、帮助群众建立革命政权以至于建立共产党的组织等项重大任务。后来毛泽东又用简洁的语言概括了人民军队的职能："解放军对敌人是战斗队，对自己是工作队"；"人民解放军不仅是一支国防军，而且是一支生产军"。

从这个角度说，"左"倾机会主义者攻击毛泽东是"枪杆子主义"，也真是冤枉得很。

在各个历史时期，人民军队都是一支战斗队，这是世界上任何一支军队都具有的职能，即使在和平时期也是如此。所不同的是，其他国家可能这是唯一的职能，而对中国人民解放军来说，这只是一个主要的职能，而不是唯一的职能。解放军还有工作队、生产队的职能。不过在各个历史时期，这两个职能也是不一样的，是有所侧重的，有的时候偏重于工作队的职能，有的时候偏重于生产队的职能。

土地革命战争时期，红军除了作战外，主要任务是做群众工作和打土豪筹款。那时还没有提出生产队的任务。在频繁的作战环境中，在根据地也是经常流动的情况下，提出生产队的任务显然是不现实的。在开辟根据地的过程中，红军通过开展群众工作，达到建党建政的目的。毛泽东说的

“分兵以发动群众，集中以应付敌人”，前者说的便是工作队的职能，后者说的是战斗队的职能。没有这些职能，红军就难以立足。毛泽东自豪地说：“用我们的战术，群众斗争的发展是一天天扩大的，任何强大的敌人是奈何我们不得的。”毛泽东甚至说：“这时候的红军不是一个单纯打仗的东西，它的主要作用是发动群众，打仗仅是一种手段。”单纯打仗，“若在今日，决不能存在的”。❶

红军时期，毛泽东以极大的精力改变旧军队沿袭下来的只管打仗的单纯军事观点，为后来的人民军队树立了一个全新的传统。自古以来，军队天经地义的传统是吃粮打仗，受其影响，红军初创时期，很多人并不愿意也不会做群众工作；有的干部对分兵掩护秋收和打靖卫团这样的事，都不愿干，怕分散后，发生情况应付不了；对于发枪给群众，很不舍得，或不舍得发好的，也不舍得把优秀的干部调到地方和游击队去。在井冈山，毛泽东就批评过这种不注意群众工作的现象。“过去边界各县的党，太没有注意宣传工作，妄以为只要几个枪就可以打出一个天下，不知道共产党是要左手拿传单右手拿枪弹才可以打倒敌人。”❷

古田会议上，毛泽东严厉批评了单纯军事观点。“四军中向来就有一些同志是偏于军事观点的，与站在政治观点即群众观点上的人的意见不合，这是一个很严重的政治路线问题。”单纯军事观点和“拿几十个州县”的观念没有完全消灭，“特别是在军事失败时候，差不多什么都可以取消，只要枪杆子保存就够了。这些同志在会议时候最厌烦的是讨论宣传和组织问题，在游击工作中发展单纯的军事影响而不去发展政治影响。”❸

---

❶ 《毛泽东军事文集》第一卷，军事科学出版社、中央文献出版社 1993 年版，第 61、62 页。

❷ 《湘赣边界各县党的第二次代表大会决议案》（1928 年 10 月）。

❸ 《毛泽东军事文集》第一卷，军事科学出版社、中央文献出版社 1993 年版，第 74—75 页。

这里又谈到古田会议，是因为这个会议可以说是区别新旧军队的分水岭，人民军队的许多光荣传统都要追溯到这个会议。

抗日战争时期是三大任务结合得最好的时期。抗战爆发，八路军出师之后，毛泽东的意图是首先发动群众，做老母鸡下蛋，学插杨柳，吃饱了饭再干。这时工作队的作用就显示出来了。有了红军十年群众工作的经验，八路军很快便在华北大地扎下了根，一股股小武装很快发展为大武装。出师之日，八路军不过三四万人，但不过两年多点时间，便发展到四十万人。这里还不包括作战中损失的人员。有的一个排在一个县展开，就发动群众组织了一个团。抗战艰苦阶段的武工队则是兼战斗队和工作队双重任务的灵巧组织，对扩大共产党的政治影响具有重要的意义。

第一次提出生产队的任务也是在抗战时期。抗战时是国共合作，实行抗日民族统一战线，红军时期采用的打土豪筹款子，行不通了。没有土豪可打，也不能打，只能实行减租减息，合理负担。1940 年后，原来还能从外界得到的一些武器、弹药、器材、医药、被服和饷项等，都逐渐中断了；国民党拨给八路军每年的几十万法币也不给了。特别是日伪的“扫荡”和封锁，各抗日根据地的财政经济都处于严重的困难之中。毛泽东后来说，我们曾经到了没饭吃、没衣穿的地步。朱老总在给他人的信中曾这样描写当时边区的窘迫情况：“几个月来未发一文零用，各机关、学校、军队几乎断炊。”

诸多困难中，又以缺粮为最。“军无粮则亡，从古已然”，“国家不可一日无兵，兵不可一日无食”。这些经验之谈，都说明了一个自古通理：军队无粮，则不战自溃。那时，也确实到了这步田地。毛泽东曾把这一严峻的问题摆在大家面前：一是散伙，一是饿死，一是自己动手克服困难。共产党领导的人民军队当然不会坐以待毙。毛泽东的办法是，一面作战，一面生产。

这时，陕甘宁边区的留守兵团已经有了几年的从事生产的经验。比起敌后来，边区战斗任务比较轻，也有更多的时间从事生产。1940年冬，刚从敌后返回延安的朱德提出在不妨碍作战和训练的前提下，实行屯田军垦政策。第二年3月，朱老总下令刚从敌后返回边区的第三五九旅开赴南泥湾实行军垦屯田，并多次亲临南泥湾视察指导。当年秋天，南泥湾屯垦便获得较好收成，1942年更好。朱德首倡的“南泥湾政策”大获成功，这极大地鼓舞了边区和各根据地的大生产运动。它对于开发根据地的经济资源，打破日伪顽的经济封锁，减轻人民负担，改善部队生活，密切军民关系，都有着重要的意义。

以此为契机，各根据地都开展了生产运动，逐步做到了丰衣足食。毛泽东还将这一运动向游击区推广，发出《游击区也能够进行生产》的指示。此后，游击区也在“劳力与武力相结合”斗争形式下进行了生产运动。

大生产运动拓展了红军的传统，奠定了人民军队“三队”思想。解放军的生产队传统主要是在大生产运动中发展起来的。红军的三大任务还没有生产一项，虽然也有助民劳动，如在第二次反“围剿”的紧张时刻，红一方面军还发布过《动员部队帮助群众插秧耕田的命令》，但那不是从事解决部队自身粮食困难的生产劳动。从性质上说，与后来的生产队职能还不是一回事。生产队作用是从抗日战争开始的。

此后，“背枪上战场，荷锄到田庄”（朱德诗）就成了人民军队的光荣传统。毛泽东说：“我们有打仗的军队，又有劳动的军队。打仗的军队，我们有八路军新四军；这支军队也要当两支用，一方面打仗，一方面生产。”“只要我们全体英勇善战的八路军新四军，人人个个不但会打仗，会作群众工作，又会生产，我们就不怕任何困难，就会是孟夫子说过的：

'无敌于天下'。"[1]

毛泽东还说：韩信在登坛拜将以前，还在汉中当过"粮食部长"。朱总司令自述他初做军官就充当司务长，旧日司务长正是管连队生活，并负训练与作战的责任。现在我们的大将们都研究粮食问题，全体指战员都亲自动手，建立各单位的大小家务。各部首长、干部不但都能管理军队生活，而且都能直接参加生产，这是全世界军队没有的奇迹，同时也是中国军队的大改革，这对革命是一件很大的事。[2]

毛泽东的自豪是有道理的。生产队职能的提出和实行，成功地提供了中国共产党领导下的人民军队如何在物质生活极端困难的条件下又不加重人民负担的养兵新方法、新创造，具有重要的战略意义。军队的生产自给，"形式上是落后的、倒退的，实质上是进步的，具有重大历史意义的"[3]。

可以说，从此起步，人民军队才有一点自己的"家务"。

解放战争，史称决定中国命运的大决战。作战极为频繁，而且规模越来越大；内线作战，解放区生产受到极大破坏。在这种情况下，部队不能打土豪（其实即使打土豪也不可能维持一支庞大军队的生计），也无暇从事生产活动，一切都是靠根据地支持和供应。毛泽东一直关注着将战争引向国统区，这也是一个重要原因。但随着战争深入国民党统治区，军队的工作队作用又上升了。毛泽东根据战争形势发展急需大批干部的状况，再次及时提出工作队的任务，要求部队学会做城市工作和新区工作。七届二中全会上，毛泽东重申：人民解放军既是一个战斗队，又是一个工作队，"特别是在南方各地用北平方式或者绥远方式解决问题的时候是这

---

[1] 《毛泽东选集》第三卷，人民出版社 1991 年版，第 928、929 页。

[2] 《毛泽东年谱（1893—1949）》中卷，人民出版社、中央文献出版社 1993 年版，第 510 页。

[3] 《毛泽东选集》第三卷，人民出版社 1991 年版，第 1106 页。

样。随着战斗的逐步地减少，工作队的作用就增加了”[1]。渡江前夕，他在给二野、三野的电报中说：军队不但是一个战斗队，而且主要的是一个工作队。

极而言之，毛泽东提出，要把几百万解放军全部化为工作队。

新中国成立初期，国内经济凋敝，百废待兴，毛泽东又一次不失时机地提出，解放军必须担负一部分生产任务，方能和全国人民一道共同克服国家面临的困难。并规定，参加生产，“不是临时的，应从长期建设的观点出发。而其重点，则在于以劳动增加社会和国家财富”[2]。值得注意的是，毛泽东规定：军队的生产运动，必须严格禁止开商店从事商业行为和走私、囤积、投机希图暴利的行为。这对今日军队的改革仍极有现实意义。

从军队工作队、生产队作用互相变化的历史曲线中，始终没有发生变化的是战斗队的作用。人民解放军永远是一个战斗队，对这一点不能有丝毫怀疑。

红军成员不能不执行比较一般平民更加严格的纪律

读过《毛泽东书信选集》的人，都会对其中一封信留下深刻印象。这是一封给当时陕甘宁边区高等法院院长雷经天的信，时间在 1937 年 10 月 10 日，正是抗战烽火连天的时刻。

毛泽东这封信是关于处死红军干部黄克功的。黄系当时抗日军政大学

---

[1] 《毛泽东军事文集》第五卷，军事科学出版社、中央文献出版社 1993 年版，第 514 页。

[2] 《毛泽东军事文集》第六卷，军事科学出版社、中央文献出版社 1993 年版，第 55 页。

第六队队长，对陕北公学女学生刘茜逼婚未成，一怒之下，竟拔枪把刘茜打死，酿成轰动一时的新闻。黄被捕后，雷经天出任审判黄克功案的审判长。

那时的延安，男多女少，抗战前后，一批青年学生奔赴延安，参加抗战，其中有不少女学生。小小的延安城，一下子涌来了这么多的女青年，对许多出生入死多年的单身红军干部来说，该是有着多大的吸引力啊。许多红军干部都是在这时找到对象，结婚成家的。但从总体上说，女青年还是太少，许多人为了找对象都找疯了，但像黄克功那样拿枪逼婚的倒是仅此一例。仅此一例，但影响太大又太坏了，毛泽东不得不亲自出面处理。毛泽东在给雷经天的信中说：

“黄克功过去斗争历史是光荣的，今天处以极刑，我及党中央的同志都是为之惋惜的。但他犯了不容赦免的大罪，以一个共产党员红军干部而有如此卑鄙的，残忍的，失掉党的立场的，失掉革命立场的，失掉人的立场的行为，如为赦免，便无以教育党，无以教育红军，无以教育革命者，并无以教育做一个普通的人。因此中央与军委便不得不根据他的罪恶行为，根据党与红军的纪律，处他以极刑。”[1]

毛泽东的这封信虽比不上诸葛亮挥泪斩马谡，可一定也是感情起伏，难以抑制的。须知，黄克功是那时已幸存不多的井冈山子弟之一（毛泽东当时说过参加井冈山斗争的老同志已只有七百余人）。这位参加过井冈山斗争和红军长征的老战士，照后来的说法，没有功劳也有苦劳，没有苦劳也有疲劳。况且，黄克功被捕后，也自知罪孽深重，自己要求戴罪出征，战死疆场。许多人也替他求情，要求赦免他的死罪。面对这一切，毛泽东对黄克功处以极刑，下这个决心是不容易的。信中字里行间，今天读来仍

[1] 《毛泽东书信选集》，人民出版社 1983 年版，第 110 页。

感到一阵强烈的震撼：

“正因为他是一个多年的共产党员，是一个多年的红军，所以不能不这样办。共产党与红军，对于自己的党员与红军成员不能不执行比较一般平民更加严格的纪律。”

纪律，纪律！这是军队的生命。没有一支军队是不讲纪律的，没有纪律的军队不能称之为军队。对人民军队来说，纪律更是军队的生命。因为，人民军队是从以农民为主体的起义军发展而来的，将一盘散沙般的农民组织成一支战无不胜的军队，纪律的约束作用是不可缺少的。

建军之初，毛泽东真可谓白手起家，惨淡经营，为人民军队的建设付出了大量心血。他摸索提出了红军的三大任务，确立了政治工作三大原则，规定了“支部建在连上”原则，等等，在纪律建设上则提出了三大纪律六项注意（后来是八项注意）。

三大纪律六项注意的提出，与井冈山麓的一个小县遂川有着密切的关系。1927 年 10 月，毛泽东率部将要登上井冈山前，他在这个县荆竹山下的一个小村子向部队作动员讲话。这时部队刚在大汾遭敌军袭击跑散而聚拢过来，毛泽东的脚也被草鞋带子磨烂。他拄着棍子一拐一拐来到队伍前面，宣布工农革命军三项纪律：一、行动听指挥；二、不拿群众一个红薯；三、打土豪要归公。马上要上山建立根据地了，如果不和山上的群众和王佐的部队搞好关系，不给他们一个好的印象，部队就真的难有立足之地了。

转眼几个月过去了，1928 年 1 月初，毛泽东率工农革命军从茶陵撤回宁冈，这时万安农军正在进攻万安县城。为声援万安起义，烂脚刚好的毛泽东亲率第一团掉头南下，于 4 日攻占与万安相邻的遂川县城。攻占县城后，部队开展群众工作。一些战士下乡领导贫苦农民打土豪。就在这中间出现了一些问题，有些人把商人、小贩的货物没收了，甚至把药店里称药的戥秤也拿了。毛泽东了解到这些情况后，就在城里将部队集合起来，提出在城市中保护中小商人的政策，并宣布了六项注意：还门板；捆铺草；说话和气；买卖公平；不拉伕、请来伕子要给钱；不打人骂人。

这样三大纪律和六项注意都提出来了，但还没有合在一起说。这年4月，毛泽东率部下山迎接朱德、陈毅率领的湘南起义部队。到达桂东县沙田圩时，毛泽东一面等待朱德的消息，一面在这里试验分田地。这时又发生了违犯纪律的情况，毛泽东得知后，召集部队进行纪律教育，第一次将三大纪律和六项注意合在一起说，内容也与以前稍有不同。三大纪律是：第一，行动听指挥；第二，不拿工人农民一点东西；第三，打土豪要归公。六项注意是：一、上门板；二、捆铺草；三、说话和气；四、买卖公平；五、借东西要还；六、损坏东西要赔。

1929年在进军赣南闽西途中，六项注意又增加了两条"洗澡避女人"、"大便找厕所"，变为八项注意。随后又提出了"不搜俘虏腰包"和"进出要做宣传工作"两项注意，变为十项注意。不过，再后来，又将新增加的四条合并为"不要胡乱屙屎"和"不搜敌兵腰包"两项，使十项注意恢复为八项注意。

但毛泽东在20世纪30年代同斯诺的谈话中，内容不知是翻译的缘故，还是其他原因，条文有所不同，第七条为"买东西要付钱"，第八条为"要讲卫生，盖厕所离住家要远"。毛泽东专门提出："最后两项是林彪加的。"[1]

三大纪律八项注意文字非常浅显、具体，便于记忆和做到。如最初提出"不拿群众一个红薯"，就是因为红薯是南方山区群众的主要杂粮，不

[1] ［美］埃德加·斯诺：《西行漫记》，董乐山译，生活·读书·新知三联书店1979年版，第148页。

拿一个红薯，也就是不容许拿群众的任何东西。“上门板”，“捆铺草”，则是因为红军在南方农村活动，住宿农民家，睡地上太潮湿，门板又非常好卸，门板一架，铺上稻草，就可以美美睡一觉。第二天起床，出发时要将农民家的门板重新上好，把铺的稻草重新捆好。

在今天的人看来，这些简直要算是鸡毛蒜皮的小事，但正是从这些小事中，改变了军队在群众中的印象，一支与旧军队截然不同的新式军队出现了。

三大纪律八项注意，在后来的战争岁月中多有变化，在各个部队中也有所不同。如抗战初，三大纪律是：实行抗日救国纲领；服从上级指挥；不拿人民一针一线。八项注意是：进出宣传；打扫清洁；讲话和气；买卖公平；借物送还；损物赔偿；不乱屙屎；不搜俘虏。1947 年 10 月，为适应解放战争形势发展的需要，毛泽东为人民解放军总部重行颁布了三大纪律八项注意，并一直沿用至今。

在执行纪律上，毛泽东十分严厉。开头所说的黄克功事件即为一例。红军时期，三大纪律八项注意刚刚颁行，一些人做起来还不习惯，常有触犯纪律的。

江华在其回忆录《追忆与思考》中，曾提到这样一件事。

1929 年红四军下井冈山到东固休整后，行军来到广昌、石城交界的白沙镇。晚上时分，毛泽东听说，有一猪贩子从石城赶着十几头猪到广昌，被三十一团军需处截留下来，给部队宰杀打牙祭吃了。这个团是秋收起义后，经过“三湾改编”，毛泽东亲自带上山的部队，发生了这种事，毛泽东十分震惊，立即派人把三十一团军需处长杨立三找来，问明了情况，严厉批评说：“这哪里是革命军队，简直是绿林，这样的军队还能打胜仗？还能战胜敌人？”他下令连夜出布告，四处张贴，公开检讨错误，赔偿猪款。这次毛泽东真是气极了，接连说要撤杨立三的职。江华他们在一边都不敢说话。朱德出来打圆场说："猪已经吃了，就算了。"毛泽东一听这个话，更火了："哪有这样的事，吃了还能就算了？这么大方！"

杨立三后来一直在军队后勤战线工作，为中国革命作出了很大贡献。红军东征回师陕北时，他率人在敌人严密封锁的黄河渡口，输送部队安全过河，受到毛泽东的嘉奖。长征中过草地，他任军委总医院院长，亲自为病危的周恩来抬担架，历经艰辛。1954 年 11 月杨立三去世时，周恩来亲自临场为他执绋送葬，留下了一段感人的佳话。

对破坏纪律的事，毛泽东批评是十分严厉的，决不轻易放过，并及时抓住用来教育干部，教育部队。特别对高级干部违反纪律，毛泽东更是毫不留情。1948 年，解放战争进入战略进攻后，毛泽东在九月会议上提出："我们的战略方针是打倒国民党，战略任务是军队向前进，生产长一寸，加强纪律性，由游击战争过渡到正规战争"，要求各战略区、各部队领导干部克服游击习气，打掉山头主义，加强组织纪律观念，建立定期向中央作综合报告的制度。这个措施对于各战略区、全军各部队从全局着眼，相互配合进行战略决战，加强集中统一的指挥，具有重要意义。有的战略区由于对建立报告制度的认识不足，或由于战事繁忙，没有及时向中央作综合报告，毛泽东总要予以批评，甚至是严厉的批评。在这个问题上，林彪曾受到毛泽东的严厉批评。

林彪这个人能打仗，但那时内心深处有一种不适宜正规战争的意识，这就是"将在外，君命有所不受"。辽沈战役初期他多少就有这种意识在作怪。林彪自己常说，打仗时上面一催，下面就着急，因此当下级的要掌握四快一慢的原则，"你有千条计，我有老主意"。不管上面怎样催，总要准备好了再打，没准备好就不打。由于受这个意识支配，他对毛泽东的话也有置若罔闻的一面。这在大决战前夕自然是十分有害的。1948 年 3 月下旬，毛泽东在离开陕北前往西柏坡途中，打电报给林彪并东北局，批评他们已两次没有发来政策性综合报告。8 月上旬，毛泽东以中央名义再次批评林彪和东北局，指出各中央局和分局、前委均已严格遵照实行中央规定的报告制度，唯独东北局没有实行，3、5、7 月三次报告均未做，亦未申明理由。8 月 15 日，毛泽东为中央起草了一封给林彪和东北局的长达二千多字的电报，严厉批评林彪在这件事上采取的敷衍态度。“在这件事上在你们心中存在着一种无纪律思想。”毛泽东举例说：“我们五月间即告诉你们，像大别山那样严重的环境，邓小平同志尚且按照规定向中央主席做了综合性报告，并将邓小平同志来电转给你们阅读。你们的环境比大别山好得多，何以你们反不能做此项报告?”在这时，林彪才向中央写了综合报告并做出检查。收到来电后，毛泽东又两次复电，指出：不建立报告制度，“就不可能克服完全不适用于现在大规模战争的某种严重地存在着的经验主义、游击主义、无纪律状态和无政府状态”，“只有解决这一问题，才能由小规模的地方性的游击战争过渡到大规模的全国性的正规战争，由局部胜利过渡到全国胜利。”❶

从总体上说，人民解放军是一支纪律严明的威武之师、文明之师。1947 年初，毛泽东在接见美国记者安娜·路易斯·斯特朗时曾自豪地说：我们的部队是世界上若干最有纪律的部队之一。1956 年他还深情地谈起这样一件事：“锦州那个地方出苹果，辽西战役的时候，正是秋天，老百姓家里有很多苹果，我们战士一个都不去拿。我看了那个消息很感动。在这个问题上，战士们自觉地认为：不吃是很高尚的，而吃了是很卑鄙的，因为这是人民的苹果。我们的纪律就建筑在这个自觉性上边。”“解放军是一个好军队，我是很喜欢这个军队的。”❷

---

❶ 金冲及主编：《毛泽东传（1893—1949）》（下），中央文献出版社 1996 年版，第 853、854 页。

❷ 《毛泽东军事文集》第六卷，军事科学出版社、中央文献出版社 1993 年版，第 367、368 页。

军队也需要民主主义

毛泽东曾在旧军队中当过半年兵，他对旧军队是有一定了解的。旧式军队中官兵对立，军队中没有民主制度，当官的可以任意处罚士兵。即使是国共合作的大革命时期，许多军队中官兵待遇还是极不平等的。那时的官兵关系实际上仍承袭军阀部队的传统，士兵军饷动辄被克扣，军官则是“五皮主义”（即皮靴、皮带、皮包、皮枪套、皮马鞭）。这种现象的根源之一就在于军队中没有民主主义。

毛泽东深深感到，军队既要有纪律，也要有自由；既要有集中，也要有民主。这不仅是共产党的群众路线在军队中的具体体现，也是坚持人民军队性质，增强部队战斗力和凝聚力的重要途径。

毛泽东率队伍上井冈山时，如何把这支濒临失败的队伍保存并发展起来，他想到的一个办法就是实行官兵同甘共苦的民主主义。“三湾改编”，除了整顿组织和在连队建党外，就是在部队内实行民主制度，官长不准打骂士兵，士兵有开会说话的自由，连、营、团三级建立士兵委员会。后来毛泽东非常简明地概括军队中的民主主义说：官兵政治上平等，生活上同艰苦，这就是民主。

上山后，毛泽东继续推行军队中的民主制度。在艰苦的环境中，这确不失为一剂稳定军心的良药。毛泽东在给中央的报告中的一些话，至今读来仍让人激动不已：红军“除粮食外，每天每人只有五分大洋的油盐柴菜钱，还是难乎为继。……现在全军五千人的冬衣，有了棉花，还缺少布。这样冷了，许多士兵还是穿两层单衣。好在苦惯了。而且什么人都是一样苦，从军长到伙夫，除粮食外一律吃五分钱的伙食。发零用钱，两角即一律两角，四角即一律四角。因此士兵也不怨恨什么人。”“红军的物质生活如此菲薄，战斗如此频繁，仍能维持不敝，除党的作用外，就是靠实行军队内的民主主义。”“士兵管理伙食，仍能从每日五分的油盐柴菜钱中节余一点作零用，名曰‘伙食尾子’，每人每日约得六七十文。这些办法，士兵很满意。尤其是新来的俘虏兵，他们感觉国民党军队和我们军队是两个世界。他们虽然感觉红军的物质生活不如白军，但是精神得到了解放。同样一个兵，昨天在敌军不勇敢，今天在红军很勇敢，就是民主主义的影响。红军像一个火炉，俘虏兵过来马上就熔化了。中国不但人民需要民主主义，军队也需要民主主义。”[1]

毛泽东到晚年，提起井冈山时期的军事共产主义生活仍然感奋不已。是啊，在那个物质极为菲薄的年代里，人人同心同德，甘苦与共，为一个共同的目标奋斗。而在物质较为丰富的年月里，人们之间的距离似乎拉大了。这怎能不使毛泽东眷恋和怀念当年的那段生活呢。

陈毅 1929 年写的《关于朱毛红军的历史及其状况的报告》中，与毛泽东说的如出一辙：

“红军的官兵，物质享受一样，所以官兵不能有什么分别，群众及敌兵俘虏初看见鼎鼎大名的红四军军长那样芒鞋草履十分褴褛莫不诧异，若不介绍，至多只能估量他是一个伙夫头，同时到现在伙夫头三个字恰成了四军军长的绰号。”

于是，有了这样一副对联：

红军中官兵夫薪饷穿吃一样；
军阀里将校尉起居饮食不同。

在井冈山上，不但红军在实践着民主主义，毛泽东也在实践着民主主

[1] 《毛泽东军事文集》第一卷，军事科学出版社、中央文献出版社 1993 年版，第 29、30 页。

义。有一则毛泽东自己后来也常提起的故事，颇能说明红军初创时期的民主历程。有一次，毛泽东召集会议，总结交流开展土地革命的情况和经验，各县县委书记都参加了。此前，毛泽东要求书记们除口头汇报外，还要写出书面报告。会上，毛泽东的弟弟、遂川县委书记毛泽覃没有交出书面报告，毛泽东问他为什么不交？他说没有时间写。两人互相说了几句，毛泽覃少年气盛，吵了起来。毛泽东发火了，斥责说："父不在，长兄为父，我有责任教训你！"毛泽覃不服气地顶了一句："党章上没有这一条。"毛泽东也感到说得不适宜，挥在半空中的手放了下来。

1959年4月，毛泽东在一次会议上谈到了这件事：我这个人也有旧的东西，比如有一次，我的弟弟毛泽覃同志和我争论一个问题，他不听我的，我也没有说服他，就要打他。他当场质问我："你怎么打人？"事后，他还在一些人面前讲我的闲话，说："共产党实行的是家法，还是党法？难道我不同意他的意见就打人？如果实行家法，父母亲不在，他是哥哥，也可以打我。"毛泽东说这件事，意在说明党内军内都要有民主，不能搞家长制。

建军初期，建立民主制度，很重要的一条是做到官兵人格上平等。古田会议决议，毛泽东专门列出一章"废止肉刑问题"。其中"红军中用肉刑的效果"里提到这样的例子：

"三纵队第八支队部某官长爱打人，结果不仅传令兵、伙夫差不多跑完了，军需、上士及副官都跑了。九支队第二十五大队曾经有一时期来了一个最喜打人的大队长，群众送给他的名字叫铁匠，结果士兵感觉没有出路，充满了怨恨空气，这个大队长调走了，士兵才得到解放。特务支队第三大队打人的结果，跑了四个伙夫，一个特务长，两个斗争好久的班长，……四纵队初成立时，一、二、三纵队调去的官长，一味地蛮打士兵，结果士兵纷纷逃跑，最后这班官长自己也立不住脚，都不得不离开四纵队。二纵队逃兵比任何纵队多，原因虽不止一个，然二纵队下级官长的大多数打人的习惯最厉害，乃是最重要原因之一。二纵队曾发生三次自杀事件（排长一士兵二）。”[1]

这些在旧军队中司空见惯的例子，竟然在红军中如此严重地存在，想来真是匪夷所思。毛泽东提出“坚决地废止肉刑”，可谓是有的放矢，切中要害。

经过毛泽东和大家的努力，红军中的民主主义开始形成制度，民主生活也活跃起来了。士兵畅所欲言，开诚相见，可以指名道姓地批评干部。排长、连长打人，犯纪律，士兵委员会可以处理。士兵管理经济，分伙食尾子，从而调动了士兵的积极性。但是，正像真理多走一步就要变成谬误一样，一种倾向也掩盖着另一种倾向，这就是军队中存在的绝对平均主义和极端民主化倾向。比如要求“由下而上的民主集权制”（那时民主集中制的说法），事情不论大小，要一律“先交下级讨论，再由上级决议”。有时为打一个县城，都要全体官兵讨论数日。这简直不像是军队，倒像是一个松散的社会团体。

比较典型的就是用少数服从多数的办法决定军事行动。红四军下井冈山后，赣敌李文彬、刘士毅穷追不舍。到了大庾（今大余），红军不想走了，于是军领导在一所天主教堂里开活动分子大会，参加的大约有六七十人，有的主张打，有的主张退。结果采用了举手表决方式，多数同意打。由于准备不足，作战失利。

又如更早一些的湘南失败，自然有着盲动主义的原因，但二十九团中农民意识和极端民主化也是一个重要原因。1928 年 7 月 12 日，朱德率红四军第二十八、二十九团攻克湘赣边界的酃县县城。当天，由湘南农军为主改编的二十九团中一些人就吵着要回湘南。当晚，二十九团士兵委员会

---

[1] 《毛泽东军事文集》第一卷，军事科学出版社、中央文献出版社 1993 年版，第 116 页。

背着干部秘密开会，不通知上级和党代表，竟决定第二天去湘南，并私自找好了向导。朱德知道二十九团内部的情况后，立即召集士兵开会，但没有效果。他们提出，如果官长不同意他们去，他们就交了枪单身去。朱德向他们说："军部没决定，怎么能回湘南？"底下就喊："军长带我们回湘南。"朱德说："革命要听命令。"战士就讲："你带我们回湘南，我们就听你的命令。"言外之意，你不带我们走，我们就不听命令。从这里可以看出那时士兵委员会权力之大，军事主官的意见如无士兵委员会的同意，也很难执行。

在这种情况下，朱德采取断然措施，宣布撤销二十九团士兵委员会。但在极端民主化盛行的时候，这个办法也没行得通。二十九团虽随队伍往回走了一段，但到 17 日，部队还是踏上了去湘南的道路。

这次失败，湘南农军表现出来的地方观念和极端民主化倾向是相当严重的，已经严重干扰了首长的作战决心和部队的行动。后来毛泽东在军队中实行民主制度时注意到了这种倾向。

军队中的民主制度，毛泽东后来将它概括为三大民主：政治民主，军事民主，经济民主，时在 1948 年 1 月 30 日。毛泽东指出："目前在我军部队热烈进行的三查、三整，就是用政治民主、经济民主的方法，达到前两项目的。""关于经济民主，必须使士兵选出的代表有权协助（不是超过）连队首长管理连队的给养和伙食。""关于军事民主，必须在练兵时实行官兵互教，兵兵互教；在作战时，实行在火线上连队开各种大、小会。在连队首长指导下，发动士兵群众讨论如何攻克敌阵，如何完成战斗任务。在连续几天的战斗中，此种会应开几次。此项军事民主，在陕北蟠龙战役和晋察冀石家庄战役中，都实行了，收到了极大效果。证明只有好处，没有坏处。"❶

---

❶《毛泽东军事文集》第四卷，军事科学出版社、中央文献出版社 1993 年版，第 381 页。

与三大民主最为密切相关的是一场运动，一个组织。运动就是新式整军运动，组织就是士兵委员会。

新式整军运动是在解放战争节节胜利，部队迅速扩大，部队成分发生很大变化的背景下展开的。

1947 年 9 月，中央工作委员会在讨论部署农村整党时，朱德提出了整军问题。同月，毛泽东向全军批转了他亲自修改的东北民主联军第三纵队诉苦教育的经验，号召全军普遍进行诉苦运动，提高阶级觉悟。随后，以诉苦（诉旧社会和反动派所给予劳动人民之苦）和三查（查阶级、查工作、查斗志）为主要内容的“新式整军运动”便在全军普遍展开了。毛泽东评价：这次运动使“部队的纯洁性提高了，纪律整顿了，群众性的练兵运动开展了。完全有领导地有秩序地在部队中进行的政治、经济、军事三方面的民主发扬了”。❶

1948 年 1 月，毛泽东、周恩来等参加西北野战军干部会议，听取诉苦三查运动的汇报。在会上，毛泽东高兴地说：我们从中央苏区起，就想找到一个教育俘虏兵的好形式，这次诉苦三查把这个问题解决了。在西北野战军前委扩大会议上，毛泽东满怀信心地说：“如果我们两百万军队都通过诉苦运动团结起来，就没有打不败蒋介石的道理。”❷

3 月 7 日，毛泽东为解放军总部发言人起草的《评西北大捷兼论解放军的新式整军运动》一文高度评价了新式整军运动对作战胜利的意义：“西北野战军在去年作战中，还只能一次最多歼灭敌人两个旅，此次宜川战役，则已能一次歼灭敌人五个旅。此次胜利如此显著，原因甚多，前线领导同志们的坚决的、灵活的指挥，后方领导同志们和广大人民的努力协

---

❶ 《毛泽东军事文集》第四卷，军事科学出版社、中央文献出版社 1993 年版，第 422 页。

❷ 《毛泽东文集》第五卷，人民出版社 1996 年版，第 26 页。

助，以及敌军比较孤立，地形有利于我等项，都是应当指出的。但是最值得注意的，是在冬季两个多月中用诉苦和三查方法进行了新式的整军运动。”由于诉苦和三查运动的正确进行，“大大提高了全军指战员为解放被剥削的劳动大众，为全国的土地改革，为消灭人民公敌蒋介石匪帮而战的觉悟性；同时就大大加强了全体指战员在共产党领导之下的坚强的团结。”“这样的军队，将是无敌于天下的。”❶

军队中的士兵委员会组织是一个历史的创造，也是毛泽东对广大士兵首创精神的肯定。“士兵委员会”萌芽其实在北伐军中，但是真正实行却是在人民军队中。“三湾改编”，毛泽东即在连以上单位组织士兵委员会。那时，士兵委员会有很大的权力，参加对部队的行政管理和经济管理，对官长有监督的权力。后来士兵委员会由于权力过大，如可以处分干部，决定是否作战等问题，带来了极端民主化和平均主义的错误，士兵委员会被取消，只保留了士兵委员会内的俱乐部。

解放战争时期在新的条件下恢复了士兵委员会。1947 年，山东渤海部队在整军中通过民主检讨，在各连队成立了士兵委员会，发动战士对干部与党员进行批评与检查，战士阶级觉悟和积极性极高。这种士兵委员会，随即成为经常制度，由士兵委员会自己管伙食、管娱乐、管学习，自己维持纪律，一切连排长之升降都通过士兵委员会，党员之吸收与洗刷也征求士兵委员会和军人大会的意见。1948 年 1 月，毛泽东看到渤海部队的报告后，非常感兴趣。他批道：“在一切官兵关系恶劣、纪律不好、战斗力薄弱之部队，应采取渤海整军经验，组织士兵委员会，放手发动士兵群众的民主运动，只有益处，没有害处。”❷很快，军委总政治部便发出

❶ 《毛泽东军事文集》第四卷，军事科学出版社、中央文献出版社 1993 年版，第 421、422 页。
❷ 《毛泽东军事文集》第四卷，军事科学出版社、中央文献出版社 1993 年版，第 378 页。

《关于建立部队士兵委员会的通知》，3月8日，周恩来为中央起草了《在部队中试验组织士兵委员会》的指示，指出：为巩固和发扬新式整军运动中政治经济军事三方面的民主精神和新创造，现在确实需要将这一民主精神的新运动转为部队集中领导下的经常的民主生活。中共红四军第九次代表大会决议案上规定的士兵会的组织，似较适宜。为此，各部队要选择几个不同的连队，一两个不同情况的营以上直属队或机关，“试验这一组织”。但这时的士兵委员会已不是红军时期士兵会的简单恢复，而是一种发展，是在新的条件下，实行集中领导下的民主生活的发展。这一组织还包括干部在内的全体官兵。后来这一组织更名为革命军人委员会，现在则称连队军人委员会。

1958年，毛泽东在一次会议上说：似乎一讲军队就没有民主，恰好民主出在军队，即军事、政治、经济三大民主。战斗中可以互助，官长压迫士兵在我们军队中是犯错误的，不名誉的。

古人云：“上下同欲者胜。”毛泽东建军、治军之道，就在于善于启发全军每个官兵的思想觉悟，凝聚全军官兵的意志，最大限度地激发全军官兵为一个共同目标奋斗的积极性、主动性和创造性，从而达到全军上下政治上、思想上、组织上的高度统一，在战场上创造出以一当十、战无不胜的奇迹。

军队要严格训练，才能打仗

所谓兵略、兵法云云，不外带兵、养兵、练兵、用兵几部分。本书主要谈的是用兵谋略，这一章前面几部分说的是毛泽东的带兵、养兵思想，这里要说的是毛泽东的练兵思想。

自古以来，练兵是强军的必由之路。古人对此有着许多论述。所谓“凡欲兴师，必先教战”；“御侮之道，莫先于练”；“用兵之法，教戒为先”；“士不先教，不可用也”。毛泽东出身教员，自然深谙此道。

似乎有人认为，毛泽东的练兵思想无非就是从战争中学习战争。这点并不错，毛泽东说过：“从战争学习战争——这是我们的主要方法。没有进学校机会的人，仍然可以学习战争，就是从战争中学习。”[1] 在战争环境中，这是不得已的，也是必然的。在井冈山上，毛泽东就感慨地说：“普通的兵要训练半年一年才能打仗，我们的兵，昨天入伍，今天就要打仗，简直无所谓训练。军事技术太差，作战只靠勇敢。”[2]

但如果认为毛泽东就是“不教而战”，则是冤枉的。毛泽东不仅重视作战，不仅重视红军的三大任务，而且非常重视训练。毛泽东觉得在严重的战争环境里，长时间休息训练不可能，“只有设法避开一些战斗，争取时间训练”。[3] 对红四军中有人只重视打土豪、不重视训练的倾向，毛泽东也提出了批评：“偏有一些同志对于训练军官的本职不愿去管，却天天做些政治上的鼓动，发出什么‘土豪不能打还有什么事做’的怪话。这种现象不改变，四军的军事技术问题是没有法子解决的。”[4] 原来一些人反对做群众工作，反对打土豪筹款子，这会儿却有一些人热衷于打土豪，不愿搞训练。

毛泽东强调说：“红军官长的本身训练和训练士兵是很重要的工作。”在平时，“各级主官须负责训练本部士兵”。红军长征胜利后，面临可能出现的抗战形势，毛泽东提出：“切实训练自己，提高方面军的战斗力到很

---

[1] 《毛泽东军事文集》第一卷，军事科学出版社、中央文献出版社 1993 年版，第 701 页。
[2] 《毛泽东军事文集》第一卷，军事科学出版社、中央文献出版社 1993 年版，第 28 页。
[3] 《毛泽东军事文集》第一卷，军事科学出版社、中央文献出版社 1993 年版，第 29 页。
[4] 《毛泽东军事文集》第一卷，军事科学出版社、中央文献出版社 1993 年版，第 76 页。

高的程度”，“是红军在大战争面前的迫切任务”。[1]

1947 年底，毛泽东将“善于利用两个战役之间的间隙，休息和整训部队”作为一条列入十大军事原则。

在战争年代，人民军队有两次规模较大的训练高潮。一次是在抗日战争时期，一次是在全面内战的前夜。这两次整训对于部队战斗力提高和战争胜利，具有重大意义。

第一次整训是在抗日战争进入局部反攻之际，为准备全面反攻，同时准备对付国民党军可能发动的突然事变。1944 年 7 月 1 日，中共中央发出《关于整训部队的指示》，要求在一年内，把部队的军事训练与政治工作极大地提高一步。整训着重练兵、带兵、养兵、用兵四大项，以练兵为中心，练兵内容，着重提高战斗技能，练习投弹、射击、刺杀、土工作业四大基本技术。营团干部可学习战术学、筑城学、地形学等五大项。毛泽东推广了三五八旅旅长张宗逊《冬季练兵工作总结报告》中提出的“打破陈规，采用兵教兵、官教兵、兵教官群众运动的练兵方法”，要求在冬季四个月内至少整训主力军 60%，游击队 30%和轮训全部民兵。毛泽东还在《一九四五年的任务》中把整训部队列为 1945 年的重要工作之一，要求“将全部军队轮番整训一次，按照新方法进行整训，举行群众性的练兵运动”。

这次整训效果是明显的。比如，山东军区特务团干部射击命中率达 96%以上，战士 3 发 3 中者占 78%。三五八旅步枪射击命中率由练兵开始的 48.5%提高到 90.5%。特等射手由 174 名增加到 433 名。投手榴弹，全旅平均由 25 米增到 40—69 米。通过这一次整训，对抗日大反攻，对部队向正规化发展起了很大作用。

---

[1] 《毛泽东军事文集》第一卷，军事科学出版社、中央文献出版社 1993 年版，第 143、404 页。

第二次整训距上次整训不到一年时间，但形势却发生了很大变化。抗战结束了，内战的危险却日益临近。为适应作战需要，实现由抗日游击战到国内正规战的转变，1945 年底，中共中央把军队练兵规定为第二年解放区三件中心工作之一。有的部队在这时尚未意识到练兵的重要性，以为和平民主新阶段已经来临。为此，毛泽东于 1946 年 5 月 1 日为中央起草了《关于练兵的指示》，批评“三个月来各地练兵工作抓得不很紧，没有造成热潮，有的练了，有的没有练”。要求“立即下令全军练兵，上级督促检查，将此看成决定胜负的关键之一”。[1]

这个指示起作用了，各解放区开始掀起了练兵热潮。如晋冀鲁豫军区，司令员刘伯承率先垂范，亲自持枪射击，起了很好的作用。毛泽东后来在《三个月总结》中评论说：“三个月经验证明：在一月至六月休战期间，凡依照中央指示加紧进行了军事训练的军队，其作战效能就高些，否则效能就低得很多。”

抗美援朝战争第二年，志愿军实行“轮番作战”方针，有计划地组织国内部队分批入朝参战，组织兵团以上领率机关和一些高级指挥员到前线参观学习，使更多的部队官兵得到了现代条件下作战的直接经验和锻炼。中央军委曾先后抽调了 27 个野战军 200 余万人轮流到朝鲜参战，占 1952 年全军定编部队中野战军的 73%，炮兵部队的 67%，坦克部队的 55%，铁道兵的100%和空军的52%。毛泽东对“轮番作战”予以很高的评价：“抗美援朝战争是个大学校，我们在那里实行大演习，这个演习比办军事学校好。如果明年再打一年，全部陆军都可以去训练一回。”“最重要的是，我们的军队受到了锻炼，兵勇、干智。”[2]

---

[1] 《毛泽东军事文集》第三卷，军事科学出版社、中央文献出版社 1993 年版，第 193 页。

[2] 《毛泽东军事文集》第六卷，军事科学出版社、中央文献出版社 1993 年版，第 316 页。

由长期战争进入和平环境后，毛泽东更加强调教育训练的战略意义。毛泽东号召："把国防军练好，成为现代化的革命军队。"20世纪50年代，毛泽东对军队正规化的标准是"五统四性"（即统一的指挥、统一的制度、统一的编制、统一的纪律、统一的训练；组织性、计划性、准确性、纪律性），其中之一便是"统一的训练"，将全军原来自成一套的训练体制改革为全军统一的训练体制。

20世纪60年代，在我国周边形势紧张的情况下，毛泽东就训练工作作了一系列指示，提出部队要搞野营训练，要搞夜战、近战，搞游泳训练，练200米硬功夫。

"文化大革命"开始后，军队的教育训练受到严重冲击，部队战斗力受到严重削弱。20世纪70年代初，毛泽东重申军事教育训练在部队建设中的重要地位和作用。他意味深长地说："过去我们部队里在军事训练中有制式教练的课目。从单兵教练，到营教练，大约搞五六个月的时间。现在是只搞文不搞武，我们军队成了文化军队了。"并严肃地说："军队经常要训练，否则不是军队了。"[1] 他对部队中忽视和轻视军事训练的现象进行了严厉的批评："军队要严格训练，严格要求，才能打仗。锻炼部队，一是靠打仗，一是靠平时训练。现在搞空的东西多了，多年不打仗，拉练也不搞了，什么矛盾都出来了，车不会开，饭不会做。"[2] 他专门指示全军进行野营拉练，并严肃地说：如不这样训练，就会变成老爷兵。

"林彪事件"后，毛泽东批评军队训练中存在着许多形式主义，指出：军队要严格训练，才能打仗。并以古人为例说：司马懿很重视练兵，要打好仗，就是要练好兵。在毛泽东的直接过问下，部队的军事训练得

---

[1] 《毛主席关于人民军队人民战争及其战略战术论述的摘录》，战士出版社1977年版，第100页。

[2] 《老一辈无产阶级革命家论军队建设》，军事科学出版社1993年版，第170页。

到了恢复和发展。

我们要把红校办成“红埔”

治军必先治校，无论是国民党还是共产党，都对这一条有着切身体会。国共合作军事上干的第一件大事就是共创黄埔军校。这个学校对中国现代历史的影响是巨大的。国共两党有两个著名人物与这个学校有着直接的关系，即蒋介石与周恩来。蒋介石是校长，周恩来是政治部主任。国共合作在黄埔军校即由他们两人为代表，引导和带动了一大批学生军，导演了那个时代轰轰烈烈的一幕。

黄埔军校聚集了一大批优秀青年，一批人加入了国民党，也有一批人参加了共产党。这是国共合作的产物。后来，分别参加国共两党的青年学子分道扬镳，走上了不同的道路。南昌起义部队南下，与钱大钧部在会昌激战，出自黄埔一门的同学互相喊着对方的名字厮杀在一起。这是第一次，随后就是几十年的相互征战。从这个角度说，后来的国共内战，某种意义上是黄埔军校师生、同学之间的战争。

黄埔军校对中国两代军队的影响都是深远的，但中华民国国父孙中山对军校的意义开始时认识并不很清楚。他意识到军队的重要，注意抓军队。然而，多年来他依赖的是南方军阀，联甲倒乙，联乙倒甲。这些军阀则从各自的利害出发，忽而拥护他，忽而反对他；即便拥护他，也不一定听他的。军阀陈炯明背叛孙中山的一炮，将他打醒了。他深有所悟：“南北军阀皆一丘之貉。”在苏联的影响下，他逐渐明白必须另起炉灶，建立一支新型的革命军队。而建立一支新型的军队，首先要培养干部，而培养干部，则非建立军校不可。基于此，孙中山在苏联和中国共产党的帮助下建立了黄埔军校。共产党则从创办黄埔军校和军校师生在东征、北伐所起的作用中认识到军校在建军中有着重要的意义。

毛泽东出身教员，对办学自然有着独到的认识；大革命的风风雨雨，使他对军校作用的认识决不亚于党内任何人。毛泽东与黄埔军校虽无直接的渊源，但他对国共合作建立的黄埔军校仍有着很深的印象。20 世纪 60 年代，毛泽东还提到，过去中国有个黄埔军官学校，蒋介石是校长，周恩来是政治部主任，林彪、罗瑞卿、徐向前都是蒋介石的学生。又说，蒋介石办的黄埔军校，五个月入伍训练，四个月学校毕业。蒋介石的军队主要就是这些人还比较能打，陆军大学毕业的实在不能打。

毛泽东也时刻想着办自己的“黄埔”。但革命之初，势力太小，只能从小的干起。他率部上井冈山前夕，开始办教导队。彭德怀率红五军上井冈山后，毛泽东又在井冈山创办了以彭德怀为校长的红军学校，训练干部。红四军下井冈山后，在动荡不定的游击环境中，办学校或办教导队也很少间断，为革命输送了大批人才和骨干。

1930 年初，以红四军随营学校为基础，成立了闽西红军学校，校址设在龙岩县大池，朱德、毛泽东分别任校长和政委，学员有 130 多人。1931 年 11 月，根据毛泽东建议，红军中央军事政治学校（简称“红校”）成立，这是红军第一所层次较高和学科相对齐全的综合性军事学校。这所学校在两年时间里，为红军培养和训练了军政干部和专业技术人员一万余人。

1932 年 1 月，刘伯承到中央苏区后，毛泽东十分高兴，与苏区中央局一起决定调刘伯承任红军学校校长兼政委。毛泽东对办好红校非常重视，他说：“新旧军阀很懂得有权必有军，有军必有校的道理。蒋介石中央军的构成有几个系统：一是保定系，如陈诚；一是日本士官系，如汤恩伯等；一是他的黄埔系，如胡宗南等。张作霖在东北，蔡锷在云南，程潜在湖南，都抓讲武堂。我们要把红校办成‘红埔’，要镀这个红点子，把红校办成培养干部的基地。”

共产党内有重大影响，且真正能与黄埔相媲美的是抗日军事政治大学（简称“抗大”）。抗大前身是1936年2月成立的西北抗日红军大学，同年6月易名为中国人民抗日红军大学，1937年1月改名中国人民抗日军事政治大学。全国抗战开始后，八路军迅速发展，前方干部急缺。为便于前线部队培训干部和就近吸收爱国知识青年入学，更加理论联系实际，减少陕甘宁边区财政粮食困难，中央决定在各根据地设立抗大分校。此后，各根据地先后成立了十多个分校。从此，“抗大、抗大，越抗越大”，影响远播海内外。

毛泽东兴奋地说：昔日之黄埔，今日之抗大，是先后辉映，彼此竞美的。

毛泽东对抗大可谓呵护有加。他亲自任抗大教育委员会主席，为抗大规定了“少而精”，理论与实际并重，理论与实际联系，体力、智力统一，军事、政治适当配合的教学原则。提出了“知识分子工农化，工农分子知识化”的要求。最为有名的是他提出的抗大的教育方针和校风：“坚定正确的政治方向，艰苦奋斗的工作作风，灵活机动的战略战术。”“团结、紧张、严肃、活泼。”毛泽东指出：教育方针中提出的三者“是造成一个抗日的革命的军人所不可缺一的”。[1]

毛泽东对抗大的重视，还可从他多次亲自到抗大讲演中得到证实。抗战期间，毛泽东一共在抗大作过26次讲演，除一次是1945年讲的外，25次都是在1938—1939年间作的。这时正是抗大的黄金时期。后来，抗大总校迁到敌后去了。为扩大抗大招生生源，毛泽东还曾与校长林彪、副校

[1] 《毛泽东年谱（1893—1949）》中卷，人民出版社、中央文献出版社1993年版，第125页。

长罗瑞卿一道联名向各地发出电报，要求广为招生。

在抗大毛泽东讲过一段话，颇可作为治校重要性的注脚。毛泽东说：出个报纸，办个学校，都是组织和增大抗日力量的好办法，现在有觉悟的人还不够，共产党员不够，要煽动全国的烽火，光有全国人民做干柴还不够，还要有火与助火的风，而火与助火的风，都需要我们来制造。办报纸，总还不如人好，要人散到各处才好。所以办个学校是联络全国最要紧的东西，可以生新游击队，又教育人，而且会扩大。

战争年代军队干部培养的基本途径是“从战争学习战争”为主，院校教育为辅。这是毛泽东的总体思想。尽管条件十分艰苦，毛泽东仍为开拓军事院校教育进行了辛勤的探索，积累了运用多种形式开展干部教育训练的宝贵经验。新中国成立后，干部教育训练的基本途径已经变成以院校教育为主，在职训练为辅，为干部的教育和培养提供了良好的环境和条件。20 世纪 50 年代，是解放军各类院校大发展时期，毛泽东在这个时候对院校教育倾注了很大的热情，建立健全了多种类、多层次的院校训练组织体系，保证了对各级军官和专业技术人员实施正规教育训练的需要。

钻现代化的国防

“富国强兵”是中国自鸦片战争以来几代人梦寐以求的理想。中华民族的先行者为了这个理想，奔走呼号，直至抛头颅、洒热血，肝脑涂地。“富国”在中国来讲，又往往是以“强兵”为前提的。没有“强兵”，“富国”也只不过是镜中花、水中月。

当毛泽东宣布“占人类总数四分之一的中国人从此站立起来了”的时候，是因为他的背后站着足以使世界震惊的百万人民解放军。

抗美援朝战争胜利后，全世界都对中国的军队刮目相看。这时的彭德怀说了一句令全国人民都非常解气的话："西方侵略者几百年来只要在东方一个海岸上架起几尊大炮就可霸占一个国家的时代是一去不复返了。"[1]

但是，从根本上说，中国军队与世界强国相比，还没有改变敌强我弱的总体态势，而且这些国家的军队还在更加强大。无论从现实还是从需要出发，毛泽东不能不对中国军队的现代化有一种揪心的紧迫感。

毛泽东是世界公认的游击战大师，但他始终关注着革命军队现代化（有时叫近代化、正规化，意思相近）的长远目标。20 世纪 30 年代初，在红军作战形式由游击战向运动战转变过程中，毛泽东提出了"建设铁的正规的革命武装队伍"的口号。长征结束后，他就在陕北的窑洞里说，要老老实实承认红军的游击性，但同时瞩目未来："游击性在将来一定是可羞的和必须抛弃的东西。"[2] 抗战开始，面临凶恶的日本帝国主义，他又把"革新军制离不了现代化，把技术条件增强起来"[3] 作为中国军队的建设目标。1949 年初，面对即将赢得的最后胜利，毛泽东号召："必须使各野战军进一步正规化。"[4]

但是，在战争年代，谈近代化、现代化，更多的只是一种憧憬，是一种理想。频繁的战争环境，只能取得与那时条件相一致的现代化。现代化概念本身的动态发展，也使得每个时代的现代化具有不同的含义和标准。只有到了建国以后，现代化才有了比较稳定和科学的界定，即指与当时世界强国军队大体相一致的技术和物质标准。

---

[1] 《彭德怀军事文选》，中央文献出版社 1988 年版，第 445 页。
[2] 《毛泽东军事文集》第一卷，军事科学出版社、中央文献出版社 1993 年版，第 751 页。
[3] 《毛泽东军事文集》第二卷，军事科学出版社、中央文献出版社 1993 年版，第 340 页。
[4] 《毛泽东军事文集》第五卷，军事科学出版社、中央文献出版社 1993 年版，第 474 页。

也只有到新中国成立后，毛泽东才真正提出："我们现在已经进到了建军的高级阶段，也就是进到掌握现代技术的阶段。"而以前军队建设尚处于"比较低级阶段"。❶毛泽东是这样分析革命军队的由低到高三个阶段的：第一阶段是小米加步枪，从 1927 年到 1949 年。现在是步枪加飞机大炮。几年后还有新发展，是常规武器加特种武器。

1953 年 8 月 26 日，毛泽东在给军事工程学院的训词中，提出了现代化国防的概念："为了建设现代化的国防，我们的陆军、空军和海军都必须有充分的机械化的装备和设备。"❷

1955 年 3 月，毛泽东在中共全国代表会议上发出号召："钻现代化的国防，并且开始要钻原子能这样的历史的新时期。"❸

钻现代化的国防，第一步是向苏联学习。毛泽东号召："我们必须向苏联的军事科学学习，以便迅速把我军提高到足以在现代化的战争中取胜的水平。"❹"一定要将苏联的一切先进经验都学到手，改变我军的落后状态，建设我军为世界上第二支最优良的现代化的军队"。❺一次，毛泽东在接见苏联客人时用一句幽默的话道出了这种心情：你们是大乌龟，我们是小乌龟，我们只要跟着你们在后面爬就是了。

第二步是以我为主。毛泽东鉴于苏联及东欧一些国家在建设社会主义方面的经验教训，开始寻找适合中国情况的建设社会主义道路。1958 年他提出"以我为主"的口号。这个思想是完全正确的，完整的话是："以我为主，参考友军，研究敌人。"但在理解和执行时出现了偏差。由于是

---

❶ 《毛泽东军事文集》第六卷，军事科学出版社、中央文献出版社 1993 年版，第 314 页。
❷ 《毛泽东军事文集》第六卷，军事科学出版社、中央文献出版社 1993 年版，第 351 页。
❸ 《毛泽东文集》第六卷，人民出版社 1999 年版，第 395 页。
❹ 《毛泽东军事文集》第六卷，军事科学出版社、中央文献出版社 1993 年版，第 337 页。
❺ 《建国以来毛泽东文稿》第四册，中央文献出版社 1996 年版，第 1 页。

在反对军内教条主义时提出这个口号的，所以执行时往往把“以我为主”与学习外国的先进经验截然对立起来。这个偏差在林彪主持军委工作后愈演愈烈，更是把固步自封的僵化意识发展至登峰造极的程度。国防现代化完全被扭曲了。

钻现代化的国防，严格说来，毛泽东并没有完全钻通。这也像他对现代化的工业、农业和科学技术一样，他提出了很好的设想，但没有坚持下去，走过了一段曲折的道路。但他为后人留下了许多值得借鉴的经验和教训，使后人得以避免或少走许多弯路。同时，毛泽东在钻现代化国防的过程中，建立了比较完整的军兵种体系，为人民军队的现代化奠定了坚实的基础。

解放战争后期，毛泽东发出了建立人民空军的号召。1949 年 1 月，毛泽东提出：“一九四九年及一九五〇年我们应当争取组成一支能够使用的空军。”[1] 他要求在一年左右的时间里，建立一支在数量上与质量上均略强于国民党的空军。1950 年 2 月，空军司令员刘亚楼根据毛泽东的指示，向苏联政府订购各型飞机 586 架，其中歼击机 280 架，轰炸机 198 架。但空军是技术军种，它的建立并非一朝一夕便能完成，直到抗美援朝战争第二年，我国才有一支具有初步作战能力的空军。

盼之心切的毛泽东在 1950 年 6 月感慨地说：我们打了几十年的仗，建立了很强大的陆军，但是我们没有空军，对付头上的飞机，就是凭不怕死，凭勇敢，凭敢于牺牲的精神。今天，我们有了建立海、空军的条件，就要着手建立一支强大的海军和一支强大的空军。尤其是空军，对于国防尤其重要，应当赶快建立。毛泽东的感慨是有所指的，仅仅在几个月之间，由于人民空军尚在草创时期，还没有作战能力，国民党空军便在大

[1] 《毛泽东军事文集》第五卷，军事科学出版社、中央文献出版社 1993 年版，第 474 页。

陆上空肆虐飞行，狂轰滥炸，最大的是上海“二六”轰炸，造成整个城市大面积停电、停水。中国中央政府不得不请苏联空军一部在上海与徐州等地担任空防。对独立的大国领袖来说，这个滋味可不好受。所以，1958 年 9 月台海危机时，苏联提出派图-16 轰炸机来华，毛泽东断然予以拒绝。

除了国土防空，当时还有一项分外紧迫的任务，这就是加紧攻台准备。攻台作战中的一个重要准备就是紧急建立空军。为建立空军，毛泽东不仅亲自确定了空军建设的方针、原则，还直接出面解决购买装备等问题。在毛泽东和中央军委的关怀下，空军从无到有，不到四年就拥有 3000 余架飞机，并在抗美援朝战争中一鸣惊人。美国空军参谋长范登堡惊呼：“共产党中国几乎在一夜之间变成了世界空军强国之一。”

海军的建立，毛泽东最初期望于濒海的华东军区。巧合的是，就在南京解放的同一天，华东军区海军在泰兴白马庙乡成立。毛泽东寄希望于这支海军在解放台湾作战中发挥重要作用。1949 年 8 月，毛泽东、朱德、周恩来在接见华东军区海军司令员张爱萍和起义的国民党海军将领时向他们提出了参加解放台湾的任务。毛泽东说：台湾不解放，国家就不安宁。我们一定要解放台湾，我们也一定可以解放台湾。海军也要做好准备，准备配合陆、空军，在人民解放战争最后一战中立一功。

毛泽东很快意识到不建立全国性的人民海军，就难以完成渡海作战和维护海疆的使命。10 月，毛泽东调第四野战军副司令员兼十二兵团司令员萧劲光筹建海军。第二年，毛泽东在访苏期间，亲自为海军签订订货协定，购买价值 1.5 亿美元的海军装备，占当时签订的 3 亿美元军事贷款的一半。抗美援朝战争开始后，为适应志愿军在朝鲜作战的需要，这笔贷款的绝大部分转用于空军购置飞机和其他装备。原来通过关系向英国商人定购的两艘排水量达 7000 吨的巡洋舰、5 艘护航驱逐舰、4 艘扫雷舰，也由于朝鲜战争爆发被英国政府取消。

在陆海空三军中，海军一直最为弱小。这种状况毛泽东一直记在心里。毛泽东决不是一个只重视陆地的大国领袖，他建设一支面向太平洋的强大海军的勃勃雄心始终没有泯灭。1953 年春，他坐军舰沿长江而下，接连三次为海军写下了内容相同的题词："为了反对帝国主义的侵略，我们一定要建立强大的海军。"1958 年在军委扩大会议上，他指出：现在太平洋实际不太平，要修水上铁路。意思是要造军舰。1975 年 5 月 3 日，烈士暮年的毛泽东，依旧壮心不已，关怀着还不强大的人民海军。他对海军负责人说："海军很小，敌人不怕"，"海军要搞好，使敌人怕"。这对海军是一个极大的鞭策。海军党委专门给毛泽东写了报告，提出"力争在十年内建成一支较强大的海军"。毛泽东看到报告后，非常高兴，提笔批示："同意。努力奋斗，十年达到目标。"[1] 这是毛泽东生前最后亲笔作的几个批示之一。

人民解放军的历史上，对后勤的依赖作用似乎并不很大。人民军队似乎从来就是："没有吃，没有穿，自有那敌人送上前；没有枪，没有炮，敌人给我们造。"但真正懂得战史的人都明白，这个说法并不尽然，有时也并不这么"潇洒"。在历史上，人民解放军的许多作战和军事行动往往受制于后勤，如粮食供应、经济条件等。1929 年 1 月，朱德、毛泽东率红四军主力下井冈山，转战赣南闽西，其中一个重要原因就是毛泽东说的"经济无出路"。

朝鲜战争，给中国军队上了重要的一课，这一课就是现代战争中后勤的极端重要性。彭德怀说，抗美援朝战争胜利就是靠两个"麻子"取

---

[1] 《肖劲光回忆录》（续集），解放军出版社 1989 年版，第 343 页。注：出版时书名为《肖劲光回忆录》，目前一般写为"萧劲光"。

得的，一个是高“麻子”（高岗），一个是洪“麻子”（洪学智）。高岗当时在东北负责抗美援朝战争的后勤供应，洪学智则是志愿军后勤司令，直接负责志愿军后勤。话虽绝对一些，但彭德怀这句话的意思是，抗美援朝战争中后勤起了很大的作用。通过抗美援朝一战，毛泽东下决心改变过去那种“小米加步枪，仓库在前方，枪炮靠缴获，运输靠老蒋”的状况，他强调指出：“对于现代的军队，组织良好的后方勤务工作有极其重大的意义。任何轻视后勤工作、以为后勤工作不是重要的专门的科学，不要有系统的学习，不需要精通业务的观点是完全错误的。”“研究朝鲜战争中后勤工作的状况和经验，以达到我军后勤工作现代化和正规化的目的。”[1]

新中国成立后，面对着对付帝国主义的核威胁和保卫我国安全的需要，掌握现代尖端武器也成为摆在毛泽东和中央领导人面前的一个现实课题。朝鲜战争中，美国曾一再公开扬言要对中国使用核武器。当时，居里夫人的女婿、世界著名科学家、法国共产党员约里奥曾向访法的中国学者说：请转告毛泽东同志，你们要反对核武器，就要首先拥有核武器。

在20世纪50年代国家经济困难、技术条件那样落后的条件下，要搞核武器谈何容易！可是，毛泽东还是下了这个决心。他斩钉截铁地说：我们“不但要有更多的飞机和大炮，而且还要有原子弹。在今天的世界上，我们要不受人家欺负，就不能没有这个东西”[2]。作为一个任人宰割了一百多年而刚刚站起来的民族的代表，毛泽东懂得核武器的分量。他说：“还有那个原子弹，听说就这么大一个东西，没有那个东西，人家就说你不算

---

[1] 《毛泽东军事文集》第六卷，军事科学出版社、中央文献出版社1993年版，第339页。

[2] 《毛泽东军事文集》第六卷，军事科学出版社、中央文献出版社1993年版，第365页。

数。那么好，我们就搞一点。”并很有把握地说：“搞一点原子弹、氢弹、洲际导弹，我看有十年功夫是完全可能的。”[1]

1954年，苏联领导人赫鲁晓夫来华访问，听到毛泽东要搞原子弹、核武器，大感意外，当即表示，搞那个东西太费钱了，我们这个大家庭有个保护伞就行了，无须大家都来搞。幸好毛泽东没有听赫鲁晓夫的。如果当时毛泽东听赫鲁晓夫的话，中国就不可能有今天的国际地位和实力了。

1955年1月15日，中央书记处扩大会议决定发展我国的原子能事业，研制核武器，从此迈出了中国核力量建设的第一步。

后来的历史证明，毛泽东的决策是英明的。虽然我国的科学技术水平十分落后，但国内还有一批爱国科学家和工程技术人员，还可从国外争取一批科学家和留学生回国。为调动广大科技人员的积极性，毛泽东表示，高级知识分子的工资可以超过我的工资。著名科学家钱学森从美国回来后，毛泽东亲自接见了他，并授予他当时许多经历过长征的老红军也未得到的少将军衔。

1959年6月，苏联背信弃义，停止向中国提供原子弹制造技术及其样品。第二年7月，苏联专家不告而别，中国核工业处于瘫痪状态。在这个重要关头，毛泽东和中央决定国防尖端技术仍要坚决上马，苏联不支持，就自己动手，从头摸起，准备用八年时间，搞出原子弹。对苏联的变卦，毛泽东并不在意。就在苏联照会中国的第三天，他在北戴河听取国务院副总理李富春汇报时说：要下决心搞尖端技术。赫鲁晓夫不给我们尖端技术，极好。如果给了，这个账是很难还的。陈毅用一句很粗但很有志气的话表达了中国人民的决心：就是把裤子当了，也要把两弹搞出来。

[1] 《毛泽东军事文集》第六卷，军事科学出版社、中央文献出版社1993年版，第374页。

还有一个核潜艇，这是战略核武器中的骄子，是第一次核打击后最有可能生存下来的战略盾牌。毛泽东斩钉截铁地表示："核潜艇，一万年也要搞出来。"

中国国防科研人员和试验部队在极其艰苦的条件下，在很短的时间里研制成功了原子弹、导弹和氢弹，跨入核国家的行列，堪称世界科技史和军事史上的奇迹。几十年后的中国人回顾毛泽东当年发展尖端武器的决策，仍不能不为他那超乎寻常的气魄和自立于世界民族之林的雄心所感动。正如邓小平恰如其分评价的："如果六十年代以来中国没有原子弹、氢弹，没有发射卫星，中国就不能叫有重要影响的大国之一，就没有现在这样的国际地位。"[1]

毛泽东重视尖端武器，但并不忽视常规武器。他看问题总是辩证的，讲究"两条腿走路"。1958年，他在军委扩大会议上说：我们发展核武器，不能因此否定常规武器。这是因为，从历史经验看，我们用低级的落后的武器打败过用高级的先进武器装备起来的强大敌人；从现实可能看，我们将来的反侵略战争，将有大量民兵参加，只讲导弹、原子弹、氢弹，民兵是否也能每人发一个原子弹呢？所以，洋的土的要结合，常规武器加持种武器。

1960年，英国元帅蒙哥马利访问中国。访问中，中国军队给他留下了深刻的印象。回去后，他说过这样一句话：一条铁的定律就是不能在中国的土地上与中国军队较量。若谁要入侵中国，"要大倒其霉"。在站起来的中国人民和正在一步步走向现代化的军队面前，这位元帅的话是明智的。

十年之后，虽然中国国内仍处于混乱之中，但在国防上，中国毕竟

[1] 《邓小平论国防和军队建设》，军事科学出版社1992年版，第158页。

有了一块坚实的盾牌。毛泽东对外国客人说：“现在已不是几十年前那样，谁人都可以在中国头上拉屎拉尿。”[1]

中国的国防现代化正在起步，现在已经比过去强，将来还要比现在强。近代以来仁人志士梦寐以求的“强国梦”，一定会在新的世纪里变为现实。

[1] 《毛泽东外交文选》，中央文献出版社、世界知识出版社 1994 年版，第 589 页。

止戈为武

毛泽东是一位具有完整思想体系的军事家。他是军事家，更是政治家。他对战争与和平的分析有着独到的见解。他不仅善于在战争岁月里用兵打仗，而且善于在和平年代里处理战争与和平问题。他关注国际风云，心系国家安危，为维护民族利益，维护国家主权和领土完整，贡献了自己毕生心血。

人类正义战争的旗帜是拯救人类的旗帜

战争——这个人类互相残杀的怪物出现以后，人们便对战争有着不同的看法。“春秋无义战”便是其中一例。这个说法有一定的道理，毛泽东也曾用这句话揭示帝国主义之间战争的非正义性，但这句话的基本点是否定战争。“以战止战，虽战可也”[1]，这是另一类态度。这一类态度认为如果能用战争制止战争，则这样的战争是可以进行的，是应该支持和赞同的。这是一种战争问题上的朴素辩证法观点。

毛泽东关于战争的观点，可以写一大本书，但我们不必要记那么多，我们只要明白一点就行了，这就是在战争认识上，毛泽东是出奇的乐观。这不是因为他好战，而是他对战争有着独特的视角。他的独特视角就是：

——历史上的战争分为正义的和非正义的两类。毛泽东对任何事物都抱着一分为二的态度，这是他观察事物的重要方法，在战争问题上同样如此。他同意德国著名军事家克劳塞维茨的观点：战争是政治的继续。指出，文明史以来的战争本身就是一种流血的政治，战争的政治目的决定了战争的正义和非正义性。他分析战争说：“历史上的战争分为两类，一类是正义的，一类是非正义的。一切进步的战争都是正义的，一切阻碍进步的战争都是非正义的。我们共产党人反对一切阻碍进步的非正义的战争，但是不反对进步的正义的战争。对于后一类战争，我们共产党人不但不反对，而且积极地参加。”[2]

——消灭战争的方法只有战争。按照马克思主义的观点，战争是人类社会发展到一定历史阶段的产物。它在历史发展中既起过残杀破坏作用，也起过“破旧立新”的“助产婆”的作用。战争这个怪物只有通过战争的手段去消灭。消灭战争的方法只有一个，“就是用战争反对战争，用革命战争反对反革命战争，用民族革命战争反对民族反革命战争，用阶级革命战争反对阶级反革命战争”。[3]

——革命战争是一种抗毒素，具有改造事物和改造社会的作用。

[1] 《司马法・仁本》。

[2] 《毛泽东军事文集》第二卷，军事科学出版社、中央文献出版社 1993 年版，第 303、304 页。

[3] 《毛泽东军事文集》第一卷，军事科学出版社、中央文献出版社 1993 年版，第 694 页。

毛泽东指出："革命战争是一种抗毒素，它不但将排除敌人的毒焰，也将清洗自己的污浊。凡属正义的革命的战争，其力量是很大的，它能改造很多事物，或为改造事物开辟道路。"他豪迈地说："我们是革命战争万能论者"，只有用枪杆子才能战胜武装的资产阶级和地主，"在这个意义上，我们可以说，整个世界只有用枪杆子才可能改造"。❶

——战争可以改变人。1938 年 1 月，毛泽东在陕北公学讲演时说：战争能够改变一切，改变全国不良状况。世界上没有比战争更大的能够改变人的力量。抗战胜利前夕，他指出："战争教育了人民，人民将赢得战争，赢得和平，又赢得进步。"❷

——我们经历的是人类历史上接近永久和平不远的战争。在 20 世纪，人们经历了两次世界大战，卷入的国家一次比一次多，战争规模一次比一次大，伤亡人数也一次比一次多。人们对前途似乎愈来愈担忧。毛泽东在法西斯势力开始猖獗的时候，即高瞻远瞩地指出："人类的战争生活时代将要由我们之手而结束，我们所进行的战争，毫无疑义地是属于最后战争的一部分。"❸抗日战争爆发后，当许多人还在对抗战能否取得最后胜利表示怀疑的时候，毛泽东却振聋发聩地指出："没有任何一个历史时期像今天一样，战争是接近于永久和平的。""目前开始了的战争，接近于最后战争，就是说，接近于人类的永久和平。""我们可以预见这次战争的结果，将不是资本主义的获救，而是它的走向崩溃。""我们从事战争的信念，便建立在这个争取永久和平和永久光明的新中国和新世界的上面。"❹

❶ 《毛泽东军事文集》第二卷，军事科学出版社、中央文献出版社 1993 年版，第 284、422 页。

❷ 《毛泽东选集》第三卷，人民出版社 1991 年版，第 1031 页。

❸ 《毛泽东军事文集》第一卷，军事科学出版社、中央文献出版社 1993 年版，第 694 页。

❹ 《毛泽东军事文集》第二卷，军事科学出版社、中央文献出版社 1993 年版，第 302、303、304 页。

提出这个观点，毛泽东是基于下述根据，即战争会引起革命，战争的结局将是光明的。对第二次世界大战，毛泽东说："这次战争无疑将出现伟大的革命战争，用以反对一切反革命战争，而使这次战争带着为永久和平而战的性质。即使尔后尚有一个战争时期，但是已离世界的永久和平不远了。"❶

毛泽东后来说，第一次世界大战打出一个苏联来，第二次世界大战打出八亿人口的人民民主国家。如果发生第三次世界大战，资本主义世界就要完结。"结论是第三次世界大战最好不打，如果打，结果不是对我们不利，不是对亚非国家不利，而是对西方国家不利。"❷

由此，毛泽东得出乐观的积极的结论："人类正义战争的旗帜是拯救人类的旗帜"，正义战争是拯救人类拯救中国的至高无上的荣誉的事业，"是把全世界历史转到新时代的桥梁"。❸

毛泽东的战争观是积极乐观的，但这并不意味着他对战争的破坏性没有清醒的认识。作为多次战争的经历者，作为熟知中国历史的伟人，他对战争的残酷性的深刻认识不亚于任何人。

1957 年，毛泽东与胡乔木、郭沫若和身边工作人员谈古论今时说：古时候打仗没有火箭和原子弹，刀枪剑戟打了起来，死人也不见得少。汉桓帝时有多少人口？

郭沫若随口应道：《晋书·地理志》作五千六百万。

毛泽东说：现在还统计不全，到处有不入户人口，那时就能统计全？估计算是五千六百万。到了三国时还剩多少人口？郭沫若回答：史书载，黄河流域，"户口骤减，十不存一"。三国合计，人口大约六七百万。

---

❶ 《毛泽东军事文集》第二卷，军事科学出版社、中央文献出版社 1993 年版，第 303 页。

❷ 《毛泽东外交文选》，中央文献出版社、世界知识出版社 1994 年版，第 211 页。

❸ 《毛泽东军事文集》第一卷，军事科学出版社、中央文献出版社 1993 年版，第 694 页。

“出门无所见，白骨蔽平原。”毛泽东引王粲《七哀诗》后说：曹操回原籍，“旧土人民，死丧略尽。国中终日行，不见所识”。第一次世界大战死了多少人？第二次世界大战又死了多少人？比比么，三国又死了多少人？原子弹和关云长的大刀究竟哪个死人多？

毛泽东深深叹息，继续说：现在有人害怕战争，这一点不奇怪。打仗这东西实在把人害苦了。战争还要带来饥荒、瘟疫、抢掠……为什么要打仗哟！应该防止它，打不起来再好不过。[1]

1959 年底，毛泽东在谈话中也说道：“古代生产力水平很低，养兵过多，打起仗来，对经济的破坏确实很大。有时确实像蝗虫一样，飞到哪里就把哪里吃光。三国时董卓把长安到洛阳一带的人都杀光了，把洛阳完全毁灭了，打仗没有吃的东西了，就吃俘虏。”[2]

听起来令人毛骨悚然，却是铁打的事实，史书上这类记载比比皆是。

基于对战争两重性的深刻认识，毛泽东才能在战争问题上采取辩证的态度：第一，反对战争；第二，不怕战争。他认为战争的辩证过程就是和平——战争——和平。和平时期酝酿着战争，战争时期酝酿着和平。和平是赞成的，战争也不怕，两样都可以干。

世界大战有打与不打两种可能

有一种观点，认为毛泽东新中国成立后在对世界战争形势的判断上一直是偏于严重的，是立足于早打、大打的，因而在军队建设上一直是“盘

---

[1] 陈晋主编：《毛泽东读书笔记解析》下册，广东人民出版社 1996 年版，第 1388 页。

[2] 《毛泽东读苏联〈政治经济学（教科书）〉谈话记录选载（六）》，《党的文献》1994 年第 5 期。

马弯弓箭不发”。这种认识是不符合实际情况的。

新中国成立后，美国对中国采取封锁和遏制战略，从朝鲜、印度支那、台湾地区三个方面对我进行威胁。20世纪50年代初发动侵朝战争，后又介入越南战争，其目的都是针对中国的，是想从东北亚和东南亚包围中国。为遏制中国，美国建立了从南朝鲜、日本，经台湾到东南亚的新月形防线。

整个50年代，中国的外部形势一直不容乐观。即使处于这种严重的情况下，毛泽东也并不认为，针对中国和社会主义阵营的世界战争就一定爆发，相反，对和平形势有着乐观的估计。

第二次世界大战后，美苏两国由蜜月迅即转入冷战，第三次世界大战就要爆发的说法甚嚣尘上。毛泽东经过一段时间的冷静观察，得出的结论与上述说法大相径庭。毛泽东指出：新的世界战争是能够制止的。朝鲜战争发生后，第三次世界大战就要爆发的议论再次充斥全球，毛泽东仍然冷静地指出：“美国如果竟敢在此时爆发世界战争，则其失败将更彻底，因为现在美国的军事准备尚未完成，而和平阵营势力则大于美英势力。”[1]1951年1月，他在一份电报稿中提笔删掉了“帝国主义发动世界战争的狂妄打算已遭受严重的打击”这句话，并在旁边批道：“美国并没有准备在目前发动世界战争。”[2]

朝鲜停战后，特别是1955年万隆会议和日内瓦会议的成功，世界和平与合作力量的影响逐步增强，使帝国主义不敢轻易动武。这年年底和1956年初，毛泽东和中央感到国际形势趋向缓和，新的侵华战争或世界大战短时间内打不起来，可能出现十年或者更多一点时间的和平时期。

---

[1] 《建国以来毛泽东文稿》第一册，中央文献出版社1987年版，第616页。

[2] 《建国以来毛泽东文稿》第二册，中央文献出版社1996年版，第26页。

毛泽东说："如果再打大战，我看美国不一定得利，而且美国本身会发生问题。""我们可以得出结论：不应该再打大战，应该长期和平。再打大战的结果，是对侵略者不利的。""归根一句话，不打仗最好。"❶

毛泽东分析："看样子，美国现在是想霸占些地方，不一定就会打起仗来。只要有五十年的和平，我们便可进行十个五年计划。……但是美帝国主义真的要打，我们也不怕。我们不要打，它打来，那末便要扫它几下。""我们要努力阻止战争的爆发。万一战争无法阻止，准备打它几年，把战争从三个洲的土地上扫出去。"❷

在著名的《论十大关系》中，毛泽东判断："新的侵华战争和新的世界大战，估计短时期内打不起来，可能有十年或者更长一点的和平时期。"他批评有的领导人不敢在沿海搞工业建设时说："好像原子弹已经在三千公尺上空了"，"不要说三千公尺的上空没有原子弹，就是一万公尺的上空也没有原子弹"。❸

1957 年，毛泽东提出一个战略口号，叫"东风压倒西风"，意思是世界上社会主义和和平力量超过了资本主义和战争力量。在莫斯科，他谈到战争与和平形势时说："归根结底，我们要争取十五年和平。到那个时候，我们就无敌于天下了，没有人敢同我们打了，世界也就可以得到持久和平了。"这个估计，似乎是太乐观了一点，但是且慢，他同时说："现在还要估计一种情况，就是想发动战争的疯子，他们可能把原子弹、氢弹到处摔。""问题要放在最坏的基点上来考虑。"❹

从 1958 年金门炮战时美国所取的立场中，毛泽东得出这样一个印象：

---

❶ 《毛泽东外交文选》，中央文献出版社、世界知识出版社 1994 年版，第 170、171、173 页。

❷ 《毛泽东外交文选》，中央文献出版社、世界知识出版社 1994 年版，第 206 页。

❸ 薄一波：《若干重大决策与事件的回顾》上卷，中共中央党校出版社 1991 年版，第 487 页。

❹ 《毛泽东外交文选》，中央文献出版社、世界知识出版社 1994 年版，第 296、297 页。

美国人怕打仗。他说：美国人怕打仗，我们也怕打仗，“这样，双方都怕，但是他们怕我们比较多一点，因此战争是打不起来的”❶。台海危机，世界震动。越南劳动党中央委员会主席胡志明打电报给毛泽东，询问会不会发生中美战争，我们越南应该有什么准备？毛泽东于这年9月10日回电说：“美国人怕打仗，就目前说，很少可能大打起来”；“贵国似可以照常工作。”❷

胡志明的焦虑与毛泽东的轻松形成鲜明的对照。

基于这些判断，50年代，人民解放军进行了两次大的精简整编。第一次，从1954年2月至1955年底，全军总员额减为350万人，精简比例为21.2%，其中陆军精简比例最大。第二次，从1956年11月至1958年底，全军总员降至240万人。这是新中国成立后人民解放军人数最少的时期。

进入60年代，毛泽东的判断仍然是比较乐观的，但已经谨慎多了。

1959年底到1960年初，毛泽东在读苏联《政治经济学（教科书）》时谈道：“世界大战打不打，不决定于我们。我们不是艾森豪威尔的参谋长，不是麦克米伦的参谋长，我们说了不算数。世界还是有两种可能性。即使签订了不打仗的协定，战争的可能性也还存在，帝国主义要打的时候，什么协定也不算数。”同时，他又说：“我们是希望不打世界大战的，我们是希望和平的。争取十年、二十年的和平，是我们最早提出的主张。”❸

1960年5月，他说：帝国主义是不可怕的。我们只要采取两条腿走路，世界大战就难以打了。第一条腿是各国人民起来反抗压迫者；第二条

---

❶ 《毛泽东外交文选》，中央文献出版社、世界知识出版社1994年版，第343页。

❷ 《建国以来毛泽东文稿》第七册，中央文献出版社1996年版，第413页。

❸ 《毛泽东读苏联〈政治经济学（教科书）〉谈话记录选载（六）》，《党的文献》1994年第5期。

腿是与帝国主义一起在桌面上开大国会议，讲什么裁军、解决德国问题等等。如果只有一条腿，要帝国主义不打世界大战，就没有保证。[1]

针对一些西方国家攻击中国“好战”，要挑起世界战争的议论，毛泽东说：“不管美国承认不承认我们，不管我们进不进联合国，世界和平的责任我们是要担负的。我们不会因为不进联合国就无法无天，像孙悟空大闹天宫那样。我们要维持世界和平，不要打世界大战。……但是，维持世界和平不但中国有责任，美国也有责任。”[2]

1960 年底，毛泽东修改《关于加强军队政治思想工作的决议》，在其中关于国际形势特点“敌人一天天烂下去，我们一天天好起来。但是，只要帝国主义制度还存在，爆发世界战争的危险也就仍然存在”这段话的中间，即“但是”前面，毛泽东亲笔加上了“实现持久和平的可能性是存在的”一句。[3]

这是最后一次谈到持久和平存在的可能性。随后，由于国际形势趋于紧张，毛泽东对世界战争形势的判断也趋于紧张。

从 20 世纪 60 年代初到中期，国际形势和中国周边环境发生了一系列重大变化。中苏关系破裂，苏联在国际事务中推行霸权主义政策，企图在中国建立海军基地和长波通信电台，遭到毛泽东的坚决抵制。中苏关系的破裂，导致社会主义阵营瓦解。中苏两国关系随之紧张起来。印度当局在美苏的怂恿下，公开向中国提出领土要求，并蚕食中国领土，导致了 1962 年的中印边境战争。也是从 60 年代初开始，美国以“特种战争”方式介入越南战争。1964 年夏“北部湾事件”后，美国公然轰炸越南北方，地面部队也随之在越南南方参战，越南战争升级。美国飞机并时常侵犯中

---

[1] 《毛泽东外交文选》，中央文献出版社、世界知识出版社 1994 年版，第 409 页。

[2] 《建国以来毛泽东文稿》第九册，中央文献出版社 1996 年版，第 322 页。

[3] 《建国以来毛泽东文稿》第九册，中央文献出版社 1996 年版，第 384 页。

国领空，中国面临着自朝鲜战争以来的最严重的战争威胁。与此同时，台湾当局乘机加紧对东南沿海地区进行武装窜扰活动，再次叫嚣“反攻大陆”。国际上形成了帝国主义、霸权主义（那时叫修正主义）和反动派的反华大合唱。

一时间，高天滚滚寒流急。

在这种形势下，中共中央和中央军委于1962年确定“备战整军”。这年6月8日，周恩来指出：通过备战促进整军，按战备的要求加强军队建设。

1963年9月，毛泽东在对《关于工业发展问题（初稿）》的修改中加写道：帝国主义现在是处在衰落时代，我国，社会主义阵营，全世界人民的革命斗争都是处于上升的时代，“世界性的战争有可能避免。这里存在着战争可以避免和战争不可避免这样两种可能性。但是我们应当以可能挨打为出发点来部署我们的工作”[1]。从后一句话分析，毛泽东对战争威胁的估计要比以前严重了。

1964年10月22日，毛泽东在一项批示中指出：必须立足于战争，从准备大打、早打出发，积极备战，立足于早打、大打，打原子战争。我们不仅要在战略部署、后方设施、作战准备和国防工业建设等方面充分注意这个问题，同时，也要在国民经济建设方面充分注意这个问题。[2]

当然，毛泽东也并没有把形势估计得紧张得不得了。1965年，在谈到三线建设时，他说，战争是不以我们的意志为转移的，它不一定等你建设起来才打，也可能你没有建设起来就打，也可能你建设起来了它又不打。所以，我们要有两手准备。又说：党内有人认为打不起来，或者只是

---

[1] 《毛泽东著作选读》下册，人民出版社1986年版，第849页。

[2] 《中国人民解放军的七十年》，军事科学出版社1997年版，第572页。

小打，不相信会大打。他们的看法也是有些道理的，我们本来就是作两手准备的。

20世纪60年代末，中苏之间发生边境武装冲突后，毛泽东的判断才真正转到要准备打仗上来，要求全党全军全国人民，从最坏的估计出发，树立早打、大打、打核战争的思想，做好反侵略战争准备。1974年春，毛泽东在与外国贵宾的谈话中说：准备打仗！准备美苏在世界上闹事。绝不相信永久和平，或者说所谓一代人的和平。但毛泽东仍然说：至于打不打原子武器，可能打，也可能不打。

从50年代中期“估计战争短期内打不起来”，到60年代中期立足于早打、大打，乃是形势使然。

从这些材料来看，毛泽东对世界战争的判断总是讲两句话，战争有可能打起来，也可能避免。50年代，更偏重于战争不会爆发，大战打不起来；60年代，特别是60年代中期后，则偏重于战争有可能打起来，要从打仗的基点来部署我们的工作。

冷眼向洋看世界。从总体上说，毛泽东对战争与和平形势的分析，是准确的，客观的。他没有人云亦云，没有为舆论所左右，体现了一个战略家透视国际风云的洞察力。

在原子弹时期，没有后方不行

新中国成立后，毛泽东一直以极大的精力关注着国家的独立，民族的安危。20世纪50年代，朝鲜战争的胜利，中国赢得了一段和平建设时期。进入60年代以后，国际形势发生了扑朔迷离、令人不安的变化，为此，中共中央和毛泽东在继1962年发出“备战整军”后，又于1964年提出建设战略后方的思想。

建设战略后方是毛泽东晚年的一项重大举措，也是至今仍有争议的问题之一。

经过50年代后期、60年代初期的“大跃进”运动和三年自然灾害，我国的国民经济经受了一次严峻的考验，中央不得不对国民经济进行大调整。到1962年，调整取得了显著成效，国民经济逐步趋于好转。为了巩固调整取得的成果，中央决定再进行三年调整，并将国民经济计划的重点放在解决人民群众的吃、穿、用等最基本需要方面。薄一波1963年的一次讲话就反映了这种设想：“要把基础工业发展起来，进行必要的国防建设。归纳起来，吃穿用第一，基础工业第二，国防第三。这是发展工业的方向，也是国民经济的方向。”[1]

1964年4月，国家计委制定了《第三个五年计划（1966—1970）的初步设想》，规定“三五”期间，第一，大力发展农业，基本上解决人民的吃穿用问题；第二，适当加强国防建设；第三，加强基础工业。这个被简称为“吃穿用计划”的设想，得到了毛泽东和中央多数领导的赞同。

按照这个思路，我国国民经济将会按照提高人民生活水平的路子发展下去。然而，国际形势的急剧变化，使这一计划刚一出台就被中止了。

这时，最引人注目的事件是美国在越南侵略战争的严重升级。8月5日，美国越过战争边缘，悍然越界轰炸越南北方，中国南大门直接受到战火威胁。可以说，这是自朝鲜战争以来，美国又一次把中国逼到了战争边缘。中国不仅要随时准备支援越南人民的抗美战争，还必须准备应付美国可能对中国发动的侵略战争。美国公开表示，为了赖在越南不走，不惜同

---

[1] 薄一波：《若干重大决策与事件的回顾》下卷，中共中央党校出版社1991年版，第1194页。

中国进行一场较量。在轰炸越南北方的同时，约翰逊政府还划定了包括中国西沙群岛附近一部分中国领海在内的“作战区”。

此外，中国周边其他地区也并不平静，中苏两党、两国关系破裂，苏联策动新疆少数人搞民族叛乱；台湾当局也没有停止对大陆的袭扰活动，一直试图在大陆建立“游击走廊”；中印边境自卫反击作战后，双方互相戒备，战争状态并未解除；东北方向，美国重兵驻扎在南朝鲜和日本，对中国构成了严重的威胁。

就在国家计委提出“吃穿用计划”的同一个月，总参作战部提出一份报告，对经济建设如何防备敌人突然袭击的问题进行了分析，认为有些情况相当严重：（1）工业过于集中。全国14个百万人口以上的大城市，就集中了约60%以上的主要民用机械工业和52%的国防工业。（2）大城市人口多。全国有14个百万人口以上的城市和25个50万至百万人口的大城市，大都在沿海地区，防空问题尚无有效措施。（3）主要铁路枢纽、桥梁和港口码头多在大城市附近，还缺乏应付敌人突然袭击的措施。（4）所有水库的紧急泄水能力都很小，一旦遭到破坏，将酿成巨大灾害。报告建议由国务院组织一个专门小组，根据国家经济的可能情况，研究采取一些可行的措施。

这个报告引起了一直对国家安全保持警惕的毛泽东的高度重视。出于国防战备的考虑，毛泽东当时正研究苏联卫国战争初期的经验教训。他对一位主管工业的负责人说：要好好研究斯大林的经验。斯大林一不准备工事，二不准备敌人进攻，三不搬家，这是教训。他认为，由于斯大林没有重视乌拉尔以东地区工业基地的建设，致使卫国战争初期，苏联惨遭巨大破坏和严重损失。即使如此，这片工业基地仍然在战争中发挥了较大作用。

毛泽东联系到中国的实际，设想如果战争打起来，没有强大的后方工业基地怎么办？这一焦虑时刻在毛泽东脑中回旋，对战争爆发可能性的估计愈大，这一焦虑也便愈加明显。

促使毛泽东下决心进行战略调整的另一个因素，就是他试图改变我国不合理的工业布局。由于历史的原因，我国工业的70%集中在东南沿海一带，而西南、西北内陆地区，交通十分闭塞，近代工业更是十分薄弱。一旦战争爆发，沿海工业被摧毁，国民经济就会陷入瘫痪状态，而有限的内地工业根本难以为继。尤其是50年代新建的一些国防工厂，大部分分布在东北、华北一带，内地很少，这对我国安全是相当不利的。

随着对形势的估计和对经济发展战略的深入研究，毛泽东以三线建设为中心的战略后方思想逐渐明朗化。这年5月至8月间，毛泽东集中而系统地提出了三线建设的思想。

5月11日，毛泽东在听取国家计委领导小组汇报“三五”计划时插话说：两个拳头——农业和国防工业，一个屁股——基础工业，要摆好，要把基础工业适当搞上去，其他方面不能太多，要相适应。

5月中旬至6月中旬，中共中央召开工作会议。6月6日毛泽东在会议上讲话，集中讲了两个问题，一是改变计划方法，二是进行备战。关于后者，毛泽东说：只要帝国主义存在，就有战争的危险。我们不是帝国主义的参谋长，不晓得它什么时候要打仗。决定战争最后胜利的不是原子弹，而是常规武器。在原子弹时期，没有后方不行。

在这次讲话中，毛泽东提出要把全国划分为一、二、三线的战略布局，要下决心搞三线建设。在搞三线工业基地建设的同时，一、二线也要搞点军事工业。各省都要有军事工业，要自己造步枪、冲锋枪、轻重机枪、迫击炮、子弹、炸药。有了这些东西，就放心了。三线建设的开展，首先要把攀枝花钢铁工业基地以及与此相联系的交通、煤、电建设起来。建设要快，但不要潦草，攀枝花搞不起来，睡不着觉。

攀枝花基地是三线建设的重头戏。毛泽东风趣地说：你们不搞攀枝花，我就骑着毛驴子去那里开会；没有钱，拿我的稿费去搞。[1]

毛泽东的这一席话，引起与会者强烈共鸣。大家一致拥护他的主张，迅速展开三线建设，加强战备。

6 月 8 日，在中央政治局常委和各中央局第一书记会议上，毛泽东又反复说："要搞第三线基地，大家都赞成，要搞快一些。但不要太毛草。只有那么多钱呀，那些地方摊子要少铺，中央的摊子也要少一些。最好两头修（指攀枝花铁路）。还有以大区或省为单位搞点军事工业，准备游击战争有根据地，有了那个东西我就放心了。"[2] 对小三线，毛泽东也很重视。他说：我们沿海各省要搞手榴弹，讲了几年了，没有搞起，打起仗来，不能等二、三线给你运，每个省都要有一、二、三线。

所谓一、二、三线，是按我国地理区域划分的，沿海地区为一线，中部地区为二线，后方地区为三线。三线分两大片，一是包括云贵川三省全部或大部分及湘西、鄂西地区的西南三线；一是包括陕甘宁青四省区的全部或大部分及豫西、晋西地区的西北三线。三线又有大小之分，西南、西北为大三线，中部及沿海地区省区的腹地为小三线。

之所以提出搞三线建设，还与当时对先进武器远距离打击的认识相关。从军事经济学角度看，中国的工业布局显得非常脆弱。东北的重工业基地几乎全部在苏联轰炸机一小时和中短程地地导弹的射程之内，反应时间短，防御能力差；以上海为中心的华东工业区全部暴露在美国航空母舰和以台湾为基地的航空兵的攻击之下。一旦桥梁道路中断，一千万人口的上海连生计都成问题，何言生产能力。

对战争的紧迫感使毛泽东十分焦急。他的心情越来越急迫，语气也越

---

[1] 孙东升：《我国经济建设战略布局的大转变》，《党的文献》1995 年第 3 期。

[2] 孙东升：《我国经济建设战略布局的大转变》，《党的文献》1995 年第 3 期。

来越严肃。他后来多次说到：三线建设问题，是我讲迟了，早讲几年就好了，现在后悔也没用。并说，各省的第三线，现在不为，后悔无及。7月2日，在一次谈话中，毛泽东提出：北京、天津地区要搞三道防线，准备打仗。15日，他又谈到：沿海、沿边有些省要搞兵工厂，造轻武器，造子弹。平时学会制造，积累一些材料，需要时就可以造，武装起来，做到人自为战，做到有准备，就不怕。一有战争征候，工厂就要搬家，疏散到山里去。上海这么多工厂还能留给敌人吗？不能。1965年11月，他在华东视察时对当地负责人说："要争取快一点把后方建设起来，三五年内要把这件事情搞好。后方建设起来，敌人如果不来，也没有什么浪费。"[1]

对大三线，毛泽东最为关切的是攀枝花、酒泉两个钢铁基地和成昆铁路。他说：攀枝花、酒泉两个钢铁基地，没有落实。这两个基地一定要落实。如果材料不够，其他铁路不修，集中修一条成昆路。必要时也可将内昆路的铁轨拆掉，先修成昆路。

1964年8月中旬，中共中央书记处开会讨论三线建设问题。毛泽东17日、20日两次到会讲话，说：要准备帝国主义可能发动侵略战争。现在工厂都集中在大城市和沿海地区，不利于备战。工厂可以一分为二，要抢时间迁到内地去。各省都要搬家，都要建立自己的战略后方。不仅工业交通部门要搬家，而且学校、科学院、设计院、北京大学都要搬家。成昆、川黔、滇黔这三条铁路要抓紧修好，铁轨不够，可以拆其他线路的。这次会议决定集中力量建设三线，在人力、物力、财力上给予保证。这一决定，标志着我国经济建设的指导思想转向以三线建设为中心这一过程的完成。

为加强三线建设的组织领导，1965年春，中共中央、国务院先后决

[1] 《六十年代三线建设决策文献选载》，《党的文献》1995年第3期。

定成立西南、西北三线建设委员会。随后，又成立国家建委，具体负责战略基地建设。同年9月2日，根据毛泽东的指示，国家计委拟定的《关于第三个五年计划安排情况的汇报提纲（草案）》提出：第三个五年计划必须立足于战争，从准备大打、早打出发，积极备战，把国防建设放在第一位，加快三线建设，逐步改变工业布局。

至此，“吃穿用计划”让位给以国防建设为中心的备战计划。全国战备气氛日趋浓厚。

三线建设在新建项目的选址上贯彻了“分散、靠山、隐蔽”的原则，这就是所谓的“散、山、洞（进洞）”方针。这是中央根据毛泽东提出的“大分散、小集中”和“依山傍水扎大营”的指示，以及西南三线的地貌条件确定的。这个方针本身无可非议。它既与战备要求相适应，也与工业合理布局，防止占用大片耕地有关。问题是在执行过程中，为了突出战备要求，片面注重了安全，忽视了长远的经济效益。一些企业顺山势布置车间，形成了一串“羊粪蛋”，增加了建设费用，给生产组织也带来不利影响。三线建设中对战争的威胁估计过分，因而导致了建设部署上要求过急，铺开的摊子也过大了一些，对解决人民的吃穿用生活问题不能不带来一些影响。

三线建设的决策，主要是针对战争的危险而作出的，但是毛泽东和中央其他领导人也并不是认为战争就一定能打起来，它是从最坏的考虑出发提出来的。毛泽东说：三线建设，可能你没有建设起来它就打，也可能你建设起来了它又不打。“所以，我们要有两手准备。”刘少奇也说：“我们的准备快一点，好一点，战争就可以推迟，它就不容易来。如果我们准备得很好，甚至它就不敢来。”[1] 他们认为，敌人可能来，也可能不来，来了

---

[1] 《六十年代三线建设决策文献选载》，《党的文献》1995年第3期。

我们就诱敌深入，然后歼灭之，不来，则我们继续搞长远建设，“你搞你的，我搞我的”。

建设战略后方，毛泽东非常强调一点，就是要始终贯穿为人民的思想。1965 年 6 月 16 日，毛泽东在杭州听取汇报时着重指出：五年基本建设投资控制在八九百个亿，不要太多，要留有余地。向老百姓征税、征粮闹多了，会闹翻。对百姓不要搞得太紧张，把老百姓搞翻了不行，这是个原则问题。总之，第一是老百姓，不要丧失民心；第二是打仗；第三是灾荒。计划要考虑这三个因素。十天后，毛泽东在与汪东兴的谈话中再次提及这一点：“不要把老百姓惹翻了，惹翻了还能打仗吗？”[1] 根据毛泽东的这一原则，计委将原定的 1080 亿元的建设规模压缩了 230 个亿，安排为 850 个亿。

后来，毛泽东将这一原则概括为“备战、备荒、为人民”。

有人认为毛泽东当时搞三线建设是对战争的过分反应，是劳民伤财。这不是实事求是的态度。中国政府和中国人民，在与世界上主要超级大国的抗争中，以自己的警惕和准备，维护了国家的安全和民族的利益，使侵略者望而却步，赢得了和平。我们不能因为战争没有发生，便认为这一切是劳民伤财。因为在战争问题上，从来就有发生与不发生两种可能。与其战争发生而没有准备，不如准备了战争不发生。这是一个简单的道理。即使从经济上说，三线建设的成就也是不容忽视的。别的不论，单说一个攀枝花，一条成昆路，就对西南经济的发展起了重大的作用。一位社会学家实事求是地评论说：它使西南荒塞地区整整进步了 50 年。

经过几十年的风风雨雨，回头探讨毛泽东当年的这项重大举措，我们仍能感受到他为了祖国安危的焦虑心情。须知，一个一百多年来有国无

[1] 《六十年代三线建设决策文献选载》，《党的文献》1995 年第 3 期。

防，任人欺凌的国度，当它刚站起来的时候，对外界的侵略叫嚣和存在的现实威胁，从来就有一种本能的自卫的反应。即使这种反应有时是过分的，在某种程度上影响了人民生活，人民也是会理解的，历史也会公正地作出评判。

积极防御，决不先发制人

如果用一句简短的话来概括人民解放军的战略方针，那就是四个字：积极防御。它是人民解放军在革命战争年代一以贯之的战略方针。

新中国成立后，军事斗争的总体目标、战略环境以及敌我双方主客观因素都发生了很大变化。人民解放军的总任务由夺取政权转为保卫政权，保卫国家的社会主义建设，保卫国家的领土主权和安全，防御帝国主义的侵略。

目标、形势、任务的转变，首先需要解决战略方针问题。抗美援朝战争时期，毛泽东即已明确提出了新中国成立后积极防御的方针。照彭德怀的说法就是："我国在军事上应当是战略防御的方针，而不是发动战略进攻的方针。但是这种防御，不应当是消极防御，而应当是积极防御的战略方针。"[1]

1955 年 4 月，毛泽东在中央书记处会议上重申：中国的战略方针是积极防御，决不先发制人。

1956 年 3 月，中央军委在北京举行扩大会议，着重讨论保卫祖国的战略方针和国防建设问题。会上，国防部长彭德怀代表军委就会议议题作

---

[1] 《彭德怀军事文选》，中央文献出版社 1988 年版，第 587 页。

了专题报告，明确系统地阐述了战略方针问题。其中指出：为了有效地防止帝国主义的突然袭击，保卫人民革命和国家建设的成果，保卫国家的主权、领土完整和安全，在未来反侵略战争中，应采取积极防御的战略方针。毛泽东批准了会议书面报告。此后，积极防御明确成了新中国人民解放军的战略方针。

何谓积极防御？毛泽东说："积极防御，又叫攻势防御，又叫决战防御。""只有积极防御才是真防御，才是为了反攻和进攻的防御。"[1]

新中国成立后在积极防御上曾有一个问题困扰许多人，就是积极防御可否先发制人。在战争年代，这是不成问题的，可以先发制人，也可以后发制人。解放战争时期的苏中战役，在全局上是后发制人，因国民党已经向中原解放区大举进攻，苏中战役是在此后发生的；但在苏中局部上，则是先发制人。华中野战军在敌人有向苏中解放区大举进攻的迹象后，即先敌展开，发起作战。但抗日战争中的对顽作战，毛泽东采取的是"人不犯我，我不犯人；人若犯我，我必犯人"的后发制人方针。他说：共产党对任何国民党军队不放第一枪，但你放第一枪，我就放第二枪。这一原则实际上后来沿袭为我国反对外国扩张和侵略行径的重要原则。

彭德怀在 1956 年军委扩大会议上的讲话中专门论述了这一问题。他说：当我们发现敌人立即要向我国大举进攻的时候，我军是否可以首先出动到敌人领土上去打击敌人呢？这是不可以的。因为在这种情况下，本来敌人是发动战争的罪魁祸首，只要敌人挑起战争，就会立即引起全世界爱好和平人民的反对。如果我们不等敌人先动手，就首先打进敌国领土，那么，我们的卫国战争所具有的正义性，就很难取得世界爱好和平人民的谅解，就有利帝国主义把发动战争的罪名加到我们头上，使我们失去广泛的

---

[1] 《毛泽东军事文集》第一卷，军事科学出版社、中央文献出版社 1993 年版，第 719 页。

同情和支持，使敌人获得政治上的资本。这是得不偿失的。而且首先动手，也不是战争胜败的决定因素。战争的胜败，最终还是由国家的政治制度，生产力发展的程度，人民对战争的态度，以及军队的士气、质量和数量、指挥人员的组织能力等来决定的。

积极防御，后发制人。人民解放军在后来的边海防斗争和自卫反击作战中都遵循了这一原则。

1962 年的对印自卫反击作战便是贯彻这一方针的典型一例。新中国成立后，中国政府一直把建立和发展与印度的友好合作关系作为睦邻友好的重点。但是就是在中印关系最友好的年月里，印度政府也做了许多很不友好的举动。1951 年，印度乘中国抗美援朝，无暇西顾之机，抢占了中印边境东段“麦克马洪线”以南的 9 万平方公里中国领土，接着又占领了边境中段部分中国领土。1959 年 3 月，就在中国平息西藏叛乱后没几天，印度总理尼赫鲁便写信给周恩来，竟然恬不知耻地向中国提出领土要求，不仅要中国承认所谓“麦克马洪线”是中印之间的合法边界线，而且要中国将西段阿克赛钦地区三万多平方公里中国领土划归印度。连同“麦克马洪线”以南的领土，总面积约为 12.5 万平方公里。这个面积相当于一个福建省。这一无理要求理所当然遭到了中国政府的拒绝。

印度政府在要求遭到拒绝后，恼羞成怒，指挥印军在边境上寻衅滋事。中印边境从此多事。

从中印两国人民的传统友谊和根本利益出发，毛泽东和中国政府对印度的寻衅滋事一直保持克制和忍让的态度。周恩来总理多次写信给尼赫鲁，建议通过友好协商和平解决历史遗留问题。为缓和边境紧张局势，中国边防部队单方面作了后撤，并规定在双方实际控制线中国一侧 30 公里以内不开枪，不巡逻，不平叛，不打猎；在 20 公里以内不打靶，不演习，不爆破。

这些克制和忍让，使得尼赫鲁的胆子越来越大。从1961年特别是1962年4月起，印度当局在中印边境大肆推行“前进政策”，步步向中国纵深进逼。在边境上竟然出现了这样一种奇怪的现象：印军有的前哨据点甚至设在了中国边防哨所之间和侧后，三面或四面威胁中国哨所，同中国哨所形成了犬牙交错的态势。印军还不断拦截、袭击中国巡逻队、运输队，挑起一次又一次的流血事件。

在这种情况下，中国边防部队完全有理由用武力将印军从中国领土上赶出去。但中国没有这样做，仍然保持了极大的克制态度。这点就是连印军军官也承认：你们的态度友好、克制，这要在其他国家边境，早就打起来了。

利令智昏的尼赫鲁政府从这一系列事件中尝到了甜头，他们觉得中国除了“虚声恫吓”外，不会有更大的反应，气焰更加嚣张，竟然命令印军要把中国军队从它所谓的“东北边境特区”上“清除掉”，完全堵死了和平解决边境问题的道路。

在中印边界问题上，中国可以说忍耐到家了。凡是能够采取的退让措施都采取了。中国古代的“退避三舍”“先礼后兵”“哀兵政策”“不为天下先”等政治、外交手段都实行了，但仍不为印方所谅。

谈起这段历史，毛泽东后来说：印度整了我们整整三年。从1959年开始，1959年、1960年、1961年、1962年，有四个年头了，我们才还手。

忍到极点，也就到了火山爆发的时候。迫不得已，毛泽东于1962年10月决定实行自卫反击作战。毛泽东果断指示：“假如印军向我进攻则要狠狠地打他一下，除东线西藏作准备外，西线也要配合。如他进攻，不仅要打退，还要打狠打痛。”[1]

---

[1] 《中印边境自卫反击作战史》，军事科学出版社1994年版，第179页。

遵照毛泽东的这个指示，中国边防部队于10月20日至11月22日进行了一个月的自卫反击作战，在西段，痛快淋漓地清除了印军在中国境内设立的43个侵略据点；在东段，挺进到非法的“麦克马洪线”以南靠近传统习惯线地区。整个反击作战歼灭印军8700余人，其中生俘达维尔准将以下3900余人。这一战打得印度全国震惊，尼赫鲁慌忙宣布全国处于紧急状态。

待尼赫鲁摆开拼命的架势时，中国政府则点到为止，鸣金收兵，并将人员、武器、装备，全部还给印方。这一举动大出印度和国际社会的意外，国际舆论普遍叫好。

毛泽东小试牛刀，就让印度既输了理，又输了人，赢得了边境三十多年的平静。

中印一战说明，在国与国争端上，毛泽东坚持后发制人，不打第一枪，但打第二枪的时候，就由不得你了，该怎么打就怎么打，想怎么教训就怎么教训。

在人民军队历史上，积极防御又总是与诱敌深入联系在一起的，这种传统也影响到新中国成立后战略方针的制定。毛泽东一直把诱敌深入的战法置于优先考虑的位置。他指出：我们国家边海防线长，完全不让敌人进来不可能。他这里不能进来，那里则有可能进来。与其守不住让敌人打进来，不如主动放敌进来，有计划有目的地将其诱至我有把握打胜仗的地区，将其歼灭。

国土设防，最忌处处防设，到处修工事。新中国成立初有些地方计划在海边防大修工事。毛泽东严厉地批评了这种做法。他指出，广东方面，除虎门必须筑要塞及珠江口外某几个岛上应修必要的工事和堡垒外，汕头至大亚湾一线及其他海岸线与内地，根本不要修什么工事或要塞，敌来让其登陆，并须诱其深入，然后聚而歼之。广西方面，敌人不论从海上来，从越南来，均应当让其侵入，不要怕失掉钦州、廉州、防城、龙州、南宁及其他城市，而应当让它进来。华东方面，亦只在厦门、平潭、舟山、吴淞四处的某些必要地点修筑要塞和工事，其余一概不修。他告诫说，军队不要去守海岸线，应当位于机动地区，待敌深入，然后包围歼灭之。

毛泽东批评处处设防的做法说："许多共产党员打了二十几年的仗，忽然把经验都忘了，到处修工事，畏敌如虎。""你们计划到处设防，到处修工事，摆成被动挨打的姿势，使我军丧失主动，丧失歼敌机会，是完全错误的。"❶

毛泽东历来反对处处设防。在这方面，毛泽东有着丰富的经验，他同时善于吸取本国和他国的国土设防经验教训。他多次引证两次世界大战中的战例来说明不能到处设防。他说：第一次世界大战期间，德国人在青岛设了防，日本人就从龙口登陆，从背后占领了青岛。第二次世界大战时，法国在法德边界设置了马其诺防线。德军绕道比利时，置这道防线于无用之地。马其诺防线未能挡住德军，却使法军许多兵力陷了进去。1965年11月，他在谈话中说："敌人登陆要找我们的弱点。青岛工事修得那么好，敌人为什么要在青岛登陆？龙口、成山头，过去日本就在那里登过陆。越是我们认为它来不了的地方，设防薄弱的地方，它可能就在那里登陆了。"❷

毛泽东认为，御敌于国门之外，从来就不是好办法，还是诱敌深入才好打。因为只有把敌人放进来，才便于发挥我们的长处，大打人民战争，只有把敌人放进来，才能使其分散兵力，便于我们集中兵力打歼灭战，歼灭敌人的有生力量。把敌人放进来，无非是让敌人占了我的什么地方，名

---

❶ 《建国以来毛泽东文稿》第二册，中央文献出版社1996年版，第68、85页。

❷ 《六十年代三线建设决策文献选载》，《党的文献》1995年第3期。

誉不好。但这不要紧，关键的不是名誉好不好的问题，而是最后的胜利的问题。

他告诫人们："还是让敌人进来，尝点甜头，诱敌深入，好消灭它。先消灭它一个营，再一个团、一个师地消灭。"[1]

20世纪60年代末和70年代初，中国面临着北面可能出现的大规模入侵。从三北（东北、华北和西北）一马平川的地形特点和入侵者集群坦克、装甲车大规模纵深突击的作战特点出发，毛泽东更为强调诱敌深入。他指出：小打就在边界上打；大打，我主张让出点地方来。中国这个地方不小，他不得点好处，我看他也不会进来。他进来了，我看比较有利，不仅有理，而且有利，好打，使他陷在人民包围中间。

1971年林彪事件后，中央军委更为强调"诱敌深入"，并规定主要的作战形式是运动战，结合阵地战和游击战。它反映了这个时期积极防御的主要方法是诱敌深入。直到80年代初随着国际上战争与和平形势的变化，才在战略上放弃"诱敌深入"，恢复为"积极防御"的方针。

诱敌深入，毛泽东也并不是要一切都放，而是有顶有放，顶放结合。毛泽东指出：诱敌深入不是不要防御，摊开两手，让敌人长驱直入。我们不能学蒋介石，让日本人很快打到了南京、长沙；不能学斯大林，让希特勒一下就逼到了莫斯科、列宁格勒城下。该顶的地方还是要顶，而且要顶相当一段时间。但顶的目的是为了消耗敌人，打乱敌人的战略部署，使我们后边有时间作些准备。顶到适当机会，将其消灭。总的方针是诱敌深入，不是顶住不放。

60年代，毛泽东进一步提出了重点设防、重点守备的战略指导原则。他多次指出，我们要重点设防，重点守备。在前沿重点设防，在纵深也是

---

[1] 《六十年代三线建设决策文献选载》，《党的文献》1995年第3期。

重点设防。工事不要那么多，大部兵力用于野战，少部兵力用于守备。强大的野战军不守工事，放在机动位置上，看清情况后再打仗。自古以来，任何国家打仗都一样，就是首先着眼于消灭敌人有生力量，然后占领地方。不消灭敌人军队就没有办法。因此，我们不能把主要兵力用于分散守地盘上。[1]

积极防御发展到今天，不先发制人，不打第一枪，坚持后发制人，仍是一个重要原则。但从战略上倡导诱敌深入与我国现在的国情已不相适宜，倒是有顶有放，顶放结合，重点设防，重点守备，值得认真总结和发扬，特别是应注重顶和守的比重。时移势易，历史上从来没有不变的定律。

冷眼看世界：长期武装共处

对我国而言，朝鲜一战，基本结束了人民军队 25 年的硝烟战火，进入了相对和平的稳定时期。但是，树欲静而风不止。热战停止了，冷战来了。二次世界大战结束后西方用来对付苏联的冷战又扩大到中国。

热战结束后的中国，又不可避免地被卷入冷战的旋涡之中。

冷战的一个特点是，大战不打，小战不断；全面战争不打，局部战争不断。对付大战，对付全面战争，刚从战火中走过来的中国共产党人是有办法的。办法就是全民动员，打人民战争。对付小打，对付边境上的有限战争，对付整个冷战，采取什么策略，这是摆在毛泽东和中国领导层面前的一个严肃课题。

---

[1] 廖国良等：《毛泽东军事思想发展史》，解放军出版社 1991 年版，第 445 页。

20世纪50年代中期，经过朝鲜战争，经过万隆会议，我国领导人判断，有可能出现10—15年的相对和平时期。刘少奇称这是“国际休战时期”。在这个时期，中国开始探索国与国之间发展关系的问题。1954年6月，周恩来先后访问印度和缅甸，在与这些国家领导人的会谈中，提出了“和平共处五项原则”。此后，和平共处便成了我国与周边及世界各国发展关系的准则，并逐渐得到世界各国的广泛承认和使用。

处理不同社会制度国家之间关系的和平共处原则面对的是冷战形势，所谓共处，有时往往不是和平的，毛泽东将此形象地称为“冷战共处”。1960年5月，毛泽东在会见英国陆军元帅蒙哥马利时说：“现在的局势我看不是热战破裂，也不是和平共处，而是第三种：冷战共处。”“我们要有两个方面的准备。一个是继续冷战，另一个是把冷战转为和平共处。”[1]

既然是冷战共处，只讲和平，对一些不讲和平的国家来说是不起作用的，凡文事必有武备，除了软的（讲友好）的一手，还要有硬的一手。这“硬”的一手，就是毛泽东在这个基础上提出的“武装共处”。

说起来好巧，我国提出“和平共处”和“武装共处”都与印度政府有关。和平共处最早是我国政府与印度政府倡导提出来的，但就是这个印度政府却在边境问题上对我国并不和平，也不友好。20世纪50年代后期，印度在美苏的支持和怂恿下，利用我国的暂时困难，乘台湾蒋介石集团在我国东南沿海进行军事骚扰之机，实行扩张主义政策，对我国推行所谓的“前进政策”，不断在中印边界制造事端，蚕食我国领土，企图以武力改变边界现状。

这种“前进政策”到20世纪60年代初达到高潮。印度方面将中国方面的忍让、克制和呼吁和平解决视作软弱可欺，加快了蚕食步伐。印

---

[1] 《毛泽东外交文选》，中央文献出版社、世界知识出版社1994年版，第421、422页。

度尼赫鲁政府认为："前进政策的推行还没有给中国足够的压力，所以必须继续进行，直至中国承认它必须撤退时为止。"这时的印度政府得意忘形，达到了利令智昏的地步。他们错误地认为，中国的退让是为避免战略上两面作战（毛泽东也确实明确告诉过他们这一点），他们定下的步步向中国境内推进的决心已经经受住了"考验"，中国军队绝不会与印军直接对抗。印度舆论大肆吹嘘，印军已"在两千五百平方英里的广阔战线上全面推进"，尼赫鲁取得了"拿破仑式的大胆的规划所取得的独一无二的胜利"。

对印度军队猖獗的侵略行径，毛泽东和中央军委适时制定了反蚕食斗争方针。1961 年 7 月中旬，毛泽东听取关于中印西段反蚕食斗争汇报后说：现在尼赫鲁得意忘形，认为他的赖皮战术很有办法。我们的方针是八个字"决不退让，避免流血"。几天后他又在八字方针的基础上补充了"武装共处，犬牙交错"两句。7 月 20 日，总参谋部根据毛泽东确定的方针，对反蚕食斗争作了完整的表述："决不退让，力争避免流血；犬牙交错，长期武装共处。"所谓"决不退让"，就是你不打，我不打；你逼近，我逼近；你包围我，我包围你；你切断我，我切断你。所谓"避免流血"，就是不先开第一枪；保持距离；留有余地；对逃跑入侵之印军，网开一面。基本形式是顶、逼、围、堵。

这个"二十字方针"的核心是武装共处，决不退让。周恩来后来在解释这个思想时说，揭露反动民族主义，实行军事共处、长期斗争，这是主席提出来的。我们的办法，就是军事共处，长期斗争，又斗争，又团结，又开火，又谈判。外交部长陈毅也说：如果印度有解决问题的诚意，可以达成协议；如果它不想解决，我们就同它拖，形成长期武装和平共处的局面。

武装共处是在敌对势力进行军事挑衅，但尚未发展到战争时，毛泽东提出的以军事斗争配合政治外交斗争的方针。这种方针要求我方既不惹事，又不示弱，坚持有理有利有节，遏止和避免扩大冲突。

中印边境战争后，武装共处成了我国对付外国侵略势力的一个基本方针。武装共处是相对和平共处和战争而言的，是介于和平共处与战争之间的一个中间环节，但更偏重于和平共处，从大的范围说，仍未超出和平共处的范畴。因而陈毅称它为“武装和平共处”。武装共处的目的，是为了慑止战争，保持相安无事的和平共处局面。武装共处向缓和方向发展是和平，向紧张方向发展则是战争。

武装共处得以实行，还在于帝国主义虽然具有很强的侵略性，但不是在一切时候都是侵略成性的，在相当长的时期里是可以共处的。毛泽东曾这样说过：我们不能把包围我们的那些帝国主义军事集团性质“完全估计为侵略性的，只是当我们内部出了大问题，那时它们会是侵略性的，只要我们内部巩固，它们就是防御性质的，是堤坝性质的”[1]。但这种共处，这种和平，又必须是以武装为后盾的。这是对付外国军事干涉和扩张政策的一种必要手段。毛泽东说，美国把防线摆在南朝鲜、台湾、印度支那，这些地方离美国那么远，离我们倒很近，这使得我们很难睡稳觉。很难睡觉，就需要保持警惕。最紧张的时候，如 1958 年金门炮战，中美之间曾走到了战争边缘。对付这种紧张局面，最好的就是武装共处。

著名外交家顾维钧先生从自己长期外交生涯中总结出这样一条经验：国与国的关系不外乎情、理、势、力四字，情不能感，则以理喻；理不能喻，则以势牵；势不能牵，则以力争。力争者，武力也。外交是不能没有武力为后盾的。

无论是冷战时期还是在冷战后时期，在国与国之间，总有一些不那么

---

[1] 《毛泽东年谱（1949—1976）》第四卷，中央文献出版社 2013 年版，第 214 页。

友好甚至是敌对的国家。由此看来，毛泽东的武装共处思想不只是在冷战时期具有意义，即使在冷战后的今天，仍具有深刻的意义。谁要想在和平时期不受人欺侮，在未来的战争中立于不败之地，谁就应当时刻拥有一支足够强大的武装。

结束语：自古知兵非好战

一个民族的军事思想和军事文化是这个民族的历史传统和思想文化积淀和层积的反映。毛泽东的军事思想虽是中国共产党人在几十年战火硝烟中血的总结和集体智慧的凝聚，但从思维传统和谋略艺术上说，仍在相当程度上反映了中华民族的军事文化和传统军事思想。

中国古代军事思想认为战争有“义”与“不义”之分，以“义兵”讨“不义之兵”是可取的；提出了“德”“道”“仁”等因素对战争具有重大影响；概括出奇正、迂直、强弱、攻守、主客、进退、虚实、众寡、分合等军事领域特有的范畴，并辩证地阐释了它们的关系；主张上兵伐谋，不战而屈人之兵；提倡耕战结合，富国强兵，居安思危；强调教戒为先，严明法度，“令之以文，齐之以武”；总结出知彼知己、因形用权、战胜不复、以众击寡、避实击虚、远交近攻、各个击破、广结联盟、因势借力、远程迂回、用险制塞、军屯实边、持久防守、围城打援、致人而不致于人等战法和作战指导规律。

这些军事思想在毛泽东的用兵艺术和谋略中，都有不同程度的反映和发展。

在对待战争的态度上，中华民族军事传统中从来就有“慎战”思想（不是“圣战”）。认为战争是国之大事，应当“慎战”，否则穷兵者亡。“兵者不祥之器，非君子之器，不得已而用之，恬淡为上，胜而不美。”[1]“夫兵不可偃也，譬之若水火焉，善用之则为福，不善用之则为祸。”[2]“夫兵者，凶器也；战者，逆德也，实不得已而用之。……法曰：‘国虽大，好战必亡。’”[3]“土地虽广，好战则民凋；邦境虽安，忘战则民殆。”[4]“慎以行师。”[5]

毛泽东发展了这一思想，提出：“我们研究革命战争的规律，出发于我们要求消灭一切战争的志愿。”[6]

这种从先人到今人关于战争的态度，可以归结为一句话：“自古知兵非好战。”

1958年3月，中共中央在成都举行由中央各部门和各省、市、自治区党委第一书记参加的工作会议。那几天毛泽东兴致很好，会议前，毛泽东兴致勃勃地游览了成都西郊的杜甫草堂和武侯祠。在武侯祠，毛泽东最感兴趣的是里面的楹联，尤其是对诸葛亮殿前清末赵藩所题的楹联最感兴趣。

---

❶ 《老子》三十一章。
❷ 《吕氏春秋》卷七。
❸ 《百战奇法·好战》。
❹ 《帝范·阅武篇》。
❺ 《兵经百篇·谨字》。
❻ 《毛泽东军事文集》第一卷，军事科学出版社、中央文献出版社1993年版，第694页。

能攻心，则反侧自消，自古知兵非好战；

不审势，即宽严皆误，后来治蜀要深思。

毛泽东对陪同人员说：“武侯祠内楹联随处可见，以诸葛亮殿前清末赵藩所题最负盛名。”

毛泽东称这联“最负盛名”，就在于这副对联独特新奇，不落窠臼，提出了“攻心”“审势”两个颇有见地的观点，给后人以深刻的启迪。尤其是“自古知兵非好战”一句，点出了中国传统军事思想中的精华，引起了毛泽东的共鸣。在对联前，毛泽东驻足凝思，反复吟诵。到了晚年，他仍然没有忘记这副楹联，叮嘱来看他的四川负责同志好好研读此联。[1]

这一名联说明，“知兵”与“好战”并不是画等号的。“好战”者不一定“知兵”，“知兵”者不一定“好战”。而且中国传统军事思想中，真正的“知兵”者中鲜见“好战”者。

“回眸射雕处，千里暮云平。”战争的硝烟离我们远去已经半个世纪了，有限的边境战争的狼烟也早已随风飘去。逝去的硝烟是否就像20世纪80年代中期一篇权威的社论中说的，现在我国是“无敌国外患”了呢？

我们真到了该刀枪入库，马放南山，偃武修文的时候了吗？

古谚云：“无敌国外患者国恒亡。”同理，一个没有忧患意识的民族每每招致意想不到的祸患。

国歌中唱道：“中华民族到了最危险的时候。”当年有人提出要把这句歌词改动一下，毛泽东意味深长而又不失幽默地说：“不喜欢现在的国歌的人，主要是不喜欢‘中华民族到了最危险的时候’一句，但是如果说‘我们的国家现在是太平无事的时候’，那也不好。苏联采用‘国际歌’作为

[1] 盛巽昌编著：《毛泽东和“三国”》，文汇出版社1995年版，第66、67页。

国歌，也有那么一句‘起来！饥寒交迫的奴隶’，苏联人民从十月革命起一直唱到 1941 年，唱了二十四年的‘饥寒交迫的奴隶’。我们的国歌有一句‘最危险的时候’，有些人就觉得不舒服，现在帝国主义包围得还很厉害，唱一句‘最危险的时候’，也没有什么坏处吧。”[1]

居安思危，忘战必危。

人类发展史上，战争要比和平发达得早。在未来相当长的时间里，战争与和平这对孪生兄弟还不会分离。不要等到哪一天达摩克利斯剑掉下来时，人们才想到我们这个星球上还有战争这一码事，才想到去军事遗产的宝库中翻检应付之方。

和平年代，也是需要“知兵”者的，况且，“知兵”也并非完全为了瞄准未来的战争，不是还有“商场如战场”的说法吗？

自古知兵非好战。知兵，对爱好和平，跨入 21 世纪的中华民族来说，不是为了铸造战争之剑，而是为了锻造和平盾牌。

---

[1] 《关于制定中华人民共和国第一部宪法的文献选载》，《党的文献》1997 年第 1 期。

主要参考书目

《毛泽东军事文集》第一至六卷，军事科学出版社、中央文献出版社 1993 年版。

《毛泽东选集》第一至四卷，人民出版社 1991 年版。

《毛泽东文集》第一至八卷，人民出版社 1993—1999 年版。

《毛泽东外交文选》，中央文献出版社、世界知识出版社 1994 年版。

《建国以来毛泽东文稿》第一至十三册，中央文献出版社 1987—1998 年版。

《毛泽东读文史古籍批语集》，中央文献出版社 1993 年版。

《毛泽东早期文稿》，湖南出版社 1990 年版。

《毛泽东农村调查文集》，人民出版社 1982 年版。

《毛泽东哲学批注集》，中央文献出版社 1988 年版。

《毛泽东书信选集》，人民出版社 1983 年版。

《毛泽东著作选读》（上、下），人民出版社 1986 年版。

《毛主席关于人民军队人民战争及其战略战术论述的摘录》，战士出版社 1977 年版。

《毛泽东年谱（1893—1949）》（上、中、下），人民出版社、中央文献出版社 1993 年版。

金冲及主编：《毛泽东传（1893—1949）》（上、下），中央文献出版社 1996 年版。

《毛泽东自述》，人民出版社 1996 年版。

《周恩来军事文选》第一至四卷，人民出版社 1997 年版。

《老一辈无产阶级革命家论军队建设》，军事科学出版社 1993 年版。

《中共中央文件选集》第一至十八册，中共中央党校出版社 1989—1992 年版。

[美]埃德加·斯诺：《西行漫记》，董乐山译，生活·读书·新知三联书店 1979 年版。

《胡乔木回忆毛泽东》，人民出版社 1994 年版。

《郭化若回忆录》，军事科学出版社 1995 年版。

吴冷西:《忆毛主席》，新华出版社 1995 年版。
《聂荣臻回忆录》(上、中、下)，战士出版社 1983 年版。
《在历史巨人身边:师哲回忆录》，中央文献出版社 1991 年版。
萧克:《朱毛红军侧记》，中共中央党校出版社 1993 年版。
薄一波:《若干重大决策与事件的回顾》(上、下)，中共中央党校出版社 1991 年版。
《粟裕战争回忆录》，解放军出版社 1988 年版。
《粟裕军事文集》，解放军出版社 1989 年版。
江华:《追忆与思考》，浙江人民出版社 1986 年版。
《毛泽东军事年谱》，广西人民出版社 1994 年版。
《朱德选集》，人民出版社 1983 年版。
《朱德军事文选》，解放军出版社 1997 年版。
金冲及主编:《朱德传》，人民出版社、中央文献出版社 1993 年版。
《彭德怀自述》，人民出版社 1981 年版。
《彭德怀军事文选》，中央文献出版社 1988 年版。
《彭德怀传》，当代中国出版社 1993 年版。
《刘伯承军事文选》，解放军出版社 1992 年版。
《陈毅军事文选》，解放军出版社 1996 年版。
《陈毅传》，当代中国出版社 1991 年版。
《叶剑英军事文选》，解放军出版社 1997 年版。
《肖劲光回忆录》(续集)，解放军出版社 1989 年版。
《从延安到北京》，中央文献出版社 1993 年版。
《中国人民解放军的七十年》，军事科学出版社 1997 年版。
《中国人民解放军战史》第一至三卷，军事科学出版社 1987 年版。
《中国人民志愿军抗美援朝战史》，军事科学出版社 1988 年版。
《中印边境自卫反击作战史》，军事科学出版社 1994 年版。
《中国工农红军第一方面军战史》，解放军出版社 1992 年版。
张贻玖:《毛泽东读史》，中国友谊出版公司 1991 年版。
《缅怀毛泽东》上册，中央文献出版社 1993 年版。
宋时轮:《毛泽东军事思想的形成及其发展》，军事科学出版社 1984 年版。
陈继安主编，谭一青、胡哲峰副主编:《毛泽东军事思想新论》，军事科学出版社 1995 年版。
廖国良等著:《毛泽东军事思想发展史》，解放军出版社 1991 年版。
《毛泽东重要著作和思想形成始末》，人民出版社 1993 年版。

陈晋主编:《毛泽东读书笔记解析》上、下册，广东人民出版社 1996 年版。

张素华等:《说不尽的毛泽东》(上、下)，辽宁人民出版社、中央文献出版社 1995 年版。

陈晋:《毛泽东之魂》，吉林人民出版社 1993 年版。

李际均:《军事理论与战争实践》，军事科学出版社 1994 年版。

徐焰:《军事家毛泽东》，中央文献出版社 1995 年版。

盛巽昌编著:《毛泽东和“三国”》，文汇出版社 1995 年版。

孙宝义编:《毛泽东的读书生涯》，知识出版社 1993 年版。

后　记

这本书写完后，后记迟迟没有动手。说什么呢？说它好吧，虽说笔者敝帚自珍，但评价一本书的公正裁判是读者，不需要笔者在这里王婆卖瓜，自卖自夸；说它写得艰难，在当今有人一月乃至几天写成一本书的岁月里，你纵是呕心沥血，焚膏继晷，又有几人能相信。犹豫了好一阵，还是想就写作本书的动机、目的略说几句，但愿读者不会认为是蛇足之论。

笔者的愿望是将这本书写成有一定学术品位的可读性读物，或者说是一本适合广大普通读者浏览的专著。照时下的说法是“形而中”。笔者将本书定位在这上面，很可能是既吃力又不讨好，专家学者不屑于看，普通读者又不爱看。但这又是必须做的一件事。如果定位于“阳春白雪”，势必“和者盖寡”，走不出学术圈子；如果定位于“下里巴人”，又难免流于庸俗，降低学术品位。如果说“阳春白雪”是“形而上”，“下里巴人”是“形而下”，那么，现在需要的是“形而中”的东西，即将“阳春白雪”与“下里巴人”结合起来。将深邃的思想内容深入浅出地写出来是一门艺术，既要顾到学术上不走样，又要顾及一般读者喜欢读下去，这对笔者是一份苦差事，但对读者则是一件幸事。这是本书写作的第一个目的。

第二，本书尽量做到在有限的篇幅里涵盖较多的信息量，同时，也尽量保持毛泽东军事思想精华的“原汁原味”。笔者由研究中国近现代史转而专攻毛泽东军事思想，兼及我军军战史，其间，参与了《毛泽东军事文集》（六卷本）、《毛泽东军事年谱》、《毛泽东军事思想新论》和《指导中国革命战争的认识论方法论》等书的编辑与撰写。特别值得一提的是，在此过程中，有幸通读了所能接触到的大量毛泽东军事文献，对解读毛泽东军事理论与实践极有帮助。本书可以视作笔者多年来学习与研究心得的浓缩。在一个人人都忙的社会里，相信读者读此书能用较少的时间获取较多的关于毛泽东和他的军事艺术的精髓。

第三，本书取名“毛泽东武略”，盖与“文韬”（政治方略）相对应也。而且，重点在揭示毛泽东军事艺术和用兵谋略，对毛泽东建军思想等内容则略作介绍，点到为止。与其他同类书相比，在叙述中尽量略他书之所详，详他书之所略。对理论的阐述尽量做到简明扼要，但对某一思想在战争实践中的形成和演变则条分缕析。叙述中以军事理论为经，以战史战例为纬，纵横上下，驰骋八荒，将丰富的军事理论熔于生动的战争实践之中。

本书从初稿完成至付梓出版，前后历时三个寒暑。其间，得益于朋友同仁的帮助多多。人民出版社策划于前，好友曲爱国先生推荐于后。中央文献研究室专家张素华、边彦军和彭红处长、纪晓华副处长认真审读了书稿，提出了许多宝贵的意见；军事科学院毛泽东军事思想研究所单秀法主任和各位同仁也予本书的写作以热情支持和鼓励。值此书出版之际，特向他们表示诚挚的感谢。另外，也向为此书出版同样付出了辛勤劳动的人民出版社领导和编辑、校对表示诚挚的谢意。

“文章千古事，得失寸心知”。千年前古人的感慨已经道尽了后来笔耕者的心里话。这本书如果能得到方家的指正和广大读者的评判，则幸甚。

胡哲峰

2000年12月于京西军事科学院

特约编辑：包国俊
责任编辑：刘　伟
版式设计：汪　莹

图书在版编目（CIP）数据

毛泽东武略（纪念版）/胡哲峰著．—北京：人民出版社，2001.5（2024.7重印）
ISBN 978－7－01－003405－8

I. ①毛…　II. ①胡…　III. ①毛泽东军事思想－理论研究　IV. ① E0

中国版本图书馆CIP数据核字（2001）第027632号

毛泽东武略
MAO ZEDONG WULÜE
（纪念版）

胡哲峰　著

人民出版社 出版发行
（100706　北京市东城区隆福寺街99号）

中煤（北京）印务有限公司印刷　新华书店经销

2001年5月第1版　2024年7月北京第8次印刷
开本：710毫米×1000毫米 1/16　印张：26.75　插页：2
字数：310千字

ISBN 978－7－01－003405－8　定价：88.00元

邮购地址 100706　北京市东城区隆福寺街99号
人民东方图书销售中心　电话（010）65250042　65289539